第五届
浙江省社会科学界学术年会

学术专场文集

民营经济创新治理

浙江省社会科学界联合会　编

浙江工商大学出版社
ZHEJIANG GONGSHANG UNIVERSITY PRESS

·杭州·

图书在版编目（CIP）数据

第五届浙江省社会科学界学术年会学术专场文集.
民营经济创新治理／浙江省社会科学界联合会编. — 杭
州：浙江工商大学出版社，2021.6
ISBN 978-7-5178-4454-9

Ⅰ．①第… Ⅱ．①浙… Ⅲ．①民营经济－经济发展－
浙江－文集 Ⅳ．①F127.55－53

中国版本图书馆 CIP 数据核字（2021）第 069946 号

第五届浙江省社会科学界学术年会学术专场文集
民营经济创新治理
DIWUJIE ZHEJIANGSHENG SHEHUI KEXUEJIE XUESHU NIANHUI XUESHU ZHUANCHANG WENJI
MINYING JINGJI CHUANGXIN ZHILI

浙江省社会科学界联合会　编

责任编辑	沈敏丽
封面设计	尚阅文化
责任印制	包建辉
出版发行	浙江工商大学出版社
	（杭州市教工路 198 号　邮政编码 310012）
	（E-mail：zjgsupress@163.com）
	（网址：http://www.zjgsupress.com）
	电话：0571-88904980，88831806（传真）
排　版	杭州朝曦图文设计有限公司
印　刷	杭州高腾印务有限公司
开　本	787mm×1092mm　1/16
印　张	31.25
字　数	525 千
版 印 次	2021 年 6 月第 1 版　2021 年 6 月第 1 次印刷
书　号	ISBN 978-7-5178-4454-9
定　价	78.00 元

序

浙江省社会科学界联合会党组书记、副主席　郭华巍

学术交流是学术繁荣的重要标志。通过学术交流中的切磋对话、互学互鉴,综合把脉特定时期的学术前沿和学术生态,归纳、提炼符合前景方向和实践趋势的学术理论,涵育、深化体现创新思维的原创性成果,不仅是构建具有共同价值取向和价值遵循的学术共同体的必由之路,也是全力打造与时俱进、立体多元、高度共享的平台矩阵的重要路径。这正是以学术交流为核心的学术年会的价值和意义所在。

围绕这一目标体系,从 2012 年开始,我们启动浙江省社会科学界学术年会,组织专家学者围绕我省社会经济发展中具有全局性、战略性、前瞻性的重大问题,以及社会各界普遍关注的热点、重点与难点问题,开展深入研讨,发布原创思想,推动理论创新,着力发挥社科界理论先导和思想引领作用。

2020 年第五届浙江省社会科学界学术年会聚焦习近平新时代中国特色社会主义思想在浙江的生动实践,围绕"建设'重要窗口'、推进省域治理现代化"主题,组织"数字政府与数字治理""浙江'重要窗口'建设与城市治理创新""构建基层社会治理新格局""民营经济创新治理""长三角一体化与治理现代化"5 个学术专场,并开设分论坛活动 100 余场,发布了"2020 中国中小企业景气指数"和"长三角高质量一体化发展指数"等重要成果。呈现在读者面前的 5 个学术专场的优秀论文集,系统梳理了浙江数字政府整体智治的实践经验,集中展示了"治理体系和治理现代化"研究领域的原创成果,精准刻画了我省经济社会发展的趋势、规律和路径指向。这些优秀成果从经济、管理、政治、法律、社会等不同学科出发,以理论阐释与实践印证的多元视角,以趋势研判与策论分析的多重维度,对"建设'重要窗口'、推进省域治理现代化"这一主题进行深入解读和研究,着力为新时期我省争创社会

主义现代化先行省、全面展示建设"重要窗口"开辟理论与实践路径,提供思想引领与学理支撑。

8年来,从首届年会以"科学发展:转型中国与浙江实践"为主题,到此后的"全面深化改革:理论探索与浙江实践""创新话语体系,讲好浙江故事""改革开放40年:中国道路或中国方案",再到本届的"建设'重要窗口'、推进省域治理现代化",年会始终坚持在聚焦改革开放实践中提炼浙江经验,在回应新时期重大理论与现实问题关切中突出浙江特色,在构建中国特色哲学社会科学中体现浙江话语,引领我省广大哲学社会科学工作者立足学科前沿、开展问题研究、推动思想碰撞、集聚成果展示,取得了一大批具有重要学术价值、重大现实意义的研究成果。与此同时,年会的品牌效应与社会影响力也不断提升,成为我省社科界制度化、规范化、常态化的学术交流载体,受到学界、政界与社会各界的一致赞誉。

2020年9月,浙江省委书记袁家军在省社科联调研时高度肯定年会活动,认为年会"是一个很好的学术活动载体",指示"要将一些重要思想、重要成果在这个活动中发布"。这就要求浙江省社科界深刻领会时代赋予的新使命,瞄准历史标注的新方位,牢牢把握哲学社会科学工作的时与势,在组织开展好学术年会工作的同时,继续引领社科界拓宽学术视角,探源浙江实践,厚植理论基础,展示最新成果,策应战略大局,按照"国家所需、浙江所能、人民所盼、未来所向"的要求,高水平打造学术交流平台,努力交出忠实践行"八八战略"、奋力打造"重要窗口"的哲学社会科学高分报表。

最后,真诚感谢在年会工作中给予精心指导的省委宣传部,在具体组织与筹备中给予大力支持的省级社科类社会组织、各高校及科研院所;真诚感谢所有关心、支持和参与学术年会工作的领导和专家学者;真诚感谢浙江工商大学出版社为文集出版付出的辛勤劳动!

目　录

民营经济创新治理的核心在于基本理念转换

中国社会科学院数量经济与技术经济研究所党委书记、

副所长，研究员、博士生导师　李海舰

民营经济创新治理的核心在于基本理念转换，即从矛盾式思维转向和谐式思维，从单维度独立求解转向多维度综合求解，从零和博弈转向非零和博弈，从专注独特性核心能力转向打造系统性竞争优势，形成双赢、多赢、共赢、全赢的格局。这主要体现在以下十个方面。

第一，从"以物换钱"转向"以心换心"。当前许多经营者将治理误认为管理，将治理滥用、泛用、错用，殊不知治理是顶层设计，管理则不然。良性的治理会带来良性的管理，因此，经营者需要从根本上做好顶层设计。过去做企业推行的是"以物换钱"模式，企业出售物品换取货币；而现在追求的则是企业和顾客之间的"以心换心"。产品是人品的物化，把人品物化出来就是产品，而人品就是企业的初心和良心。企业要想制造出好的产品，必须首先打造出好的人品。拥有好的人品，才能打造出好的产品，企业方能称作"德技双馨"。海尔集团早就提出，做企业的实质不是卖而是买，通过卖出产品，买回顾客对企业的忠心，而这就叫作"以心换心"。因此，做企业不仅仅是简单的生产和销售产品，还要从终极层面理解治理理念，理解企业与顾客的关系。只有充分、深度理解顾客的需求，将产品做到极致，才能让消费者为之动心，产生心灵震撼，即心与心的互动。这种与众不同的治理理念与工匠精神相契合，我们需要"专注、标准、精准、创新、完美、人本"，需要企业做到"研发零距离，制造零缺陷，销售零库存，物流零时间，服务零抱怨"。

民营经济创新治理

第二，从"追求所有权"转向"追求使用权"。共享经济、共享思维对新常态下企业治理具有重要启示，学术界和企业界都对"共享"的理念做了诸多解释和探讨。基于这一理念，新近萌发了共享资产、共享部门、共享员工等概念。共享资产是指通过资产的共享，可以使企业由重资产经营转向轻资产经营。共享部门是指企业通过共享或者众包企业职能部门来降低成本，提高利润。企业的利润不仅来自业务部门，而且更加来自职能部门，如财务部、投资部、人力资源部、教育培训部等都可以为企业创造收益。职能部门核心能力强大的企业可以通过为全社会共享来获取利润，而职能部门不完善甚至缺失的企业则可以通过社会众包来降低成本。共享员工是指针对不同重要程度的业务设置结构合理的用工制度，为企业核心业务保留全时员工，而弹性业务、自助业务、外包业务等非核心业务可以共享员工，包括发展零工经济模式，实现人力资源有效配置，降低企业用工成本。

第三，从"价值独创"转向"价值共创"。过去企业价值创造的主体是单一化的，研发、制造、营销、服务都是通过企业内部员工来完成的。而今我们注意到了多元化的价值创造主体，不仅是企业员工，企业客户也参与到了企业的价值创造过程，即把用户、客户当作"准员工"。从成本上考虑，用户、客户可以是低报酬员工、零报酬员工甚至负报酬员工，他们购买企业产品为企业创造收益，还提出了自身的需求为企业指明了发展方向。除此以外，多元化的价值创造主体还包括社会创客、在线员工，零工经济也为价值创造多元化提供了重要支撑。企业从过去的价值独创转向用户企业价值共创甚至企业社会价值众创，即思想众智、资金众筹、业务众包，企业众创，这为企业治理提供了全新思路。

第四，从"硬资源"转向"软资源"。以往企业经营偏重硬资源，包括土地、设备、厂房、矿产等，而现在软资源的重要作用日益凸显，知识、技术、管理、数据、企业家精神等越来越受到经营者的重视，也不止一次地证明了其对于企业经营的重要性。软资源和硬资源的不同特点是这种变化的关键。比较而言，硬资源的使用是具有排他性的，用一次少一次，使用之后逐渐消耗进而产生损失，边际成本递增、边际收益递减；而软资源的使用是共享性的，用一次多一次，在对知识、技术、数据等软资源的利用过程中会不断积累新的知识、技术、数据，软资源不减反增，尤其是数据，复制性强、无限供给且能快速迭代。因此，相较于硬资源，软资源几乎是无限的。在过去偏重硬资源的经营模式中，免费与赚钱是对立的；而对于软资源，免费的共享带来的资源增值也可以创造利润，免费与赚钱是统一的。

第五，从"非数字化"转向"数字化"。数字经济是今后的发展方向，以互联网为代表的"新技术群"的出现，倒逼整个社会实行数字化大转型，信息化、数字化、智能化、网络化等元素全面融入企业创新治理的全过程，形成"机在干，网在看，云在算"。未来趋势已经呈现：线上替代线下，字节取代实体（"去物质化"），机器替代人工，数据驱动决策，软件取代职能，虚拟空间替代物理空间，企业内部去中间化，外部市场去中介化等，都在倒逼民营企业加快领会数字经济时代创新治理的新理念。

第六，从"自组织形态"转向"商业生态系统"。传统的实体性组织其典型代表是母子公司体制，这类组织往往有着较大的规模。而在新型企业治理理念下，企业的大部分业务被外包、众包了，形成了一个社会化的生态系统，这称为商业生态系统。简而言之，母子公司体制是把外部内部化，通过兼并收购，通过产权关系链接，把企业做大做强；而商业生态系统则是将内部外部化，利用互联网发展带来的外部交易成本降低，通过外包众包，通过契约关系链接，把经营活动重心从企业内部转移到企业外部。跳出企业做企业，将以往用加法把企业做大的模式变革为用减法把企业做大，减的是企业的实体，大的是企业的价值，逐渐形成了"小实体大虚拟、小规模大网络、小脑袋大身子、小核心大外围"的企业形态。商业生态系统的一个重要特点是"去管理化"，母子公司体制是一个单生命体，而商业生态系统则是企业相互联结的多生命体，整个生态系统生生不息，这给企业治理带来颠覆性的变化。

第七，从"专注产品"转向"构建生态"。以往企业需要考虑的是如何打开单一产品所面向的市场，一个受到消费者青睐的产品会给企业带来不菲的利润。如今消费者需要的不再是一个独立的产品，而是把相关产品组合在一起，构建出一个场景、一个生态。场景取代产品，生态取代产业。以服装企业为例，企业可以生产衬衣、领带、皮带、鞋子等，但消费者需要的不再是单一的衬衣或皮带，而是整体服饰的搭配，服装与服装之间的匹配，服装和消费者个人气质的匹配，这是场景，是生态。《易经》有言，"大治不割"，整个系统不能割裂，企业只是整个系统中的一个环节乃至节点，要和其他企业相互协同，整体关联，动态平衡。随之，企业把产品品牌、企业品牌转变成了场景品牌、生态品牌，把产品收入、资本收入转变成了生态收入。

第八，从"他组织管理"转向"自组织管理"。管理的最高境界是零管理，零管理的实质是自组织管理，自组织管理的前提是要有体系。只有打造一个体系，才能实现自组织管理。从个体看，自组织管理是自我导向、自我激励、自我约束、自我发展；从整体看，每个企业及其内部每一环节，要具有自驱动性、自增长性、自优化性、自循环性。有了自组织管理才能实现零管理，提高企业内部效率，降低企业运行成本。需要注意的是，"去管理化"依靠治理体制实现，而不是"去治理化"。

第九，从"生产者主权论"转向"消费者主权论"。从过去的股东利润最大化、股东第一，到如今海尔集团提倡的人的价值最大化，是用户、员工价值被挖掘，其地位不断提升的过程。与之相似，阿里巴巴提出用户第一，员工第二，股东第三。用户成为企业资源，而且成为企业第一资源、战略资源；用户融入企业内部，用户参与企业、主导企业、引领企业；创新来自用户，资金来自用户，制作来自用户，销售来自用户，定价来自用户，管理来自用户，服务来自用户，最后，思想来自用户，由此形成消费者主权论。

第十，从"承担社会责任"转向"经营社会责任"。"承担"和"经营"含义绝对不同，承担社会责任是企业管理的重要方面，其目的是企业利润；经营社会责任是把解决社会问题作为企业伟大使命，企业主动选择把社会责任理念融入其过程的方方面面，跳出利润谈利润。承担社会责任是被动选择，将成本与资本分离，认为承担社会责任只会带来成本而无资本，将社会责任视作影响企业营利的负担；经营社会责任是主动选择，它把社会责任视作一种财富，是把今天的成本变成明天的资本，获取更多的利润，这里成本和资本相融合、相统一，是理念上的重大变化。以知名乳业企业蒙牛为例，蒙牛成立了老牛基金会，在其并入中粮集团之前，老牛基金会有三大使命：捐助"三农"，捐助教育，捐助医疗。捐助"三农"方面，选择捐助奶农，为其培育了众多原料供应商，获得牛奶资源；捐助教育方面，潜移默化地影响并培养了对牛奶有需求的消费者，做大牛奶市场；捐助医疗方面，凡是蒙牛的重要利益相关者因病需要手术，蒙牛会承担部分医疗费用，以此巩固与利益相关者之间的联系，这叫"经营人心"。通过经营社会责任，蒙牛获取了其发展所需的重要资源，扩大了产品的市场，获得了利益相关者的深度信赖。可以预见，企业经营社会责任摆脱了以往被动承担社会责任的局限，是企业反哺社会，将有形资产转化为无形资产并将无形资产再转化为有形资产的过程，是保障企业安全发展、永续发展的战略性制度安排。

从上述的十个方面，我们可以窥见民营经济创新治理基本理念的转换过程。总而言之，在新时代，民营经济创新治理旨在为了企业"更高质量、更低成本、更快速度、更多品类、更可持续、更为安全"的发展，这些发展目标之间相互制衡，相互均衡，它们不是单选题、多选题而是全选题。因此，我们需要多维求解、系统求解，这样一来，企业才能行稳致远。

（来源：《经济参考报》）

民营企业创新治理是新挑战和新机遇的历史交会

上海科学院科技发展处处长、教授　李　万

近年来，国家极其重视民营企业的发展，尤其是转型发展、创新驱动。2018 年 11 月，习总书记发表了重要指示，而后发改委和科技部等牵头制定了相关的政策，科技部和全国工商联发布支持民营企业的指导意见，提出如何参与国家重大项目、如何参与技术联盟、如何推动双创、如何培养优秀企业家等。民营企业正在成为创新的重要力量，在专利申请方面，民营企业占据了近 80%。对于五百强企业而言，研发和创新受到他们的极大重视。近几年来，虽然有所波动，但是总体趋势仍然在不断地向好发展。民营企业的专利申请逐渐向国际化侧重。数据显示，近两年来国内专利申请数量有所波动，但国际专利申请数量逐年增加，体现出民营企业正加快"走出去"，更加具有世界眼光。民营企业不仅注重专利，还注重技术标准的制定，这意味着一些民营企业已经在其行业处于一定的领先位置。

如今正处于百年未有之大变局，通过研究创新范式的变化，我们可以尝试理解"变"在何处。技术经济长波表明，现在正处在第五次长波和第六次长波交会之处，处在新科技革命的过程中。一般认为新的科技革命有三个重要特征：智能、健康和绿色。回顾过去五次的经济技术长波来看，第一次纺织工业变革主要是为了吃饱穿暖，第二、第三次主要是能源能量方面的变化，第四次化石是物质材料方面，第五次则是信息。人类所依存的能量、物质、信息三大资源在过去两百年间都得到了革命性的变化，第六次可以认为是认知革命，就是从人的内部重新认识人以及进行智力仿生。为什么有这么一个大的变革？经济学家做了一些研究，我们目前并非处于一个科技大爆发的时代，恰恰相反，是处于大停滞的时代。1972 年创新的萎缩给我们带来重要影响，开辟了增长核算的罗伯特·瑟罗的学生罗伯特·戈登指出，20 世纪 20 年代到 70 年代是美国全要素生产力增长最快的 50 年，高于之前，也高于之后。1920 年至今已过去整整 100 年，在过去的 100 年间，前 50 年美国是引领性大国，处于增长最快的阶段，后 50 年它处于一个相对比较缓慢的阶段。有关的量化研究也表明，从 20 年代到 70 年代，大量电器都已经进入美国的家庭，在 1975 年之后相对来说比较少，最重要的就是 ICT 带来的变化。所以从某种程度上说，今天正在开启一个新的百年，而这个一百年必然是以中国的快速发展为典型的代表。

面对如此形势，中国民营企业创新治理所面临的外部环境机遇与挑战并存。其中，新挑战主要来自四个方面。一是材料制造的极限，如今芯片研究正从 5 纳米向 2 纳米、1 纳米进发，其中中国正在进行以碳、石墨烯为基础材料的研究。二是能源动力的极限，三是认知能力的极限，四是生态承载的极限，是未来科技发展的重要指向。外部机遇涉及多个方面。未来 30 年将会有三次重要的产业变革：首先是智能和认知，解决算力的问题、感知的问题；然后是生命健康，大概到 21 世纪四五十年代，90 岁以上的老人将不再罕见，一个健康长寿的社会正在来临；到 21 世纪中叶核聚变等基本能够实现商业化，能源动力发生重要变化。所以未来的 10 年人的认知能力将得到提升，未来 20 年人的身体能力将得到提升，未来 30 年整个社会运行动能发生重要的变化。根据近年来对世界科技进展的总结，可以看出在过去的三年科技进步非常明显。2017 年，引力波观测，人工智能、机器人跳跃式发展，5G 快速发展，癌症将变成慢性病，我们对生命的操纵、认识，还有未来交通、金融科技方面的了解更加深刻。2018 年，中国发射总数首次超过美国。在生命、生物、生态"三生"方面，生物领域研究进展较快，原创性突破越来越多。制造工程方面中国遥遥领先，包括能源、交通、建设等。2019 年，共有 138 项重要的进展，科研方面中国也快速崛起，自然科学领域的化学指数首次跻身全球第一，意味着中国不仅成为论文的大国，而且正在迈向论文的强国；不仅是一个专利的大国，而且正在迈向专利的强国。几十年前日本人将获得诺贝尔奖作为目标，并在过去 20 年获得了 18 个诺贝尔奖，如今中国也在进入这个阶段，二十年后再回首今天，很多工作都是具有诺贝尔奖级的。 航空航天方面中国第二次成为发射最多的国家，北斗全球组网，中国在生命生态健康领域的贡献更加多，不仅对生命过程的认识更深刻，而且对疾病、延缓衰老的研究有所突破，从理论上逆转了衰老，细胞的生命寿命被逆转了，包括生命相关的研究课题，中国也越来越多地参与其中。

总体来看，有几个基本研判。 一是群体性突破正在全面展开。 二是基础研究备受重视，例如暗物质、磁悬浮和航天科技。 三是科学革命未显端倪，重大的原创科学现在还没有出现，我们仍然生活在一百年前第五次索维尔会议上那些先贤智者奠定的科学框架里，尽管我们正在发现一些异常情况。 四是生物世纪逐渐揭开帷幕，生物科学定量化的重要性日益凸显。 从创新范式来看，我们已经逐步进入创新 3.0 时代。 从一位德国学者六年前发表的一篇关于创新生态的文章中可以看出，企业从最早的独立制作、自主研发、拥有独立机构，转变为开放式、产学研协同，现在已经进入嵌入式生态化创新，这就是创新生态，整个企业变成无边界的企业。 未来随着信息技术和整个生态的发展，还将进入创新 4.0。 创新 3.0 的典型代表如苹果、小米等。 小米用三年时间走完了联想 15 年的路程，主要依靠三大创新的技术体系：技术的生态，知识的生态，产学的生态。 如今企业的竞争也发生了相应的变化，企业需要注重自己在创新生态中的创新生态位，需要注重如何开辟出自己的生态位，如何与对手竞争，如何更好地进行互利共生，嵌入创新生态。 需要注意的是，正是由于创新 3.0 的到来，越来越多的人发现，颠覆企业的力量往往来自行业外部，而不是企业目前的竞争对手，因此被称为"跨界打劫"，带来整个生态位的重要变化。 因此企业需要在内部持续不断地向自己进攻，解决客户的痛点，寻找新的设计需求，赢得创新的生态位。

基于创新 3.0，进一步发展，要注重打造无边界的创新型企业。 回顾过去几十年，企业管理从早期的科学管理，转变为人力资源管理，再到现在的组织力管理，逐渐强调知识在其中的应用。 尤其在制造业企业，根据推拉模型，确定企业自身在其中处于什么样的位置。 研发和创新是一个完整的链条，根据日本学者的说法，从科研到开发，需要经过"魔川"，从开发到事业化，需要经过"死谷"，之后还要经过"达尔文海"。 其中，最为重要的是

"死谷"，世界很多国家都针对这一环节出台了大量政策，应用大量财政和金融工具。 其中，一个典型的做法是要形成预见—规划—路线图—实施—评估—预见这样的闭环，技术预见和路线图是企业要跨越"死谷"的重要的工具，预见并把握科技发展的趋势，形成规划，进行部署，再落实路线图去实施，然后进行评估。 路线图起源于美国，最早用于汽车行业，而后摩托罗拉对其有较好的应用，之后哈佛的两位学者对其进行凝练，逐渐形成了相对清晰的模式。 目前对路线图应用较广的是剑桥大学，对全球的技术路线图进行观测，然后找到方向定位。 技术路线图不是一个简单的技术路线图，实际上是以技术为中轴而展开，对企业来说，其市场、产品是技术支撑的，技术需要企业利用所有的资源进行研发，所以一般的企业技术路线图是一个拥有完整逻辑的关于整体发展规划的模型。 简单来说，企业产品成本决定了企业市场扩张。 我们的团队已经在上海做了近20年的技术路线图的工作，为未来做展望，目前已经完成了2035年的技术预见工作，还做了诸多产品的技术路线图，例如有关PET的技术路线图。 现在的智能手机使用OLED的屏幕较多，团队于2009年就已做了OLED的路线图，目前节点仍比较准确。 技术路线图已经成为企业进行创新开发和竞合的战略性工具，众多跨国企业如三星都在以其为参考，推动产品创新和商业模式创新。

民营经济创新治理亟须厘清几组重要关系

华立集团董事局主席、浙江省第十届人民代表大会代表　汪力成

民营企业的创新治理是一门科学、也是一门艺术，在新发展格局下亟须厘清以下重要关系，才能实现转型升级、基业长青。

第一，要处理好效率与风险的关系。首先，民营企业治理的核心问题，即民营企业治理的最高境界是什么？我认为就是如何为创始人或者实际控制人的权力划定边界。每个企业都有生命周期，同样地，企业家也有其生命周期。从年富力强、思维敏捷、善于学习，逐渐变成骄傲自满、故步自封、固执己见。因此如同政府治理腐败需要把政府的权力关在笼子里，企业若想基业长青，则需要将威信最高的创始人的权力关在笼子里。这可能降低了企业运行效率，但同时也降低了企业风险。其次，众多民营企业将《中华人民共和国公司法》条例当作应付合规性的做法，犯了认知的错误，《中华人民共和国公司法》在某种意义上是企业治理的一个纲领性的文件，《中华人民共和国公司法》要解决的问题，民营企业治理结构要解决的问题，其实就是风险与效率的关系。企业发展在不同的阶段都需要有侧重点不同的治理结构。总结近年来倒下的民营企业，几乎没有民营企业是因发展慢倒下的，恰恰相反，绝大部分都是发展得太快，片面地追求效率，没有考虑如何来处理好风险而倒下的。因此，已经发展到一定规模的民营企业首先需要审慎考虑，处理好效率与风险的关系。

第二，要处理好家族企业和家族管理的关系。民营企业尤其是浙江的民营企业众多，通常是由个体户开始转变为私营企业最后转变为家族企业。家族企业不是一个贬义词，例如，日本绝大部分的百年品牌都是家族企业，但

是家族企业只意味着企业主要的股权或者相对大股东是由这个家族的基金或者家族成员所拥有，不意味着都由该家族成员在经营管理。家族企业主首先需要摒弃的思想是认为企业属于自己，企业的主要岗位和经营者都是家族成员，不少家族企业都因此而倒下。公有制企业和民营企业、私人企业之间有着很大差异，尤其是在管理、治理方面。公有制企业中也有着极为优秀的管理治理方法值得民营企业去学习。从效率角度来说公有制企业可能不如私人企业、家族企业，但是《中华人民共和国公司法》中的程序可以使决策者保持冷静，有一定的时间去思考。另外，企业的规模越来越大，产业越来越复杂，或者产业的内涵越来越深厚，人才在生产要素当中的比重越来越大，未来企业发展取决于人才，而人才不仅仅是技术人才，还包括管理人才，如何从整个产权制度和治理结构上去解决也是家族企业将面临的重要问题。总而言之，家族企业内部需要逐步解决所有权和经营权分离的问题，建立完善的自我纠错机制，通过一整套治理结构来解决家族企业存在的问题。

第三，处理好变革与传承的关系。首先，未来的竞争一定不是产品和产品之间的竞争，甚至也不是产业链和产业链之间的竞争，未来的竞争一定是产业生态和产业生态之间的竞争。如今的企业主应该用生态化的思维去定义企业的未来，对于能力稍弱的企业，亟须找到有生命力和进化能力的新的生态，并找到企业在其中的定位，逆势而为的企业终将被边缘化。其次是关于数字化，数字化不等于过去的信息化，它是在过去信息化基础上的一种升级。数字化的范畴包罗万象，要彻底颠覆过去的管理模式、管理方法，甚至会触动治理结构发生改变。用旧的制度去做新的模式必然不可取。当然数字化是一个漫长的过程，华立集团自2016年以后不断推进数字化。第一步是先做数字工厂，花了三年时间重建所有的制造工厂。第二步则开始启动解决企业内部的信息孤岛问题。一般认为民营企业的效率较高，管理者的指令可以直接传达到各级员工，实际则不然，一些民营企业内部门墙、信息孤岛问题甚至比国有企业严重，技术手段目前也难有较大突破，例如ERP、SAP等软件做不到互通，严重影响了内部效率。可见产业数字化和数字产业化是一对孪生兄弟，没有数字产业化的支撑，产业数字化的进程要大大减弱，反之产业数字化的需求将会促进数字产业化的快速发展。数字化工厂的目的是实现智慧制造，智慧制造的核心目的不是因为简单的机器换人，而是为了解决个性化订单的大批量快速制造问题。当前很多浙江民营企业斥巨资改造了所谓的数字化工厂，结果发现数字化改造后，机器换人带来的自动化使原本柔性的生产过程更向刚性转变，这有点显得本末倒置。在工业化时代强调的是标准化大批量低成本快速交货，但是未来用户需求逐渐个性化，智慧制造要解决的问题应该是个性化与效率之间的矛盾，而非单纯地提升效率。最后是关于创新，在如今这一百年未有之大变局背景下，不创新的企业终将没落，而乱创新的企业也会加速其衰亡。因此，创新的方式也非常重要。经过不断的尝试，我们确认目前最适合华立集团技术创新的是"双轮驱动"。一方面，企业自身的研发中心需要不断发展壮大，但这种方式效率低，投入产出比低，成功率也低，尤其对于规模较大的企业而言更是如此。另一个轮子是用风险投资的形式去链接未来。哈佛商学院等国际知名商学院进行过统计，规模较大的国外公司曾出现的爆款产品，几乎都是原企业员工脱离企业自主创业，待到创业企业发展到一定程度再进行收购。因为原企业员工通常对企业的技术路线、未来发展规划十分了解，并且有能力做出符合企业预期的产品，只是囿于体制等原因原则脱离企业自主创业，产品研发成功时再出售给原企业。因此，大企业和小企业之间要找到各自定位，对脱离企业进行自主创业的员工不应立即视为敌人而应该视为合作伙伴。一方面，他可能帮助企业挤出了一些潜在的竞争对手；另一方面，对其进行投资，可能将在未来帮助企业突破瓶颈。因此，"双轮驱动"目前对于规模较大的企业可能不失为一个好的方法。

第四，处理好"做蛋糕"和"分蛋糕"的关系。盈利是在企业治理结构当中不得不谈的最核心的一个问题。其中最重要的就是"做蛋糕"和"分蛋糕"。任正非常说，他做华为最大的心得就是分好蛋糕，用一句话来说就是利益分配要均、要快。很多民营企业的崩塌就是利益分配不均导致的，同样地，一个被广泛接受的"分蛋糕"方式可以提升企业的凝聚力。利益分配的技术也要突破，人总是会放大自己的功劳，贬低别人和平台的作用，导致"分蛋糕"时常常出现争议而造成企业分崩离析。一个运营正常的企业，只要将"分蛋糕"的问题解决了，自然能长远地发展下去。当然问题的解决与出现有其周期，期望的变化会使得原本有效的处理方式变得不尽如人意。不同的处理方法都有其弊端，因此需要根据实际情况不断尝试，不断变革。

现如今的确处于一个大变局时代，互联网技术快速发展，颠覆性技术不断涌现，国际分工也悄然变化，时代的变换需要我们不断地革新理念，转变观念。一成不变的企业必然被时代的浪潮所吞没，因此一个观点需要我们时刻铭记——没有成功的企业，只有时代的企业。始终与时代同步，就算是成功，才有可能成为一个基业长青的百年企业。所以在这个不断变化的过程当中，企业一定要适应这个时代，顺势而为，确立正确的发展方向。在下一阶段，自中国加入 WTO 以后所建立起来的全球制造加工的大分工必然将被打破，当然中国有一定的体量和实力来面对如此变局。中国目前还有三大优势，首先，中国工业门类齐全，在这一点世界范围内没有任何一个其他国家能与中国比肩；其次，产业链完整；最后，中国的供应链效率极高，因为上游企业都是中小微企业，分工细化到一道工艺可以建立一个工厂。这是中国的优势，未来可能因为政治的问题、自然规律的问题逐渐减弱其优势，但是以中国为中心，包括韩国、日本在内的东亚制造业集群的发展不可阻挡，与东盟、南亚、以墨西哥为中心的北美、北非也将会形成一个分布式网络。所以这个过程当中，整个全球供应链格局改变以后，所有的行业的供应链都会被重新塑造，没有企业能独善其身。中国目前已经提出供给侧、需求侧改革，虽然现在改革的获得感还不够，但是民营企业最终会实实在在地感受到的。因为这是大势所趋，所以民营企业亟须找到自己的定位，尤其是在制度层面做好充分的准备，因为属于未来的新的机会一定不会是重复过去的老路，而新的机会一定要有一支高素质的新的人才队伍，而新的人才队伍一定是企业有足够吸引他们、留住他们、发挥他们才能的优秀的治理结构，否则这个机会将难以把握。

从中小企业景气发展透视民营经济创新治理的要点

浙江工业大学中国中小企业研究院院长、教授　池仁勇

　　中小企业景气指数是中国中小企业动态发展的一个晴雨表，浙江工业大学中国中小企业研究院团队从 2010 年开始研发中小企业景气指数，确立了中小企业景气指数的指标体系，2011 年首次发布了《中国中小企业景气指数》报告，此后每年都发布一次《中国中小企业景气指数》报告。作为衡量年度中小企业动态发展的指标，景气指数受到国内外媒体的广泛关注，也成为团队重要的科研产品。

　　2020 年是一个特殊的年份，世界经济遭受新冠病毒的严重影响。中小企业的景气指数一度大幅度下降，就我国新增的市场主体数量而言，一季度新增市场主体同比下降 30％，但是在我国的疫情得到迅速控制以后，二季度新增的市场主体由降转升，三季度增幅大幅度提高。截至 2020 年的 9 月份末，全国新登记在册的市场主体达到 1.34 亿户，99％是小微企业。同比增长 9％，其中企业的注册数是 4200 万户，增长 8.9％，个体工商户是 9000 多万户，增长 9.2％，市场主体稳步增长，中小企业全面有序复工复产，这些数据都充分说明了我国中小企业具有强大的韧性、强大的生命力和恢复能力。中小企业不愧为国民经济的中坚力量和创新主力军。

　　我们对中小企业景气指数研究是有三个目的。第一是揭示年度中小企业的动态发展规律；第二是要发现新问题、新挑战；第三，提出对策建议。团队所研究的《中国中小企业景气指数》是基于三个方面的数据。首先是规上工业企业的数据；其次是中小板、创业板和新三板的挂牌企业的数据；最后是团队的动态监测、问卷调查和调研数据。景气指数的模型指标体系包括先

行指标、抑制指标和滞后指标等 79 个指标。 团队承担了国家社科基金重大招标项目，通过对中国中小企业动态数据库的研究，团队积累了重要的企业数据样本。

研究发现，2020 年中国中小企业景气指数中，粤浙苏三个地区的中小企业韧性最强，景气指数继续领跑全国。 但是疫情中心的地区景气指数下降明显，如湖北下降了 6 位，全国省与省之间景气差异较大，最大差异达 15 倍。总体而言，2020 年全国中小企业景气指数探底回升。 其中二季度开始逐渐回升，三季度已经是由负转正。 这些都充分说明了我国的中小企业的坚强的韧性、强大的生命力、快速的反应机制和迅速的复苏能力。

景气指数研究发现全国地区之间是存在差异的，地区之间景气指数的差异可以概括为从东往西逐渐递减，华东地区景气指数继续领跑全国，主要是长三角一体化的国家战略的实施，助力中小企业高质量发展。 华中地区受疫情冲击较大，景气指数状况出现大幅度下降，东北地区景气指数继续处于低迷，因此区域发展不平衡问题仍然存在，成为"双循环"的一个重要课题。

课题组同时对浙江省的小微企业的景气状况进行研究，针对浙江省 11 个地级市的小微企业，共搜集了 2 万多个样本。 研究发现，杭州、宁波、嘉兴三个地区的小微企业景气指数是前三名，小微企业是浙江实体经济高质量发展的基石，浙江的小微企业抗击疫情能力强、韧性大、复苏快，是我国中小企业高质量发展的一个重要窗口，也充分说明了数字经济、新基建建设对小微企业的引领作用，健康码、企业码对浙江小微企业的迅速复工复产、快速反弹起到了重要的作用。

通过研究，课题组做出了基本判断，2020 年下半年以来，我国的小微企业景气指数平稳回升，走出 V 形谷底，全年的景气指数前低后高。 受疫情的影响，一季度的指数大幅度下降，但是二季度开始随着企业数字化、智能化的复工复产，景气指数回升，三、四季度在国家的"六稳六保"政策落实以后，景气指数持续回升，目前已经与去年持平。 当前我国中小企业基本面稳定向好，预计 2021 年我国的中小企业景气指数会持续上升。

通过景气指数研究，我们发现了中国的中小企业的高质量发展面临了五个新的挑战：

民营经济创新治理

第一，疫情防控步入常态化，中小企业面临多重考验。 首先是突发重大事件的考验；其次是应对逆全球化的考验；最后是复杂经济形势的考验。

第二，核心技术、关键技术、卡脖子技术受制于人，中小企业面临着多链风险。 中国的部分重要原材料、关键的生产设备依赖于进口，国际经济不确定性在增加，中国中小企业解决核心技术的供应难题需要广大中小企业共同努力，关键之关键还是要中小企业提高自主创新能力。

第三，国际疫情不确定性持续增加，企业外贸出口风险同步增加。 国外的疫情大流行尤其是欧洲、美国的疫情大暴发，对中小企业的出口贸易构成了极大的挑战，需要特别指出的是，浙江省在出口贸易上率先走在全国前列，浙江省的中小企业的出口主要是日用小商品市场。 国外疫情大规模暴发之后，居民被限制出行，旅游消费等其他重要的消费减少，但是日用小商品消费、日用生活类消费仍然在增加，为浙江省的中小企业出口到了四季度反而由负转正提供了契机，浙江省是走在全国经济复苏和出口增长前列的省份。

第四，要素的成本和蓝领工人的双重压力，对中小企业高质量发展提出了挑战。 国内的要素成本持续增长，蓝领工人的供求不足，招工难、招工贵成为常态，这需要广大中小企业以更大韧性和创新能力加以应对。

第五，企业的内功不足，创新治理需要提升。 外部环境的变化仅仅是外因，关键是广大中小企业的创新治理水平亟待提高，只有练好内功，才能有效应对外部的环境变化。

同时，我们发现在新的格局下，我国的中小企业高质量发展也存在五大机遇：

第一，"六稳六保"的制度优势助力了中小企业抗击疫情突发事件。 中国的最大优势就是制度优势，具体体现在党和国家对中小企业的高度重视。 "两个毫不动摇"给中小企业吃下了定心丸，"六稳六保"政策极大地提高了中小企业复工复产的信心，这是制度优势对中小企业最重要的一个机遇。

第二，数字化、智能化转型助力了中小企业高质量发展。 数字技术的发展，人工智能的发展，推动了中小企业改变生产方式、生产结构、资本结构跟商业模式。 所以疫情期间浙江省的税收增长快，小微企业增长快，主要原因就是数字经济发展速度快，网络销售大幅度增长。 所以以互联网、人工智能为代表的数字化服务，进一步推动了中小企业供给侧结构性改革，为中小企业高质量发展带来更多的新机遇。

第三，个性化消费升级催生了中小企业的新业态新模式。 随着我国国民经济收入的提高，个性化消费成为一个趋势，智能制造、个性化定制成为中小企业发展一个必然的市场需求。 所以基于大数据、云计算等信息技术的应用，为实现个性化消费升级的需要，催生了中小企业更多的新业态和新模式。

第四，科创板、创业板注册制的成功，对科技型中小企业的信心提升有重大的推动作用。 为了疏解科技型中小企业融资难、融资贵的问题，提升高科技企业的核心竞争力，中国推出了科创板和创业板的注册制试点，这使得我国资本市场的深入改革进入一个新阶段，极大地提升了科创企业的信心。

第五，构建"双循环"发展新格局助力了中小企业改善营商环境。 后疫情时代，中国将要充分发挥国内超大规模市场的优势，积极扩大国内有效需求和有效投资，增强国内市场的韧性，拓展国内市场回旋空间，持续提高对外开放的质量。 通过开拓可替代市场来确保我们国家中小企业的产业链供应链安全，逐渐形成以国内大循环为主体，国内国际"双循环"相互促进的新的发展格局，为中小企业的转型升级、高质量发展提供了很大的想象空间。

同时，针对现有的新挑战、新问题，我们对中国中小企业持续健康高质量发展提出五点建议：

第一，健全完善中小企业应对重大突发事件的法律体系、法律基础。 疫情的暴发考验了广大中小企业和地方政府的应对能力，同时也出现了一些新的现象和新的问题。 例如在突发事件下中小企业如何解决用工问题？ 突发事件来临后，工人供应不足，供应不足后带来的工人和劳资之间的关系如何处理？ 突发事件之后企业是倒闭还是歇业？ 关于倒闭有具体法律条文可依，但是歇业停业则没有相关法律体系，倒闭会产生一系列的连锁反应，而歇业没有法律基础来保证。 所以在重大的突发事件这一不可抗力面前，银行能不能抽贷，如何抽贷，这也需要法律作为基础来保护市场主体，所以这些新问题、新情况都需要完善的法律作为支撑体系。

民营经济创新治理

第二，要继续加大实施减税降费的普惠政策力度。 中国对小微企业减税降费的政策不断出台，力度不断提升，但是小微企业仍然反映税收费用负担较重。 数据显示，中国税收百分之七八十是企业缴纳的，同时很多企业反映企业年年亏损，但是企业年年要缴纳大额税款。 这是一个新问题，政府要如何继续加大减税降费的力度，使得企业市场主体能够更加轻装上阵。

第三，实施中小企业的补链强链工程，提升核心竞争力。 中小企业缺什么补什么，目前广大中小企业反映的是缺乏技术人才，引人难留人更难。 由于现有的政府政策措施尤其是人才措施大多是针对大型企业、事业单位的，中小企业因为缺乏相应的人才政策支撑体系，留人难，创新难。 政府应该在支持大中型企业人才的同时，更加重视中小企业的人才链支持、供应链支持，帮助中小企业提高核心竞争力。

第四，实施中小企业数字化、网络化、智能化升级辅助计划。 目前有"两化"，即数字的产业化和产业数字化。 数字的产业化方面，浙江省走在全国前列，但是产业数字化推进相对较难。 其中一个关键因素就是产业数字化需要中小企业申请域名费、流量费、网络管理，对大企业来说这笔费用不值一提，但是对中小企业而言可能是一笔不菲的资金，政府如何推进中小企业数字化、信息化的辅导计划，推进便捷、低成本、低门槛的中小企业数字化工程，是需要考虑、需要提升的。

第五，要建立中小企业诊断制度，提升现代化治理能力与水平。 日本政府推出了中小企业诊断制度，通过诊断的培育来帮助中小企业规范经营，辅导中小企业创新。 中国目前尚未推出类似制度，因此我们建议推广类似制度，帮助中小企业提高企业创新治理能力。

协同好"人、车、路"关系是民营
经济创新治理的起跑线

浙江省人民政府咨询委员会学术委员会副主任　刘　亭

"十四五"期间，要完成习近平总书记关于浙江"先行省"的示范任务，民营企业在创新治理上需要处理好"人、车、路"三要素的协同关系。人就是企业家要素，车是企业的基本面，而路则是政策、服务、法治等外部环境的综合。激发企业家的创业守业热情，保证民营企业的有效治理，构建优良的外部营商环境是三者协同发展的目标。人驾驶好车，车在正确道路上行驶，路又能保障人和车的速度和安全。

民营经济要达到一个美好的愿景，要实现一个奋斗的目标，或者要到达胜利的彼岸，人、车、路一个都不能少。更进一步来说，人又是这三者关系中最具有主观能动性的要素。人包括企业家和工程师，也包括了大量"指路"和"带路"的领导者。拉活靠车，车行靠路，但开车辟路最后都要靠人。毛主席曾说过，世界上一切事物中人是第一个可宝贵的，只要有了人，什么事情都可以干出来。因此从企业微观层面来说，人是最重要的因素。个体决定不了路，也决定不了车，个体只能决定自己的选择。浙江的民营企业发展了几十年，在相似的发展环境下，不同的企业家其命运天差地别，可以见得命运最终掌握在人的手上，而不是掌握在政府手上，也不是掌握在企业手上。换言之，有了人可以修路也可以造车，而如果没有合适的人，有再好的路、再好的车，也未必能驶向目的地。

如果从启动意义上说，路又显得最为重要。路是外部环境，换作今天的热词，即"营商环境"。人类社会一步一步发展到今天，在每一个关键的节

民营经济创新治理

点都需要一个正确的路标，即发展的方向，东向西行、南辕北辙是万万不可以的，而环境恰好具有重要的引导作用。放眼世界，文艺复兴将人的思想从中世纪的宗教禁锢当中解放出来，才有近现代的文明，才带来了近现代的工业革命，才有了今天的财富和社会的发展，环境的重要性不言而喻，天寒地冻、北风呼啸，新事物的种子就冒不出来，也长不起来。纵观国内，改革开放为中国现代化建设提供了有力保障，促进了经济发展，提高了中国的国际地位，这四十多年的历程可以总结为两句话：回望过往，改革的脚步走到哪里，中国的经济社会发展就到哪里；而展望未来 30 年现代化，规律性地表达就是全面深化改革到哪里，中国现代化的高质量高水平发展就会到哪里。举一个很简单的例子，几十年前还是贫困落后的中国为什么在 2020 年就成为世界上第二大经济体了？因为生产力大发展了。生产力为什么大发展了？因为有了大包干的改革，有了市场化趋向的改革。市场化趋向的改革怎么来的？因为破除了"两个凡是"，因为进行了"真理标准大讨论"，因为认定了"实践是检验真理的唯一标准"，因为有邓小平同志这一代领导人"睁开眼看世界"，党内外对推进改革开放形成了高度共识，把思想解放了。解放了思想，确定了方向是市场化，然后按照这个方向去把不符合这个方向的体制机制加以改革，生产力就像火山喷发一样被解放出来，中国就变成世界第二大经济体。放眼未来，中国有希望在若干年后成为第一大经济体，但是经济体规模再大，还要看人均水平，中国目前人均水平还是全世界六七十位，革命路途遥遥。万里长征从走出第一步，路便是最重要的，只要走对了方向，剩下的便交给努力与时间。因此，从启动的意义上来说营商环境、发展的方向把握至关重要。思路决定出路，路选对了，车会开起来，人也都会接踵而至、紧随其后。

车同样有其重要意义。车是企业，驾驶员就是企业家。第二大经济体的总量从何而来？是千万个企业创造的财富累积起来的，企业把亿万的劳动者的积极性调动起来，参与到发展进程当中，企业家是配置资源的第一把手，是创新创业创富的发动机。有了企业家带领的一家家企业，沿着正确的路向前行，财富就被创造出来了，国家也得以发展。因此最终的结论是：一个都不能少。路是最终方向，车是关键枢纽，而人是确定方向、启动车，到达目的地的核心要素，三者缺一不可。

发展有的时候也会停滞，甚至发生逆转，我们有时也需要清醒地反躬自省，找到并坚定正确方向，牢牢把握方向盘继续往前走，如同习近平总书记所说，要把改革开放进行到底；亦如当年解放战争直追到长江边上，不论是美国人还是斯大林都劝毛主席适时收手，划江而治，而毛主席写的诗却是"宜将胜勇追穷寇，不可沽名学霸王""打过长江去，解放全中国"。现在中国的改革开放和发展都在路上，不过"行至中途"而已。下一步能不能把初级阶段、低水平的市场经济，通过接续的市场化改革和制度型开放，推向一个现代的市场经济体系，或谓中央文件说的"高标准的市场体系"，这是我们今后往前走最要害的问题所在。做好这些，现代化高质量的发展就是完全可以乐观预期的。

"十四五"是民营经济创新治理的新起点和关键期

浙江省发展规划研究院区域高质量中心执行主任 朱李鸣

中央提出的"创新驱动"就是把创新驱动放在现代化建设的全局高度的核心地位，这个是处于前所未有的战略高度的。 改革开放到目前的新发展阶段，原来的资源和外部环境主要依靠企业家整合的模式已经完全改变了，创新正在逐步成为核心的发展动力。 创新能力恰恰也是我们浙江的短板，这与浙江省原创新资源积淀不深以及省内大院大所数量缺乏等都有直接关系。 省委省政府提出的补短板补的主要就是创新能力的短板，"十四五"期间浙江省依然是将创新驱动作为全省经济社会高质量发展的最后落脚点。 从具体举措上来分析，首先就是要围绕三大科创高地，建设创新型省份。 其次在空间布局上，则是依托城西科创大走廊的建设。 再次，从具体的路径上，民营企业始终是创新的最重要主体，这个创新的原动力来自企业家本身对市场的把握，对大环境的把握，并在此基础上充分发挥民企职能，组合创新要素，再成功实现产业化。 最后，政府的职能应该落脚在如何提供，以及提供怎么样的创新环境上。 硅谷就是一个很好的例子，其中有三个关键词：第一个是产学研合作，解决创新源头的缺失问题，通过企业研发中心等载体实现技术源的开发，或者是通过技术购买和技术合作等方式填补这一块短板；第二个关键词是平衡创新风险，政府在这里需要主动承担一种角色，使得创新风险能够更小，这样才能鼓励企业的创新行为，特别是在目前还未形成很成熟的创投参与机制的情况下，如何营造包容创新失败的政策环境十分关键；第三个关键词是创新文化，创新文化在新发展格局下，实际上是一种科研人员参与到创新过程中，与企业家共同实现的创新，还有诸如科研创新、大众创新、万众创业等都需要创业文化使之真正落地生根，这方面还有很多努力的方向。

所以，创新驱动被放在现代化建设的全局高度的核心地位，是高质量发展的最后的落脚点。"十四五"也是民营经济创新治理的新起点和关键期，在此期间民营经济创新治理有以下几个重点：一是有赖于政府构建有利于民营企业作为技术创新主体的制度环境及人文环境。企业在创新过程中面临着诸多风险，种种风险抑制了企业的创新思潮。政府作为企业创新风险的分担者，可以通过提供产权保护、创新引导基金等举措降低企业创新风险，让企业创新行为源源不断地涌现。更进一步地，逐渐形成积极有效的创投机制。此外，政府还是创新权益的保障者、创新资源流动的促进者、创新成果转化的推动者，在丰富应用场景及产品服务采购、平等参与国家技术创新项目、支持创业投资机构发挥积极作用，支持更多的民营企业发起产业技术联盟、与境内外科研院所联合发起新型研发机构。

二是民营企业自身需要更多坚定走好技术创新、产品与服务创新的路子，弘扬创新创业的企业家精神，勇担创新天职，掌握产品关键技术、重要专利、一流标准，掌握产业链供应链关键环节，加快向科技创新型企业转型。在内部治理上采用现代公司制、股份合作制等模式，最大限度地突破家族经营方式，最大限度地吸纳先进生产要素为创新所用，构建开放式、数字化治理机制。民营企业的创新始终是一个主体，这个创新的原动力来自企业家本身对市场的把握，对大环境的把握。民营企业在创新源头上还存在着短板，企业可以通过开展产学研合作或自身的研发中心、技术源并购来补足这一短板。

三是大力培养弘扬创新光荣包容失败的创新文化，大力尊崇企业家、科学家、发明家、技术专家，在舆论环境和城市文化媒体传播中加大宣传和表彰力度，让他们走进大中学教室，培养学生的创新创业精神。除了企业类的创新，还要有科研类的创新，要积极引导科研人员加入创新队伍，让大众创业、万众创新的创新文化真正落地生根。民营经济的创新不仅是民营企业这一主体的持续创新，还要关注民营经济制度的创新，这是一个体系化的问题。总之民营经济创新治理中要坚持系统化治理理念，让民营企业、政府、大学、中介、社会多主体有效协同起来。

民营企业创新治理需关注绿色智造等新问题

杭州万事利丝绸文化股份有限公司董事长　李建华

从"十四五"规划来看，浙江的企业能够走在全国前列最主要的原因是企业核心能力的培养。数据显示，浙江省的企业规模位列第一，而创新能力排在第三位，说明创新仍然是企业面临的一大问题。目前大部分的企业家已经认识到企业的下一步发展主要是看自己的核心能力，而当下核心能力的培养主要在于数字产业化，这是一脉相承的。因此数字产业化是否能够成为浙江民企的核心能力将是未来发展的关键所在。除此之外，民营企业创新治理还应关注绿色智造等新问题。

对"十四五"规划和 2035 远景目标中的内容进行一定分析后可以发现，创新在企业发展过程中占据核心地位。想要避免"中等收入陷阱"，创新是第一条，而创新也正是我们所强调的核心能力的基础。所以这次"十四五"规划特别强调创新引领推动改革开放，改革开放推动创新，这个辩证关系特别重要。在过去 40 多年的改革开放中，我们采取的是全面拥抱全球化，"两头在外，大进大出"，技术也在外面，和全世界潮流一块走。但是到今天这个阶段，当我们的人均 GDP 从 1 万美元走向 12500 美元时，效率、劳动生产力变得特别重要，增长的主要源泉不再靠投入资本、投入劳动力，而在于提高劳动生产力，提高劳动生产力的核心是科创。在历史上和世界范围内看，很多国家跨不过这个坎，就是因为劳动生产力跟不上，科创能力上不去。从这个意义上来讲，在当前这个关键时间点上，提倡科创是一件必要且必需的事情。创新能力是核心能力的核心，而核心能力的构建最终是实现我们企业的高质量发展。

以万事利丝绸为例，万事利通过数字化解决的首要问题是设计的数字化，即如何用数字来表达设计的美，这是一个世界难题。万事利自主研发人工智能设计系统，通过人工智能强大的计算能力与创造能力，不仅可以在最短时间内实现海量花型设计，还可以实现与消费者的心灵交互。万事利和微软小冰合作，让小冰来参与设计丝巾图案，小冰设计的丝巾会为你作诗、谱曲，这是全球任何一个丝绸品牌都没有过的尝试与体验，这些都是万事利的首创。

其次解决了机器与人之间的关系问题，设计的美通过数字表达之后，如何再通过机器制作出来，即人工智能的色彩管理系统。然后是个性化定制问题，通过数字化的设计、制作，万事利可以做到针对单一消费者的个性化的设计制造，通过数字化创新制造升级，实现了按需定制的模式，根据消费者需求的不同，快速设计、快速生产、快速交付。最小订单数仅一件，且一款产品到货时间不超过 5 天。通过快反生产机制，打造全新的消费模式，也会大大缓解库存积压的情况。

在解决了关系企业发展的核心问题后，万事利开始关注绿色智造问题。创新发展、绿色发展就是我们高质量发展的首要目标，为此，我们一直在不断探索技术、模式的突破。大家知道，造成污染的重要源头实际上来自我们人类穿的衣服，来自纺织行业，因为印染行业一直都是污水排放的主要来源。传统的印染工艺中污染是难以避免的，而通过制作流程和制作工艺的数字化，在印染过程中就能够很大程度地减少污染的产生。丝绸行业落后于欧洲，主要在印染、印花环节，现在我们通过自主创新，已经实现数码印花技术、设备以及色彩管理软件开发等领域的全球领先。世界范围内，尤其是在中国，污染三分之一来自汽车，三分之一来自纺织服装，三分之一来自其他，而万事利在环保印染技术方面的研究势必会成为未来可持续发展的核心能力，高质量发展的背后一定是创新技术的支撑，没有研发投入的企业是没有未来的。

绿色环保不仅依靠技术创新实现，还能凭借文化理念的创新实现。"十四五"规划中，浙江省的规划特别强调"绿水青山就是金山银山"，丝绸的原材料本身就是绿水青山，因为种桑养蚕本身就是发展绿水青山。万事利通过

民营经济创新治理

这么多年的发展实践，总结出了三句话，这也是万事利全新的发展理念：种桑养蚕就是绿水青山，黄茧白茧就是金山银山；丝绸文创就是脱贫攻坚；丝绸产品就是对美好生活的最佳实践。 这里分享一组数据，万事利产品的主要原料是桑蚕丝，我们所用的原材料大部分来自云、贵、川等省份的一些欠发达农村地区，我们算过一笔账，无论销售额有多少，都有接近 40% 的份额直接给到种桑养蚕的农民。 以年销售额 10 亿元计算，就差不多有 4 亿元直接用于补贴蚕农经济收入，以国家最低脱贫标准计算，万事利仅此一项可以直接帮助脱贫 10 万人。 通过丝绸这一载体，万事利于 2020 年帮助解决了一定的脱贫问题，为我们国家打赢脱贫攻坚战尽到了一份力。

就当下来看，绿色的数字经济正在为浙江的高质量发展注入强大动力。浙江省印发的《关于进一步助力市场主体纾困促进高质量发展的若干意见》，提出要加大科技创新政策支持，进一步加大降息力度，加大出口网上交易和出口转内销支持等政策，在数字经济领域成效尤为显著。 数字经济核心产业增加值同比增长 11%，在浙江省公布的年度经济数据中，数字经济的底色也愈发亮眼。 而数字化已经助力丝绸这一传统产业变成现代化的一个服务产业和绿色环保的产业，万事利将在丝绸方面再次引领世界丝绸行业的发展。 科技创新必将为民营企业的发展注入新动能、带来新机会、创造新模式，数字经济也正在助推浙江经济社会迈向高质量发展的轨道。

浙江民营经济创新治理的重要意义和对策举措

浙江省中小企业研究会秘书长,浙江工业大学

中国中小企业研究院副教授　汤临佳

在百年未有之大变局背景下,国内外经济发展新形势、新格局对浙江省民营经济创新治理提出了前所未有的新要求。

一、新发展格局下提升浙江省民营经济创新治理的紧迫性与重大意义

第一,新发展格局下浙江省民营经济创新治理亟待提升。民营经济创新治理是提升国家治理能力现代化的重要内容之一,特别是在新发展格局下对民营经济的创新治理综合水平提出了更高要求。浙江作为民营经济大省,应加大力度推进民营经济创新治理理念转变,围绕国家治理能力现代化战略目标与制度框架,把浙江省建设成为民营经济创新治理的"重要窗口"。

第二,提升创新治理能力是浙江省民营经济再创辉煌的重要途径。民营经济是浙江发展的"金名片",是浙江社会经济中最具活力的部分。在新发展格局下,民营经济必须转变发展模式从要素推动向创新驱动转变,从低水平扩展向高质量发展转变,提升创新治理水平是实现模式转变的前提,民营企业只有在创新治理上下功夫,才能促进高质量发展。

第三,在新发展格局下浙江省民营企业创新治理也迎来重大机遇。首先,我国制度优势是民营企业发展的重要保证,"两个毫不动摇""六稳六保"政策极大地提高了民营企业家的信心。其次,数字化经济"一号工程"助力浙江省民营企业创新治理跃升。数字技术、人工智能的发展,推动了民

营企业改变生产方式、生产结构、资本结构与商业模式，推动了民营企业供给侧结构性改革，为民营企业创新治理提升带来更多新机遇。 第三，"双循环"发展新格局助力民营企业改善治理模式。 后疫情时代，充分发挥国内超大规模市场的优势，增强国内市场的韧性，提高对外开放质量，都对浙江省民营经济在产业链供应链治理等方面形成新机遇。

二、浙江民营经济创新治理急需处理好的重大关系

浙江省民营经济创新治理水平跃升需要厘清和处理好三大关系。

第一，处理好风险与效率的辩证关系。 民营企业创新治理很复杂，但简单归结就是如何处理好风险与效率的关系。 新时代高质量发展背景下，浙江省民营经济发展的主要矛盾不是速度问题，而是质量和效率问题，各级政府、社会和企业家必须做好经济发展方式的换挡准备，把重心转到技术创新能力提升上来。

第二，处理好变革与传承的统一关系。 科技与产业将在智能与认知、生命与健康、能源与动力三大领域发生"超级"变革，民营企业应基于技术路线图方法积极开展研发活动及其市场融合，努力成长为行业隐形冠军。 家族企业创新与家族企业传承、产业生态、数字化转型、利益分配、全球供应链格局变化等七个方面是民营企业创新治理应对的方法与策略。 企业不是被竞争对手打败，而是被科技打败，不是被正在应用的科技打败，而是被正在研究还没应用的科技打败。

第三，处理好"人、车、路"的协同关系。 "十四五"期间，要完成习近平总书记关于浙江"先行省"的示范任务，民营企业在创新治理上需要处理好"人、车、路"三要素的协同关系。 人就是企业家要素，车是企业的基本面，而路则是政策、服务、法治等外部环境的综合。 激发企业家的创业守业热情，保证民营企业的有效治理，构建优良的外部营商环境是三者协同发展的目标。 人驾驶好车，车在正确道路上行驶，路又能保障人和车的速度和安全。

三、浙江民营经济创新治理急需转换的核心理念

总体来说，浙江民营经济创新治理的核心理念转换，是从矛盾式思维转

向和谐式思维的过程。从单维度求解，转向多个维度综合求解，求均衡制衡，形成双赢、全赢、多赢的结果。

第一，治理理念从"以物换钱"向"以心换心"转换。民营企业创新治理应从顶层设计开始，用创新治理理念替代公司管理理念，发扬专注、标准、精准、创新、完美、人本等理念，实现研发零距离，制造零缺陷，销售零库存，物流零时间，服务零抱怨。从过去的股东价值最大化，逐步向人的价值最大化过渡，实现用户、员工、股东的综合价值最大化。

第二，运行理念从"价值独创"向"价值共创"转换。过去企业创造价值是单一主体，研发、制造、服务都由企业员工完成。价值共创的主体是多元化的，企业价值共创过程可以延伸到员工和顾客以外，实现思想众智、业务众筹、企业众创等创新治理理念。相应地，资源重点也从硬资源转向软资源。土地、设备、厂房等不再是核心资源，而知识、技术、管理等成为关键生产要素。

第三，治理结构从"自组织形态"向"商业生态系统"转换。传统的母子公司体制结构正在被现代商业生态系统所替代。过去母子公司体制遵循短板理论，而现代商业系统理念则需要符合长板理论，即单个企业需要围绕自身竞争优势做到极致。相应地，单一产品结构也将转向产品生态体系。未来客户对于产品的需求是基于使用场景的完整体系，所以个性化产品和场景定制将成为重点。构建企业自身的生态系统或者融入已有的成熟商业生态系统，将成为民营企业未来高质量发展的唯一之路。

第四，治理工具从"非数字化"向"数字化"转换。以互联网为代表的新技术群的出现，倒逼整个社会数字化转型，信息化、数字化、智能化、网络化等元素全面融入企业创新治理的全过程。未来趋势线上替代线下，机器替代人工，虚拟空间替代物理空间，企业部门去中间化，数据驱动决策等，都倒逼民营企业加快领会数字化创新治理的理念。

第五，企业社会责任从"被动承担"向"主动经营"转换。社会责任的承担不再视为一种负担，需要把解决社会问题、反哺社会培育作为民营企业的战略使命，并主动选择融入企业的管理运行。经营社会责任是把今天的成本变成明天的资本，建立成本和资本相融合、相统一的理念。

四、提升浙江民营经济创新治理水平的对策举措

第一，健全完善民营企业应对重大突发事件的法律法规体系。本次疫情暴发实际上是考验了民营企业跟地方政府的应对能力。同时也出现了一些新的现象和新的问题，特别是面向突发事件下民营企业的用工问题、劳资关系等需要在制度层面给予保护，形成对民营企业更加公正、包容、开放的制度环境。

第二，加大力度实施民营企业减税降费的普惠政策力度和效度。国家对民营企业减税降费的力度逐年增强，这对降低民营中小企业群体负担，投入更多资源到企业创新治理是利好。但目前民企的综合税费负担仍比较重，需要继续研究加大减税降费的范围和力度；同时，减少企业申报减税降费的成本，切实做到企业市场主体能够轻装上阵。

第三，运用"数据红利"加快数字化赋能民营企业创新治理能力。一是加快发展工业互联网平台和"智能＋"服务模式。深入开展民营企业供需对接，分级分类推进民营企业生产数据"上云上平台"，构建智能制造网络打通产业链环节，实现智能化生产、个性化定制、网络化协同和服务化延伸。二是大力发展电子商务和集成供应链创新应用。加快推进数据中台服务精准对接企业商业价值增值需求，围绕产业链、供应链打造创新链，实施大中小企业融通发展专项工程，增强民营企业数字化核心竞争力。三是制定实施民营企业数字化成长规划。制定民营企业数字化成长规划，建立民营企业数字化成长梯度机制，在重点地区和重点产业选择培育一批数字治理能力试点企业。

第四，从产业链治理视角加快民营企业创新治理人才梯队建设。民营企业创新治理的高度必然需要人才梯队的支持，而未来的企业创新治理也将是贯穿产业链、供应链及价值链的系统性治理。引导企业提升战略、研发、制造、品牌、营销等人才梯队建设来增强企业创新治理能力。为此，建议浙江省在"十四五"期间，实施民营企业高层次管理人才和创新人才招引计划，同时接入民营企业蓝领技术工人培训及保障工程，以此确保面向全产业链实现"人才补链"和"人才强链"，形成一支复合式、多层次、适应力强的创新人才队伍，真正助力民营经济创新治理水平的跃升。

环境规制、盈余质量与绿色创新

——基于中国制造业数据的实证研究

刘程军　吴国军

一、引言

从第一次工业革命的蒸汽时代发展到如今第四次工业革命的信息时代,世界各地都取得了巨大的发展,尤其是中国,从 1978 年开始改革开放,经过 40 多年的发展,取得了举世瞩目的成就,但也带来了不容忽视的环境污染问题。党的十九大以来,人民对美好生活的向往越加迫切,不仅仅要求在吃穿住行方面得到满足,对于生存环境也有了更高的要求,生态环境问题成为当前急切需要解决的问题之一,因此进一步强化环境规制成为必然的趋势。不管是针对国家还是企业,没有创新就无法真正地脱颖而出,在面对环境污染问题时,绿色创新呈现出举足轻重的地位,但在环境规制的前提下,并不是所有的企业都能如愿以偿地进行绿色创新,从而减少污染的排放,对于盈余质量较高的企业在环境规制的制衡下比盈余质量较低的企业更容易进行绿色创新,因此针对政府在制定环境规制时,应多加考虑企业的真实财政状况以及企业所面临的困难。

大量文献表明,从静态角度来看,环境规制与企业的绿色创新存在"鱼和熊掌不可兼得"的局面,即想要满足一个目标的实现,就必须放弃另外一个目标。因为在当前市场中,企业为了使自身利益最大化,已经将自身调整为最优的状态以适应当前稳定的市场状况,环境规制的引入将打破目前平衡的状态,且会增加企业的成本负担,带来不利影响,从而削弱企业的创新力和国际竞争力。同时针对环境规制要给予不同产业的特征事实进行制定,单纯以某一产业去探究环境规制会产生一

民营经济创新治理

定的选择性偏差(Wu et al,2017;Aghion et al,2016)。从动态角度来看,著名学者Porter 指出环境规制在提高企业生产成本的同时,也会对企业的绿色创新产生一定的正面作用,从而提出著名的"波特假说"(Porter,Van der Linde,1995)。学者Ambec 通过构建框架得出,环境规制可以抑制组织内部的惰性,进一步增强绿色创新能力(Ambec,2013)。针对中国制造业而言,环境规制与绿色创新存在什么样的关系?波特假说是否适用于中国的制造企业?

中国从改革开放至今,取得了巨大的发展成就,制造业在中国发展中有着举足轻重的地位,成了中国发展和 GDP 增长的一大支柱,但是近些年来由于世界经济低迷,企业间的竞争越来越大,导致许多企业尤其是制造型企业盈余质量过低,从而影响企业进行一系列的创新活动。习近平总书记指出,"我们既要绿水青山,也要金山银山。宁要绿水青山,不要金山银山,而且绿水青山就是金山银山"(侯子峰,2019)。这表明了党中央对环境的重视程度,也侧面反映出环境规制将会越来越强,对于中国制造型企业而言,在面对当前市场环境巨大的竞争条件下,公司的盈余质量到底会发挥一个什么样的作用?盈余质量是促进还是抑制波特假说的实现呢?对于公司的绿色创新,具体的影响机制又是什么呢?

党的十八大后随着持续多年的环境规制的推行,中国制造业的发展面临着更大的困难,政府必须对此引起重视,因为这会影响到企业的盈余质量,从而影响到企业的绿色创新发展以及妨碍我国成为创新型国家目标的实现。中国特色社会主义进入新时代,改革也迈入了深水区,中国制造业企业同时面临环境规制、盈余质量的提升以及绿色创新发展的多重压力。那么,这三者存在什么样的关系?

相关综述主要阐述环境规制、盈余质量以及绿色创新方面的文献:第一是环境规制与绿色创新方面的文献。在现有的文献当中,已有大量学者研究分析环境规制与绿色创新之间的关系。绿色创新是为了解决环境污染的问题,企业中的绿色创新取决于恰当的环境规制强度(Elgin 和 Mazhar,2013);从绿色创新的角度去度量各个产业的最优环境规制,发现重污染产业的环境规制处于较合理的水平,促进创新,但是中轻度产业与环境规制呈 U 形关系(李玲和陶锋,2012;Horbach、Rammer 和 Rennings,2012);环境规制对绿色创新的影响是非线性的(韩国高,2018;李婉红,2015),当环境规制强度较小时,企业会缺乏绿色创新的动力,当环境规制强度大时,会产生优胜劣汰的一个过程(Cai、Chen 和 Gong,2016)。同时就绿色创新与环境规制而言,两者的关系是不确定的,绿色创新本身就难以调和经济发展与环境保护间的矛盾,有的新技术会降低污染,有的却会增加污染(Cai et al,2016;杜龙政和汪延明,2010)。

第二是盈余质量相关的会计学方面的文献。如盈余质量、识别技术与债务契约之间的关系,表明信贷人员应提升自身专业技能水平,全面掌握企业会计信息质量的识别技术,以防控信贷风险,提高信贷资源配置效率(叶志峰,2018)以及依据切比雪夫不等式设定了预警值,初步探讨了行业盈余质量预警识别方法(韩峰,2016)。

研究结论存在以下两个贡献:

第一,探讨了盈余质量与波特假说之间的关系,即是否会加速 U 形拐点的到来。在以往的文献当中,已经从各方面来研究波特假说,如杜龙政、赵云辉等研究了波特假说在中国工业上是否依然适用;刘章生、宋德勇等研究了关于波特假说的门槛效应。但均为考虑企业实际盈利状况即公司的盈余质量。当然,对于盈余质量的研究,大多数是结合会计类的知识进行研究,几乎没有结合环境规制这个角度来研究企业的绿色创新。所以,当前还没有学者具体探究环境规制、盈余质量以及绿色创新这三者的关系,本文以中国制造业为例,提供新的证据,探究这三者的关系,为波特假说的研究提供新的思维。

第二,到 2035 年,中国要基本实现现代化,其中有一条是跻身创新型国家前列。要想实现这个目标,不仅仅要坚持党的领导,坚持改革开放,坚持以经济建设为中心,等等,还必须促使中国企业的创新能力得到提高,因为环境规制的实施,在一定程度上会加大企业的负担,减少企业的利润,企业的盈余质量代表着该企业实际拥有的资金,盈余质量越大,企业自然会投入更多的研发资金进行绿色创新从而应对环境规制。本文就是基于此背景,研究这三者的关系,让企业深刻了解一个良性循环的形成,使得企业能够更好,更深层次地了解国家对于环境规制的政策目的,对于提高企业进行绿色创新,加速中国成为创新型国家具有重要意义。

二、研究机制与假说提出

(一)环境规制对绿色创新的影响机制

环境规制对制造型企业的绿色创新发展既有"创新补偿效应",又有"侵占效

民营经济创新治理

应"(见图1)。

1.为了更快更好地给人民带来一个美好的生存环境,政府必然进一步加强环境规制的强度,对各类企业尤其是制造型企业在污染排放方面,如有害气体的排放量、排放含量以及废水等污染物的排放提出更高的要求。面对环境规制,企业必须毫无条件地遵守国家的规定,为了更好地使企业的利润最大化,一般企业会根据国家的政策制定一些应对措施,通常会采用以下三种措施:一是企业为了达到国家排放标准,会拿出一部分资金用于污染的治理;二是会综合比较是投入资金治理还是放弃一些污染较为严重的产业,对于污染量太大,需要投入大量资金的产业,企业会选择放弃;三是企业会进行自我的改造,提升现有的工艺模式,使得企业污染排放量低于改造前的排放量,从而达到国家规定的要求。

2.波特假说认为环境规制对绿色创新存在 U 形的曲线关系,即环境规制开始实施时,企业为了达到污染排放标准,必须拿出部分收益进行环境的治理,称为"侵占效应";但是当环境规制达到一定程度后,企业会加快绿色创新,改进自身的工艺水平,从而减少在处理污染时所需要的费用,提高生产效率,获得"创新补偿效应",既提高了自身工艺水平,又使得污染排放达到国家的标准,从而形成双赢的局面。

3.政府为了环境的保护,制定环境规制政策,长期来看环境规制无论是对国家还是企业来讲,都是双赢的政策,但是就目前来看,在世界经济萧条,人力成本、物价成本等上升的背景下,企业之间的竞争压力日渐加强,政府要想顺利实施环境规制政策,就必须在相关政策上给予企业一定的支持,缓解企业因为环境规制带来的现金流问题。与此同时,政府在实施环境规制时,必然要对现有的一些政策进行适当的修整,从而支持环境规制的实施。例如:对于使用新型能源、新型材料的企业给予一定的优惠,对于企业通过对现有技术的改进达到节约资源、保护环境的创新给予一定的奖励或鼓励,提升企业的积极性,有利于推动企业的绿色创新,更快地实现双赢。

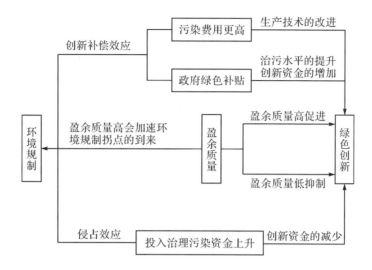

图 1　环境规制、盈余质量和绿色创新效应图

(二)盈余质量对绿色创新的影响机制

1.盈余质量可以直接反映出企业当前的运营状况以及内在价值,也可以预测企业未来的运营状况以及公司的内在价值。通俗来讲,企业的盈余质量越高,说明这家企业的实际可支出金额越多。盈余质量对绿色创新的影响是,当企业受到环境规制的约束时,企业需要投入更多的资金用于环境污染治理,这会导致一些企业减少绿色创新的投入,但是盈余质量较高的企业,面临这种情况,会进行两个方面的投入:第一,给予一定的资金用于前期的环境污染治理;第二,会投入更多的资金进行绿色创新,提升自身的工艺水平,加速波特点的到来。

2.盈余质量不但通过投入资金加速企业的绿色创新,而且还会影响企业的人才投资,企业利润率从而间接地影响企业的绿色创新。

(1)人才投资:当企业的盈余质量较高时,企业会相应地提高研发人员的工资以及实施一些激励措施或提高企业的研发投入,从而影响企业的绿色创新。人才的引进以及培养,不管针对国家还是一家企业而言,都是十分重要的。一个国家想要发展,不仅需要较高技术含量的机械设备,还需要人才的储备。一方面,人才储备是一个国家发展进步的动力和源泉,当一个国家的人才积累越多,国家的创新发展越会奋力直前,技术进步会越来越明显。另一方面,对于企业而言,一定的人才储备会促进、推动企业的创新能力,从而使得人力投资转换为商品进行市场的销售,转换为市场效益,将创新实现产业化,获取最大的利润从而进入良性循环。所以,盈余质量的高低会直接影响人才的投资,从而影响企业的绿色创新。

(2)企业利润率:通常情况下,环境规制的实施会增加一定的企业成本,从而降低企业的利润率。但是对于盈余质量较高的企业,由于自身的资金比较充足,会加强研发力度,以保持自身的利润率不会有较大幅度的变化,为融资提供了很好的保障,以保证公司的资金充足,维持企业的稳定增长。

(三)企业盈余质量的差异化特征模型与假说提出

1.中国特色社会主义进入新时代,人民对美好生活的向往更加迫切,环境规制作为国家对环境整治的硬性政策,每个企业都必须无条件遵守。波特假说认为环境规制与绿色创新存在 U 形关系,当环境规制达到一定程度时,就会加速企业的绿色创新(Porter,Van der Linde,1995)。不同企业的盈余质量存在一定的差异,从而导致波特假说的影响也会发生差异。环境规制初期,必然会加大企业的支出成本,对于盈余质量较高的企业,有更多的资金进行研发创新,加大人才的引进,而对于盈余质量较低的企业,环境规制前期没有较多的资金进行创新的投入。所以盈余质量较高的企业更有可能实现突破性的创新,降低污染快于一般的企业,从而加速波特假说的实现。

2.环境规制作用下企业盈余质量差异化特征模型。进入新时代以来,人们对环境的要求越来越高,政府必须制定环境规制去降低企业生产过程中产生的环境污染。假设,政府在制定环境规制时,设立一个污染水平 M,该地区所有企业在生产加工过程中所排放的污染总和必须小于 M。为了使企业利润最大化,假设产品市场、要素竞争市场实现完全竞争。假设产品的价格为 P,S 代表企业的技术资本投入,V 代表生产资本投入,T 代表绿色创新资本投入。假设生产技术是希克斯中性的,因此企业的生产函数为 $F = A(S)f(V)$,其中技术进步只体现于 $A(S)$,生产资本只与 $f(V)$ 有关,绿色创新成效只与 $B(T)$ 有关。若现有两家规模、性质等大致相同的企业 a 与 b 在同一地区同时存在,S_1 和 S_2 分别代表两家企业的技术资本投入;V_1 和 V_2 分别代表两家企业的生产资本投入;T_1 和 T_2 分别代表两家企业的绿色创新资本投入。所以 a 企业的生产函数为 $F_1 = A(S_1)f(V_1)$,b 企业的生产函数为 $F_2 = A(S_2)f(V_2)$,其中 $A(S_1)$ 代表 a 企业的技术进步指标,$A(S_2)$ 代表 b 企业的技术进步指标,$f(V_1)$ 代表 a 企业在特定技术水平下的产出量,$f(V_2)$ 代表 b 企业

在特定技术水平下的产出量。a 与 b 企业污染函数为 $H[B(T_1)A(S_1)f(V_1)$,
$B(T_2)A(S_2)f(V_2)]$,污染产出与企业的总产出和绿色创新成效有关。在 V 和 S
不变的情况下,即 a、b 两家企业的总产出相等,a 企业与 b 企业的污染产出 H_1 与
H_2 只与绿色创新成效有关,即 $H_1'(T_1) > 0$,$H_2'(T_2) > 0$,在 V、T 不变的情况下,企业产出 F 只与技术进步有关,即 $F_1'(S_1) > 0$,$F_2'(S_2) > 0$。假设 a、b 两家
企业的单位产品治污费用分别为 w_1、w_2。

因此,a、b 两家企业达到利润最大化时可表示为:

$$\max\Pi = P[A(S_1)f(V_1)] - w_1 A(S_1)f(V_1) \tag{1}$$

$$\max\Pi = P[A(S_2)f(V_2)] - w_2 A(S_2)f(V_2) \tag{2}$$

$$s.t \ H[B(T_1)A(S_1)f(V_1), B(T_2)A(S_2)f(V_2)] = M \tag{3}$$

此时存在 $\lambda \in R$,若 a、b 企业的生产资本 V 与技术资本 S 投入不变,则利润最
大化的优化条件为:

$$PF_1'(S_1) - w_1 F_1'(S_1) + \lambda H_1'(T_1) = 0 \tag{4}$$

$$PF_2'(S_2) - w_2 F_2'(S_2) + \lambda H_2'(T_2) = 0 \tag{5}$$

$$H[B(T_1)A(S_1)f(V_1), B(T_2)A(S_2)f(V_2)] = M \tag{6}$$

将式(4)、(5)和(6)联立可得:

$$\frac{P - w_1}{P - w_2} = \frac{H_1'(T_1)/F_1'(S_1)}{H_2'(T_2)/F_2'(S_2)} \tag{7}$$

国家实施环境规制政策,对于同一个地区环境规制的强度基本相同,对于 a、b
两家企业,上面假设 a、b 两家企业规模、性质等大致相同,且在同一地区,所以面对
的环境规制强度一样。因为上面模型研究的是盈余质量的差异化,所以设 a、b 两
家企业的盈余质量分别为 y_1、y_2,且令 $y_1 > y_2$。在环境规制时期,由于 a 企业的盈
余质量高于 b 企业,所以 a 企业投入绿色创新的费用高于 b 企业投入绿色创新的
费用,即 $T_1 > T_2$,绿色创新成效可理解为绿色创新投资越高成效越大,所以 H_1'
$(T_1)/F_1'(S_1) > H_2'(T_2)/F_2'(S_2)$,且 P 相等的,所以 $w_1 < w_2$,所以可知,当两家相
同的企业在面对同一环境规制时,盈余质量越高,企业越有能力去面对环境规制带
来的困难,能够投入更多的资金用于绿色创新,从而既能降低污染产出又能降低环
境治理的费用,加速波特假说的实现,形成良性循环。

3.假说提出。综上所述,针对一家企业而言,在面对环境规制约束时,企业的
盈余质量越高,企业所拥有的竞争力越大,同时盈余质量也会加速波特假说的实

现。基于以上分析,本文提出三个假说:假说1,环境规制与绿色创新之间呈现非线性U形曲线关系。假说2,在面对环境规制时期,企业的盈余质量与绿色创新呈正相关。假说3,在假说1的基础上加上盈余质量,会产生一定的复合效应,盈余质量高的企业在面对环境规制约束时竞争力更大,会加快波特假说的实现。

三、模型建立与指标选取

(一)模型建立

本文构建了一个线性回归模型,衡量环境规制、盈余质量以及个别控制变量对中国制造业绿色创新的影响效应,具体计量模型如下:

$$gie_{i,t} = \beta_0 + \beta_1 \varepsilon RS_{i,t} + \beta_2 \varepsilon RS_{i,t}^2 + \beta_3 PMDA_{i,t} + \beta_4 gie_{i,t-1} + \psi X + \bar{\varepsilon}_{i,t} \tag{8}$$

其中,$gie_{i,t}$表示第i行业第t年的绿色创新效率,衡量其绿色创新能力;$\varepsilon RS_{i,t}$表示第i行业第t年的环境规制;$PMDA_{i,t}$表示第i行业第t年的盈余质量,当该行业净利润越大,盈余质量的值就越大;X表示控制变量——企业规模(SIZE);β_0表示不随个体变化的截距。

(二)变量选取及数据来源

1.被解释变量:绿色创新(gie)。对于绿色创新的具体概念,学者们评论不一,不过大致有三点:绿色创新是为了降低环境污染而进行的创新;绿色创新作为衡量环境绩效的指标而引入;绿色创新既代表环境改善的创新又作为衡量环境绩效的指标。本文用绿色创新效率来衡量各行业的绿色创新,投入指标为R&D人员投入和R&D经费内部支出,产出指标为新产品销售收入和专利申请数,对于在生产过程中产生的非期望产出,如废水的排放,SO_2的排放以及固体废弃物的处置量。当前,在已有文献中通常有两类处理排放变量的中国方法:一类是把污染排放作为投入要素,代表文献如(Mohtadi,1996;韩晶,2012),将污染排放作为投入计算效率;另一类方法是将污染排放作为非期望产出,利用超效率非径向非角度DEA-SBM方向性距离函数计算效率,代表文献如(冯志军等,2013)。本研究采取的方法为第一类,将污染排放作为投入要素计算绿色创新效率。因为在生产过程中,污染的排放会有害于自然环境,从而会转变为经济形式损害社会资源;同时,累计的排放物会损害自然环境,降低社会服务质量从而最终导致经济单位的负效应。对于现有文献计算投入与产出的效率大多使用数据包络分析法(DEA)中的 BCC 模型,但是对于普通的 BCC 模型计算出的效率值最大等于 1,无法进行更加直观的对比,所以本文将使用 DEA-Solver 中 Super-Radial 里的 Super-Bcc-I 模型进行绿色创新效率的计算。处理软件为 DEA-Solver,计算绿色创新效率的数据来源于《中国科技统计年鉴》《中国环境统计年鉴》,其中对于 2010 年规模以上工业企业的 R&D 人员投入、R&D 经费内部支出、专利申请数和新产品销售使用插值法进行插值。

2. 环境规制(εRS)。对于环境规制的衡量,在现有的文献当中已有多种方法衡量环境规制,如利用排污强度来衡量(董直庆和王辉,2019);分类考察法,以不同的环境规制方法去测量不同的环境,如黄清煌和高明(2016)将环境规制分为命令控制型、市场激励型和公众参与型三类,探究了不同的环境规制对绿色创新的影响以及采用综合指数法来测算环境规制(李虹和邹庆,2018)。本文研究的是中国制造业,分布类型较广,产业的性质多种多样,不同类型的产业之间的指标无法进行比较,所以将对相关指标进行标准化处理。因此,本研究将采用线性标准化对相关数据进行标准化处理,对于环境规制指标的衡量采用各行业的污染排放量,通常认为一个行业的污染排放量越高,环境规制的强度越大。考虑到数据的可得性,本文选择废水排放量、SO_2 排放量、固体废弃物的处置量以及各行业的工业产值来计算环境规制的强度。数据来源于《中国环境统计年鉴》《中国统计年鉴》。具体步骤如下。

第一,收集各行业中的污染排放量,将主要污染物单位产值进行计算,并且进行线性标准化。本文按 0—1 的取值范围进行各行业单位污染产值的线性标准化。

$$U\varepsilon_{ij}^s = [U\varepsilon_{ij} - \min(U\varepsilon_j)] / [\max(U\varepsilon_j) - \min(U\varepsilon_j)] \tag{9}$$

其中,$U\varepsilon_{ij}$ 表示 i 行业 j 污染物的单位产值污染排放量,对于主要污染物 j 指标在各行业中的最大值和最小值表示为 $\max(U\varepsilon_j)$ 和 $\min(U\varepsilon_j)$,且 $U\varepsilon_{ij}^s$ 为指标标准化值。

第二,计算各指标的调整系数 W_j。每个行业具有每个行业的特点,不管是衡量指标,衡量系数以及行业性质都具有很大的差异,所以对于不同行业中的污染排放比重具有较大的差异,即使在同一行业中,不同污染物也具有不同的衡量性质,且污染的排放也具有很大的差异,所以对各指标的权重进行系数的调整,从而可以更加准确地表示出各个污染特性之间的差异。具体方法如下：

$$W_j = \frac{\mathcal{E}_{ij}}{\sum_{i=1}^{m} \mathcal{E}_{ij}} \div \frac{O_i}{\sum_{i=1}^{m} O_i} = \frac{\mathcal{E}_{ij}}{O_i} \times \frac{\sum_{i=1}^{m} O_i}{\sum_{i=1}^{m} \mathcal{E}_{ij}}$$

$$= \frac{\mathcal{E}_{ij}}{O_i} \div \frac{\sum_{i=1}^{m} \mathcal{E}_{ij}}{\sum_{i=1}^{m} O_i} = U\mathcal{E}_{ij} \div \overline{U\,\mathcal{E}_{ij}} \tag{10}$$

其中，$\mathcal{E}_{ij}$ 为 i 行业 j 污染物排放量，$\sum_{i=1}^{m} \mathcal{E}_{ij}$ 为本文所有研究行业 j 污染物排放总和，$\frac{\mathcal{E}_{ij}}{\sum_{i=1}^{m} \mathcal{E}_{ij}}$ 为 i 行业 j 污染物排放量占所有研究行业 j 污染物排放总和的比值；O_i 为行业 i 的产值，$\sum_{i=1}^{m} O_i$ 为本文所有研究行业的总产值，$\frac{O_i}{\sum_{i=1}^{m} O_i}$ 为行业 i 的产值占本文所有研究行业的总产值的比值；经过转换可简化为 i 行业 j 污染物的单位产值污染排放量与 i 业 j 污染物的单位产值污染排放量的平均水平之比。计算出每年"三废"指标权重后，在计算样本期间的平均值。

最后，通过各单项指标的平均权重与标准化值，计算出各指标的环境规制与总的环境规制，两个分别为：

$$S_i = \frac{1}{n} \sum_{j=1}^{n} W_j\, U\mathcal{E}_{ij} \tag{11}$$

$$\mathcal{E}RS = \sum_{i=1}^{P} S_i \tag{12}$$

3. 盈余质量（PMDA）。对于盈余质量的测度或指标的建立，大部分研究者将盈余质量等同于企业实际所拥有的可支配资金，也可为企业在一定期间内所盈利的金额。按照这一模式，在工业当中，盈余质量的高低，取决于该行业在一年当中所盈利的金额，即一年当中所赚取的利润。出于这样的认识，多数学者在研究盈余质量时，为了考虑数据的可获性，通常选取行业利润作为衡量的指标。本文在研究盈余质量时将使用此类方法。即利润越高，代表该行业的盈余质量越高。数据来源于《中国科技统计年鉴》。

4. 企业规模（SIZE）。一个行业的企业规模可近似地代表一个行业的大小，可以作为市场结构衡量的指标之一，可以直接影响一个行业当中的绿色创新效率，行业中规模较大的企业可以间接形成一定的规模效益，对于同行业中的企业可以多多加强交流，彼此分享企业资源，提高企业的绿色创新效率，从而整体上提高一个行业的绿色创新效率。针对企业规模,本文将选用行业总产值与该行业中企业单位数的比值作为衡量指标。数据来源于《中国统计年鉴》。

对于以上类型、变量、名称以及数据来源可详见表1。

四、实证分析

(一)变量多重共线性检验

1.相关系数分析。通过检验发现变量之间的相关系数都不大,绿色创新(gie)与环境规制(εRS)的相关系数最大,为0.233。

2.VIF检验。根据表2所得,文中所有变量的最大VIF为2.04,远小于10。根据以上检测可以判定变量之间不存在多重共线性。

表1   相关变量

类型	变量	名称	说明(数据来源)
被解释变量	gie	绿色创新	《中国科技统计年鉴》《中国环境统计年鉴》
解释变量	εRS	环境规制	《中国环境统计年鉴》《中国统计年鉴》
解释变量	PMDA	盈余质量	《中国科技统计年鉴》
控制变量	SIZE	企业规模	《中国统计年鉴》

表2   VIF检验表

	εRS	lnPMDA	lnSIZE	lnεPMDA	均值
VIF	1.86	1.13	1.03	2.04	1.52
1/VIF	0.54	0.89	0.97	0.49	0.72

(二)数据回归

本文利用STATA16.0对模型进行线性回归分析,为了使整体模型的调整系数更加可视化,将盈余质量、企业规模以及环境规制与盈余质量的交互项取对数处理。

根据上文的一些理论分析和模型的建立,在实际的STATA运行中,为了使结

民营经济创新治理

果更加有利于分析,并得出有价值的结论,因此在实证分析中将变量逐个引进且进行回归分析,具体结果如表3所示。

表 3　环境规制、盈余质量对绿色创新的效应

变量	模型 1	模型 2	模型 3	模型 4	模型 5
$\mathcal{ERS}$	−0.2167*** (−3.64)	−0.6057*** (−2.92)	−0.6041*** (−2.90)	0.6884*** (2.63)	0.5907*** (2.40)
$\mathcal{ERS}^2$		0.0979** (1.96)	0.0976** (1.94)	−0.1207*** (−2.19)	−0.0934** (−1.80)
lnPMDA			−0.0476 (−0.1)	0.1331** (3.57)	0.1235** (1.94)
Ln$\mathcal{EPMDA}$				−0.2190*** (−7.12)	−0.2322*** (−8.03)
lnSIZE					0.2313*** (5.67)
C	1.3134*** (17.14)	1.3659*** (16.92)	1.4426** (1.86)	1.5516* (1.49)	−0.3336 (−0.32)
R^2	0.054	0.070	0.070	0.241	0.336
$R^2 - a$	0.503	0.619	0.058	0.228	0.321
F	13.24	13.24	5.73	17.93	22.76

注:***、**、*分别代表在1%、5%和10%水平上的统计显著性,括号中数据为z统计量。

1.从表3可以看出,模型1和模型2将环境规制和环境规制的二次项引入,环境规制为负,环境规制的二次项为正且都显著,说明环境规制与绿色创新并非简单的线性关系,而是一种U形关系,可以通俗理解为随着环境规制强度的逐渐提高,对企业产生的不利影响是先上升后下降。其原因可能在于,企业以节能减排为目的的技术创新和管理制度创新没有足够的驱动力,反而可能由于污染治理成本的增加而挤占了研发资金,产生了显著的"抵消作用"(李玲,陶锋,2012)。在企业生产过程中,面对较低的环境规制,企业一般不会加大研发去开发更加节能、更加有效率的方案,因为这时的研发投入远大于治理污染所花费的金钱,随着环境规制强度越来越大,针对企业而言将会形成一种"倒逼机制",在原有的基础设备上治理污染,企业要花费巨大的投入去治理污染,所以此时企业会加大研发投入,创造出一种更加节能、更加有效率的方案,从而可以从根本上解决环境规制所带来的困境,

达到国家实施环境规制的最终目的,获得"补偿效应"。这验证了在中国制造业情境下波特假说的实现。

2. 模型 3 将盈余质量引入进行回归分析,得出盈余质量与绿色创新之间的关系不显著。盈余质量代表一家企业实际可支配的现金流,但并不是盈余质量越高的企业就越会热衷于进行绿色创新,企业会进行项目投资、扩大生产、开拓市场等。模型 4 将环境规制和盈余质量的混合项引入,可以看到盈余质量由之前的不显著转变为显著,且与绿色创新正相关。其原因在于,当企业面临环境规制困扰时,在同一水平、同一条件下,一个企业的盈余质量即利润水平越高,该企业的绿色创新效率越佳。因为在创新的前期需要大量的资金投入且由于短期收益不明显,加剧了企业的资金压力(蒋伏心,王竹君,白俊红,2013),只有那些盈余能力、盈余质量较高的企业才能更好地解决这些问题,相比盈余质量高的企业,盈余质量较低的企业则因为资金困难很难进行创新或创新效率较慢。对比模型 3 和模型 4 可知,环境规制和盈余质量的交互项的加入,对行业的绿色创新效率产生了更加明显的复合效应,使得环境规制反而促进绿色创新,更加验证了波特假说,也表明盈余质量高的企业在面对环境规制时竞争力更强,会加速环境规制拐点的到来,使得更早获得"补偿效应"。

3. 根据模型 5 可知,企业规模的大小对绿色创新有着明显的正面影响,大的企业在面对环境规制时,有着更好的资源,更加充足的资金,能够在绿色研发中投入更多的研发资金,更好地应对环境规制带来的不利影响。

五、结论和政策建议

党的十九大以来,中国进入新的发展阶段,不仅仅重视经济发展,同时也十分重视在经济发展的同时对环境的影响。随着市场压力的逐渐增大以及在对污染排放的严格控制之下,中国制造业在环境规制与市场压力的双重约束下面临着如何发展与创新的重大问题,环境规制的实施不但会对企业的绿色创新产生影响,也会影响企业的盈余质量,盈余质量的高低也会影响企业的绿色创新。本文选用了2008—2015 年中国规模以上分行业的 29 个行业面板数据,分析了环境规制、盈余质量以及绿色创新三者之间的关系。研究发现:①环境规制与绿色创新之间呈现非线性 U 形曲线关系,随着环境规制逐渐增强,环境规制对企业绿色创新的影响效应由"抵消效应"转变为"补偿效应",在中国制造业情景下验证波特假说。在环境规制起初,由于研发投入远大于治理污染的费用,所以企业一般不会进行绿色创新,而是投入一定的资金进行污染的治理,因此会侵占一部分资金,形成"抵消效应",但随着环境规制的强度不断增大,治理污染的费用大于研发投入的资金,企业一般会选择研发投入,进行绿色创新,从而降低污染,提高效率,获得绿色创新的"补偿效应"。②在没有任何前提条件的情况下,企业的盈余质量与绿色创新的关系不显著,但在面对环境规制时期,企业的盈余质量与绿色创新效率呈正比,盈余质量代表一个企业整体可支配的金钱,盈余质量高,意味着企业在面对环境规制时有足够的金钱进行绿色创新的研发投入。③盈余质量高的企业,会加速环境规制拐点的到来,提前获得环境规制对企业绿色创新的"补偿效应"。在一定程度上,本文的研究结论具有较强的政策启示,在考虑盈余质量的前提下,为了使得环境规制与绿色创新达到"双赢"的局面,政府可考虑以下建议:

(一)制定合适的环境规制

党的十九大以来,中国迈入新时代,人民对美好生活的需要愈加强烈,好的生态环境至关重要。环境规制作为约束企业排放过多污染的一项措施,在制定过程中显得尤为重要,合适的环境规制,不仅能够降低企业污染的排放,还能有利于加强企业的绿色创新效率,进而也有利于社会经济、生态的可持续发展。环境规制的制定并不是越小越好,也不是越大越好,要根据不同地区、不同行业制定不同的环境规制政策,使得环境规制与绿色创新达到"双赢"。

(二)提高各行业中企业的盈余质量

一个企业的盈余质量代表的是一个企业可支配的实际金钱,当盈余质量高时,企业在面对任何风险时,都有更好的保障。在面对环境规制时,盈余质量高的企业往往比盈余质量低的企业更好,更加提前到达环境规制的拐点,获得环境规制所产生的"补偿效应",这是因为盈余质量高的企业有更多的资金引进创新型人才,可以更好地进行绿色创新活动,从而可以更快地降低污染的排放,提高生产效率。同时规模较大的企业有着更强的风险抵抗能力,因此对于政府而言,对于污染密集型,但盈利较高的行业,可以制定较高的环境规制,对于盈利较低的行业,可以适当地投入绿色创新的研发资金,帮助该类行业降低排放污染,提高生产效率。

参考文献：

[1] 董直庆，王辉.环境规制的"本地—邻地"绿色技术进步效应[J].中国工业经济，2019 (1)：100-118.

[2] 杜龙政，汪延明.基于生态生产方式的大食品安全研究[J].中国工业经济，2010(11)：36-46.

[3] 杜龙政，赵云辉，陶克涛，等.环境规制、治理转型对绿色竞争力提升的复合效应：基于中国工业的经验证据[J].经济研究，2019，54(10)：106-120.

[4] 冯志军.中国工业企业绿色创新效率研究[J].中国科技论坛，2013 (2)：82-88.

[5] 侯子峰.哲学视域下的"绿水青山就是金山银山"理念解析[J].齐齐哈尔大学学报(哲学社会科学版)，2019 (9)：7-10.

[6] 韩国高.环境规制、技术创新与产能利用率：兼论"环保硬约束"如何有效治理产能过剩[J].当代经济科学，2018，40(1)：84-93,127.

[7] 韩晶.中国区域绿色创新效率研究[J].财经问题研究，2012(11)：130-137.

[8] 黄清煌，高明.中国环境规制工具的节能减排效果研究[J].科研管理，2016，37(6)：19-27.

[9] 韩峰，张晓辉，卜华.会税差异对盈余质量的预警信号识别初探[J].财会月刊，2016(17)：36-40.

[10] 蒋伏心，王竹君，白俊红.环境规制对技术创新影响的双重效应：基于江苏制造业动态面板数据的实证研究[J].中国工业经济，2013 (7)：44-55.

[11] 李婉红.排污费制度驱动绿色技术创新的空间计量检验：以 29 个省域制造业为例[J].科研管理，2015，36(6)：1-9.

[12] 刘章生，宋德勇，刘桂海.环境规制对制造业绿色技术创新能力的门槛效应[J].商业研究，2018(4)：111-119.

[13] 李玲，陶锋.中国制造业最优环境规制强度的选择：基于绿色全要素生产率的视角[J].中国工业经济，2012(5)：70-82.

[14] 李虹，邹庆.环境规制、资源禀赋与城市产业转型研究：基于资源型城市与非资源型城市的对比分析[J].经济研究，2018，53(11)：182-198.

[15] 叶志锋，夏智程，李琦.盈余质量、识别技术与债务契约[J].财务与金融，2018 (4)：81-89.

[16] AMBEC S, COHEN M A, ELGIE S, et al. The Porter hypothesis at 20：Can environmental regulation enhance innovation and competitiveness[J]. Review of Environmental Economics and Policy, 2013，7(1)：2-22.

[17] AGHION P, DECHEZLE A, HEMOUS D, et al. Carbon Taxes, Path Dependency and

Directed Technical Change：Evidence from the Auto Industry［J］. Journal of Political Economy，2016，124（1）：1-51.

［18］CAI X Q，LU Y，WU M Q，et al. Does Environmental Regulation Drive away In-bound Foreign Direct Investment：Evidence from a Quasi-natural Experiment in China［J］. Journal of Development Economics，2016（123）：73-85.

［19］CAI H B，CHEN Y Y，GONG Q. Polluting thy neighbor：Unintended consequences of China's pollution reduction man-dates［J］. Journal of Environmental Economics and Management，2016（76）：86-104.

［20］ELGIN C，MAZHAR U. Environmental Regulation，Pollution and the Informal Economy ［J］. Working Papers，2012，248（5）：645-656.

［21］HORBACH J，RAMMER C，RENNINGS K. Determinants of eco-innovations by type of environmental impact — The role of regulatory push/pull，technology push and market pull ［J］. Ecological Economics，2012，78（6）：112-122.

［22］MOHTADI H. Environment，Growth and Optimal Policy Design［J］. Journal of Public Economics，1996，63（1）：119-140.

［23］PORTER M E，DER LINDE V. Toward a New Conception of the Environment-Competitiveness Relationship［J］. Journal of Economic Perspectives，1995（9）：97-118.

［24］WU H，GUO H，ZHANG B，et al. Westward Movement of New Polluting Firms in China：Pollution Reduction Mandates and Location Choice［J］. Journal of Comparative Economics，2017，45（1）：119-138.

基金项目：浙江省社科规划项目（18NDJC215YB、20NDQN257YB）、浙江省自然科学基金项目（LQ19G030011、LY19G030023）、国家自然科学基金项目（71874160,71774145）、浙江省软科学研究计划项目（2017C35004）、浙江省教育厅科研项目（GZ18571070010）、浙江省新苗人才计划（2018R403040）资助。

【作者】

刘程军,浙江工业大学之江学院讲师

吴国军,浙江工业大学管理学院研究生

金融服务业集聚影响产业结构升级吗

——基于浙江 69 个县域面板数据的实证

郑长娟　张　超　李兴远

一、引言

金融作为经济发展的核心要素,对产业结构的优化升级发挥着资源配置功能,金融服务业以集聚的现代产业组织形式,对促进产业结构升级发挥着空间溢出效应。McKinnon(1973)和 Shaw(1973)创造性提出金融深化论和金融抑制论之后,金融服务业发展与区域经济增长的联系越来越被学术界所关注。国内外相关研究表明,金融集聚能够提升区域间金融资源的配置效率,缩减交易成本(Kindleberge,1974),并可以实现区域间基础设施和相关信息的共享,带来规模经济效应(Park & Essayyad,1989),金融发展是产业结构优化的关键驱动力(Greenwood & Jovanovic,1990;Bencivenga & Smith,1991;Fisman & Love,2001)。20 世纪 90 年代,不少学者开始基于新经济地理学视角探讨金融集聚对产业结构优化升级的影响。Martin 和 Ottaviano(2001)认为区域经济活动的空间集聚可以减少创新成本并推动经济增长;Cotugno(2013)研究了三大金融行业集聚对产业调整的空间效应。近年来,有关金融集聚与产业结构升级关系的研究日益受到国内学者的关注,他们主要从金融集聚的经济效应和空间效应两方面展开研究(房胜飞、徐秋艳等,2018)。施卫东等(2013)实证发现长三角金融集聚对产业结构升级产生了显著的正向影响;邓向荣等(2013)考虑空间因素后也证实金融集聚能推动产业结构转型升级,且银行业的产业结构升级效应更大;张辉等(2016)研究发现金融从业人员规模所引起的金融集聚效应能加快产业集聚。于斌斌(2017)研究发现金融集聚对产业结构升级的影响因产业发展时段和城市规模的不同而存在异质性;张旭等(2017)研究指出,金融发展总体上能推动制造业转型升级,但这种作用主要通过金融业"质"的发展来推动,而"量"的发展却起到了抑制作用。

综观国内外研究,金融集聚通过资源配置功能、风险分散机制、空间溢出效应和网络效应促进产业结构升级的作用已基本得到证实。但是,已有的研究更多基于传统经济学范式探究金融集聚的经济增长效应,较少考虑空间因素问题。事实上,金融具有明显的地理特征(劳拉詹南,2001),金融集聚除了影响本区域产业结构升级,还会因空间效应影响邻近区域产业结构升级,因此,若不考虑金融服务业集聚的"地域特征",则必会削弱实证模型的应用价值。另外,目前的研究多集中在省市层面,缺乏从更微观、更精确的县域空间尺度就金融服务业集聚对产业升级作用机制的测度和检验。

浙江作为长三角发达经济圈的核心省份之一,主要金融指标处于全国前列,金融改革创新充满活力,金融空间分布呈现较为明显的集聚态势。现阶段,打造金融特色小镇,构建以"新金融"为主体的现代金融平台,通过金融集聚促进本地经济发展和产业结构升级已成为浙江诸多城市发展的重要诉求。然而,浙江县域金融服务业集聚水平、空间差异以及对产业结构升级的影响如何?金融集聚对不同经济发展地区产业结构升级的影响有无差异?这些都有待深入探讨。因此,本文以2007—2017年浙江省69个县市区的数据为样本,借助区位熵法测度金融集聚水平,并在揭示金融服务业集聚的空间特征基础之上,借助空间杜宾模型实证探究金融服务业集聚对产业结构升级的影响效应,并按地区分组进行探讨,为浙江制定金融服务业集聚和区域协调发展的相关政策提供参考。

二、浙江金融服务业发展水平和空间差异测度

金融资源供需的空间差异性,形成了金融运行的区域异质性(叶茜茜,2011)。本文以金融服务业增加值、金融机构年末存贷款余额等指标为基础,计算浙江金融发展规模、金融发展效率和金融集聚度指数,以测度浙江金融服务业的综合发展水平和空间差异。

(一)金融发展规模

借鉴张旭(2017)的做法,本文采用金融业增加值占第三产业产值的比重来反

映金融发展规模,以体现浙江省金融服务业整体发展态势。2007—2017 年浙江省金融发展规模如图 1 所示。

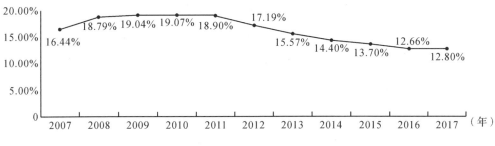

图 1　2007—2017 年浙江省金融发展规模

从图 1 可见,浙江金融业增加值占第三产业增加值比重始终高于 12％,平均比重为 16.23％,高于全国平均水平(张旭,2017),金融业发展具有领先优势。从发展演变过程来看,浙江金融业规模呈现出"先扬后抑"的发展趋势。2007—2010 年金融规模占比缓慢增长,2009 年、2010 年达到高点,占比均为 19％以上,从 2011 开始,金融规模占比缓慢下降,年均增速为－1.02％,到 2017 年占比回落到 12.8％,表明浙江金融服务业发展平稳,对产业发展的支持和影响相对稳定。

(二)金融发展效率

该指标衡量金融机构在经济活动中有效配置金融资本的能力。本文选用金融机构存贷比指标来反映金融服务业资源配置能力和存贷转换效率。2007—2017 年浙江省金融发展效率如图 2 所示。

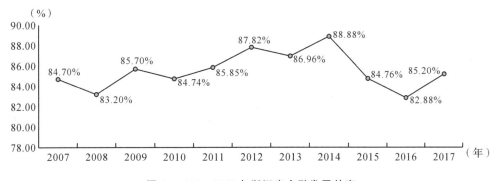

图 2　2007—2017 年浙江省金融发展效率

从图 2 可见,2007—2017 年,浙江金融发展效率均在 82％以上,平均高达

85.52%。虽然在 2008、2010、2013 年等个别年份有所回落,但 2005—2014 年浙江金融发展效率总体呈曲折上升态势,2014 年金融效率达到最高,为 88.88%,但 2015—2016 年金融效率有较大回落,平均下降幅度为 3.00%,但 2017 年回升至 85.20%。总体表明,浙江金融服务业发展效率在国内具有领先优势,且不断增长,近年来受实体经济不景气等内外因素影响,金融机构的资源配置能力有所下降。

(三)金融服务业发展的空间差异

借鉴仲深等(2018)的做法,本文选用金融机构年末贷款余额区位熵(LQ)来测度金融服务业的集聚程度。主要基于以下考虑:一是金融行业分为银行、保险与证券业,但我国多数金融资产聚集在以银行为代表的金融机构,从绝对量来看,相比银行贷款,证券市场融资或保费融资的绝对量相对较小,基本可以忽略;二是基于金融机构年末贷款余额计算的区位熵能够体现金融机构促进社会资金投放和融通的能力,也说明了金融服务业对产业发展的支持和促进作用。该指标=某县域年末贷款余额与总人口数之比/全省年末贷款余额与总人口数之比。

区位熵指数 LQ 值越大,意味着该县域的产业集聚水平越高。根据计算结果,以 Arcgis10.2 软件作为技术支撑,结合综合自然断点法与区位熵的定级标准,对金融集聚水平进行分等定级,将其划分为五个等级,即高水平区(LQ >1),较高水平区(0.8< LQ≤1),中等水平区(0.6< LQ≤0.8),较低水平区(0.4< LQ≤0.6)以及低水平区(LQ≤0.4)。2017 年浙江县域金融服务业发展的空间差异见表 1。

由表 1 可以看出,浙江各县域的金融服务业集聚程度存在较大差异,高水平区为杭州、宁波、舟山、绍兴、嘉兴和义乌,反映出金融服务业集聚与城市规模、地区经济及制造业集群的发展关系密切。杭州、宁波的区位熵指数均达到 1.9 以上,两地金融资源相对丰富,金融机构的社会资金融通能力较强,金融服务业发展具有突出的领先优势,已成为浙江省的两大金融中心。

表1　2017年浙江县域金融服务业发展的空间差异

金融集聚度	高水平区 （LQ＞1）	较高水平区 （0.8＜LQ≤1）	中等水平区 （0.6＜LQ≤0.8）	较低水平区 （0.4＜LQ≤0.6）	低水平区 （LQ≤0.4）
县域	杭州(2.17)、宁波(1.94)、舟山(1.14)、义乌(1.13)、绍兴(1.04)、嘉兴(1.04)（6个）	台州、丽水、温州、海盐、绍兴、象山、海宁、金华、衢州、富阳（10个）	诸暨、湖州、桐乡、永康、安吉、奉化、德清、宁海、余姚、三门、上虞、嘉善、桐庐、武义、新昌、慈溪(16个)	仙居、平湖、临安、开化、东阳、玉环、乐清、建德、天台、龙游、瑞安、兰溪、临海、云和、磐安、温岭、青田、浦江、景宁、嵊州、江山、长兴、洞头、庆元、永嘉(25个)	遂昌、嵊泗、淳安、苍南、常山、缙云、岱山、平阳、松阳、文成、泰顺、龙泉（12个）

　　从浙江县域金融服务业发展的时空格局演化来看，金融业区位熵指数差异明显，2007年、2012年至2017年，最高水平区与最低水平区的区位熵指数差距呈逐年缩小的趋势，且金融集聚的低值集聚区数量持续缩减，高值集聚区数量在不断增加，并存在向中部和东北部地区（如永康、慈溪、余姚、舟山等）延伸的趋势，表明浙江县域金融机构的资金配置能力不断增强，金融服务业集聚水平整体有所提升。从空间分布趋势来看，北部地区县域的金融服务业集聚水平普遍高于南部地区县域，区位熵指数最低的县域主要分布在景宁、文成、庆元、泰顺等浙江西南部经济较为落后的地区。

三、金融服务业集聚度与产业结构升级指数的空间相关性分析

　　对于金融服务业集聚问题的研究，一般是以空间依赖性为理论出发点，认为区域间的经济活动存在一定的相关性（何剑和肖凯文，2017）。空间自相关分析不仅可以揭示金融服务业的集聚程度的时空演化特征，也是正确设定空间面板模型的必要条件。文章通过Moran's I指数分别验证金融服务业集聚和产业结构升级的空间相关性。其中，金融服务业集聚度（FAG）采用贷款区位熵指数（LQ）来测度，产业结构升级指数（ISU）采用第二、第三产业产值之和占GDP比重来表示。

（一）全局空间相关性检验

　　采用Moran's I指数从全局角度分别探究金融服务业集聚以及产业结构升级的空间自相关性。全域Moran's I指数的取值介于－1和1之间，处于（－1，0）区

间内为负相关,意味着含有不同的属性存在集聚;处于(0,1)区间内为正相关,意味着含有相同的属性存在集聚;若 Moran's I 指数为 0,意味着属性是随机分布的且不具有空间相关性。

从表 2 可见,浙江县域金融服务业集聚和产业结构升级在全局上呈现出显著的空间依赖性。2010 年,金融集聚 Moran's I 指数通过 5%水平下的显著性检验,其余年份均通过 1%水平下的显著性检验,且都为正值,说明浙江县域金融服务业的集聚化发展不是随机产生的,是具有正向的空间联系形成的。2007—2017 年 Moran's I 指数的动态变化过程呈现曲折上升的态势,反映出金融服务业的集聚具有很强的空间相关性。而且,产业结构升级的 Moran's I 指数在 2007—2017 年都通过了 1%水平下的显著性检验,且都为正值,说明浙江县域产业结构升级的空间相关性较为明显;从产业结构升级的 Moran's I 指数动态变化来看,2007—2017 年间空间相关性强度先抑后扬,2010 年为最低值,之后又陆续回升,这可能与 2008 年金融危机对浙江县域制造业等相关产业的冲击及后续的重新规划调整有直接关系。

表 2　浙江县域金融服务业集聚与产业结构升级的 Moran's I 指数及其 Z 值

年份	2007	2008	2009	2010	2011	2012
FAG	0.241*** [3.093]	0.243*** [3.123]	0.277*** [3.507]	0.158** [2.066]	0.287*** [3.574]	0.318*** [3.942]
ISU	0.532*** [6.176]	0.525*** [6.092]	0.497*** [5.774]	0.283*** [3.362]	0.454*** [5.346]	0.460*** [5.414]
年份	2013	2014	2015	2016	2017	
FAG	0.347*** [4.284]	0.373*** [4.580]	0.369*** [4.581]	0.342*** [4.351]	0.371*** [4.639]	
ISU	0.491*** [5.809]	0.507*** [6.012]	0.512*** [6.099]	0.522*** [6.279]	0.621*** [7.516]	

注:*、**、*** 分别表示通过 10%、5%、1%显著性检验。

(二)局域空间自相关

接下来,借助 Moran 散点图、局域 Moran's I 统计量来分析每个县域与周边县域在金融服务业集聚与产业结构升级的空间差异程度。2007 年、2017 年计算结果归纳如表 3、表 4 所示。Moran's I 散点图的四个象限分别代表 HH(高—高)、HL

(高—低)、LH(低—高)和 LL(低—低)四种相关类型。其中,HH(LL)集聚型分别处于第一、三象限,表示相邻县域间呈正空间自相关关系;HL(LH)集聚型分别处于第二、四象限,表示相邻县域间呈负空间自相关关系。

由表3、表4可以发现,2007年65.2%的县域金融服务业集聚度呈现正向空间相关性,2017年这一数值达到73.9%,说明浙江县域金融服务业的辐射带动效应不断增强。2017年,有30.4%的县域位于金融服务业集聚度高空间滞后的第一象限,有43.5%的县域位于低空间滞后的第三象限,而2007年这两项指标分别为18.8%和46.4%,可见,越来越多的金融服务业高值集聚县域被高值集聚的其他县域所包围。从产业结构升级的空间相关性来看,2007年、2017年存在正向空间自相关性的县域占比分别为75.4%、79.7%,表明浙江县域产业结构升级指数的正向空间溢出效应显著。总体来看,2007—2017年县域金融集聚与产业结构升级表现出显著的局部空间集聚性特征,金融业服务业集聚与产业结构升级较高的县域被其他高值县域所包围,或较低县域同样被其他低值县域所包围,高—高集聚(HH)与低—低集聚(LL)类型并行的态势明显。

表3 2007年浙江县域金融集聚度与产业结构升级指数的空间相关模式

集聚类型	金融业集聚	产业结构升级
HH	杭州、富阳、宁波、平湖、慈溪、绍兴(市辖区)、余姚、嘉兴、上虞、海盐、绍兴、舟山、海宁(13个)	杭州、余姚、慈溪、宁波、温州、湖州、富阳、乐清、瑞安、永嘉、绍兴(市辖区)、平阳、苍南、嘉兴、上虞、平阳、缙云、德清、海盐、绍兴、诸暨、东阳、义乌、永康、海宁、嘉善、浦江、舟山、台州、桐乡、温岭、青田(32个)
LH	诸暨、临安、德清、奉化、嵊州、瑞安、永嘉、兰溪、嘉善、桐乡、安吉、东阳、磐安、青田、洞头、温岭(16个)	奉化、洞头、文成、长兴、安吉、嵊州、兰溪、磐安、仙居(9个)
LL	建德、象山、苍南、乐清、江山、平阳、淳安、文成、宁海、常山、长兴、桐庐、新昌、武义、浦江、衢州、龙游、岱山、嵊泗、开化、临海、仙居、云和、庆元、缙云、三门、遂昌、松阳、泰顺、天台、景宁、龙泉(32个)	临安、建德、遂昌、淳安、象山、宁海、泰顺、云和、衢州、江山、常山、开化、龙游、岱山、嵊泗、三门、庆元、松阳、景宁、龙泉(20个)
HL	金华、温州、永康、湖州、玉环、丽水、台州、义乌(8个)	桐庐、新昌、玉环、金华、武义、天台、临海、丽水(8个)

表4　2017年浙江县域金融集聚度与产业结构升级指数的空间相关模式

集聚类型	金融业集聚	产业结构升级
HH	杭州、宁波、嘉兴、宁海、奉化、嘉善、慈溪、海宁、富阳、海盐、上虞、湖州、余姚、桐乡、安吉、绍兴(市辖区)、象山、诸暨、绍兴、舟山、德清(21个)	杭州、宁波、奉化、嘉兴、温州、瑞安、乐清、洞头、永嘉、平阳、苍南、青田、海宁、上虞、慈溪、桐乡、德清、嘉善、绍兴(市辖区)、台州、富阳、武义、湖州、余姚、长兴、绍兴、新昌、浦江、玉环、平湖、诸暨、三门、金华、东阳、义乌、海盐、永康、缙云(38个)
LH	临安、乐清、平湖、长兴、嵊州、兰溪、东阳、磐安、温岭(9个)	文成、安吉、嵊州、兰溪、磐安、舟山、温岭、仙居(8个)
LL	建德、武义、桐庐、缙云、云和、淳安、龙泉、常山、玉环、瑞安、文成、松阳、浦江、开化、龙游、平阳、嵊泗、临海、岱山、洞头、天台、永嘉、庆元、遂昌、江山、景宁、泰顺、仙居、苍南、青田(30个)	临安、建德、龙泉、淳安、嵊泗、松阳、象山、宁海、泰顺、云和、开化、岱山、临海、庆元、遂昌、江山、景宁(17个)
HL	温州、永康、新昌、金华、衢州、三门、丽水、义乌、台州(9个)	常山、衢州、龙游、天台、桐庐、丽水(6个)

四、金融服务业集聚对产业结构升级的空间计量分析

(一)空间杜宾模型

采用的空间计量模型主要有空间误差(SEM)、空间滞后(SAR)以及空间杜宾模型(SDM),SEM和SAR模型分别考察了解释变量和被解释变量的空间相关性,而SDM模型更为全面地引入了所有空间相关性,因此,文章选用空间杜宾模型对浙江金融服务业集聚对产业结构升级的影响进行实证研究,SDM一般形式如下(张廷海和王点,2018):

$$y = \rho W_y + \alpha l_n + X\beta + WX_\gamma + \varepsilon, \varepsilon \sim N(0, \sigma^2 I_n) \tag{1}$$

式中:y为被解释变量;ρ为空间自回归系数;W为空间权重矩阵;W_y为被解释变量的空间滞后项;X表示解释变量;β为解释变量系数;WX_γ为解释变量的空间滞后项。

(二)变量选择与数据来源

1.被解释变量。

产业结构升级(ISU)。该指标反映产业结构从低级向高级持续演化的过程,即第一产业占主导向第二、第三产业占主导依次推进。本文选用第二、三产业产值之和占 GDP 的比重来表示产业结构升级指数。

2.核心解释变量。

金融服务业集聚度(FAG)。如前所述,采用贷款区位熵指数来测度浙江县域金融服务业的集聚程度。

3.控制变量。

考虑到地区的产业结构升级是多种因素共同影响的结果,金融集聚只是其中一个因素。为了更加客观地揭示区域金融集聚对产业结构升级的贡献,本文主要选取以下 4 个控制变量:(1)政府干预水平(GOV)。金融业是国民经济核心,往往受到一定程度的管制(江小涓和李辉,2004;刘培林和宋湛,2007),理论上,政府干预对于产业结构升级的作用具有不确定性(杜传忠和郭树龙,2011),较强的行政干预往往导致地区之间的要素流动受阻,会抑制产业结构优化升级。采用地方政府财政收入与 GDP 之比来表征政府对经济的干预度。(2)技术进步(TEC)。产业升级体现为从劳动密集型、低附加值往技术密集型、高附加值产业演化的过程(何剑和肖凯文,2017),技术进步是促进产业升级和经济增长的关键动力。借鉴段军山等(2013)的做法,选用每万人专利授权量表征技术进步。(3)对外开放水平(OPEN)。扩大对外开放不仅有助于获取技术知识外溢效应,还有助于促进专业化生产和劳动生产率的提高,进而促进区域产业结构升级。借鉴徐春华、刘力(2013)的做法,采用地区进出口总额与 GDP 之比反映县域的经济外向度。(4)人力资本水平(HC)。不断积累人力资本是决定地区吸纳先进技术和驱动产业结构升级的关键环节。在度量上,许多学者采用万人大学生数量指标表示,但受县域数据限制,借鉴张林(2018)的做法,选用各县域中等职业教育在校学生数占年末总人口的比重来表示。

4.数据来源。

本研究数据主要来源于 2008—2018 年《浙江统计年鉴》,由于个别年份行政区划的调整,同时参考了 2014 年《绍兴市统计年鉴》等(郑长娟、郝新蓉等,2017)。为避免异方差和量纲的干扰,在建模过程中对所有变量取对数。

(三)估计结果与分析

前述全局空间自相关检验已经证明,浙江县域金融服务业集聚与产业结构升级具有较强的空间关联性。经 WALD 检验得出,SDM 可简化为 SEM(Wald 检验:29.13,P<0.01)与 SLM(Wald 检验:42.26,P<0.01)的假定均不成立,故选用空间杜宾模型进行实证分析。由 Hausman 检验发现最优模型为固定效应空间杜宾模型,依据模型的拟合度、自然对数函数值等确定选择双固定效应 SDM 模型。为避免传统 OLS 方法因未考虑变量内生性问题导致的回归结果产生偏误,文章利用最大似然估计方法(ML),借助 MATLAB R2016a 软件进行估计,结果如表 5 所示。

由于 SDM 模型加入了所有变量的空间滞后项,使变量系数不能直接反映解释变量对被解释变量的影响。因此,借助偏微分法将空间溢出效应分解成直接效应、间接效应和总效应,以期更加科学地衡量各因素对产业结构升级影响的区域内和区域间溢出效应,双固定效应空间杜宾模型的效应分解结果同见表 5。

表 5　双固定效应空间杜宾模型(SDM)及模型分解

变量	SDM 模型	SDM 模型分解		
		直接效应	间接效应	总效应
LNFAG	0.015*** (3.703)	0.015*** (3.677)	−0.005*** (−3.372)	0.010* (1.896)
LNGOV	−0.022*** (−3.245)	−0.023*** (−3.167)	0.012(1.229)	−0.011 (−1.103)
LNTEC	0.005*** (4.098)	0.005*** (3.785)	0.004* (1.832)	0.009*** (4.356)
LNOPEN	0.039*** (2.695)	0.031** (2.084)	0.106*** (5.907)	0.137*** (8.224)
LNHC	0.014*** (4.737)	0.012*** (3.953)	0.023*** (6.134)	0.035*** (13.381)
W×LNFAG	−0.003 (−0.336)			

续　表

变量	SDM 模型	SDM 模型分解		
		直接效应	间接效应	总效应
W×LNGOV	0.008 (0.742)			
W×LNTEC	0.006** (2.466)			
W×LNOPEN	0.132*** (6.659)			
W×LNHC	0.008 (1.340)			
ρ	-0.236*** (-4.949)			
R^2	0.932			

　　观察表 5,从直接效应来看,金融服务业集聚对产业结构升级的影响系数为 0.015,且通过了 1% 的显著性检验,说明金融服务业集聚显著促进了本地产业结构升级,金融服务业集聚水平每提高 1 个百分点,带动产业结构升级 0.015 个百分点;从间接效应来看,金融集聚的空间溢出效应显著为负,可能的原因是金融服务业集聚带来的规模经济在吸引劳动力、资本等优质生产要素的同时,会加剧相邻县域的要素流失,进而对邻近县域的产业结构升级产生抑制作用。从各控制变量的直接效应和间接效应来看,政府干预(LNGOV)的直接效应为 -0.023,且在 1% 的水平下显著,说明政府干预导致的区域经济、地方保护主义对产业结构升级产生抑制作用,但政府干预的间接效应不显著,说明政府干预的作用仅限于本县域,对相邻县域的产业结构升级未能产生空间溢出效应。此外,技术进步(LNTEC)、对外开放(LNOPEN)和人力资本(LNHC)的直接效应系数均显著为正,说明这三者对于促进当地产业结构升级具有显著的促进作用,技术进步、开放的经济环境和人力资本这些高级化生产要素是产业结构从低级向高级持续演化的核心资源。同时,技术进步、对外开放以及人力资本的间接效应均显著为正,说明这三者不仅能促进本县域产业结构升级,其对相邻县域也产生正的空间溢出效应。

(四)分地区估计结果分析

　　一般而言,经济发达地区的产业结构升级水平相对较高(于斌斌,2017),而处

民营经济创新治理

于制造业产业链高端的地区需要有高端生产性服务业相适配(余泳泽、宣烨等，2013；宣烨，2012)，生产性服务业与制造业之间呈现相互依赖的密切关系(陈国亮和陈建军，2012)。基于资源禀赋、经济基础等方面的差异性，文章将总样本划为浙东北和浙西南两个地区，分别构建双固定效应空间杜宾模型进行估计，进一步探究浙江县域金融服务业集聚对产业结构升级影响的地区差异，结果如表6所示。

表6　分地区的双固定效应空间杜宾模型(SDM)分解

变量	浙东北地区			浙西南地区		
	直接效应	间接效应	总效应	直接效应	间接效应	总效应
LNFAG	0.032*** (6.761)	−0.012* (−1.927)	0.020*** (3.855)	0.018*** (4.226)	0.004 (0.415)	0.022** (2.071)
LNGOV	−0.075*** (−8.421)	0.020* (1.840)	−0.055*** (−6.706)	−0.028*** (−4.347)	0.007 (0.477)	−0.021 (−1.225)
LNTEC	0.006** (2.447)	−0.001 (−0.010)	0.005* (1.916)	0.004* (1.820)	0.002 (0.439)	0.006 (1.106)
LNOPEN	0.041* (1.713)	0.064* (1.715)	0.105*** (3.027)	0.091*** (3.564)	0.003 (0.051)	0.094 (1.339)
LNHC	0.020*** (4.950)	0.005 (1.022)	0.025*** (5.842)	0.001*** (0.242)	−0.007 (−1.291)	−0.006 (−1.147)
ρ	−0.236*** (−3.689)	0.330*** (6.001)				
R^2	0.807	0.791				

由表6可以看出，各变量的直接效应和间接效应均具有明显的区际差异。从金融服务业集聚来看，浙东北和浙西南地区的直接效应都显著为正，分别为0.032和0.018，可见金融集聚对产业结构升级的作用具有明显的空间异质性，浙东北地区高于浙西南地区，说明金融服务业集聚在提升浙东北地区县域的资源配置效率方面要比浙西南地区表现得更加突出。可能的原因是浙东北地区经济较发达，金融服务业规模较大，金融运行效率较高，随着金融业的不断集聚和服务创新，金融集聚在提高浙东北地区的资源配置效率和促进产业升级方面的作用比浙西南地区更为突出。而金融集聚对浙东北地区的间接效应显著为负，可能的原因是金融集聚对产业结构升级具有"极化效应"，由于浙东北地区经济相对活跃，产业发展对金融服务的市场需求较大，加之金融资源的趋利性，使得优势金融资源在空间上不断向金融核心县域转移，极大促进了核心县域的产业结构升级，而对邻近县域的产业

结构升级产生了抑制作用；金融集聚对浙西南地区的间接效应并不显著，说明浙西南地区县域金融集聚的作用仅限于本县域。此外，政府干预、技术进步、对外开放和人力资本等解释变量对产业结构升级的空间效应与前文基本一致。总体而言，空间效应分解结果验证了双固定效应空间杜宾模型估计结果的稳健性。

五、结论与政策建议

本文基于2007—2017年浙江69个县域的相关数据，分析金融服务业集聚与产业结构升级的空间相关性，并运用双固定效应空间杜宾模型，分地区探究金融服务业集聚对产业结构升级的影响和空间溢出效应。研究结果表明：第一，浙江县域金融服务业集聚与产业结构升级在全局上表现出显著的空间依赖性，并存在显著的局部空间集聚效应。第二，从全省来看，金融服务业集聚通过规模经济、风险分散以及辐射效应等对本地产业结构升级存在显著正向作用，但空间溢出效应为负，说明金融服务业集聚对邻近县域的产业结构升级产生负向影响。分地区研究表明，金融服务业集聚对产业结构升级的影响效应和空间溢出效应表现出显著的异质性，具体为：金融服务业集聚能有效促进浙东北、浙西南地区县域的产业结构升级，但对经济相对发达的浙东北地区县域的影响效应更突出；另一方面，金融服务业集聚对浙东北地区县域的产业结构升级表现出显著的负空间溢出效应，但对浙西南地区县域的空间溢出效应并不显著。这说明金融服务业集聚对产业结构升级的影响效应和空间效应都受制于产业发展时段和县域规模等因素，随着工业化进程的加快，金融集聚对产业结构升级的促进效应会愈来愈突出，而大中县域相对密集的浙东北地区金融集聚对周边县域的影响和辐射效应更为明显。在控制变量方面，控制政府对经济的干预程度、扩大对外开放、提高技术及人力资本水平，将有利于促进产业结构升级。第三，按地区分组来看，金融集聚对产业结构升级的影响具有显著的区域异质性，浙东北地区的直接效应明显高于浙西南地区，而间接效应浙东北地区显著为负，浙西南地区则不显著。

基于上述研究结论，本文提出如下政策建议：

第一，完善金融服务业集聚与产业结构升级的协调发展机制。浙江金融资产规模已经达到较高水平，但金融发展效率近年来却有快速下滑趋势。金融效率是影响金融服务业集聚促进产业结构升级的关键，因此，各县市在注重金融规模扩张的同时,应着重关注金融结构优化和金融效率的提升,优化资源配置模式、激活贷款存量、缩减融资成本,让金融业更好服务实体经济发展。

第二,加快构建多层次网络化的金融服务体系。金融集聚发挥的效应不仅能促进当地产业结构升级,还能通过空间作用影响邻近县域的产业结构升级,但现阶段空间溢出效应会随地理距离增加而不断减弱,仅仅依赖少数"单级"金融中心并不足以带动整个区域产业结构升级,应构建"多点带面"的多层次、多种类的金融服务体系,有目的性地发挥金融机构和金融工具对产业结构转型升级的推动作用。

第三,为金融服务业集聚营造公平、公开、公正的发展环境。新科技、新经济、新金融为浙江金融服务业发展带来前所未有的机遇,要以扩大开放、引进和培育优秀金融人才、推动科技创新、打破区域间行政壁垒等为着力点,大胆创新智慧金融的技术路径,加快金融特色小镇等平台建设,搭建以新金融为主体的现代金融高地,推动浙江战略性新兴产业、先进制造业可持续发展,促进传统产业转型升级。

参考文献:

[1] 陈国亮,陈建军.产业关联、空间地理与二三产业共同集聚:来自中国 212 个城市的经验考察[J].管理世界,2012(4):82-100.

[2] 邓向荣,刘文强.金融集聚对产业结构升级作用的实证分析[J].南京社会科学,2013(10):5-12,20.

[3] 杜传忠,郭树龙.中国产业结构升级的影响因素分析:兼论后金融危机时代中国产业结构升级的思路[J].广东社会科学,2011(4):60-66.

[4] 段军山,魏友兰,马宇.金融发展、技术进步与经济增长:基于面板 VAR 模型的动态检验[J].经济经纬,2013(3):145-149.

[5] 房胜飞,徐秋艳,马琳琳.金融集聚的溢出效应及空间异质性:基于我国省级行政区的实证研究[J].南方金融,2018(1):23-31.

[6] 何剑,肖凯文.金融集聚对中国产业结构优化升级溢出作用的空间计量分析[J].金融与经济,2017(1):18-24,7.

[7] 江小涓,李辉.服务业与中国经济:相关性和加快增长的潜力[J].经济研究,2004(1):4-15.

[8] 劳拉詹南.金融地理学:金融家的视角[M].北京:商务印书馆,2001.

[9] 刘培林,宋湛.服务业和制造业企业法人绩效比较[J].经济研究,2007(1):89-101.

[10] 施卫东,高雅.金融服务业集聚发展对产业结构升级的影响:基于长三角 16 个中心城市面

板数据的实证检验[J].经济与管理研究，2013 (3)：73-81.

[11] 徐春华，刘力.省域居民消费、对外开放程度与产业结构升级：基于省际面板数据的空间计量分析[J].国际经贸探索，2013,29(11):39-52.

[12] 宣烨.生产性服务业空间集聚与制造业效率提升：基于空间外溢效应的实证研究[J].财贸经济，2012 (4):121-128.

[13] 叶茜茜.我国区域金融发展的空间演化分析[J].经济问题，2011(5):106-109.

[14] 于斌斌.金融集聚促进了产业结构升级吗：空间溢出视角：基于中国城市动态空间面板模型的分析[J].国际金融研究，2017 (2):12-23.

[15] 余泳泽，宣烨，沈扬扬.金融集聚对工业效率提升的空间外溢效应[J].世界经济，2013,36(2):93-116.

[16] 张辉，刘鹏，于涛，等.金融空间分布、异质性与产业布局[J].中国工业经济，2016 (12)：40-57.

[17] 张林.县域财政金融服务与产业结构升级：基于1772个县域数据的比较研究[J].中南财经政法大学学报，2018 (1):61-72,159-160.

[18] 张廷海，王点.工业集聚、空间溢出效应与地区增长差异：基于空间杜宾模型的实证分析[J].经济经纬，2018,35(1):86-91.

[19] 张旭，赵颖智，蒋坦.金融发展有效地促进了制造业结构升级吗[J].宏观质量研究，2017,5(2):51-60.

[20] 郑长娟，郝新蓉，程少锋，等.知识密集型服务业的空间关联性及其影响因素：以浙江省69个县市为例[J].经济地理，2017,37(3):121-128,173.

[21] 仲深，杜磊.金融集聚对区域经济增长的影响研究：基于空间面板数据的计量经济分析[J].工业技术经济，2018,37(4)：62-69.

[22] BENCIVENGA V R, SMITH B D. Financial Intermediation and Endogenous Growth[J]. Review of Economic Studies, 1991, 58 (2)：195-209.

[23] COTUGNO. Relationship Lending, Hie-rarchical Distance and Credit Tightening：Evidence From the Finance Crisis [J]. Journal of Banking & Finance, 2013(5):1372-1385.

[24] FISMAN R, LOVE I. Trade credit, finan-cial intermediary development and industry growth [J]. Journal of Finance, 2003, 58(1): 353-374.

[25] GREENWOOD J, JOVANOVIC B. Fi-nancial Development, Growth, and the Distri-bution of Income[J]. Journal of Political Economy, 1990, 98(5):1076-1107.

[26] KINDLEBERGE C. The Formation of Financial Centers：A Study in Comparative Economic History[M]. New Jersey：Princeton University Press,1974.

[27] MARTIN P, OTTAVIANO G. Growth and Agglomeration[J]. International Econo-mics Review, 2001,42(4):283-304.

[28] MCKINNON R I. Money and Capital in Economic Development[M]. New York: Brookings Institution Press, 1973.

[29] PARK Y S, ESSAYYAD M, GOLDBERG M A, et al. International Ban-king and Financial Centers[M]. Kluwer Academic Publishers, 1989.

[30] SHAW E S. Financial Development in Economic Development[M]. Oxford: Oxford University Press, 1973.

基金项目:浙江省哲学社会科学规划课题"疫情冲击下区块链金融助力中小微企业的融资模式及其保障机制研究"(21NDJC168YB);浙江省哲学社会科学规划课题"科技金融对区域创新影响的空间特征研究"(20NDJC27Z)。

【作者】

郑长娟,宁波财经学院金融与信息学院教授

张超,宁波财经学院讲师

李兴远,浙江纺织职业技术学院副教授

中小企业数字化创新模式及其匹配机制研究

夏　霖　张光曦

一、引言

近年来,以大数据、云计算、人工智能和物联网为代表的数字技术的迅猛发展,预示着第四次工业革命的兴起,并将从过程和结果两个方面改变创新的内在本质(Nambisan et al.,2019)。借鉴以往工业革命时期后发国家追赶与跳跃的历史,此次以数字技术为核心的新一轮工业革命为发展中国家带来了难得的发展机遇(柳卸林等,2020)。以中国为例,2017年,中国数字经济规模居全球第二,总量达到4.02万亿美元,占GDP30.52%,然而,从数字经济的行业结构来看,工业中数字经济占行业比重仅为17.2%,低于G20国家行业数字化平均值。从企业视角来看,除了华为、阿里巴巴等少量企业外,大部分行业主体仍处于工业2.0时代,并且,大量核心技术与产业链控制权仍然掌握在发达国家跨国企业手中。因此,在面临严峻的生存和发展挑战的情况下,中国企业如何借助数字技术打造数字化创新路径进而重塑产业生态体系(Teece,2018),已经成为学界和业界重点关注的议题。

针对数字化创新这个新兴的研究主题,国内外学者从数字基础设施(Tilson et al.,2010)、数字平台(Constantinides et al.,2018)以及数字创新能力(O'Reilly & Tushman,2013;余江,2017)等角度做了有益的探索。当前的文献更多还是延续以往创新管理研究"创新支撑—创新流程—创新产出"的过程—结果思路(刘洋等,2020),忽视对企业数字化创新独特的发展路径与模式的研究。考虑到数字技术的特征,Nambisan等(2017)呼吁研究者重新审视创新管理理论的三个关键假设,并为数字化创新提供新的理论逻辑。此外,在推进中国经济高质量发展的大背景下,对于大量的中小制造业企业如何借助数字化技术实现转型升级发展壮大关注不够,相关的实证研究还不多见。值得强调的是,分析独特的中国市场、技术、制度、组织情景如何驱动数字创新以及如何从数字创新中获益也很有价值(刘洋等,2020)。

综上所述,本文将研究问题聚焦于"SMEs 如何通过基于市场—技术的匹配机制构建数字化创新模式以创造价值",重点解决三个子问题:第一,SMEs 如何构建数字化创新模式;第二,SMEs 如何通过双元匹配机制以支撑数字化创新;第三,SMEs 提升数字化创新效能的典型行为策略。

二、理论背景

(一)数字化创新模式与价值链变革

近二十年来,关于数字化创新的研究,不同理论流派进入了百家争鸣的时代,从组织过程视角的"资源过程重组"(Yoo et al.,2012)到管理过程视角的"技术产品匹配"(Nambisan et al.,2017),从平台视角的"创新生态系统"(Gawer,2014)到技术视角的"破坏性创新"(Christensen & Raynor,2003),对于数字化创新的概念和理论边界做了有益的探索(详见表 1)。但是,对于数字化创新模式的解释仍缺乏足够的关注。学者认为,数字化转型的本质并非关于技术,而是关于战略(罗杰斯,2017),代表着由于数字技术的集成而产生的变革以及变革后的产品、流程、业务活动和组织结构方面的重大变化(Xu et al.,2018)。然而,数字化创新受到数字技术特征、产品/服务形态及客户接受度等多重因素的影响,并且,其过程与结果往往难以区分,使得对数字化创新模式的识别尤为困难。

表 1　数字化创新的代表性观点

理论视角	研究议题	理论观点	参考文献
组织过程视角	数字技术的影响机制	数字技术深入组织产品、服务和运营的核心,并从根本上改变产品和服务创新的本质与过程	Yoo 等,(2010,2012)
	数字技术与创新网络	数字技术的进步增加了创新网络的连通性,提高数字融合的速度和范围,从而进一步扩展现有的创新网络	Lyytinen 等,(2016)
	网络社区的作用机制	网络社区会导致参与者之间的隐性知识流动,从而为社区参与者和其他人创造重要的经济和关系价值	Faraj 等,(2016)

理论视角	研究议题	理论观点	参考文献
管理过程视角	社会认知中的意义构建	创新参与者基于意义构建的互动塑造了其社会认知框架,并且,该框架受到过去相关经验的影响	Garud 等,(2013)
	数字化创新焦点	鉴于其内在的特性,提出对数字化创新的关注从创新过程和结果转向动态问题—解决方案设计配对	Von Hippel 等,(2016)
	数字化创新内涵	数字化创新涉及新的或新重组的数字化技术与原始市场产品的持续匹配	Nambisan 等,(2017)
平台视角	行业平台的设计规则	行业平台应该在开放和封闭之间进行复杂的权衡,重要的是要保留一些收入和利润来源	Parker 等,(2005)
	平台生态及其演化	软件平台的出现将竞争转向以平台为中心的生态系统,而生态系统的设计、治理和环境动态共同影响它们的进化	Tiwana 等,(2010)
	行业平台及生态创新	公司平台和行业平台都应该进行战略设计和管理,以进一步提升平台所有者的竞争优势	Gawer 等,(2014)
技术视角	破坏性创新的作用机理	由于资源配置的路径依赖,企业未对破坏性创新技术投入资源,而技术进步改变市场格局进而颠覆企业行业地位	Christense 等,(1996)
	破坏性创新的应对之道	在行动策略上为尝试、失败、迅速学习和再次尝试预留空间,管理者就可能将破坏性创新推向市场	Christense 等,(2003)
	技术的功能性及其限制	将数字技术的使用视为特定创新参与者的一系列功能和约束,可以解释相同技术在不同情境下的创新结果	Majchrzak 等,(2013)

注:限于篇幅,本文仅呈现相关理论视角中具代表性的部分文献。

数字化创新即在创新过程中采用信息、计算、沟通和连接技术的组合,包括带来新的产品、生产过程改进、组织模式变革以及商业模式的创建和改变等(Yoo et al.,2010;Bharadwaj et al.,2013;Fichman et al.,2014;Nambisan et al.,2017)。余江等(2017)提出数字创新过程中数字能力的嵌入,改变了产品和服务提供价值的过程。王毅(2020)认为,数字化创新会导致对用户价值及其定义方式的变革,从而驱动价值链的变革。尽管以往研究尚未对数字化创新模式进行明确探讨,但是,理论观点主要映射到因数字化创新而引发的价值链变革。

波特(1997)指出,企业价值链包括所有能够为企业创造价值的活动和因素,供应商价值链、企业价值链、渠道价值链和卖方价值链构成了整个价值体系。Hansen(2007)和 Roper(2008)先后提出全面的创新价值链框架概念,即企业的创新从产生到创造价值的整个流程和相应的阶段;江积海等(2016)认为,商业模式的本质就在于价值链创新,而价值链创新的目的在于价值增值。通过价值链分析,企业可以抓住业务领域的运行本质并发掘价值增值点(刘凯宁等,2017),企业数字化创新就是利用数字化技术对企业价值创造活动进行优化选择。因此,价值链创新理论对于我们解释企业的数字化创新模式具有重要的指导意义。高闯和关鑫(2006)在对价值链创新的研究中提出了价值链的纵向延展和横向延展,其中,价值链的纵向延展即向行业价值链两端延伸,包括前向一体化和后向一体化,价值链的横向延展即是在横截面上拓展同类价值活动,也称为水平一体化。王毅(2020)提出,全球价值链的纵向聚变是指价值链上的主体采用数字化技术对分布在全球的主要或全部价值链环节实现一体化,表现为数据治理和价值链的延伸;全球价值链的横向聚变是指数字化过程中用户从终点变为起点,在线完成其个性化价值定义,满足用户多样化需求。SMEs对于横向聚变式数字化创新与纵向聚变式数字化创新的娴熟应用,使其有可能在行业发展变化过程中寻求与龙头企业的错位竞争优势,从而实现自身的成长壮大。

(二)组织双元与价值创造

随着社会技术环境的剧烈变化,组织双元对于企业适应变化、满足创新以及获取竞争优势具有重要意义(Gupta et al.,2006;Boumgarden et al.,2012),因此,从组织双元理论出发解释企业数字化创新及价值创造具有逻辑上的合理性。组织双元的观点认为,组织要同时追求对现有市场/现有能力的开发,并兼顾对新市场/新能力的探索(O'Reilly et al.,2013),双元化可以调节环境的不确定性和制造适应性之间的关系,改善制造适应性和公司绩效间的关系(Patel et al.,2012)。Simsek(2009)认为双元化体现在组织结构、过程和行为等三个方面,强调企业同时通过探索和开发获取高水平的绩效。部分学者从双元创新的角度开展研究,Brigitte(2014)从双元视角分析了企业创新、网络和商业模式的动态性,发现双元创新对于企业网络建立和商业模式构建具有重要影响;芮正云等(2017)从外部搜索双元性出发,分析了双元创新对企业创新绩效的影响;由于探索性创新和开发式创新各具特点,因此,需要追求双元创新以提高企业绩效(卓立新,2018)。

考虑到数字化创新的无边界性和分散性等特征,Von Hippel 和 Von Krogh(2016)提出从关注创新过程和结果转向动态问题—解决方案设计配对;Nambisan

等(2017)强调,数字化创新涉及新的或新重组的数字化技术与原始市场产品的持续匹配。其中,创新问题主要与用户或其他利益相关者的未确定和潜在需求相关,而创新方案则是指数字化产品以及周围的社会技术背景。要实现问题与方案之间的有效匹配,必然涉及资源的分配,而市场和技术的匹配正是这个问题的另一个方面(克里斯坦森,2014)。因此,如何从组织双元的视角出发对市场和技术进行创造性的匹配,成为企业成功实现数字化创新的关键所在。随着 SMEs 成为推动中国经济高质量发展的中坚力量,SMEs 的数字化创新逐渐成为学界关注的焦点。

因此,本文将基于价值链创新和组织双元的理论视角,研究 SMEs 在数字化转型的背景下,如何通过其在价值链上的不同变动方式及价值活动的创新来形成特定的数字化创新模式,并探索创新模式背后的匹配机制。同时,为了进一步探究创新数字化创新模式的属性,参考克里斯坦森(2014)和 Fang 等(2011)的研究,本文从市场和技术两个维度来界定匹配类型。

三、研究方法

(一)方法选择

本文采用多案例研究构建理论的研究方法(Eisenhardt,1989),其主要原因在于:(1)案例研究有助于探究过程和机制性的问题,从整体上把握研究对象的特征与模式。现有的实证研究对于企业数字化创新模式的探索相对缺乏,通过案例研究可以比较好地揭示数字化创新的模式及其匹配机制。(2)多案例研究有助于使用"复证"的逻辑,进行案例之间类型的匹配和解释的构建,提高理论假设的内部效度和外部效度(Eisenhardt & Graebner, 2007)。基于多案例的研究设计,我们可以识别不同情境下企业数字化创新模式与形成机制,分析其背后的差异与相似之处,从而得到更为稳健和更具普适性的理论(毛基业和陈诚,2017)。

(二)案例企业选择

为了更好地契合研究问题,发展一个丰富的理论框架,本文的多案例研究遵循理论抽样与复证(replicate)逻辑,具体的案例筛选标准包括:第一,由于本研究的目的在于分析 SMEs 数字化创新的典型模式及其匹配机制,所以,选取的案例企业都为相同行业内的 SMEs,且尽量保证企业所在区位的多样性,从而提高研究的外部效度;第二,所选的案例应该具有典型性和启发性,能在很大程度上代表数字化创新的主流,另一方面,所选案例在数字化创新模式方面具有明显的差异,为案例之间的复证逻辑和扩展逻辑提供数据支撑;第三,案例企业数据的可获得性较好,对于案例企业数字化创新的基础、条件及进展相关数据资料应该相对丰富,以便研究者深入探究数字化创新模式的内部机理及形成机制。

基于以上原则,本研究选取北京调鼎科技有限公司(以下简称"调鼎")、杭州魔点科技有限公司(以下简称"魔点")、上海渥孚科技有限公司(以下简称"渥孚")和杭州天铂云科光电科技有限公司(以下简称"天铂")等作为研究案例。四家案例企业都属于中小型制造业企业,与本研究主题高度契合。此外,上述四家企业都获得专业的风险投资机构的支持,显示具有较大的价值创造潜力。本研究以这四家企业数字化创新模式作为分析单元,每个案例相当于一个独立的准实验(Yin,2009),通过多案例的对比分析来得出一组理论假设,案例基本情况如表 2 所示。

表 2　案例研究企业基本情况

企业名称	调鼎	魔点	渥孚	天铂
企业属性	民营	民营	民营	民营
业务领域	智能导检	人脸识别系统	智能医疗器械	红外热成像
所在区域	北京	杭州	上海	杭州
成立时间	2012 年	2016 年	2014 年	2016 年
风险投资	凯风至德、雷雨资本	凯复云度、创典投资	雷雨资本、繁星投资	瑞衍投资
国内市场企业运营	在体检中心广泛应用覆盖各省顶级三甲医院,已服务近 300 家医疗体检机构,全国市场占有率第一,全国健康示范基地医院占有率第一	人脸识别人证云系统为 G20 杭州峰会的安保提供了重要保障;99.99% 的人脸识别准确率,已累计有超过 20 万家企业客户选择魔点的产品及服务	核心技术被政府官方批准为构建药品追溯体系的载体,产品初步受到了医疗机构的广泛欢迎,目前已经实现初步盈利	产品覆盖电力、消防等领域,在奥运场馆等工程项目中被推荐并采用;2019 年在国内电力行业市场占有率达到 20%

(三)数据收集与分析

1.数据收集。

为便于数据的多方交叉验证,从而提高案例研究的信度,本文采用多种数据来

源,主要包括:

(1)半结构化访谈,研究团队于 2019 年 5 月对调鼎进行 1 次现场调研,并累计进行 2 次深度访谈;于 2019 年 6 月对魔点进行 1 次现场调研,并累计进行 3 次深度访谈;于 2019 年 1 月对渥孚进行 1 次现场调研,并累计进行 2 次深度访谈;于 2019 年 6 月对天铂进行 1 次现场调研,并累计进行 2 次深度访谈;(2)企业内部档案资料,包括公司股权结构、高管团队及员工、公司介绍、发展战略及业务规划、主要产品与服务、行业市场、主要客户等;(3)企业外部档案资料,包括相关新闻报道、媒体采访、行研报告等;(4)企业现场观察,包括企业办公场所、车间等的参观与交流。深度半结构化访谈是研究的主要资料来源。(具体如表 3 所示)

表 3　数据来源

数据来源及编码	调鼎	魔点	渥孚	天铂
半结构化访谈(SI)	访谈人数:3 人 访谈时长:314min	访谈人数:4 人 访谈时长:425min	访谈人数:2 人 访谈时长:286min	访谈人数:3 人 访谈时长:287min
内部资料(ID)	16 万字	14 万字	15 万字	11 万字
外部资料(ED)	6 万字	7 万字	4 万字	5 万字
参与式观察(PO)	1 次	1 次	1 次	1 次

2.数据分析。

严格遵循从案例研究中构建理论的思路,本文的数据分析主要包括 4 个关键步骤:首先,案例内的数据分析。通过事件编码及相关技术,在对案例做概化分析之前,提炼每个案例企业数字化创新的独特模式及关键要素。其次,搜索跨案例的模式。遵循复证的逻辑比较四家案例企业在数字化创新模式、关键要素及形成机制的相似与差异,发现案例企业之间某种模式,同时,对不同来源的案例数据进行验证。再次,形成研究假设。通过案例内和案例间的比较分析,提炼核心研究构思及研究构思之间的研究假设,在此基础上,利用每一个案例数据对案例的研究假设进行检验。最后,结合文献进行比较。将提炼的研究构思和假设与现存的文献进行比较,关注并创造性地处理其中的相似点和冲突点,直至达到理论饱和的状态。鉴于本研究涉及多个分析单元和研究构思,为了更好地凸显研究主线,本文在现存文献的指引下初步梳理了研究相关的关键构思、测度变量及变量内涵(如表 4 所示)。

表4　关键构思、测度变量与变量内涵界定

关键构思	测度变量	变量内涵
数字化创新模式	横向聚变	企业通过数字技术在价值链横截面上延展同类价值活动
	纵向聚变	企业通过数字技术对价值链纵向的治理、重构与延伸
匹配领域	市场	与用户、客户或其他利益相关者的各类需求内容与结构
	技术	企业提供数字化产品或服务所凭借的方式与手段
双元匹配	探索	对新兴的市场/技术进行搜索和尝试,包括拥抱变化、风险承担和灵活性
	开发	对现有的市场/技术做有目的的搜索,强调聚焦,避免太大变化

此外,为了保障本研究的信度和效度,本研究还进一步采取了如下措施:第一,制订研究计划书。在开展正式研究之前,制订详细的案例研究计划书,组建案例研究小组,以利于培育多样化的视角,综合采用多种数据收集的方法;第二,对案例数据进行多方验证。对案例涉及的关键研究构思,通过不同来源的数据资料进行多方验证,确保数据资料的真实性和有效性。第三,对案例数据做系统编码。将案例企业访谈、现场调研及其他交流信息等转化为文字稿;邀请两位创新管理领域的专家和一名企业高管组成编码小组,对每个企业案例的文字稿进行内容分析;对于编码不一致的分析单元,由相关成员进行讨论,保留最终达成一致的编码结果。

四、案例描述

(一)调鼎科技

北京调鼎科技有限公司成立于2012年,总部位于北京。调鼎是一家致力于为医院体检中心和健康管理中心提供专业的全流程信息化产品的高新技术企业,公司产品主要包括体检智能导检系统、体检软件、检后管理系统、体检业务流程管理方案等,其中,体检智能导检系统是其主导产品。公司创立之初,国内体检行业复合增长率达到20%以上,发展形势非常迅猛。然而,基于体检过程中的无序、低效、工作量大等痛点问题,医疗机构对优化体检流程具有强烈的需求。当时,行业内就有金蝶软件、金唐软件、希和软件等公司提供相关的软件产品。经过历时两年半的研发测试,调鼎即入驻北京首家标杆医院并引发带看量的爆发。在产品研发方面,调鼎采用先进的AI导检算法,大数据实时计算,精确到秒,确保为客户提供最优的体检路径,同时,开发深度契合每家医院需求的功能模块。通过准确把握医院体检领域出现的创新机会,调鼎在不到 8 年的时间里,覆盖各省顶级三甲医院,已服务近 300 家医疗体检机构,实现全国市场占有率第一(调鼎发展历程如图 1 所示)。

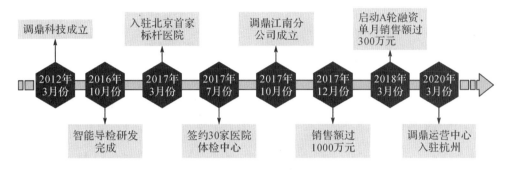

图 1　调鼎发展历程

(二)魔点科技

杭州魔点科技有限公司成立于 2016 年,公司总部位于杭州。魔点是一家将先进的人工智能技术与行业应用相结合的科技型企业,专业从事人脸识别相关的智能系统开发,产品广泛覆盖智能办公、智慧校园和智慧社区等领域。魔点创立之初,国内人脸识别终端市场竞争已经比较激烈,部分硬件服务商开始采用低价销售策略,形成了宇泛智能、汉柏科技等行业优势企业。为了能在市场中占有一席之地,魔点基于人工智能的场景化应用,坚持用互联网＋AI 思维打造智能硬件,实现人、事物和组织之间的智能连接。在产品研发方面,魔点组织研发团队围绕真实场景,调试参数、组合算法,不断迭代以实现产品化。在市场开拓方面,依托其数字技术方面的优势,魔点将其办公智能硬件系统向社区、校园及工地等拓展,提供诸如智慧社区、智慧校园等系统解决方案。作为阿里大生态中的一员,魔点基于"云＋端"的开放模式,为企业提供 More OS 平台,积极构建自己的行业生态来进行开放式创新(魔点发展历程如图 2 所示)。

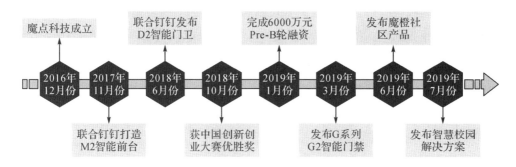

图 2　魔点发展历程

（三）渥孚科技

上海渥孚科技有限公司成立于 2014 年，总部位于上海闵行区。渥孚是一家致力于提供医疗信息化装备解决方案的高科技公司，通过医疗操作流程的数字信息化，提高医疗机构控制医疗风险能力以及精细化管理水平。目前，在国内医疗信息化市场中，纯软件的医院信息化产品和服务已经逐渐进入饱和状态，各类医疗信息化软件供应商正在寻求新的突破，这为自动数据采集系统的市场引入配备了优质的产业资源。渥孚所研发的智能药品管理工作站正是这样一款典型的自动数据采集系统产品，通过信息管理系统的客户端直接控制工作站来对单剂药品实行全过程封闭式精准管理。该系统可以广泛应用于医院普通病区、ICU 病房及手术室等临床部门，实现医疗工作流程的数字化、信息化和智能化管理。与行业内的 CareFusion、北京蝶和等竞争对手相比，本系统具有多技术融合、剔除人为因素干扰、系统连接性好等优点。2015 年，公司完成毒麻药品的物联网系统样机生产，并开始在全国相关医院进行试销（渥孚发展历程如图 3 所示）。

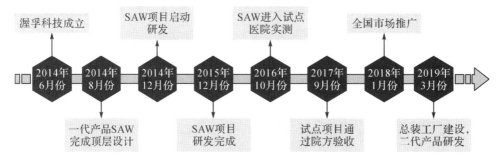

图 3　渥孚发展历程

（四）天铂红外

杭州天铂云科光电科技有限公司成立于 2016 年，公司总部位于杭州。天铂是一家将红外成像技术与行业应用相结合的高科技公司，专注于红外热像仪产品的研发、生产和销售以及红外检测服务，其应用主要集中在电网通信、交通汽车、工业机械、军工安防和建筑道路等领域的检测、监测和控制服务，主要客户包括国家电网、南方电网、浙江交投、各省消防等。公司核心团队来自世界五百强，长期从事光学、照相机、图像识别等高科技产品开发和管理。全球红外市场规模不断增加，产业地位日益提升，2019 年整体市场规模约 100 亿美元；而国内红外热成像仪的应用还处于初期，中国红外产业在技术基础和产业规划上还不完全成熟，核心部件一定程度上依赖进口。国家和地方也出台了一系列优惠政策支持相关产品应用，为行业的新进入者提供了机遇。天铂在国内直面武汉高德、浙江大立和广州飒特等的竞争，凭借自身在工艺、技术和场景方面的积淀，2019 年在电力行业的市场占有率达到了 20％左右，逐步在国内红外市场崭露头角（天铂发展历程如图 4 所示）。

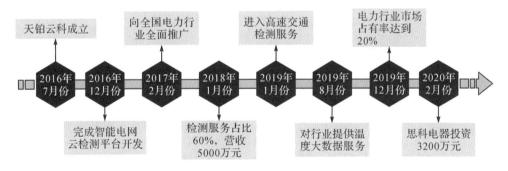

图 4　天铂发展历程

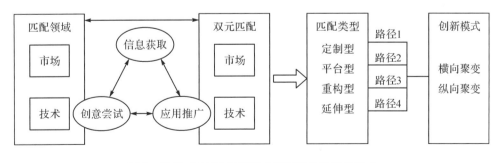

图 5　SMEs 数字化创新模式及匹配机制概念模式

五、案例发现

(一)企业数字化创新模式

通过对上述四家企业的案例分析,本文发现,SMEs 的数字化创新模式体现为一种零星的、异构的问题—方案配对且呈现出较大的差异性(如表 5 所示),其中,调鼎和魔点呈现出明显的横向聚变式数字化创新特征,而渥孚和天铂则呈现出明显的纵向聚变式数字化创新特征。横向聚变和纵向聚变的数字化创新模式取决于SMEs 自身的资源优势与所处的行业竞争环境。

表 5　SMEs 数字化创新模式典型描述举例

企业	典型描述举例	横向聚变式		纵向聚变式	
		路径 1	路径 2	路径 3	路径 4
调鼎	公司的定位就是一、二线医院的导检系统(SI)	✓			
	大型医疗软件公司涉及模块比较多,功能复杂,精力比较分散(ED)	✓			
	通过微信平台的导检门户系统,我们为医院做客户引流(SI)			✓	
	我们可以提供更加智能的导检系统(SI)	✓			
	我们可以为医院提供一些个性化的功能设计(SI)	✓			
魔点	公司的核心产品是具有人脸识别功能的智能硬件设备(SI)		✓		
	公司首先聚焦于做好办公场景(SI)	✓			
	目前,我们的产品已经广泛应用于园区、社区和学校(SI)		✓		
	基于云＋端的开放模式,为企业提供 More OS 开放平台(ED)		✓		
	疫情期间,通过数据维度的逻辑,魔点可以打通健康码数据(SI)			✓	
渥孚	所做的事情就是把医院毒麻类药品的使用流程整合起来(ED)			✓	
	客户主要是各类医疗机构(SI)			✓	
	产品主要整合了基于 RFID 的物联网技术(SI)			✓	
	SAW 还可以记录药品使用过程的相关数据(SI)				✓
	我们还尝试开展数据管理服务(SI)				✓

企业	典型描述举例	横向聚变式		纵向聚变式	
		路径 1	路径 2	路径 3	路径 4
天铂	逐渐从产业的应用端向技术支持和数据服务端转变（ED）				√
	公司可以为电力、消防、交通等各行业的客户提供产品服务（SI）				√
	产品的原理就是基于红外线的热成像技术（SI）				√
	2017 年的营收中，公司检测服务收入占比达到 60%（ID）				√
	公司开始在河南等地为客户搭建温度大数据服务平台（SI）				√

1. SMEs 横向聚变式数字化创新。

客户需求的多样性是横向聚变式创新产生的基础，横向聚变式创新强调对特定价值链环节的深耕，为客户提供价值增值。由于中小企业起步较晚，产业中的大部分环节已经被大型企业所占据，难以按照寻常的方式推进创新。本文发现SMEs 横向聚变式数字化创新，主要通过以下两种方式。

第一，利用企业独特的资源禀赋，对已有的价值标准定义的产品和服务，提供个性化的价值定义，形成与强大的竞争对手在细分赛道上的比较优势（路径 1）。

行业内大型企业的产品和系统设计模块较多，相应地，在产品创新方面的资源比较分散，很难在每个需求点上契合特定市场客户的个性化需求，也没有动力进一步挖掘客户深层次的需求。与行业内的大型企业相比，SMEs 在产品研发、品牌声誉、营销渠道等方面均不占据优势，但是，他们通过寻求自身独特的资源禀赋，并与目标市场客户消费诉求进行精准对接，从而实现在细分市场的横向聚变式数字化创新。通过案例分析，本文发现调鼎在运营初期就将目标市场定位于一、二线城市大型医院的导检系统，并凭借高管团队在数字化技术方面的教育背景和行业经验，致力于提升导检系统的智能化水平，同时，结合医院自身的体检资源配置和相关权限设置，开发具有个性化的导检功能模块。在此基础上，为了进一步优化导检系统，调鼎进一步开发了基于微信的导检系统，降低了医院客户在硬件方面的投入，并改善体检人员体验。通过深度聚焦于医院导检系统，不断优化提升导检功能，调鼎快速成长为国内导检系统的第一大品牌。

第二，利用开放式的资源平台，以服务更多市场客户为切入点，通过平台资源要素的集聚和合作共创,为更多用户提供具有个性化的创新产品(路径2)。大型企业在技术研发上的长期积累使其创新能力逐渐制度化,并形成强大的预算、标准化的业务流程和对知识访问权的控制的结构化创新模式(Awate et al.,2015),在这种创新结构下,其新产品的开发往往聚焦于向高端客户提供高质量的产品和服务。相应地,一方面,大型公司难以开发面向高端客户个性化的需求;另一方面,其也容易忽视中低端客户日益增长的消费需求。而部分 SMEs 在数字化创新中则定位于"生态共创"的技术路线,善于将客户个性需求、第三方开发机构和硬件服务商等各方的资源进行有机地重组和整合,并以此为依托实施数字化创新。魔点进入市场后发现,由于行业竞争激烈,硬件产品的成本直线下降,市场中充斥着大量百元价位的机器。在完成前期的产品开发之后,魔点将自己定位为生态创新平台的提供者,基于"云+端"的开放模式,为企业提供 More OS 平台,吸引 1 万多名开发者入驻,并依托平台运行所产生的强大创新能力,累计为超过 1.3 万家企业提供个性化产品,实现向各行业应用市场的全方位渗透。

2.SMEs 纵向聚变式数字化创新。

相比于横向聚变式创新,纵向聚变式创新强调对价值链的纵向整合,为客户提供创新价值。数字技术的发展,为中小企业重构价值链创造了难得的机会。大型企业常常沿着现有的技术路线进行调整,缺乏对新兴技术的警觉性及创造性使用。本文发现,SMEs 纵向聚变式数字化创新主要通过以下两种方式实现。

第一,基于跨领域的数字化技术,深度嵌入现有的价值链体系,重构产品和服务的价值结构,通过价值链环节的纵向一体化,提高产品服务的信息密度和安全性(路径 3)。在相对成熟的细分行业中,产品和服务逐渐进入市场饱和状态,大型企业已经占据了市场的主要份额,SMEs 处于明显的竞争劣势。但是,基于行业整体良好的数字化水平,部分 SMEs 善于跨界导入异质的数字化技术,并能够与目标市场的痛点需求有效衔接,重塑原有的价值结构,以此来构建细分市场的数字化创新模式。我国医疗机构管理信息化已经发展了 20 多年,逐步形成了一个可以覆盖全员的基础信息处理平台,并形成以卫宁健康、医惠科技等行业巨头为主的竞争格局。经过市场调研,渥孚发现国内药品的智能化管理系统国产设备较少,且智能化水平不够,而进口药品管理系统价格高,因此,存在较大的市场机会;另一方面,在政府行业监管越来越严格的背景下,医院药库仍存在劳动强度大、工作效率低以及药品流失等诸多风险。通过导入物联网中的 RFID 技术，渥孚帮助医院实现对毒麻管制类药品管理的全流程覆盖，并使其不受人为因素的干扰，大大降低了医院毒麻类药品管理风险。

第二，基于核心产品的领导地位，从制造环节向服务环节延伸，成为特定领域的产品和服务提供商，为多个领域的客户提供专业服务（路径 4）。高科技行业的企业领导者往往具有雄厚的技术积累，受到规模效应的影响，行业格局会逐渐呈现集中化的趋势。此外，由于核心部件较大程度上依赖于进口，行业的净利润率亦存在局限。有鉴于此，市场的后进入者必须依靠自身的竞争优势寻求突围，一方面，进一步拓展产品的市场应用范围，另一方面，在价值链的上下游进行延伸，并形成自己的"护城河"。通过案例分析，本文发现天铂也面临这样的战略抉择。在公司成立之初，从细分市场的容量及自身技术优势出发，天铂选择电力行业作为市场切入点，并于公司成立当年即完成"智能电网云检测平台"的标准化产品开发，并致力于电力行业的推广和巩固。与此同时，依托自身普适性的技术架构，天铂逐步开拓消防救援、轨道交通等行业应用场景。当公司的产品日渐成熟并在多个细分市场占据一定份额的时候，天铂开始从硬件制造向检测服务延伸，为行业用户提供大数据测温系统，从现阶段产业链的行业应用端，延伸到上游的技术支持和大数据服务端。

（二）数字化创新模式中的匹配机制

通过对四家案例企业的分析可知，SMEs 的数字化创新是在动态竞争的市场环境中通过价值链变革来创造价值寻求成长的过程。通过案例分析，本文进一步发现，SMEs 能够通过对市场—技术领域灵活地匹配（探索和开发）来实现价值链的横向聚变和纵向聚变，以培育独特的行业竞争优势。同时，针对 SMEs 不同的数字化创新模式，其在匹配类型上呈现出各自特征，如图 6 和表 6 所示。

民营经济创新治理

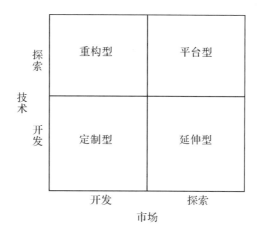

图 6　SMEs 数字化创新匹配类型

表 6　SMEs 数字化创新匹配类型典型描述举例

企业	匹配领域	典型描述	匹配双元		匹配类型
			开发	探索	
调鼎	市场	对于部分医院提出的个性化功能需求,我们会尽量满足(SI)	√		定制型
		我们主要根据客户的需求来配置主机和显示屏的数量和型号(SI)	√		
		为了更好地开发南方市场,我们于 2017 年成立了江南分公司(ID)	√		
		通过北京海淀医院的试运行,我们迅速带动了北京的医疗机构(SI)	√		
	技术	我们不断优化智能导检系统的算法(SI)	√		
		将导检的提示方式从屏幕的语音提醒提升为手机信息提示(SI)	√		
		在开发过程中,我们还要解决系统的稳定性问题(SI)	√		
		根据体检项目的类型特征,我们不断增加数据优先处理的原则(ED)	√		
魔点	市场	借助钉钉的生态系统,我们可以辐射到系统内各个行业的客户(SI)		√	平台型
		我们将人脸识别系统从办公场景推广到工地、社区等情景(SI)		√	
		通过开放生态平台,我们可以吸引各个行业的客户入驻(SI)		√	
		这两年,公司也致力于开发新零售场景的产品(SI)		√	
	技术	D3 智能门卫是魔点新研发的多模态交互智能办公硬件(ED)		√	
		基于平台搭建的菜鸟劳务系统,可以为仓库人员提供人效核算(SI)		√	
		我们的智能门卫产品架构同时支持云处理和端处理(SI)	√		
		在识别技术上,我们采用了双目＋红外的技术方案(SI)		√	
渥孚	市场	在连云港人民医院试用合格后,我们开始在医院系统推广(SI)	√		重构型
		医院对毒麻类药品管理存在的风险是一个重要的市场痛点(SI)	√		
		我们还参加了全国的医疗器械展会(SI)	√		
		国家对医院毒麻类药品管理通过了专门的法案(ED)	√		
	技术	决定将 RFID 技术导入到医疗信息化行业(SI)		√	
		SAW 整合了处理芯片、传感器和自动控制器等模块(SI)		√	
		工作站还结合机电一体化技术和设备通信技术(SI)		√	
		可以将药品导入医院信息管理平台(SI)	√		

企业	匹配领域	典型描述	匹配双元		匹配类型
			开发	探索	
天铂	市场	浙江省交投集团采购 30 个天铂交通热像设备(ED)		√	延伸型
		公司在河南、安徽等地为电力行业客户提供温度大数据服务(SI)		√	
		公司开始在个人消费、家居安防领域进行市场布局(SI)		√	
		疫情期间,开发了全自动在线式红外测温仪(SI)	√		
	技术	公司不断利用大数据、AI 图像识别技术,提升产品性能(SI)	√	√	
		公司自研的技术包括红外温度流媒体、红外图像自动识别等(SI)	√		
		同时拥有超过 1000 家行业客户,通过落地场景不断优化产品(SI)	√		
		公司的技术优势还在于拥有普适的技术架构(ID)	√		

第一,定制型匹配(开发市场—开发技术)。定制型匹配是针对 SMEs 在数字化创新时以价值链横向聚变为主时,将对市场知识的开发与对技术知识的开发结合在一起,为目标市场提供定制化的产品和服务,以此获得细分市场的相对竞争优势。通过对细分市场的聚焦式开发,SMEs 可以获得对目标市场客户需求的深刻洞察,而对核心技术方案的集中研发,可以不断提升核心技术能力,从而向目标市场客户提供高度匹配的解决方案。

定制型匹配的典型案例就是调鼎,在市场开发方面,调鼎的战略布局定位在一、二线城市的大型医院的体检系统,通过标杆医院(北京海淀医院)的试运行,迅速带动医院看量爆发,同时,通过参加全国性的医疗器械展会,将智能导检系统迅速推向全国医院市场。在技术开发方面,调鼎围绕智能导检系统,不断优化智能算法,通过液晶综合屏、诊室一体机等播报引导的同时,不断增加微信导诊、小程序等实时推送导检信息,形成全流程的智能导检系统,在全国众多从事医疗信息化公司中脱颖而出。

第二,平台型匹配(探索市场—探索技术)。平台型匹配是针对 SMEs 在数字化创新时以价值链横向聚变为主时,将对市场新知识的探索与对技术新知识的探索结合在一起,利用平台的资源集聚效应,在较短时间内最大限度地捕捉数字化创新机会。采取平台型匹配的 SMEs,基于平台运营所集聚的市场客户信息以及多样性的技术组合,通过生态共创式创新,在确保市场规模的同时,寻求高利润回报的项目组合。平台型匹配的典型案例是魔点,在市场探索方面,魔点利用 More OS 平台,助力企业搭建自己的身份校验系统;此外,作为生态参与者,魔点还借助钉钉生态平台辐射潜在的市场客户,实现其核心产品在办公、社区和教育等领域的全覆盖。与此同时,魔点整合阿里云、钉钉、菜鸟等公司的数字化技术和研发资源,开发具备多模态交互的 D3 智能门卫,不断提升自身的技术和知识储备,以提供针对特定细分市场的多样性的产品系列,实现对价值链的横向聚变。

第三,重构型匹配(开发市场—探索技术)。重构型匹配是针对 SMEs 在数字化创新时以价值链纵向聚变为主时,将对市场知识的开发和对技术知识的探索结合在一起,为目标市场提供重构型的创新产品,以此创造差异化的产品价值。与定制型匹配相比,两者都基于特定行业领域开展数字化创新,但是,重构型匹配更加注重对跨领域的探索与学习,以便发现新技术、新产品、业务机会及组织规则,进而构建企业自身的核心竞争力。重构型匹配的典型案例是渥孚。在市场开发方面,通过对多个行业应用场景的研究调查与比较分析,渥孚最终决定将公司重心放到以 RFID 技术赋能院内药品管理的全流程上。在技术探索方面,从安全和效率出发,渥孚创造性地将可回收容器作为 RFID 标签,并结合传感器、自动控制器、处理芯片、医疗软件等,重组形成了创新的毒麻药品管理系统。在这个系统的支持下,购入毒麻药品时,医院仓储人员只需清点一遍并将其放入 RFID 标签容器,相关药品就进入毒麻药品管理系统,医护人员可以很方便地取用药物,同时,电脑会记录取用过程,实现对毒麻类药品的纵向一体化的有效管控。

第四,延伸型匹配(探索市场—开发技术)。延伸型匹配是针对 SMEs 在数字化创新时以价值链纵向聚变为主时,将对市场新知识的探索与对技术新知识的开发结合在一起,通过产业链应用端—服务端的纵向延伸,拓展企业数字化创新的发展空间。与平台型匹配相比,两者都是基于对多个行业领域的探索来开展数字化创新,但是,两者市场探索的方式有所不同:平台型匹配依托于平台所集聚的各行业用户资源,而延伸型匹配则主要依靠自身独特的技术优势和普适的技术架构。此外,通过对核心领域相关技术知识的开发与整合,采取延伸型匹配的企业可以不断强化自身的技术优势,为企业向技术服务端延伸创造条件。延伸型匹配的典型案例就是天铂。在市场探索方面,天铂首先切入技术成熟、市场容量大的电力行业,快速推出电力行业的标准化检测产品并向全国电力行业推广,在占据较大市场份额的同时,天铂基于自身技术优势逐步向消防、交通等行业应用市场拓展。在此基础上,天铂积极整合 5G、大数据、AI 图像识别等技术,为行业客户提供温度大数据服务。目前,天铂在电力行业,已经在安徽、河南等地落地"在线式红外热成像测温系统",通过终端红外热成像设备 24 小时采集红外大数据,并通过自建的云服务和自研的 AI 图像识别,实现了在线红外监控、诊断和预警。

(三)数字化创新模式中的行为策略

通过对案例企业数字化创新匹配机制的进一步分析,本研究发现,为实现市场(探索 vs 开发)与技术(探索 vs 开发)匹配过程中的有效协同,SMEs 会通过采取一组行为策略来确保匹配效能。根据案例数据显示(如表 7 所示),本文发现 SMEs 创新数字化过程中存在三种行为策略:信息获取、创意尝试以及应用推广。

表 7　SMEs 行为策略典型描述举例

行为策略	典型描述举例	匹配类型
信息获取	随着体检需求的增加,体检中心面临耗时、无序等痛点(ED) 根据医院反馈的信息,我们进一步优化导检系统(SI)	定制型
	市场中充斥着低端产品,嵌入式开发能力差,缺乏互联网思维(SI) 2020 年初疫情期间,园区管理方发布公告要求戴口罩上下班(ED)	平台型
	医院内单剂量针剂的管理还停留在人工手动操作上(SI) 由于人为操作误差不可避免,毒麻类药品管理存在风险隐患(SI)	重构型
	国内热成像仪的应用还处于初期,比较成熟的应用是电力行业(SI) 广东、浙江、江苏等地区,拥有量也仅为需求量的 20%(ED)	延伸型
创意尝试	完成导检系统的开发后,我们马上寻找标杆医院试用(SI) 为了进一步提升用户体检,我们还开发了导检微信平台(SI)	定制型
	我们将 D2 升级版投入园区试用,取得了不错的效果(SI) 我们尝试开发社区和校园场景的综合解决方案(SI)	平台型
	2015 年,第一代产品 SAW 完成开发(SI) 连云港第一人民医院测试购买了渥孚的第一批产品(ID)	重构型
	2016 年完成智能电网云检测平台开发并获得国家电网认可(ED) 已经在安徽、河南等地落地"在线式红外热成像测温系统(SI)"	延伸型
应用推广	北京海淀医院试用通过后,我们立即走访北京各医院(SI) 我们在 2017 年成立江南分公司,总攻江浙沪区域(SI)	定制型
	早期的 M2 产品,主要通过钉钉系统进行分销(SI) 随着办公场景的智能硬件不断成熟,我们开始自建销售渠道(SI)	平台型
	我们开始在江苏各类医院销售推广(SI) 我们也会组织人员参加各类医疗器械展会(SI)	重构型
	参与奥运场馆火灾评估、世博保电红外检测等知名项目(ED) 2017 年以来,我们新开拓了 12 个省的电力市场(SI)	延伸型

民营经济创新治理

信息获取。信息获取是指在数字化创新实施过程中，企业通过内部和外部的信息搜索，获取创新相关的信息和知识，并进行初步的加工和处理的行为。由于数字技术的自生长性，数字环境的变化日新月异，组织需要持续扫描和更新数字环境以便识别可能的创新机会(Nylen & Holmstrom，2019)。数字化创新是一种行动的逻辑，企业必须学习从环境中获得信息和知识，并且用这些信息来指导行为，而行动的结果反馈又可进一步获取信息。通过这种方式，企业就能对市场环境中的动态变化及时做出反应。以渥孚科技为例，在公司高管接触到 RFID 相关技术之后，渥孚并没有直接将技术应用到相关产业，而是在全国范围调研，对终端市场的需求、技术的可获得性、行业内的竞争对手等信息进行充分研判，同时，持续关注各行业的政策环境变化，以待一个良好的市场进入机会。

创意尝试。创意尝试是指在数字化创新实施过程中，企业基于获取的信息，从中提炼出可行的创意，在此基础上，开展新产品的研发、尝试新的营销策略以及让潜在消费者体验等。这个环节的重点是创新想法、产品设计和企业知识进行融合(Kohli & Melville，2019)，表现为开放畅联、情景交融、持续迭代等特征。创意尝试可以帮助企业检验当前创意的正确性，试验的结果可以增加企业对各类备选方案的了解，丰富关于环境和自身的知识。以魔点科技为例，在 2020 年初疫情的大背景下，产业园区根据上级管理部门要求，相关人员必须在佩戴口罩并且体温正常的情况下才能进出，基于这个特定的市场需求，魔点提出结合体温的测量及数据的存储对戴口罩状态的人脸进行识别。基于这一设想，魔点组织人员对原有的 D2 门禁机人脸识别功能进行升级，并同步进行热成像自动测量及数据记录。完成样机设计后，魔点立即在其所在产业园区进行试用并迭代完善。

应用推广。应用推广是指在前述的创意初步通过市场的筛选之后，企业根据反馈的信息，对数字化产品/服务进行优化，在此基础上，整合相关资源将相对成熟的产品/服务向市场推广。这个过程涉及产品/服务相关知识的储存和规则的形成，这些知识和规则可以指导企业行为，从而提升企业运行的效率。以调鼎为例，于 2017 年 3 月首先入驻北京海淀医院试用，获得院方的充分认可。在此基础上，调鼎立即向全国各家医院推广，同时，在南方成立销售分公司，并频频参加国内外医疗器械展会，将智能导检系统推向全国。同样，天铂于 2016 年完成"智能电网云检测平台"的标准化产品开发验证后，并获得国家电网认可后，也迅速组织人力在全国电力市场进行推广，并在短短 3 年内占据国内电力行业 20％的市场份额。

六、结论与启示

(一)研究结论

本文围绕"SMEs 如何通过基于市场—技术的匹配机制构建数字化创新模式以创造价值"这一核心问题,通过选取四家 SMEs 开展数字化创新进行多案例研究,探索在面对各种市场竞争的情况下,四家企业数字化创新模式与匹配机制的差异和内在机制,并识别出三种促进数字化创新的行为策略。本文具体结论如下。

第一,SMEs 的数字化创新是一种动态非均衡行为,基于对自身独特的资源禀赋和市场竞争情况的研判,SMEs 通过对其价值链进行优化重组、整合创新,实现有效的数字化创新模式。具体而言,在横向聚变式创新模式中,SMEs 选择避开竞争激烈的市场领域,转而开辟独特的细分市场,利用数字化技术平台和自身资源优势,提供具有个性化的产品价值。在纵向聚变式创新模式中,SMEs 试图突破原有的价值链结构,通过纵向价值链的重构与攀升,塑造企业在价值链中的新型地位。

第二,围绕匹配的领域与方式,SMEs 通过四种匹配类型支撑前述的数字化创新模式,以培育其相对的竞争优势。具体而言,横向聚变式主要采取定制型和平台型匹配。定制型主要针对资源有限的 SMEs,强调基于细分市场和特定技术领域的深度开发;而平台型则是针对在市场与技术积累一定资源的 SMEs,通过数字化平台来进一步集聚客户与技术资源,深度挖掘市场的增值空间。纵向聚变式主要采取重构型和延伸型匹配。重构型将对细分市场的开发和对新技术的探索相结合,致力于重构特定市场的价值链形态。延伸型基于自身丰富的技术资源积累,通过价值链服务端的攀升,拓展企业创新空间。

第三,SMEs 在匹配过程中通过信息获取、创意尝试和应用推广三种行为策略来推进数字化价值创造。信息获取、创意尝试和应用推广在匹配机制与价值创造之间起到基础性的动力作用。具体而言,通过信息获取,企业能够获得关于市场需求和技术演进的各类信息,结合自身的资源优势,寻求可能的创新机会和产品创意;通过创意尝试,企业可以对初步形成的创意进行试验,评估创意的可行性水平,并根据反馈信息调整创意的构想;通过应用推广,企业可以将产品与服务以更快的速度推向市场,并结合市场反馈信息,不断提高产品的性价比。

（二）理论贡献

本文的理论贡献主要有三个方面：第一，本文探究了 SMEs 在数字化创新领域的独特模式，贡献在于弥合了数字化创新产出与价值链理论之间的缺口。现有文献对数字化创新模式的探讨主要集中于创新产出类型，相关研究仅停留在结果层面。本文将 SMEs 数字化创新与价值链理论有机融合，并以此对数字化创新的独特路径进行解构，为后续数字化战略的研究提供了新的视角。

第二，本文挖掘了数字化创新市场—技术匹配与组织双元之间的内在理论联系，在一定程度上解释了不同数字化创新模式的形成机制。本文对于数字化创新的研究，突破了以往创新管理的基本假设，遵从动态问题—方案设计匹配的理论逻辑（Nambisan et al. , 2017），挖掘企业如何通过兼顾探索与开发两类能力来实现数字化创新匹配。同时，本文基于 Christensen（2014）和 Fang 等（2011）的研究，响应并延伸了 Yoo 等（2012）和 Nambisan 等（2017）针对数字创新机制所提出的分布式创新和重组式创新（刘洋等，2020）。

第三，本文对数字化创新过程中行为策略的研究，进一步解释了 SMEs 通过匹配机制以创造行业独特价值的内在机理，丰富了 Desouza 等（2009）和 Kohli 与Melville（2019）提出的数字化创新三阶段框架模型。Kohli 和 Melville（2019）认为，数字化创新包括创新启动、创新开发和创新应用。然而，结合 Nambisan 等（2017）的引领性文献和本文案例研究发现，SMEs 数字化创新过程需要通过信息获取、创意尝试和应用推广等行动策略来具体实施。

（三）实践启示

本文的实践启示主要包括三个方面：第一，面对复杂多变的行业环境，SMEs试图通过数字化创新获取竞争优势，需要高度关注资源优势与市场需求，通过价值链横向聚变与纵向聚变，寻求可能的数字化创新模式。第二，SMEs 在推进数字化创新过程中，受制于品牌、资金等的资源约束，要围绕市场和技术两个焦点，灵活地采用探索和开发两种组织学习方式，以更好地匹配数字化创新模式，提高数字化创新活动的效能。第三，为了进一步提升数字化创新绩效，SMEs 在创新过程中要系统整合信息获取、创意尝试及应用开发等行为策略，确保最终实现企业数字化创新目标。

（四）研究局限与未来展望

尽管本文对 SMEs 数字化创新模式及匹配机制进行了有益的探索，但是，仍然存在一些不足之处有待完善。第一，受制于案例的可获得性，本文所选取的数字化创新企业主要集中于制造业，尽管，制造业的数字化创新在我国产业的数字化转型过程中占有突出地位，但未来研究仍需要探讨服务行业的数字化创新行为，以提升理论的概化性水平。第二，本文虽然获得了丰富的一手数据，但是，对于影响 SMEs 数字化创新匹配机制的前因变量，包括企业资源禀赋、市场竞争程度等缺乏定量分析，未来研究可以将定量研究与定性研究相结合，以期获得更丰富的理论成果。第三，本文把 SMEs 数字化创新视为特定环境下的一种静态的研究情景，并以此为切入点探讨数字化创新模式与匹配机制，但是，数字化创新的逐渐深入，SMEs 面临的约束条件会发生改变，未来研究可以采用纵向多阶段案例的研究方法，进一步探讨数字化创新模式及匹配机制的动态演化。

参考文献：

[1] 卓立新.知识基视角下组织双元创新对创新绩效的影响研究[J].华东经济管理，2018，32(12)：143-151.

[2] 波特.竞争优势[M].陈小悦，译.北京：华夏出版社，1997.

[3] 高闯，关鑫.企业商业模式创新的实现方式与演进机理：一种基于价值链创新的理论解释[J].中国工业经济，2006 (11)：83-90.

[4] 江积海，蔡春花.开放型商业模式 NICE 属性与价值创造关系的实证研究[J].中国管理科学，2016，24(5)：100-110.

[5] 克里斯坦森.创新者的窘境[M].胡建桥，译.北京：中信出版社，2014.

[6] 柳卸林，董彩婷，丁雪辰.数字创新时代：中国的机遇与挑战[J].科学学与科学技术管理，2020，41(6)：3-15.

[7] 刘凯宁，樊治平，李永海，等.基于价值链视角的企业商业模式选择方法[J].中国管理科学，2017，25(1)：170-180.

[8] 刘洋，董久钰，魏江.数字创新管理：理论框架与未来研究[J].管理世界，2020，36(7)：198-217，219.

[9] 罗杰斯.智慧转型：重新思考商业模式[M].胡望斌，等，译.北京：中国人民大学出版

社，2017.

[10] 毛基业，陈诚.案例研究的理论构建:艾森哈特的新洞见:第十届"中国企业管理案例与质性研究论坛(2016)"会议综述[J].管理世界，2017 (2):135-141.

[11] 芮正云，罗瑾琏，甘静娴.新创企业创新困境突破:外部搜寻双元性及其与企业知识基础的匹配[J].南开管理评论，2017, 20(5):155-164.

[12] 王毅.数字创新与全球价值链变革[J].清华管理评论，2020 (3):52-58.

[13] 余江,孟庆时,张越,等.数字创新:创新研究新视角的探索及启示[J].科学学研究，2017, 35(7):1103-1111.

[14] AWATE S，LARSEN M M，MUDAMBI R. Accessing Vs Sourcing Knowledge: A Comparative Study of R&D Internationa-lization Between Emerging and Advanced Economy Firms[J]. Journal of International Business Studies，2015(46):63-86.

[15] BHARADWAJ A，EL SAWY O A，PAVLOU P A，et al. Digital Business Strategy: Toward a Next Generation of Insights[J]. MIS Quarterly，2010, 34(1):204-208.

[16] BOUMGARDEN P，NICKERSON J，ZENGER T R. Sailing into the wind: explor-ing the relationships among ambidexterity，vacillation，and organi-zational performance [J]. Strategic Management Journal，2012, 33(6):587-610.

[17] Brigitte G. Open innovation，networ-king, and business model dynamics: the two sides[J]. Journal of Innovation & Entrepre-neurship，2014，3(1) : 1-20.

[18] CONSTANTINIDES P，HENFRIDSSON O，PARKER G G. Platforms and Infrastructures in the Digital Age[J]. Information Systems Research，2018, 29(2):381-400.

[19] CHRISTENSEN C M，BOWER J L. Customer Power，Strategic Investment，and the Failure of Leading Firms[J]. Strategic Management Journal，1996，17(3):197-218.

[20] CHRISTENSEN C M，RAYNOR M E. The Innovator's Solution:Creating and Sustaining Successful Growth[M]. Boston:Harvard Business School Press，2003.

[21] DESOUZA K C，DOMBROWSKI C，AWAZU Y，et al. Crafting Organizational Innovation Processes[J]. Innovation，2009，11(1):6-33.

[22] EISENHARDT K M. Building Theories from case study research[J]. Academy of Management Review，1989，32(3):543-576.

[23] EISENHARDT K M，GRAEBNER M E. Theory Building from Cases: Opportunities and Challenges[J]. Academy of Management Journal，2007,50(1):25-32.

[24] FANF E，PALMATIER R W，GREWAL R. Effects of Customer and Innovation Asset Configuration Strategies on Firm Performance[J]. Journal of Marketing Research，2011

(48):587-602.

[25] FARAJ S, VON KROGH G, MONTEIRO E, et al. Special Section Introduction-online Community as Space for Knowledge Flows[J]. Information Systems Research, 2016, 27 (4):668-684.

[26] FICHMAN R G, DOS SANTOS B, ZHENG Z E. Digital Innovation as a Funda-mental and Powerful Concept in the Informa-tion Systems Curriculum"[J]. MIS Quarterly, 2014, 38 (2):329-353.

[27] GAWER A. Bridging Differing Perspec-tives on Technological Platforms: Toward an Integrative Framework[J]. Research Policy, 2014,43(7):1239-1249.

[28] GARUD R, GIULIANI A. A Narrative Perspective on Entrepreneurial Opportunities[J]. Academy of Management Review, 2013, 38(1):157-160.

[29] GUPTA A K, SMITH K G, SHALLEY C E. The interplay between exploration and exploitation[J]. Academy of Management Journal, 2006, 49(4):693-706.

[30] HANSEN M T, JULIAN B. The Innovation Value Chain[J]. Harvard Business Review, 2007,85(6):121-130,142.

[31] KOHLI R, MELVILLE N P. Digital Innovation:A Review and Synthesis[J]. Information Systems Journal, 2019, 29(1):200-223.

[32] LYYTINEN K, YOO Y, BOLAND JR R J. Digital Product Innovation Within Four Classes of Innovation Networks[J]. Information Systems Journal, 2016, 26(1):47-75.

[33] MAJCHRZAK A, MARKUS M. "Technology Affordances and Constraints Theory (of MIS)" in Encyclopedia of Management Theory[M]. New York:SAGE Publications, 2013.

[34] NAMBISAN S, LYYTINEN K, MAJCHRZAK A, et al. Digital Inno-vation Management: Reinventing Innovation Management Research in a Digital World[J]. Mis Quarterly, 2017, 41(1):223-238.

[35] NAMBISAN S, WRIGHT M, FELDMAN M. The Digital Transformation of Innovation and Entrepreneurship:Progress, Challenges and Key Themes[J]. Research Policy, 2019, 48(8):103773.1-103773.9.

[36] NYLEN D, HOLMSTROM J. Digital Innovation in Context:Exploring Serendipitous and Unbounded Digital Innovation at the Church of Sweden[J]. Information Technology and People, 2019, 32(3):696-714.

[37] O'REILLY III C A, TUSHMAN M L. Organizational Ambidexterity:Past, Present, and Future[J]. Academy of Management Perspectives, 2013, 27(4): 324-338.

［38］PARKER G G，ALSTYNE M W V. Two-sided network effects：A theory of information product design［J］. Management Science，2005，51（10）：1494-1504.

［39］PATEL P C，TERJESEN S，LI D. Enhancing effects of manufacturing flexibility through operational absorptive capacity and operational ambidexterity［J］. Journal of Operations Management，2012，30：201-220.

［40］ROPER S，DUB J，LOVE J H. Modelling the Innovation Value Chain［J］. Research Policy，2008，37：961-977.

［41］SIMSEK Z. Organizational ambidex-terity：Towards a multilevel understanding［J］. Journal of Management Studies，2009，46（4）：597-624.

［42］TEECE D J. Profiting from innovation in the digital economy：Enabling technologies，standards，and licensing models in the wireless world［J］. Research Policy，2018，47（8）：1367-1387.

［43］TILSON D，LYYTINEN K，SORENSEN C. Digital Infrastructures：The Missing Is Research Agenda［J］. Information Systems Research，2010，21（4）：1-12.

［44］TIWANA T，KONSYNSKI B，BUSH A A. Platform Evolution：Coevolution of Plat-form Architecture，Governance，and Environ-mental Dynamics ［J］. Information Systems Reserch，2010，21（4）：675-687.

［45］VON HIPPEL E，VON KROGH G. Identifying Viable "Need-Solution Pairs"：Problem Solving Without Problem Formulation［J］. Organization Science，2016，27（1）：207-221.

［46］XU L D，XU E L，LI L. Industry 4. 0：state of the art and future trends［J］. International Journal of Production Research，2018，56（8）：2941-2962.

［47］YIN R K. Case Study Research：Design and Methods［M］. Sage，2009.

［48］YOO Y，HENFRIDSSON O，LYYTINEN K. Research Commentary—the New Organizing Logic of Digital Innovation：An Agenda for Information Systems Resear-ch［J］. Information Systems Research，2010，21（4）：724-735.

［49］YOO Y，BOLAND JR R J，LYYTINEN K，et al. Organizing for Innovation in the Digitized World［J］. Organization Science，2012，23（5）：1398-1408.

【作者】

夏霖,浙江工业大学中国中小企业研究院助理研究员

张光曦,浙江工业大学管理学院副教授

赋能视角下核心企业主导型创业
生态系统的构成与运行机制

——以小米生态圈为例

项国鹏　万时宜

一、引言

如何维持创业生态系统的活力是目前一个重要的议题。随着"双创"口号的提出，全国创业孵化平台开始不断涌现，极大地提高了创业的活跃度。在创业生态系统中，主要有政府政策（例如政策支持、税收激励）、文化、人力资本、金融资本、创业组织、教育、基础设施、经济集群、网络、支持服务、早期客户和领导力这 12 个组成部分（Spigel 2015；Chen 等，2019），地理位置的不同，会导致这些部件的不同组合。但我们观察到一些创业企业孵化平台中，仅仅是将这些部件简单组合和累加，没有和创业企业建立深入的联系，导致创业企业的需求和外部创业资源错位。

良好的运行机制是构建健康且富有活力的创业生态系统的基础，由核心企业主导构建的创业生态系统，往往展现了更强的生命力和可持续发展的特点。目前已有文献研究了创业生态系统的内涵、构建和分类，对内部运行机制关注较少。

随着技术环境和管理理念的不断发展，组织形式出现了变化，大型的互联网企业向平台化组织转变。这些平台化企业不仅在企业内部，甚至对于自身所处的产业也实现了平台化的结构和运行，通过快速试错应对环境变化，实现业务增长（黄嘉维等，2016）。赋能手段带来了更高的创造力和效率，逐渐被大家关注。赋能代表了赋予能力支持，以往的管理手段和物质精神激励已不能满足企业发展的需要，所以管理者开始提供更高效的环境和工具。核心企业赋能，就是通过搭建平台，更好地连接和协同平台中的各个主体,从而创造更大的价值(郝金磊、尹萌,2018)。所以赋能视角是研究创业生态系统运行机制的全新并且有意义的角度。

小米自2010年成立以来,以手机业务为核心建立起自身的用户群、供应链和品牌,在发展过程中形成了"投资+孵化"的模式,综合提供创业资源和服务,帮助建立了200多家新创企业,成功培育了4家独角兽企业,孵化100余个消费品项目。小米生态圈所形成的竹林效应已初见规模,整个生态圈实现了自我更新和代谢,新创企业间的竞合关系以及自我生长,已经形成了良性循环并带来了巨大的经济效益。

因此,本文以小米生态圈为研究对象,从赋能视角关注小米如何构建其创业生态系统,从内部运行机制出发,揭示核心企业主导型创业生态系统的构建基础和运行机制。本文讨论了以下问题:核心企业主导型创业生态系统的构成要素有哪些?不同阶段赋能的主体和内容是什么?核心企业与创业企业的需求怎样匹配?创业生态系统运行过程的分解是怎样的?创业生态系统的运行机制有哪些?

二、文献综述

(一)创业生态系统概念和构成

"生态系统"这一术语自Moore(1993)引入管理学领域中后,得到了频繁使用,Dunn(2005)首先将生态系统与创业领域结合起来,为之后的研究奠定了基础。学者们认识到,创业活动并不是各要素简单的汇总,而是要素之间的复杂交互作用,所以要用系统的视角进行整体分析(蔡莉等,2016)。

对于创业生态系统的内涵定义,仍存在争议。以Isenberg为代表的学者将创业生态系统作为创业企业的外部环境,认为政府应直接或间接培育创业精神,建立具有特色的区域创业生态系统支持创业活动(蔡莉等,2016)。另一方面,林嵩、蔡莉等人认为创业生态系统由创业主体和创业环境共同组成,通过主体和环境间的复杂交互作用,促进新企业的建立(林嵩,2011;蔡莉等,2016)。本文将创业生态系统视为,以创业者为中心,连接多个机构,协同作用于创业者,目的是通过交互式共生演化来提高创业活跃度和创业活动水平。

从创业生态系统的构建来看,项国鹏等(2016)总结了创业生态系统理论模型,将其分为结构模型和健康状况评估模型。Isenberg(2011)提出了创业生态系统六领域模型,以创业者为中心,构建包括政策法规、金融资本、创业文化、基础设施、人力市场、可触市场六个因素的创业环境。Mason和Brown(2014)从创业过程出发,综合考虑了创业企业的所需环境条件,对于社会效应的影响,构建了三个递进层次。Vogel(2013)提出,还要考虑不同的规模层次,包括个人、组织和社区。总的看来,创业生态系统是一个多层次、多主体,包含环境因素的复杂系统。

创业生态系统理论在国内发展时间不长。从层次来看,目前文献主要关注区域和国家层面,比如围绕高校建立的创新创业生态系统(段琪等,2015;秦斐、温珂,2018),依托于优势产业聚集形成的区域创业生态系统(杨勇、王志杰,2014;陈强、刘云飞,2019),以及国家层面的创业生态系统要素和创业活动的研究(吴伟等,2016)。学者对创业生态系统形成原因总结为技术、资源、人才的聚集,研究关注要素的流动和配置,以及协同竞争的互动关系。但目前中国的创业生态系统的实践仍处于发展变化的阶段,应及时地关注创业生态系统的动态变化和新特征的出现,不应局限于现有的载体。

尽管学者们从多个角度讨论了创业生态系统的概念和构成,但没有深入地剖析创业生态系统是如何构建的,以及它的演化机制。目前集中在理论方面的探讨,缺乏实际案例的结合,通过典型案例分析,可以进一步观察到创业生态系统的框架构建和优化,进而激发企业家精神,实现创业经济的蓬勃发展。

(二)核心企业主导型创业生态系统的特性

在创业生态系统中,企业无疑是处在发现问题和不足的核心位置,通过系统的反馈和调节,能最大限度地优化资源配置的过程。蔡莉等(2016)从企业和政府的双元作用将创业生态系统分为四个类型。本文重点探讨核心企业主导型创业生态系统,主要包括成熟企业、新创企业和其他相关机构,基于核心企业塑造的平台激发主体间高度的交互作用,联合其他利益相关者去共同开发或创造市场机会,实现良性竞争和机会共生。

核心企业主导型创业生态系统的特性主要包括以下几点。

第一,网络性。在创业生态系统当中,各个主体嵌入网络,通过交互和整合共同承担系统的命运(Thomas & Autio,2014)。核心企业主导的创业生态系统是围绕核心企业建立的网络,新创业企业并不是凭空建立的,而是与成熟企业建立联系,实现信息交流和资源互补(Isenberg,2014)。成熟企业可以基于新创企业各自的核心技术展开合作,共同开发新的产品获得市场份额,而新创企业可以借助成熟企业完善的运营模式打通渠道获得发展。总之,创业生态系统是依靠主体的共同努力,任何主体的进入和退出,都将影响整个网络的价值(Isenberg,2011)。

第二,竞争性和共生性。在任何生态系统中,主体都存在着竞争与合作的关系,核心企业主导的创业生态系统是在平台上展开竞合关系的。新创企业会在与其他企业的竞争中确立自己在系统中的位置,成熟企业可能会采取收购等方式兼并新创企业(Li,2009)。这都是基于核心企业所搭建的平台展开的良性竞争。主体间的共生需要三个基础:专业化、互补性、共同逻辑(蔡莉等,2016)。核心企业需要提供特定的产品和服务,各个主体需要确保投入自身的核心能力才能实现整个系统的价值创造。另一方面,共生性要求每个主体承担的功能和责任是相互补充、协同的,拥有共同意识和信任也能促进系统共生。

第三,自我维持性。生态系统具有自我演化的特点,随着时间发展,生态系统会从平衡走向不平衡,这就需要系统内部主体自发组织维护(Acs等,2014)。核心企业的内部治理是关键,包括了权力结构和任务协调,承担着协调整个创业生态系统正常运转的责任。一方面核心企业在整个系统中处于中心网络位置,其地位代表着有效的决策权,这帮助整个生态系统提高了运作的效率;另一方面,系统中存在着规则和标准,需要核心企业在其中协调运作,确定主体间的关系和作用,保证整个创业生态系统能维持运转,为之后自我维持和共同价值创造提供保障(Zahra & Nambisan,2011;Gawer & Phillips ,2013)。

综上,核心企业主导的创业生态系统强调市场推动和核心企业的平台吸引。但核心企业提供了何种资源,如何吸引创业企业,以及采用什么样的治理手段协调系统内的各个主体,这些问题未得到深入挖掘。

(三)赋能

"赋能"一词源自 empowerment,表示被赋权的状态、被赋予某种目的,以往学者从社区心理学、管理学、政治学、教育学、健康研究和社会学等不同领域对于赋权进行了研究(Hur,2006),包括了女性、少数群体、教育、社区、政治这些方面。尽管权力是对赋权解释的重要组成部分,但权力在赋权概念内的重要性被过分强调了。

所以现在我们强调的赋权并不是权利本身,也不仅仅是放弃或者获得某一权利,而是一个过程,通过这个过程,被赋予方只被赋予一个目的。在此基础之上提出的"赋能",更强调持续发展的能力,保障主体的发展权和行动能力(孙中伟,2013)。

从组织学来看,赋能以组织与组织内成员的价值目标融合为基点,以自激励机制为手段,赋予员工相应的职位权力,还赋予了员工自主决策、自主创新、承担责任的权力(Konczak等,2000)。权利来源从组织中心转变为组织基层,组织功能也从"要素集聚+组织赋权"向"资源整合+组织赋能"转变(罗仲伟等,2017)。

目前学界对于赋能的划分维度并不统一,Carmen等(2015)认为赋能包括结构赋能、资源赋能和心理赋能,结构赋能侧重于改善客观的外部条件(如组织、制度、社会、经济、政治和文化条件),通过渠道、政策,赋予主体行动的能力(Thomas & Velthouse,1990),直接机制是消除阻碍获取信息、机会、资源等的结构性障碍(Carmen等,2015)。心理赋能是通过改善社会心理和内在动机,或者基于个人的主观解释(例如,自信、自我意识),使他们感觉可以控制自己的命运(Thomas & Velthouse,1990)。资源赋能是提高无能者在获取、控制和管理资源方面的能力,主要体现为资源的整合过程(Hardy & Leiba-O'Sullivan,1998)。国内学者周文辉等(2018)从主体不同的角度将赋能划分为员工赋能和顾客赋能,其中领导赋能包括结构赋能、心理赋能。Lenka(2016)认识到数字技术的发展对于人们生产生活等方面起到了重要作用,于是从工具视角探讨数据、移动互联和人工智能等数字化工具对于特定人群的赋能作用,并且划分了智力能力、链接能力和分析能力这三个维度。

本文提出的赋能,是基于创业生态系统运行提出的,即生态系统中的主体有着共同的目标,通过平台企业的链接,开放平台接口,利用数字化工具,实现要素转移,跨越边界进行协作,使创业生态系统中的创业企业对外部环境有更强的适应力和控制力,形成互联共享、彼此赋能的大生态圈(郝金磊、尹萌,2018;李雯、孙黎,2019)。

三、研究设计

(一) 研究方法

本文主要解决核心企业与创业企业的内部交互作用的问题。作为一种定性分析方法,案例分析方法更能解决核心企业"如何"构建其创业生态系统这一问题。所以,本文采用单案例研究方法,目的是揭示核心企业主导型创业生态系统维持自身活力和良性循环,并实现共生共赢的内在运作机制。另外单案例研究能深入地挖掘研究对象的纵向演化过程,以丰富详尽的资料凸显核心企业主导型创业生态系统的特点,更具启发性。

(二)案例选取

本文选取以小米为核心所构建的生态圈作为创业生态系统进行探索性单案例研究。选取理由如下:

1.案例的典型性。小米所构建的生态圈具有网络性、自我维持性和共生性等特点,以小米及其周边资源为核心,通过"投资＋孵化"的模式不断建立新创企业,将产品快速推向市场获得经济利益,符合核心企业主导型创业生态系统的概念定义。小米生态圈快速发展的背后,是资源优化配置和供需的快速匹配,这对于其他创业生态系统的发展具有借鉴意义。

2.案例的特殊性。小米自2014年开始打造生态链布局IOT以来,已投资超过210家企业,成功孵化6家小米生态链公司,四家独角兽企业,推出的产品包括手机周边,智能硬件和生活耗材等,小米自身也成功跻身世界500强企业。对于成立仅9年的企业来说,小米所获得的成就是绝无仅有的。所以从小米生态圈发展的极端性中,可以找到其成功的因素。

3.案例的可操作性。小米自成立以来一直是公众舆论关注的焦点,不论是网络媒体还是学术研究,都有丰富的二手资料可供查找,这为本文的案例研究提供了有效支撑。

(三)数据收集

本文以二手数据为主,为了深入地了解小米生态圈的形成过程、提供的创业资源、内部交易过程、服务体系,本文从多个途径和渠道收集相关信息,通过交叉验证,保证数据的可靠性和有效性(见表1)。

表 1　资料汇总

来源	数量	内　　容
官网资料	8	谷仓学院、小米社区官方论坛、MIUI 官网、米家、纳恩博官网、紫米官方微信、万魔声学官网、石头科技官网
新闻报道	43	腾讯新闻、新浪新闻、网易新闻、凤凰网、搜狐新闻、新华网、人民网、环球网、中国新闻网、中国经济网
书籍	2	《小米战地笔记》《参与感》
学术期刊	13	以"小米生态链""小米生态圈""小米商业模式""小米商业生态系统"为关键词搜索
企业高管公开演讲及问答	8	雷军、刘德、高自光、洪华
直接产品体验	5	小米手环、小米颈枕、平衡车、充电宝、厨房用品

主要渠道包括企业官网资料（小米以及生态链企业）、主流媒体新闻报道（2014—2019 年）、书籍、企业高管公开演讲及记者问答、学术期刊、直接产品体验（线上线下）。

四、案例分析

（一）小米创业生态系统的形成过程及构成主体

小米生态圈是以小米为核心企业的创业生态系统，借助大数据和互联网技术，投资孵化创业企业，利用小米自身用户引流，布局产业链。小米在其中承担了多重角色和功能，包括投融资、创业培训教育、产品工业设计、供应链、品牌支持、电商平台，通过"航母式"资源支持，快速抢占项目，通过生态链企业深入每个领域，实现小米与生态链企业的共同进化。

1.生态圈形成初期。在早期，小米依靠着自身的手机业务，累积了原始用户，培养了大批忠实粉丝，并且凭借核心业务打通了供应链渠道和销售渠道，初步建立小米品牌，产品包括小米手机、小米机顶盒、小米电视等硬件。

这一阶段的主要参与主体包括：小米、投资机构、供应商、电商平台、用户、社交媒体等。在生态圈形成的初期，参与主体数量较少，以小米为中心，各要素汇聚，如图 1 所示。早期小米主要从晨兴资本、启明以及 IDG 处获得投融资，2012 年 6 月，小米 C 轮融资 2.16 亿美元,为小米做大做强奠定资金基础,随着融资水平的提升,小米在 2013 年也开始战略性地进行投资。小米对于供应商有两个要求,一是品质优良,二是价格要低,物美价廉形成了小米特有的供应链特点。小米手机核心零部件及组装的供应商主要来自高通、三星、海力士、闻泰、富士康等。2014 年 10 月,中国制造商小米公司已经超过联想和 LG,一跃成为全球第三大智能手机制造商,稳定的供应商也为之后小米供应链背书提供了条件。依托于自身产品,小米通过小米电商的成立建立起自己的电商渠道,通过"前店后厂"的模式,降低销售成本,小米商城 12 小时销售手机 212 万部,超过天猫平台 189 万部的历史纪录。这一阶段,小米以线上销售为主。

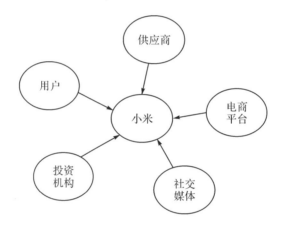

图 1　初期小米生态圈主体构成

　　资源要素通过小米内部的各个部门进行对接,将要素资源汇聚到平台企业。小米以业务内容为单位,采用扁平化的组织层级,每一个小米合伙人带领一个团队,比如黎万强领导电子商务的运营、营销、推广团队,刘德领导的小米手机的工业设计和生态链团队,洪峰领导 MIUI 团队等,构建了围绕小米生态体系的合伙人核心管理团队,从三层扁平化组织结构,扩大与消费者接触面,充分挖掘消费者需求,与消费者互动。

　　在苹果发布 iPhone 之后,雷军看到了智能手机的发展前景,同时关注到了互联网发展的风口。小米在成立之初,并没有直接做产品,雷军规划了未来一年的战略路线:先做互联网,用互联网的方式进行开发,培养用户,建立品牌,将手机作为渠道开发,先有公众价值,再有盈利模式。

　　小米首先做的是开发 MIUI 操作系统,这是基于安卓的主程序操作系统,它高度重视用户反馈,快速更新,将用户需求摆在第一位,除了开放代码,小米几乎将手里的工具全部开放给用户,通过开放参与节点、涉及互动方式、扩散口碑事件等手段,建立与用户的联系,培养他们的忠诚度,获取大量用户需求数据。

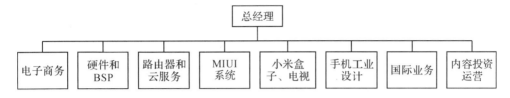

图 2　小米组织机构图

所以,小米生态圈初期是通过用户赋能的方式,将主动权交给用户,扩大他们选择和行动的范围,使利益最优化,形成良性发展,如表 2 所示。

表 2　生态圈初期赋能内容

一级构念	二级构念	具体例证
用户赋能	用户专业技能	小米最开始吸引的用户被称为"发烧友",具有极强的专业度,并且参与 MIUI 系统的开发和内测
	用户权利意识	小米基于社交网络,提出"与用户做朋友",通过开放参与节点,涉及互动方式,扩散口碑事件,建立与用户的信任感,使用户不仅使用产品,还拥有产品
	用户参与行为	小米公司通过互联网使广大用户参与到小米手机和 MIUI 系统的研发中来,集思广益,使小米手机和 MIUI 系统更加契合中国用户的使用习惯,同时又增强用户的参与感和科技体验感

通过用户赋能,小米积累了忠实的粉丝用户,获取了大量用户需求数据,并且通过快速更新升级完成产品的迭代,通过直销渠道完成变现,维持企业的运转。另外小米制造热点事件,布局媒体内容生产,通过做爆品、做粉丝、做自媒体三个战略奠定了小米的品牌价值。

2.生态圈快速发展期。通过前期扩张试错,小米明白仅仅依靠粉丝营销获取不到大量的用户,且内部培养的产品有很高的投资风险,获利的根本途径还是需要提升产品质量和用户体验。由于小米缺乏时间、人力、资金和技术,所以小米并没有收购成熟企业或者自己研发生产,而是选择"投资＋孵化"的模式。

2013 年随着智能手机市场竞争逐渐激烈,雷军发现了物联网风口,开始布局智能硬件生态链。但智能硬件体量较大,小米缺乏核心技术和人力资金,为了不错

民营经济创新治理

过物联网快速发展的时机和降低投资收益风险,小米决定投资现有企业,一些具有专利技术和成熟企业关系的创业企业满足了小米的需求。对于创业企业来说,整个团队缺乏产品品牌、销售渠道和优质的供应链,谈判能力弱,产品设计脱离消费者使用需求,有些团队拥有着良好的技术但难以商业化,形成产品,容易错过市场机会。对于这一方面,小米提供了自身的品牌,帮助创业企业进行产品工业设计,同时开放自身销售渠道,大量的用户基础为创业企业提供了市场需求和消费者市场,帮助企业稳定现金流,实现快速成长。

表 3　小米与生态链企业的痛点与需求

阶段	小米需求和痛点	生态链企业需求和痛点
生产环节	追求快速迭代的产品	由于资源和能力限制,品控能力较差,不能满足目前行业痛点
	削减中间环节成本,降低售价	由于规模小、信用低,获得优质元件的成本较高
	降低前期研发、人力、资金投入成本	缺乏供应链、营销渠道支持
经营环节	降低市场数据获取成本	缺乏市场数据,难以满足消费者需求,产品成功率低
	获取用户流量,增加收益	服务体系不完善
	布局 IoT,提高产品精准打击市场的成功率	需要品牌加持,提高利润
收益环节	降低投资成本	降低前期成本投入
	降低产品失败率,提高收益率	提高抗风险能力和资金运转能力

所以小米生态圈的快速扩大,是小米与创业企业供需匹配,相互切中痛点和外部环境支持结合下的结果。

这一阶段,生态圈中的主体数量增加,要素的流动方向多样,各主体之间的互动加强,小米作为平台企业,将自身的信息和资源开放给平台中的创业企业,各要素突破企业边界,在整个生态圈内流转,为创业企业发展提供支撑。(如图 3 所示)

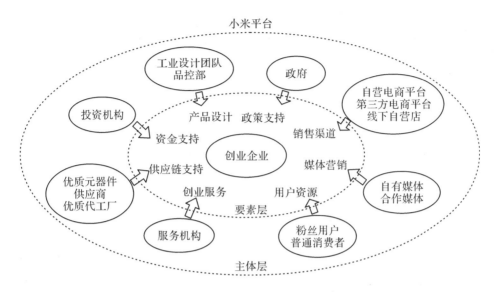

图 3　快速发展期生态圈构成

在快速发展期,小米不仅帮助企业建立,还赋予他们持续发展的能力,包括结构赋能、资源赋能和心理赋能。首先,小米破除了创业企业获取信息、机会、资源、文化等结构上的障碍,开放渠道,赋予创业企业更多的行动力。其次,除了开放资源接口,小米还强调对于资源的真正控制,通过资源整合,创业企业拥有配置资源的能力,包括识别、获取、利用,提高效率。最后,小米不仅仅在行为层赋予创业企业能力,在"心理"层面也给予创业企业"被赋能"的感觉,包括培养创业企业的胜任感,自我选择的权利。

从结构赋能、资源赋能、心理赋能三个层面,小米与创业企业形成了合作协同的关系。第一,小米将小米模式复制给生态圈中的创业企业,即硬件、互联网和新零售相互结合,创新商业模式,带给用户高性价比的产品体验,削减中间成本,提高运营效率。第二,生态链企业资源整合能力提升,小米不仅仅开放资源获取渠道,也赋予了创业企业进行资源的识别、获取、利用的整合能力,让创业企业自己控制资源,形成自驱动自成长的发展路径。第三,合理的激励机制,让创业企业拥有自主决策、自主创新的权利,产生了很高的积极性、主动性和能动性,使生态链中的创业企业为了共同的目标而奋斗,从而整个生态圈有了持续地发展活力。(如表 4所示)

表 4 生态圈快速发展期赋能内容

一级构念	二级构念	例　证
结构赋能	信息共享	关于产品定价问题,小米发现,中产阶层并不一定喜欢贵的产品,而是根据自身的需求程度购买,这部分人对生活质量有追求,但是也喜欢良心定价的产品,所以生态链企业的产品性价比都较高(孙鹏)
	资源获取	小米几乎开放了所有资源,帮助生态链企业发展,包括供应链、渠道、投融资、品质要求、产品标准、工业设计、品牌(洪华)
	机会挖掘	小米发现存在行业痛点,在消费领域产品要么贵,要么差,没有中间状态,为生态链企业提供了市场机会
	文化认同	雷军在投资企业时,往往会找"熟人",因为价值观、目标一致
资源赋能	识别	生态链企业在建立初期,仅有核心技术成员和小规模团队,产品性能并不完全,缺乏投资、供应链、渠道、品牌等一站式创业孵化服务
	获取	投融资:小米根据生态链公司的发展阶段,分批进行集体路演,集中邀请一线投资机构、投资人,为生态链公司的融资提供支持 供应链:在生态链公司做产品的过程中,生态链企业获得小米提供的供应链背书 销售渠道:生态链企业可以通过 PC 端的小米网、手机 App 上的小米商城和米家商城,还有线下店面小米之家进行销售
	利用	华米利用小米提供的上下游资源推出小米手环系列,击败 Fitbit,成为全球最大智能手环厂商,在美上市,开设子公司
心理赋能	胜任力	小米对于生态链企业只有建议权,没有决策权,许多小米生态链企业都是年轻的创业者,他们具备着足够的激情却又担心被投资方控制。而小米则准确地把握住了这个关键点,一方面将创业者团队紧紧地捆在了小米的"大船"上,为小米生态链的布局做出了巨大的贡献,另一方面又没有削弱创始团队的主观能动性,企业的发展前景比单纯的收购控制要好得多
	影响力	跟小米的全民持股制度一样,小米对于生态链企业也是占股不控股,小米不会试图控制它所投资的生态链企业,它赋予了企业管理层足够的自由和权限,无论是在经营方面还是管理方面
	自我选择	生态链企业发展成长起来之后,可以选择"米家"的品牌,也可以建立自己的品牌,还可以改变自己的定价策略

3.生态圈融合发展期。小米 2018 年公开上市,招股说明书显示,小米投资孵化了超过 210 家公司,其中超过 90 家专注于发展智能硬件及生活消费产品,在小米的 IoT 开发者平台上已有 580 多个开发者接入。小米用投资的方式去寻找竹笋,把生态链企业变成竹林,在生态链内部实现新陈代谢,生态链企业是相互联系、相互依存的,他们通过交互和整合来创造价值并共同承担系统的命运,所以在小米

生态链中,老了的叶子死掉也没关系,因为竹林根部非常发达,能不断催生新竹笋,这就是小米的"竹林效应"。

融合发展期的小米生态圈实现了整体创业资源和创业企业的新陈代谢。一方面,小米作为平台企业,给予创业企业能力支持,包括资源配置的能力、自主决策的能力,另外为了不让单一的生态链企业,控制自己的产品供应链,小米采用"赛马"机制,允许企业在同一领域开展竞争。另一方面,创业企业成长起来以后,反哺小米,为小米带来用户流量和现金收益。优质的生态链产品为小米赢得口碑,创造品牌价值。另外随着创业企业融资规模增加,小米作为股东将获得收益回报,实现投资价值。随着整个生态圈的动态运作,不断有新的创业团队和创业资源被吸引进来,而自我发展能力不足的企业将会退出,实现生态圈的优胜劣汰。(如图 4 所示)

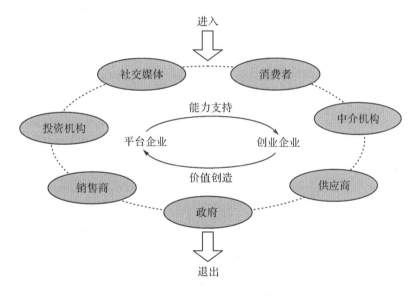

图 4　融合发展期生态圈构成

这一阶段各主体协同的基础在于数据积累。前期由小米引流用户给生态链企业,而在生态圈逐渐发展扩大之后,由创业企业编织的产品生态链网络形成了相互引流的作用。目前小米涉及的产品类目较广,包括手机周边产品,智能硬件,生活耗材等,以往不了解小米品牌的消费者,由于很容易购买到小米的某一类产品而接触到小米这个品牌。

生态链初步成型后,数据的采集、分析、加工和利用将会非常便利,形成一个良性循环,所以这一阶段主要是数据赋能,小米和生态链企业利用大数据,提升他们服务顾客的能力。具体见表5。

（1）大数据赋予小米和生态链企业智力能力，帮助他们提高感知和捕捉信息的能力。不仅是MIUI系统的数据库，小米建立的小米之家线下体验店也收集了大量消费者信息，包括消费者的手机号、地理位置、社交账号、购买偏好等，根据大数据小米可以进行精准营销和动态库存调整。

（2）大数据提升了他们的链接能力。通过互联网可以链接数字化产品—消费者—场景，小米打造的"米家"App，就是一款综合性的手机软件，将软件和智能硬件结合起来，用户可以在手机上操作，搭建设置不同的场景，比如用户在离家之后，可以一键设置，关闭家里所有电器，达到预想功能。

（3）大数据可以提升分析能力。根据小米后台获取的数据，可以了解到消费者对于某款产品的停留时间、体验次数、喜好颜色，结合消费者的购买行为，分析具体问题，比如，某款产品体验次数特别多，而销售却不高，小米可以通过后台数据分析出是价格还是技术方面的问题，以及时调整。通过数据赋能，小米及生态链企业可以深入挖掘消费者的需求，合理升级产品，优化流程，实现顾客的高效满足，提升服务价值。基于互联网大数据的创业生态系统，进一步优化资源配置，提升运转效率，各主体协同发展，生态圈优化升级。

表5 生态圈融合发展期赋能内容

一级构念	二级构念	例证
数据赋能	智力能力	小米基于MIUI数据库，以及线上线下零售渠道的消费记录，可以获取消费者的基本信息、社交记录、地理位置、购买偏好等，进行精准营销，针对每个产品，看消费者对于某种规格、某种颜色的关注度，喜爱程度，体验的次数，再进行动态的库存调整
	链接能力	小米打造的"米家"就是将软件系统和智能硬件结合起来，在不同场景中将用户和产品链接，小米后台可以获得大量用户数据
	分析能力	在小米之家的线下体验门店，可以采集到一些商品体验的数据，比如某款产品体验次数特别多，而销售却不高，可以分析出是价格还是技术方面的问题，以及时调整

（二）小米创业生态系统的赋能过程

根据整个生态圈发展的过程来看，小米创业生态系统的形成围绕"个体层面—交互作用—网络层面"的发展路径实现小米对于创业企业的赋能。本文从过程视角对于小米创业生态系统赋能进行分解,从赋能前提、赋能过程、赋能结果三个环节探讨小米创业生态系统的运行过程,如图5所示。

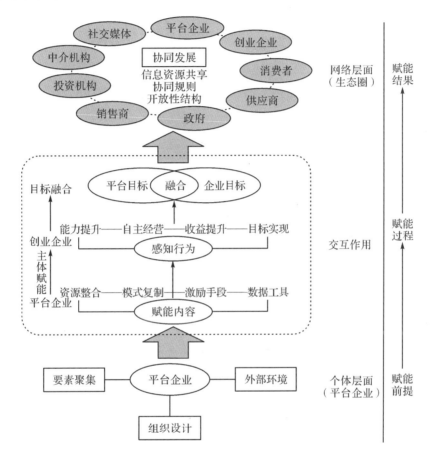

图5 小米创业生态系统赋能模型

1.赋能前提。构成平台组织赋能的前提包括三个方面:组织设计、要素聚集、外部环境。

(1)组织设计。

①扁平化的组织设计使组织结构相对碎片化,压缩了团队中成员和顾客之间的距离,增强了组织对于顾客需求和市场变化的反应能力。

②通过业务拆分,小米可以深入某一具体领域,通过低成本快速试错,找到适合自己的发展路径,实现竞争优势,另外,小米采取的"选择最懂的人做决策"的方式,适应多部门的组织架构,保持了部门的独立性,充分调动了部门干部的积极性和能动性。

民营经济创新治理

③小米的组织设计也体现了小米的企业文化,没有严格的等级观念,在自由、平等、开放的环境中发挥自己的创意,注重服务质量,与顾客广泛互动。赋能比激励更依赖于企业文化,代表小米风格的企业文化也使志同道合的人走到一起。

(2)要素聚集。资源要素聚集是小米将能力复制给生态链企业的前提。

①供应链。生态链企业去单独找供应链的时候,谈判地位很低。小米借助早期手机业务整合出一条强大的供应链,由小米出面与供应商谈判,给生态链企业背书。

②销售渠道。小米拥有自己的电商平台以及线下体验店,所以生态链产品可以放到小米的电商平台中进行销售。

③工业设计。小米的工业设计具有简洁干净的独特风格,对产品的理解比较深刻,能够想到一个产品怎么做出来,哪些功能可以去掉或简化,怎么定义产品才能比传统的产品更有竞争力,怎样能做出核心价值突出、成本又最低的产品,这些都是小米能够给生态链企业赋能的地方。

(3)外部环境。小米能获得今天的成就,很大程度上是因为小米发现并抓住了风口。首先小米抓住了技术发展的最佳时机。这包括了:

①安卓系统的技术成熟,小米刚刚成立时安卓系统还不是很流畅,所以小米推出了 MIUI 系统,目的是对安卓系统进行优化,使小米手机比原生态的安卓更加流畅,这成了消费者选择小米的重要原因;

②中国 3G 网络的覆盖成熟,在其他品牌没有意识到 3G 网络的迅速发展时,小米就生产出了第一批 3G 手机,率先占领了 3G 手机的市场。

其次,小米很好地把握了互联网思维。

①小米在 2013 年就看到了物联网风口,通过互联网,可以链接线下的所有实体产品。目前小米已经是全球最大的物联网平台,拥有近 1 亿的设备的联网量。雷军还提出,未来"AI+IoT"将是发展的风口。

②小米用互联网的思维,实现营销创新。小米通过微博这类社交软件,采用低成本的推销模式,打造爆款产品,引起热点事件,通过极致的产品和口碑营销吸引消费者。

所以小米通过这三个环节首先培养自身能力,确立了发展的愿景和目标,实现了个体层面资源的汇聚和商业模式的创新。

2.赋能过程。赋能的过程是主体间的交互作用的表现,平台企业通过赋能使创业企业有所感知并且付诸行动,最终达到两个目标的融合。

当平台上的供应商、服务商和用户到达一定规模时,才能吸引创业企业进入平台。而创业企业要在激烈的市场竞争中脱颖而出的重要路径,就是依靠平台企业赋能(周文辉等,2018)。小米在自身发展的基础之上,通过资源整合、模式复制、激励手段、数据工具,进一步提升了创业企业能力。

首先,资源配置能力。小米开放平台资源,消除了创业企业资源获取障碍,更重要的是给予创业企业自我整合资源的能力。华米科技创始人黄汪表示,小米在资源层可以起到桥梁作用,帮助华米嫁接产品设计、融资、供应链等方面的资源,但小米往往只出面一次,如何与供应商谈合作,还得靠华米自身的说辞和谈判能力。

其次,自主运营能力。小米总结了互联网公司发展的七字诀:专注、极致、口碑、快,涵盖了产品设计、产品制造、市场营销等方面的商业模式创新。小米在智能硬件领域开始布局,大量投资创业企业,就是延续小米手机商业模式的创新,做智能硬件的"互联网+"。很多产品小米并不是自己去做,而是交给更懂技术的人去做,将小米模式和产业特点结合,保证了创业企业自主运营的活力和积极性。

再次,自我激励能力。在赋能模式下,小米生态圈的最大特点体现在创业企业的自驱动性上。以"占股不控股"为特点的合作模式,使创业企业从心理上确立"为自己工作"的想法,保证生态链创业团队绝对控股,保障他们是为自己打天下,这样整个生态圈才能步调一致,拼命往前冲。创业企业可以用小米的销售渠道、品牌,但是小米并不强制创业企业。小米会告诉企业开发产品的思想是什么,怎么能让产品变得简单化,将小米的经验复制给创业企业。如果创业企业形成了自己的思路,小米决不去干扰。

最后,数据利用能力。大量的用户是小米业务的起点,与BAT所产生的社交数据、搜索数据不同,小米的数据来自家居电器、运动单品等,有来自手机端用户使用的数据,也有围绕日常生活场景汇集起来的数据。用户通过小米IoT平台所产生的行为数据,就是小米后续大数据建设的核心竞争力。构建大数据应用场景的基础就是覆盖面广的线下产品,背后依托于每一家生态链企业,创业企业想要精准打击用户需求,必须借助后台大数据提供的用户需求内容和需求服务。

通过小米主体赋能,创业企业获得了能力提升,可以通过自我分析、判断、决策获得自主经营的能力,在收益上得到丰厚的回报,支撑企业在下一个阶段的发展,最终达到企业目标,实现利益最大化。赋能下的生态圈,创业企业从被动接受外部资源,转为主动提出发展目标并革新目标,与平台企业的目标和利益趋向一致。平台企业和创业企业的目标融合是整个生态圈协同发展,系统演进的内在源泉。

3.赋能结果。协同发展是平台赋能和创业企业的积极行动下的必然结果。

生态圈中多主体协同表现为三个特点:信息、资源、共享。信息、资源、共享对于不同主体间实现价值共创的作用得到了学者们的广泛认同,是提升赋能水平的重要前提(孔海东等,2019)。小米开放平台上有提供推送业务,通过运营平台开发者可以实现应用管理、消息下发、数据统计、使用人员管理等功能。这项业务是小米向开发者提供的消息推送服务,通过在云端与客户端之间建立一条稳定、可靠的长连接,为开发者提供向客户端应用实时推送消息的服务,有效地帮助开发者触达用户,提升 App 活跃度。

①协同规则。生态圈中平台企业和创业企业在赋能过程中会受到一些正式或非正式的规则约束或激励,比如利益分享机制、风险分摊机制。在利益分配方面,小米与生态链企业的合作模式为:生态链企业生产完成后,公司以接近成本的价格向生态链企业采购产品,然后在公司自有及第三方渠道对外销售,所得利润与生态链企业进行分成。在股权上,小米对于大部分生态链企业的投资理念与管理模式基本相同,只参股不控股,持有股权不超过30%,通过生态链企业 IPO 获得股权增值。在风险分摊方面,小米主要面临生态链产品质量,以及生态链产品没有彻底攻克市场等问题,而影响自身的品牌和口碑,错过市场机会。所以小米对于生态链企业产品要求特别严格,并用最优供货协议代替早期的排他性协议,允许同类产品的竞争,降低投资失败风险,提高市场占有率。初创企业目前所面临的最大风险是对于小米的依赖性过高。小米是生态链企业重要资源供应方以及品牌提供方,但现在一些生态链企业注重自身品牌的建设,踏踏实实地做技术创新,依靠前期积累的资源拓展渠道。华米通过发展自有品牌 Amazfit,净利润从 2016 年的 0.24 亿元,提升至 2018 年的 4.748 亿元。

②开放性结构。整个小米生态圈在系统内部非常开放,各个主体之间的边界打开,互联互通。首先是小米与用户开放,对于用户来说,一般企业都是以客服或者销售的身份接触客户。而小米,用户可以和研发自己所用产品的工程师接触。他们可以向工程师直接提意见,反馈问题。这对于和客服反馈问题来说,提升的不仅仅是效率,更是参与感。另外,小米与生态链企业的开放性体现在股权开放,生态链企业的股权组合是通过小米全资子公司天津金星、天津金米以及 90 多家生态

企业来实现的。天津金米还有一家股东——天津众米企业管理合伙企业,天津众米除了天津金米,还有从"壹米"到"拾伍米"15 个有限合伙企业作为 LP,这种股权设计,实际上是一种开放式生态股权架构,让生态企业拥有更多自主权。

五、结论

(一)研究发现

本文以小米生态圈为例,从赋能视角探讨了核心企业主导型创业生态系统的运行机制。研究发现,核心企业通过打造资源平台,依托优势产业,形成资源对接接口,根据创业企业的实际需要,提供供应链、渠道、投融资、品牌、工业设计、产品定义、品质要求等服务和支持,实现精准打击。小米打造的生态圈,看上去像是孵化器,但又比孵化器做得更深入,不仅仅停留在提供辅导和资源,还与创业企业并肩作战。从运行过程来看,创业生态系统主要依靠能力支持、机制保障、自驱动、协同发展四大运行机制,如图 6 所示。

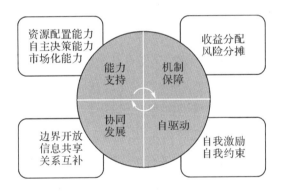

图 6　核心企业主导型创业生态系统运行机制

1.能力支持。能力支持是核心企业为创业企业赋能的基本功能,包括资源配置能力、自主决策能力、市场化能力。①资源配置能力。创业生态系统的资源配置是一个动态过程,受到配置手段和外部条件的约束影响。由核心企业进行背书,为创业企业提供供应链、渠道、投融资、品牌、工业设计等资源,创业企业根据产品定义设计生产,借助渠道完成销售。②自主决策能力。核心企业更多地提供建议咨询的功能,提炼方法论,来训练创业企业的管理人员,帮助创业企业解决问题,从中建立创业企业的自我决策能力。③市场化能力。基于核心企业所构建的赋能平台,创业企业将自身核心技术与传统消费品结合起来,用科技改变现有产品和行业,实现技术转化,提高商业价值,另外创业企业可以进入核心企业的销售渠道和后台,跟踪产品的销售状态,及时反馈售后信息。

2. 机制保障。创业生态系统的持续成长,在于平衡各主体之间的利益。核心企业与创业企业共同创造价值,如何分配是关键。核心企业接入创业企业进驻到系统中,将"参股不控股"以契约的形式确定下来,明确彼此的权利和责任。在利益分配的过程中,由合约规定分配销售利润和股权收益,在认知上明确核心企业与创业企业的决策、股权关系,将两者的收益捆绑在一起,以模式化的形式确立下来,形成收益共享、风险分担的局面。

3. 自驱动。在能力提升和机制保障的作用下,创业企业依靠自我激励和自我约束机制运行。通过核心企业提炼的方法论和制度安排,创业企业会自觉地感知市场需求、捕捉机会风口、跟踪流行趋势、完善产品设计、学习经营技能、洞察行业变化,涌现自我创造价值的热情。核心企业通过赋能将战略目标和组织架构融入创业企业成长的过程中,与孵化器的"外在激励"不同,核心企业主导的创业生态系统内,创业企业拥有高度的自主权和包容犯错的精神,可以激发自身的能动性和创造性,形成创业企业的内在激励,实现自我激励和自我约束。

协同发展。边界开放、信息共享、关系互补是赋能的结果体现。在创业生态系统中,边界比较模糊,形成资源的互通,创业企业在面对相似顾客销售产品时,既有互补的作用,也有竞争的关系,所以在同一领域中,创业企业可以相互学习,复制经验。所有的创业企业都有一个共同的入口,就是核心企业,这相当于一个接口,将所有产品的信息数据汇总到同一个平台中,当顾客使用一个产品时,他的活动方式、生活场景等信息会传送到平台上,提高了信息的价值和配置效率。核心企业与创业企业的合作关系创造了共同价值,降低了成本,同时也增加了顾客价值,顾客购买到高性价比产品,对品牌产生好感,增加了忠诚度,保障了企业的市场份额,平衡了核心企业、创业企业、顾客的三方利益,使得创业生态系统实现了共生共赢协同发展的目标。

由此可见,四大机制的循环作用共同构成了创业生态系统的运行机制。本文认为,由核心企业主导的创业生态圈,要合理地协调处理与创业企业的关系,保持核心企业与创业企业利益上的一致性。创业企业本身很弱小,但往往能弥补核心企业欠缺的环节,核心企业则承担支柱的作用,将创业企业连接起来,弥补自身短板,各自发挥优势,以小搏大获得竞争优势。以"兄弟"对待双方,既不过于紧密也不松散,通过能力支持和机制保障,打造环境氛围,使创业企业产生自我激励,实现效率最大化的协同生态系统演进。

(二)研究意义

本文的理论意义在于,第一,扩展了创业理论中创业生态系统的内容。将对创业生态系统的认识,由"是什么组成的",拓展到"如何更好地运行"。同时将赋能理论引入创业生态系统中,体现了核心企业的作用。本文通过分析创业生态系统不同阶段的赋能内容,展现了核心企业在创业生态系统中承担的角色和发挥的功能。第二,拓宽了赋能的应用范围。以往学者多在组织管理领域探讨"员工赋能"或者"顾客赋能"的问题,本文借鉴了以往学者的观点,在创业生态系统的情景中,进一步丰富了赋能的内涵,并且尝试用前提—过程—结果的基本逻辑,构建创业生态系统的赋能模型。第三,为创业生态系统的研究提供了特别的案例。以往对于创业生态系统的研究认识来自孵化器、科技园、产业园区,是由政府来主导创建,而小米生态圈由市场推动,并且取得了很大的成功,有很高的研究价值。

本文对于核心企业主导的创业生态系统合理运行也有着实践意义。作为核心企业首先要明确自身的资源能力优势和承担的角色,以及识别创业企业的需求与痛点,通过合理的风险、收益分配机制,谋求与创业企业的共同发展。其次,核心企业要注重创业企业的自驱动、自激励效用。除了并购、投资控股以外,"投资+孵化",控股不占股的方式对于核心企业来说有很好的借鉴意义,既获得了收益回报,也能保持创业企业的自主性和活力。

(三)研究不足和展望

本文的不足有以下几个方面。第一,由于本文采用的是单案例说明,其创业生态系统的运行方式有独特之处,因此需要有条件地借鉴。第二,本文采用赋能的视角剖析了创业生态系统的运作过程,构建了一个以核心企业为主导的创业生态系统赋能模型,但是赋能并不是一次性的,在创业生态系统的发展过程中,赋能的起点和终点往往不那么明确,甚至会反复出现,未来的研究可以关注多阶段赋能的问题。第三,由于条件限制,本文采用的是二手数据,尽管二手数据详尽,但在细节方面,缺乏一定的真实性和可靠性,仍然有深入探索的空间。

未来的研究,可以采用实证研究的方式,通过创业生态系统定量评价指标体系,量化各个要素,以及它们之间的关联和绩效评定。或者采用系统动力学仿真研究方式,因为创业生态系统是一个复杂庞大的系统,采用仿真可以直观地看到资源的流动和价值网络的紧密程度。

参考文献:

[1] 蔡莉,彭秀青,王玲,等.创业生态系统研究回顾与展望[J].吉林大学社会科学学报,2016,56(1):5-16,187.

[2] 陈强,刘云飞.区域创业生态系统构建趋势及启示[J].科学管理研究,2019,37(3):87-91.

[3] 段琪,麦晴峰,汪波,等.基于扎根理论的高校科技创业生态系统研究[J].科学学与科学技术管理,2015,36(11):159-168.

[4] 郝金磊,尹萌.分享经济:赋能、价值共创与商业模式创新:基于猪八戒网的案例研究[J].商业研究,2018(5):31-40.

[5] 黄嘉维,小庞,李舒,等.平台化组织的革命[J].二十一世纪商业评论,2016(11):108-111.

[6] 林嵩.创业生态系统:概念发展与运行机制[J].中央财经大学学报,2011(4):58-62.

[7] 李雯,孙黎.相生相克:数字化赋能如何与其他组织能力协同[J].清华管理评论,2019(Z1):94-102.

[8] 罗仲伟,李先军,宋翔,等.从"赋权"到"赋能"的企业组织结构演进:基于韩都衣舍案例的研究[J].中国工业经济,2017(9):174-192.

[9] 秦斐,温珂.构建有效的高校创新创业生态系统:制度安排与动力机制[J].科学学研究,2018,36(4):601-608.

[10] 孙中伟.从"个体赋权"迈向"集体赋权"与"个体赋能":21世纪以来中国农民工劳动权益保护路径反思[J].华东理工大学学报(社会科学版),2013,28(2):10-20,47.

[11] 吴伟,陈仲常,黄玮.国家创业生态系统要素与创业活动关系研究[J].科技进步与对策,2016,33(18):7-11.

[12] 项国鹏,宁鹏,罗兴武.创业生态系统研究述评及动态模型构建[J].科学学与科学技术管理,2016,37(2):79-87.

[13] 杨勇,王志杰.区域科技创业生态系统运行机制及政策仿真研究[J].科学学与科学技术管理,2014(12):99-108.

[14] 周文辉,李兵,周依芳,等.创业平台赋能对创业绩效的影响:基于"海尔+雷神"的案例研究[J].管理评论,2018,30(12):276-284.

[15] ACS Z J,AUTIO E,SZERB L. National systems of entrepreneurship: Measurement issues and policy implications[J]. Research Policy,2014,43(1) : 476-494.

[16] CARMEN L M,PAN S L,RACTHAM P, et al. ICT-Enabled Community Empowerment in Crisis Response: Social Media in Thailand Flooding 2011[J]. Jouranl of the Association for Information Systems, 2015,16(3):174-212.

[17] CHEN J, CAI L, BRUTON G D, et al. Entrepreneurial ecosystems: what we know and where we move as we build an understan-ding of China[J]. Entrepreneurship & Regional Development, 2019:1-19.

[18] DUNN K. The entrepreneurship ecosystem [J]. MIT Technology Review, 2005(9).

[19] GAWER A, PHILLIPS N. Institutional work as logics shift: The case of Intel's transformation to platform leader[J]. Organization Studies, 2013,34(8) : 1035-1071.

[20] HARDY C , LEIBA-O'SULLIVAN S . The Power Behind Empowerment: Implications for Research and Practice[J]. Human Relations, 1998, 51(4):451-483.

[21] HUR M II. Empowerment in terms of theoretical perspectives: Exploring a typology of the process and components across disciplines[J]. Journal of Community Psychology, 2006, 34 (5):523-540.

[22] ISENBERG D. Introducing the entrepreneurship ecosystem: Four defining characteristics [J]. Forbes, 2011(5):25-31.

[23] ISENBERG D J. What an entrepreneurship ecosystem actually is[J]. Harvard Business Review,2014(5).

[24] ISENBERG D. The entrepreneurship ecosystem strategy as a new paradigm for econo-mic policy: Principles for cultivating entrepreneurship [J]. Institute of International and European Affairs,2011,1(781):1-13.

[25] KONCZAK L J , STELLY D J , TRUSTY M L . Defining and Measuring Empowering Leader Behaviors: Development of an Upward Feedback Instrument[J]. Educational and Psychological Measure-ment, 2000, 60(2):301-313.

[26] LENKA S , PARIDA V , WINCENT J . Digitalization Capabilities as Enablers of Value Co-Creation in Servitizing Firms: Digitalization capabilities[J]. Psychology and Marketing, 2017, 34(1):92-100.

[27] LI Y R. The technological roadmap of Cisco's business ecosystem[J] . Technovation, 2009,29(5):379-386.

[28] MASON C, BROWN R. Entrepreneurial Ecosystems and Growth-Oriented Entre-

preneurship[R]. Paris：Final Report to OECD，2014.

[29] MOORE J F. Predators and prey：a new ecology of competition[J]. Harvard Business Review，1993，71(3)：75-83.

[30] SPIGEL B. The Relational Organization of Entrepreneurial Ecosystems[J]. Entrepreneurship Theory and Practice，2015，41(1)：49-72.

[31] THOMAS K W，VELTHOUSE B A. Cognitive Elements of Empowerment：An " Interpretive" Model of Intrinsic Task Motivation.[J]. Academy of Management Review，1990，15(4)：666-681.

[32] THOMAS L D W，AUTIO E. The Fifth Facet：The Ecosystem as an Organizational Field [J]. Academy of Management Annual Meeting Proceedings，2014，2014(1)：10306.

[33] VOGEL P. The employment outlook for youth：Building entrepreneurial ecosystems as a way forward[C]. St. Petersburg：Conference Paper for the G20 Youth Forum，2013.

[34] ZAHRA S，NAMBISAN S. Entrepreneurship in global innovation ecosystems[J]. AMS Review，2011，1(1)：4-17.

【作者】

项国鹏，浙江工商大学旅游学院教授、博士生导师

万时宜，浙江工商大学管理学院硕士研究生

海外研发投资与企业创新绩效

李欠强　陈衍泰　陈国栋

一、引言

党的十九大报告明确提出"创新是引领发展的第一动力,是建设现代化经济体系的战略支撑",创新驱动发展战略已成为推动中国经济社会发展的核心力量。企业是创新活动的主体,创新资源的全球加速流动则为中国企业通过开展海外研发投资提升创新能力创造了巨大的机遇(薛澜等,2015;许晖等,2017)。越来越多中国企业开始面向全球布局研发网络,建立海外研发中心,将其研发活动国际化作为一个"跳板"(Luo and Tung,2007),期待从全球各地获取先进知识与高端技术,填补企业的后发劣势,实现从后来者的地位转变为快速追随者或甚至领导者位置的目标(魏江等,2013)。中国跨国企业开展海外研发投资是否真的能促进企业创新? 其内在机制又是怎样的? 是否存在其影响的边界条件?

既有文献关于海外研发投资与企业创新绩效关系这个主题的大量研究,虽发现它们存在着某种关系,但这种关系的方向和力度仍然模糊不清(Lahiri,2010;Hurtado-Torres et al.,2017)。大部分学者基于组织学习、知识基础观等理论,认为企业通过海外研发投资活动,在全球市场上获取更多的创新资源和技术学习机会,从而促进企业创新能力与产出的提升(Belderbos et al.,2013;李梅和余天骄,2016;王晓燕等,2017;何爱和钟景雯,2018;向鹏飞和符大海,2019),但也有少数学者认为研发活动地理分散带来的规模不经济,尤其是新兴经济体国家企业的"外来者劣势"在东道国难以获得"合法性"等造成企业内外部协调、沟通和监督成本的增加,导致海外研发投资对企业创新产生消极影响(Singh,2008;Argyres and

Silverman,2004)。

基于对国内外已有文献的整理,本文认为研究结论的不一致很可能源自海外研发投资与企业创新的内生性、样本选择偏误以及企业的异质性因素,因此,本文基于2009—2018年中国制造业上市公司数据,运用倾向得分匹配(Propensity Score Matching,简称PSM)法从未开展海外研发投资企业样本中筛选出与海外研发投资企业相似的进行匹配,以解决样本选择偏误问题,并在此基础上,运用双重差分(Difference-in-Difference,简称DID)法对内生性问题进行处理。研究结果表明,海外研发投资确实促进了中国企业创新绩效的提升,并且此影响具有逐年递增的动态效应。在使用改变倾向得分匹配方法、回归估计方法、安慰剂检验等稳健性检验后,此结论仍然成立。进一步地,应用中介效应模型检验了知识基础与研发效率是海外研发投资影响企业创新的两个重要机制。同时基于企业异质性的分样本分析显示,探索学习型、非国有企业以及隶属于集团的企业海外研发投资对企业创新的影响效应更为显著。

本文的研究贡献可能存在以下三个方面:首先,应用PSM-DID法尽可能消除海外研发投资与企业创新的内生性与样本选择偏误等问题,为两者因果关系的研究提供更为可靠的微观经验证据;其次,通过验证知识基础与研发效率的中介作用,打开海外研发投资影响企业创新的黑箱;最后,通过从投资动机、股权性质与是否隶属集团三个层面的异质性分析,进一步拓展了海外研发投资对企业创新影响的作用边界。

二、文献综述与研究假设

(一)海外研发投资对企业创新绩效的影响

知识是企业最具有战略重要性的资源,基于知识的资源通常是难以模仿的,同时具有社会复杂性,公司积累的异质知识是其持续创新能力和核心竞争能力的关键(Grant,1996)。很多研究表明不同地理区域发展起来的专业知识往往是独特和互补的(Cantwell and Janne,1999;Mahmood and Singh,2003)。获取各种知识来源可以在企业内部形成多样化的知识库,拥有更多多元化知识组合的企业往往会更多地投入研发,获得更多的专利申请和授权,并宣布更多突破性创新(Garciavega，2006；Quintana-Garcia and Benavides-Velasco，2008；Srivastava and Gnyawali，2011)。由于知识溢出在地理上倾向于本地化(Audretsch and Feldman，1996；Thompson and Fox-Kean，2004；Singh，2005)，公司很难轻易利用非本地知识来源，而开展海外研发投资活动正是跨国企业通过其全球足迹获取和利用知识的关键机制(Doz et al.，2001)。

Zanfei(2000)将跨国创新的组织模式描述为由内部和外部网络组成的"双重网络"，内部网络是指分布式研发子公司协调和整合的组织机制，而外部网络则是与企业外部的行为者关系构成的。Almeida(1996)的研究发现在美国的外国子公司积极从东道国当地获取知识并将其用于创新。Frost(2001)利用美国绿地子公司1980年至1990年间发布的10 000多项专利引文，探索海外子公司技术创新的知识来源，解释并论证海外研发子公司利用来自母公司基地和/或子公司东道国知识源的各种条件。Almeida and Phene(2004)也同样认为跨国公司的子公司有可能从两个不同的知识背景中获取创新所需的知识，一是由总部和其他子公司组成的内部跨国公司；二是子公司所在的东道国地区，并论证了东道国的知识对于企业创新的规模和质量至关重要(Phene and Almeida，2008)。Lahiri(2010)认为在知识溢出具有被编码和隐性的情况下，溢出效应通常是国家甚至是地方性的(Branstetter，2001)，因此，要获得这些溢出效应，研发单位必须位于知识资源附近。国内学者许晖等(2017)以华为公司为研究案例，从知识流动的视角出发，刻画了技术知识在母国研发机构、海外研发综合体与海外市场三个端点之间的动态流动路径，得出新兴经济体企业通过海外研发投资获取异质性技术知识资源是弥补知识空缺、突破资源束缚和创新瓶颈的必然选择。

在海外研发投资过程中，中国企业通过监测、学习国外的先进技术，增强其整体创新能力基础(Florida，1997；Lehrer and Asakawa，2002)，提高研发效率以促进创新绩效；中国企业通过海外研发子公司获取东道国市场信息和技术信息，修改已经存在的现有知识或通过海外研发子公司从外部输入知识以扩展现有知识(Schulz，2001)，拓展本土技术使用，提高研发效率以促进创新绩效。朱朝晖(2008)以中国跨国企业为研究样本，得出当发展中国家的企业在开放创新模式下运作时，探索性和开发性学习能够使企业充分利用国内外的技术资源，并将这些资源组织成全球优势以提升研发效率，从而积极影响其创新绩效。

虽也有研究表明，跨地域、文化和制度边界的众多研发单位和空间分散的项目将在钱、人、物和信息方面造成企业的巨大成本,也可能增加子公司的寻租和租赁行为(Mudambi and Navarra,2004),以及企业知识产权侵权和知识溢出等风险增加,这些因素可能会削弱企业创新绩效。但从总体上来说,我们认为海外研发投资影响企业创新的净效应是正的,并随着不断学习和吸收,此净效应是逐年递增的。据此,提出以下假设。

假设1:在其他条件不变的前提下,海外研发投资对企业创新绩效有积极影响(1a),并且此影响效应逐年递增(1b)。

假设2:海外研发投资主要通过知识基础扩增(2b)与研发效率提升(2c)两个渠道促进企业创新绩效。

(二)海外研发投资影响企业创新绩效的异质性分析

1. 不同的投资动机。

众多关于海外研发投资的国内外文献,突出了两类企业层面的战略投资动机:一是以母公司技术优势为基础,结合或适应特定东道国生产和市场需求,拓展母公司技术资产用途的开发利用型;二是通过学习海外先进技术和知识,以提升母公司技术水平和研发能力的探索学习型(Dunning and Narula,1995;Kuemmerle,1999)。中国企业海外研发投资动机的演进历程虽与发达国家跨国公司存在显著差异,但此两类动机划分也同样适合中国企业。众多国内学者的研究发现,中国企业作为后发追赶者,在技术领先的发达国家开展研发投资,技术探索和学习是中国企业的首要动机(景劲松等,2003;毛蕴诗等 2005),通过获取当地先进的创新资源以促进企业创新绩效;同时,随着中国企业技术能力的增强以及海外市场的开拓,以华为、海尔等为代表的企业开始在欠发达的东道国建立研发中心以支持海外生产基地,进行技术转移和市场支持型研发活动(景劲松等,2003;张纪凤,2014)。据此,提出如下假设。

假设3:相对于开发利用型,探索学习型海外研发投资更能促进企业创新绩效。

2. 不同的股权性质。

相对于非国有企业,国有企业虽拥有更多的创新资源和政策支持,有助于海外研发投资活动的开展(Wang et al. ,2012),但其国有身份在海外研发投资过程中带来的消极影响不可忽视。首先,国有企业作为政府控股的企业,在海外研发投资过程中往往背负着政府的政治或社会目标,不利于企业开展海外研发和创新战略的执行,会抑制企业的创新绩效;其次,国有企业在东道国开展研发活动会面临更大的外来者劣势,受到东道国政府更强的制度约束和合法性压力(Cui and Jiang,2012),从而增加国有企业在东道国开展研发活动的交易成本。而非国有企业可以充分获取、利用东道国的各项创新资源,能更好地促进企业创新。据此,提出如下假设。

假设4:相对于国有企业,非国有企业的海外研发投资更能促进企业创新绩效。

3.是否隶属于企业集团。

企业集团是以由许多具有独立法人资格的企业以某种正式或非正式方式联结在一起的组织结构(Khanna and Yafeh,2007)。已有研究表明,企业集团可以充分发挥内部资本市场功能,为企业创新提供资金支持,缓解海外研发投资的"融资约束"(蔡卫星等,2015);充分发挥内部知识市场功能为海外研发投资活动提供有力的知识共享机制,提高创新效率与实现知识溢出,促进企业创新绩效(蔡卫星等,2019);充分发挥内部产品市场功能,在集团内部实现范围经济和规模经济,进而提高创新的经济回报,解决创新的"激励不足"问题(Khanna and Yafeh,2007;蔡卫星等,2019);企业集团往往具有更强的资源整合能力(黄俊和张天舒,2010),可以在集团内部优化配置海外研发投资所获取的创新资源,进而提高企业创新绩效。据此,提出如下假设。

假设5:相对于独立的企业,隶属于集团的企业海外研发投资更能促进企业创新绩效。

三、研究设计

(一)样本选择与数据来源

本文选取 2009—2018 年期间海外研发投资活动较为频繁的医药制造业(C27)、通用设备制造业(C34)、专用设备制造业(C35)、汽车制造业(C36)、电气机械及器材制造业(C38)、计算机、通信和其他电子设备制造业(C39)等六个制造行业的 A 股上市企业作为研究样本,先从国泰安数据库下载样本企业的目录,再从沪深交易所下载样本企业 2009—2018 各年年报信息,手动检索样本企业在此期间有无开展海外研发投资活动,另一方面,利用商务部《境外投资企业(机构)名录》中的海外研发投资活动信息进行补充,确保样本企业开展海外研发投资活动的完备性,并按以下原则对原始样本企业进行删除:(1)投资到开曼群岛等"避税天堂"国家或地区的;(2)有重大重组行为或经营范围(所在行业)发生重大变更的;(3)2009年前就已开展海外研发投资的以及 2009 年后多次开展海外研发投资的;(4)2016年后上市的;(5)主要变量数据缺失的。最终得到一份包含 7604 个"企业—年度"观测值的样本数据。本文所需的企业专利数据主要来自 CDRDS-CIRD 数据库、国家专利局网站与佰腾网专利数据库,另外企业财务信息、研发支出、治理等相关数据来自国泰安(CSMAR)与万得(WIND)数据库。为了避免异常值的影响,本文对所有连续变量采取 1% 分位数的缩尾(Winsorize)处理。

(二)模型构建

本文所要考察的是海外研发投资对企业创新绩效的影响。企业的创新绩效变化主要来自三个方面:一是企业在国内研发投资差异而形成的"个体效应";二是企业随着时间惯性或因国家政策变化而引起的"时间效应";三是企业开展海外研发投资活动而形成的"创新效应"。根据现有研究,本文首先采用双重差分法(DID)检验海外研发投资对企业创新的影响效应。考虑到各企业开展海外研发投资分布在不同年份,参考 Beck et al. (2010)、李贲和吴利华(2018)等的研究,采用"渐进式"DID 方法,能得到更准确的估计结果,因此本文的估计模型为:

$$\text{Inovation}_{it} = \alpha + \beta \text{did}_{it} + \gamma X_{it} + \lambda_t + \mu_i + \varepsilon_{it} \tag{1}$$

其中,Inovation_{it} 为 i 企业 t 年的创新绩效,是本文关注的被解释变量;解释变量 did_{it} 为双重差分估计量,为 i 企业在 t 年是否开展了海外研发投资,β 是本文最关注的参数,表示海外研发投资对企业创新的影响效应;X_{it} 为影响企业创新绩效的一系列控制变量,同时也是影响企业开展海外研发投资的特征变量;λ_t 为时间固定效应,μ_i 为不随时间变化的企业个体固定效应,ε_{it} 为随机扰动项。

DID 法虽可有效识别出海外研发投资的"创新效应",但可能无法避免存在样本选择偏差问题。在现实中,企业是否开展海外研发投资可能是非随机事件:一方面跨国企业通过在海外开展研发投资,从全球获取创新资源,促进了企业创新绩效的提升;但另一方面,拥有更多创新资源、创新能力强的企业也更有可能开展海外研发投资。为了消除此样本选择偏差,我们先运用倾向得分匹配法(PSM)对样本企业进行处理。其基本思想是,将开展海外研发投资的企业视作处理组,将未开展海外研发投资的企业视作对照组,通过PSM法从对照组中找出与处理组特征尽可能相似的样本,使得匹配后两组企业之间仅存在有无开展海外研发投资的差异。其具体步骤是:第一,计算倾向得分值(Pscore)。构建一个以有无开展海外研发投资(有取值为1,无为0)为被解释变量的Logit(或Probit)回归模型,解释变量为可能影响两组相似度的若干匹配指标。企业开展海外研发投资的概率(即倾向得分)为:

$$P = \Pr\{du = 1\} = \Phi\{X_{it}\} \tag{2}$$

其中,X_{it}表示影响企业开展海外研发投资的因素,即特征变量。第二,根据具体匹配原则,对每个处理组的企业i,从对照组中选择与其倾向得分最接近的若干企业作为其对照组。

因此,基于PSM-DID既可以消除样本选择偏差问题,又能很好解决内生性问题,可有效识别出海外研发投资的"创新效应"。

(三)变量定义

被解释变量:企业创新绩效。本文借鉴国内外研究的主流做法,采用专利申请量来衡量企业创新绩效。又由于我国专利包含发明、实用新型和外观设计3种类型,其中发明专利相较于其他两种专利有更高的技术含量和创新性,因此本文以专利申请总量与发明专利申请量的自然对数分别来测度企业创新的规模(lnpatent)与质量(lnpat_I),但考虑到部分样本企业在某些年度的专利与发明申请量为0,因此为避免取对数时产生负值和缺失值,分别对其加1后取自然对数,同时也采用专利授权总量与发明专利授权量进行稳健性检验。

解释变量:是否开展海外研发投资。本文的核心解释变量为是否开展海外研发投资,以双重差分估计量did来表示,为0、1的虚拟变量,若i企业在t年开展了海外研发投资的,则did=1,否则为0。系数β为企业开展海外研发投资的"创新效应",是本文主要检验对象,若β在统计学意义上显著大于0,则表明海外研发投资能促进企业创新绩效的提升。

控制变量(匹配变量)。借鉴先前研究,选择以下变量为控制变量(匹配变量):

企业规模(size),即企业平均总资产取对数;企业年龄(age),即样本企业当年年份减去企业上市年份取对数;研发强度(RD),即企业研发支出与企业主营收入之比来衡量;资本密集度(cap),即固定资产与企业员工数之比取对数;总资产净利润率(roa),即净利润与平均总资产之比;资产负债率(lev),即期末总负债与期末总资产之比;股权集中度(stock)即第一大股东持股比例;营业收入增长率(rgr),即企业本年营业收入增加额对上年营业收入总额的比率。此外,按"渐进 DID 法"的要求,本文还控制了企业个体与年份的固定效应。

各变量的定义和计算方法见表1,表1的后两列报告了本文主要变量的描述性统计分析,did 的均值为 0.1461,表示样本总体中有 14.61%的企业观测值在样本期间开展了海外研发投资。

表 1 主要变量说明与描述性统计

变量	变量含义	计算方法	均值	标准差
lnpatent	企业创新规模	专利总申请数加 1 取对数	2.2446	1.6217
lnpat_I	企业创新质量	发明专利申请数加 1 取对数	1.5506	1.3951
did	海外研发投资	开展海外研发投资取 1,否则为 0	0.1461	0.3533
size	企业规模	企业期末总资产取对数	21.7168	1.1151
age	企业年龄	企业当年年份减去企业上市年份取对数	1.7604	0.8536
rd	研发强度	企业研发支出与企业主营收入的之比	0.0504	0.0390
cap	资本密集度	固定资产与企业员工数之比取对数	2.3547	1.4935
roa	总资产净利润率	净利润与平均总资产之比	0.0450	0.0639
lev	资产负债率	期末总负债与期末总资产之比	0.3804	0.1990
stock	股权集中度	第一大股东持股比例	33.8779	14.2133
rgr	营业收入增长率	企业本年营业收入增加额 对上年营业收入总额的比率	0.1913	0.3847

四、实证结果分析

(一)倾向得分匹配

因为本文使用的是"渐进式 DID",借鉴何靖(2016)、李贲和吴利华(2018)等的研究,采用逐年匹配的方法为各年的处理组寻找匹配的对照组。以 2009 年为例,根据公式(2),结合可观测的匹配变量先计算出每个企业开展海外研发投资的预测概率值,采用有放回的"一对三近邻匹配"方法,为每个开展海外研发投资企业(处理组)找到未开展海外研发投资的对照组企业,并去除未成功匹配的企业,最后得到2917个观测值的研究样本。为了保证匹配结果的可靠性,本文对各年的得分匹配进行平衡性检验,匹配后处理组与对照组的各变量均值差异见表2,从表2结果可以看出,匹配后两组企业所有匹配变量标准偏差在匹配后均不再具有显著差异,说明本文选择的匹配原则与匹配方法是合理的。

表 2 匹配后处理组与对照组的均值差异

年份	size	age	rd	cap	roa	lev	stock	rgr
2009	0.471	0.577	0.395	0.885	0.653	0.968	0.814	0.259
2010	0.572	0.533	0.486	0.667	0.603	0.203	0.773	0.609
2011	0.681	0.914	0.672	0.781	0.577	0.994	0.973	0.715
2012	0.619	0.88	0.795	0.576	0.145	0.257	0.401	0.605
2013	0.471	0.814	0.804	0.719	0.183	0.226	0.395	0.493
2014	0.134	0.934	0.747	0.659	0.186	0.689	0.906	0.729
2015	0.243	0.813	0.265	0.97	0.298	0.858	0.993	0.660
2016	0.158	0.816	0.942	0.783	0.348	0.963	0.705	0.446
2017	0.118	0.437	0.242	0.667	0.117	0.320	0.651	0.430
2018	0.121	0.922	0.608	0.716	0.115	0.943	0.858	0.465

注:表内报告的为处理组与对照组均值差异的 P 值。

(二)基准回归结果与分析

表3报告了根据公式(1)进行估计的海外研发投资对企业创新的影响效应,第(1)(2)列是基于初始样本7604个观测值的 DID 估计,第(3)(4)列是基于逐年 PSM 后的2917个观测值的 DID 估计。第(1)(3)列是以专利申请总量测度的企业创新规模为被解释变量,第(2)(4)是以发明专利申请量测度的企业创新质量为被解释变量。我们重点关注的是双重差分项 did 的估计系数,结果显示,无论是以企业年度专利申请总量(lnpat),还是发明专利申请量(lnpat_I)作为被解释变量,亦无论采用 DID 方法还是 PSM-DID 方法,双重差分项 did 的估计系数均在1%水平下显著为正,这说明在控制了其他影响因素后,开展海外研发投资确实能够促进企

业创新规模增加与创新质量提升,并且估计结果具有较好的稳定性。假设 1a 得到验证。

表 3　基准回归结果

模型 变量	DID		PSM-DID	
	(1)lnpat	(2)lnpat_I	(3)lnpat	(4)lnpat_I
did	0.5121*** (0.1129)	0.5016*** (0.1124)	0.4086*** (0.1291)	0.4119*** (0.1491)
size	0.2304*** (0.0731)	0.1997*** (0.0635)	0.1947*** (0.0705)	0.1951** (0.0931)
age	−0.0526*** (0.0131)	−0.0527*** (0.0113)	−0.0822*** (0.0199)	−0.0945*** (0.0175)
rd	2.1739*** (0.7932)	1.7942*** (0.6883)	2.5244*** (0.8488)	2.5150*** (0.8874)
cap	−0.1116*** (0.0266)	−0.0890*** (0.0226)	−0.1253*** (0.0381)	−0.0893*** (0.0256)
roa	0.0742 (0.3725)	0.0602 (0.3276)	0.0716 (0.3533)	0.0919 (0.3669)
lev	0.2173 (0.1773)	0.2173** (0.1558)	0.2263 (0.1563)	0.2290 (0.1609)
stock	0.0074* (0.0040)	0.0069** (0.0035)	0.0092** (0.0045)	0.0068* (0.0036)
rgr	−0.1857*** (0.0394)	−0.1612*** (0.0350)	−0.1256*** (0.0446)	−0.1563*** (0.0550)
常数项	−2.9381* (1.5482)	−3.3279** (1.3650)	−2.4473* (1.4101)	−2.5022* (1.3765)
个体固定效应	是	是	是	是
年份固定效应	是	是	是	是
观测值	7604	7604	2917	2917
Adj R-squared	0.7271	0.6920	0.7668	0.7263

注:括号内 t 值按样本企业聚类稳健的标准误计算得到;***、**、*分别表示在1%、5%、10%水平上显著。以下各表同。

(三)动态效应检验

DID 方法估计结果的有效性的一个前提条件是处理组与控制组之间满足平行

趋势假设,表3报告的结果仅反映了海外研发投资对企业创新的平均效应,为进一步验证平行趋势假设以及随时间变化的海外研发投资对企业创新的动态影响效应,在式(1)基础上,构建如下回归模型:

$$\text{Inovation}_{it} = \alpha + \sum\nolimits_{-2}^{4} \beta_t \text{did}_{it} + \gamma \text{control}_{it} + \lambda_t + \mu_i + \varepsilon_{it} \tag{3}$$

式(3)中,β_t是本文重点关注的估计系数,其分别表示企业开展海外研发投资的前两年、前一年、投资当年、投资后第一年、第二年、第三年与第四年企业创新的情况,控制变量与式(1)一样。

表4报告了海外研发投资影响企业创新的动态效应检验结果。模型(1)是基于创新数量规模的估计结果,显示海外研发投资在前两年、前一年的回归系数都不显著,而在投资当年的系数在5%水平及之后四年的系数在1%水平下显著为正,表明海外研发投资对企业创新数量在当年及后续四年都存在积极的影响效应,并且该效应呈现逐年递增的趋势。模型(2)基于创新质量的估计结果,显示海外研发投资在前两年、前一年与当年的回归系数都不显著,而在投资后第一年、第二年、第三年、第四年的系数都显著为正,表明海外研发投资对企业创新质量的积极影响存在为期一年的滞后期,并且该效应也呈现逐年递增的趋势,假设1b得到验证。上述结果表明,本文的DID回归符合平行趋势假定,这为本文估计的有效性提供了更好的支持。

表4 动态效应检验

模型 变量	lnpat (1)	lnpat_I (2)
did(−2)	−0.1067(0.1525)	−0.1028(0.1415)
did(−1)	0.1078(0.1930)	0.0524(0.1860)
did(0)	0.1316**(0.0651)	0.0796(0.0531)
did(+1)	0.2217***(0.0886)	0.1949**(0.0936)
did(+2)	0.2669***(0.0825)	0.2693***(0.0720)
did(+3)	0.3433***(0.0886)	0.3479***(0.0805)
did(+4)	0.3909***(0.1065)	0.4354***(0.0704)
control	是	是
个体固定效应	是	是

模型 变量	lnpat （1）	lnpat_I （2）
年份固定效应	是	是
观测值	2917	2917
R-squared	0.7825	0.7451

（四）稳健性检验

上文使用 PSM-DID 方法以尽可能得到可靠的估计结果，为了保证该结果的稳健性，本文还进行了如下稳健性检验。

（1）更换倾向得分匹配方法。采用核匹配替换前文的 k 近邻匹配方法，重新得到匹配样本，基于新的样本对模型进行 DID 回归，did 系数符号与显著性与表 2 一致，仅在系数大小存在稍许差异，证明了前文结果的稳健性。

（2）改变回归估计方法。本文被解释变量以专利和发明申请量来衡量，是非负的整数值，先前采用的是对数化之后的结果，对于非负的整数值还可以采用泊松回归（Poisson Regression）或负二项回归（Negative binominal Regression，简称 Nbreg）两种方法，估计结果见表 5，核心变量 did 的系数符号与上文一致，仍为正，且在 1％水平下显著，说明海外研发投资的创新效应不受估计方法改变的影响。

表 5　面板计数模型的稳健性检验

模型 变量	Poisson Regression		Nbreg	
	Patent	Patent_I	Patent	Patent_I
did	0.1549*** （0.0109）	0.2174*** （0.0172）	0.5220*** （0.0723）	0.3210*** （0.0945）
controls	是	是	是	是
企业固定效应	是	是	是	是
年份固定效应	是	是	是	是

（3）替换变量检验。除了使用申请数量来衡量创新绩效外，现有研究还有使用专利和发明授权数量作为企业创新绩效的衡量指标。因此，本文在此也尝试使用专利和发明的授权数量来测度企业创新的规模和质量，检验海外研发投资的创新

效应,结果与上文估计结果保持一致,使用授权数量作为替代指标并不影响估计结果,海外研发投资对企业创新规模和质量仍然具有显著的促进作用。

(4)安慰剂检验。为了进一步增强结论的稳健性,本文采用以下两种方法进行安慰剂检验,一是将样本企业开展海外研发投资的年份都提前两年,二是在样本企业中随机分配海外研发投资活动,上述两种方法的回归结果显示 did 的系数并不显著,表明处理后的样本企业海外研发投资活动对企业创新绩效的作用并不显著,这说明处理组与对照组的创新绩效差异并不是其他因素导致,而是来源于海外研发投资。

(五)影响机制检验

通过上文的实证分析可知,海外研发投资能够显著促进企业创新绩效,但其内在机制是什么呢?为了验证这一机制,我们将构建中介效应模型对其中可能的作用渠道进行实证检验,以更深入揭示二者之间的内在关系。基于本文研究假设部分的理论分析,选取知识基础(KB)与研发效率(RD_E)作为中介变量。我们首先构建如下回归模型来检验海外研发投资对中介变量的影响:

$$\text{Med}_{it} = c_0 + c_1 \text{did}_{it} + \gamma X_{it} + \lambda_t + \mu_i + \varepsilon_{it} \tag{4}$$

Med 分别为企业的知识基础(KB)与研发效率(RD_E)两个中介变量,知识基础(KB)借鉴陈爱贞和张鹏飞(2019)的研究,以无形资产/总资产来衡量,研发效率(RD_E)借鉴温军和冯根福(2018)的研究,以企业专利申请数与研发投入额自然对数的比衡量。对式(4)的估计结果报告在表 6 第(1)(2)列,did 的系数显著为正,表明开展海外研发投资对企业的知识基础与研发效率产生显著的促进作用。接下来,构建如下回归模型进一步检验企业知识基础与研发效率是否是海外研发投资促进企业创新的机制:

$$\text{Inovation}_{it} = d_0 + d_1 \text{did}_{it} + d_2 \text{did}_{it} + \gamma X_{it} + \lambda_t + \mu_i + \varepsilon_{it} \tag{5}$$

在式(5)中,如果中介变量 Med 的系数 d_2 显著为正,则意味着知识基础与研发效率是海外研发投资促进企业创新的影响机制。表 6 第(3)—(6)列报告了式(5)的估计结果。中介变量 KB 与 RD_E 的估计系数为正且显著,表明海外研发投资通过知识基础扩增与研发效率提升促进了企业创新的规模和质量,并且第(4)(6)列与第(3)(5)列的基准回归结果相比,在分别加入知识基础与研发效率两个变量之后,did 的估计系数有所下降,可见知识基础与研发效率确实是海外研发投资促进企业创新规模与质量提升的作用机制。

表6　中介效应检验结果

模型 变量	KB (1)	RD_E (2)	lnpatent		lnpatent_I	
			(3)	(4)	(5)	(6)
did	0.0061** (0.0029)	0.6707** (0.2623)	0.4215*** (0.0515)	0.3543*** (0.0921)	0.4993*** (0.0584)	0.3569*** (0.0937)
KB			0.1112** (0.0576)		0.2554** (0.1262)	
RD_E				0.1852** (0.0193)		0.2156*** (0.0182)
常数项	0.1203*** (0.0381)	−11.9014*** (3.1287)	−3.0231*** (0.5442)	−2.1386*** (0.2874)	−3.4101*** (0.5648)	−2.7615*** (0.2777)
控制变量	是	是	是	是	是	是
企业固定效应	是	是	是	是	是	是
年份固定效应	是	是	是	是	是	是
观测值(N)	2917	2917	2917	2917	2917	2917
R-squared	0.7013	0.7986	0.7523	0.8241	0.7253	0.7994

（六）异质性分析

1. 基于投资动机的异质性分析。

本文根据上市公司年报披露的海外研发子公司经营范围,将其投资动机划分为开发利用型与探索学习型。表7第(1)—(4)分别报告了基于上述子样本的PSM-DID估计结果,从中可以看出,did的估计系数在统计学水平下均显著为正,表明开发利用型与探索学习型海外研发投资都给企业创新规模与质量产生了积极影响,但通过比较did的估计系数大小,不管是创新规模,还是创新质量,探索学习型海外研发投资对企业创新的影响都要高于开发利用型。假设3得到验证。

表 7   不同投资动机的回归结果

模型 变量	lnpatent		lnpat_I	
	(1)开发利用型	(2)探索学习型	(3)开发利用型	(4)探索学习型
did	0. 4041** (0. 1773)	0. 7413*** (0. 1289)	0. 3872*** (0. 1642)	0. 7724*** (0.0562)
常数项	−2. 3658*** (0.6623)	−3. 5912*** (0.7323)	−3. 1959*** (0.6315)	−4. 1651*** (0.7604)
控制变量	是	是	是	是
个体固定效应	是	是	是	是
年份固定效应	是	是	是	是
N	2382	2382	2447	2447
R-squared	0.6950	0.7320	0.7247	0.7521

2. 基于股权性质的异质性分析。

根据所有权属性将样本划分为国有企业与非国有企业两类,表 8 第(1)—(4)分别报告了基于上述子样本的 PSM-DID 估计结果,从中可以看出,第(1)(2)和(4)列的 did 估计系数在统计学水平下均显著为正,而第(3)列虽为正,但在 10％水平下并不显著,表明国有企业海外研发投资仅对企业创新规模有着积极影响,并不能促进企业创新质量的提升;但非国有企业海外研发投资对企业创新规模与质量都有着积极影响。通过比较 did 估计系数大小,不管是创新规模,还是创新质量,非国有企业海外研发投资对企业创新的影响都要高于国有企业。假设 4 得到验证。

表 8   不同股权性质的回归结果

模型 变量	lnpatent		lnpat_I	
	(1)国有企业	(2)非国有企业	(3)国有企业	(4)非国有企业
did	0. 2283** (0. 1125)	0. 5935*** (0. 1238)	0. 0993 (0. 1038)	0. 5624*** (0.1031)
常数项	−4. 3852*** (0.5126)	−2. 3361*** (0.4659)	−3. 0944*** (0.5808)	−3. 3634*** (0. 7729)
控制变量	是	是	是	是
行业固定效应	是	是	是	是
年份固定效应	是	是	是	是

模型 变量	lnpatent		lnpat_I	
	(1)国有企业	(2)非国有企业	(3)国有企业	(4)非国有企业
N	614	1833	614	1833
R-squared	0.6964	0.7527	0.6625	0.7432

3.基于企业集团的异质性分析。

本文借鉴蔡卫星等(2019)的做法,采用如下标准对企业集团进行了系统识别:当两家或以上的上市公司在同一年度具有相同的最终控制人时,这些上市公司就认为是隶属于企业集团。表 9 第(1)—(4)分别报告了基于上述子样本的 PSM-DID 估计结果,从中可以看出,did 的估计系数在统计学水平下都显著为正,表明隶属与非隶属集团的企业海外研发投资都对企业创新规模与质量产生了积极影响,但通过比较 did 的估计系数大小,不管是创新规模,还是创新质量,隶属于集团的企业海外研发投资对企业创新的影响都要高于非隶属于集团的企业。假设 5 得到验证。

表 9　是否隶属于企业集团的回归结果

模型 变量	lnpatent		lnpat_I	
	(1)隶属 企业集团	(2)非隶属 企业集团	(3)隶属 企业集团	(4)非隶属 企业集团
did	0.5923 *** (0.1294)	0.2065 *** (0.0588)	0.5446 *** (0.1336)	0.3422 ** (0.1831)
常数项	−1.9091 *** (0.6187)	−4.5482 *** (0.5377)	−3.1649 *** (0.8228)	−3.2268 *** (0.5544)
控制变量	是	是	是	是
行业固定效应	是	是	是	是
年份固定效应	是	是	是	是
N	575	1871	575	1871
R-squared	0.7331	0.7122	0.7166	0.7282

五、研究结论与启示

本文基于 2009—2018 年中国制造业上市公司的微观数据,运用 PSM-DID 法,实证检验海外研发投资对中国企业创新的影响效应及其内在机制。研究结果表明：第一，海外研发投资能显著促进中国企业创新的规模与质量，并且具有逐年递增的动态效应。第二，知识基础扩增和研发效率提升是海外研发投资促进企业创新的两大重要机制。第三，海外研发投资对企业创新的影响存在异质性，具体而言，相对于开发利用型，探索学习型海外研发对企业创新的促进作用更为显著；非国有企业海外研发对企业创新的促进作用更为显著；隶属于集团的企业海外研发对创新的促进作用更为显著。

本文的研究具有以下政策启示：首先，对于各级政府而言，当前面临严峻复杂的国际环境，应进一步出台、完善相关政策以加大力度鼓励企业开展海外研发投资，通过融入全球创新网络，整合全球创新资源来提升中国企业的自主创新能力。其次，从海外研发战略动机来看，除了继续重视和鼓励企业在发达国家开展探索学习型海外研发投资外，同时随着"一带一路"倡议的深入推进与企业自身创新实力的增强，应积极引导企业开展面向"一带一路"沿线国家的开发利用型海外研发投资。第三，从所有制性质来看，应深化混合所有制改革，加大对非国有企业海外研发投资的政策支持。第四，继续优化营商环境，鼓励支持企业按市场化原则开展重组并购，支持有条件的企业集团化发展，壮大企业实力，提高在全球创新体系中的话语权。

本文也存在一定的局限：首先，本文的研究对象具有一定的局限性。基于当前海外研发投资现状与数据可获得性，本文研究样本仅限于当前海外研发投资较为活跃的六个制造行业上市公司，可能会影响研究结论的普适性，随着海外研发投资企业多样性的增加，未来的研究可以进一步探讨其他行业企业海外研发投资的创新效应。其次，本文只基于知识/资源基础观、组织学习等理论，探索了知识基础与研发效率在海外研发投资与企业创新间的中介作用，未来可考虑基于社会网络与制度理论，探索网络嵌入性与合法性等因素的作用渠道。最后，本文虽从投资动机、股权性质和是否隶属于集团三个企业层面探索了海外研发投资对企业创新的异质性效应，但缺少对当前不确定国际环境的作用边界分析，未来可进一步探讨母国—东道国制度环境、正式制度与文化差异、双边关系等因素在其中的影响。

参考文献：

[1] 蔡卫星，倪骁然，赵盼，等.企业集团对创新产出的影响:来自制造业上市公司的经验证据[J].中国工业经济，2019(1):137-155.

[2] 蔡卫星，曾诚，胡志颖.企业集团、货币政策与现金持有[J].金融研究，2015(2):114-130.

[3] 陈爱贞，张鹏飞.并购模式与企业创新[J].中国工业经济，2019 (12):115-133.

[4] 何爱，钟景雯.研发国际化与企业创新绩效:吸收能力和地理多样性的调节作用[J].南方经济，2018 (10):92-112.

[5] 黄俊，张天舒.制度环境、企业集团与经济增长[J].金融研究，2010 (6):91-102.

[6] 景劲松，陈劲，吴沧澜.我国企业 R&D 国际化的现状、特点及模式[J].研究与发展管理，2003，15(4):41-47.

[7] 李贲，吴利华.开发区设立与企业成长:异质性与机制研究[J].中国工业经济，2018 (4):79-97.

[8] 李梅，余天骄.研发国际化是否促进了企业创新:基于中国信息技术企业的经验研究[J].管理世界，2016 (11):125-140.

[9] 毛蕴诗，袁静，周燕.中国企业海外 R&D 活动研究:以广东企业为例[J].中山大学学报（社会科学版），2005，45(2):1-7.

[10] 向鹏飞，符大海.企业跨国研发能否提高创新效率:基于中国高科技企业的实证分析[J].国际贸易问题，2019 (5):101-116.

[11] 许晖，单宇，冯永春.新兴经济体跨国企业研发国际化过程中技术知识如何流动:基于华为公司的案例研究[J].管理案例研究与评论，2017，10(5):433-448.

[12] 薛澜，陈衍泰，何晋秋.科技全球化与中国发展[M].北京:清华大学出版社，2015:90-143.

[13] 王晓燕，俞峰，钟昌标.研发国际化对中国企业创新绩效的影响:基于"政治关联"视角[J].世界经济研究，2017(3):78-86,135.

[14] 魏江，应瑛，刘洋.研发活动地理分散性、技术多样性与创新绩效[J].科学学研究，2013，31(5):772-779.

[15] 温军，冯根福.风险投资与企业创新:"增值"与"攫取"的权衡视角[J].经济研究，2018，53(2):185-199.

[16] 张纪凤.中国企业海外 R&D 投资影响因素的实证研究[J].国际经贸探索，2014，30(7):74-83.

[17] 朱朝晖.探索性学习、挖掘性学习和创新绩效[J].科学学研究，2008 (4):860-867.

[18] ALMEIDA P. Knowledge sourcing by foreign multinationals: Patent citation analysis in the U. S. semiconductor industry[J]. Strategic Management Journal, 1996, 17(S2): 155-165.

[19] ALMEIDA P, PHENE A. Subsidiaries and knowledge creation: the influence of the MNC and host country on innovation [J]. Strategic Management Journal, 2004, 25(8-9):18.

[20] ARGYRES N S, SILVERMAN B S. R&D,organization structure,and the development of corporate technological knowledge[J]. Strategic Management Journal, 2004, 25(8-9): 929-958.

[21] AUDRETSCH D B, FELDMAN M P. R&D Spillovers and the Geography of Innovation and Production[J]. American Economic Review, 1996, 86(3):630-640.

[22] BECK T, LEVINE R, LEVKOV A. Big Bad Banks? The Winners and Losers from Bank Deregulation in the United States[J]. Journal of Finance, 2010, 65(5): 1637-1667.

[23] BELDERBOS R, LETEN B, SUZUKI S. How Global is R&D? Firm-Level Determinants of Home Country Bias in R&D[J]. Journal of International Business Studies, 2013, 44(8): 765-786.

[24] BRANSTETTER, LEE G. Are knowledge spillovers international or intranational in scope?: Microeconometric evidence from the US and Japan. Journal of International Economics, 2001, 53. 1: 53-79.

[25] CANTWELL J , JANNE O. Technological globalisation and innovative centres: the role of corporate technological leadership and locational hierarchy[J]. Research policy, 1999, 28 (2-3): 119-144.

[26] CUI L, JIANG F. State ownership effect on firms' FDI ownership decisions under institutional pressure: a study of Chinese outward-investing firms[J]. Journal of International Business Studies, 2012, 43(3): 264-284.

[27] DOZ, YVES L. From global to metanational: How companies win in the know-ledge economy[M]. Boston: Harvard Business Press, 2001.

[28] DUNNING J H, NARULA R. The R&D Activities of Foreign Firms in the United States [J]. International Studies of Management & Organization, 1995, 25(1-2):39-74.

[29] FLORIDA R. The globalization of R&D: Results of a survey of foreign-affiliated R&D laboratories in the USA[J]. Research Policy, 1997, 26(1): 85-103.

[30] FROST T S. The geographic sources of foreign subsidiaries' innovations[J]. Strategic Management Journal, 2001, 22(2): 101-123.

[31] GARCIAVEGA M. Does technological diversification promote innovation: An empirical

analysis for European firms[J]. Research Policy, 2006, 35(2): 230-246.

[32] GRANT R M. Toward a knowledge-based theory of the firm[J]. Strategic Management Journal, 1996: 109-122.

[33] HURTADO-TORRES N E, ARAGON—CORREA, J ALBERTO, et al. How does R&D internationalization in multinational firms affect their innovative performance? The moderating role of international collaboration in the energy industry[J]. International Business Review, 2017, 27(3): 514-527.

[34] KHANNA T, YAFEH Y. Business Groups and Risk Sharing around the World[J]. The Journal of Business, 2005, 78(1): 301-340.

[35] KHANNA T, YAFEH Y. Business Groups in Emerging Markets: Paragons or Parasites? [J]. Journal of Economic Literature, 2007, 45(2): 331-372.

[36] KUEMMERLE W. The Drivers of Foreign Direct Investment into Research and Development: An Empirical Investigation[J]. Journal of International Business Studies, 1999, 30(1): 1-24.

[37] LAHIRI N. Geographic Distribution of R&D Activity: How Does it Affect Innovation Quality? [J]. Academy of Management Journal, 2010, 53(5): 1194-1209.

[38] LEHRER M, ASAKAWA K. Offshore knowledge incubation: the "third path" for embedding R&D labs in foreign systems of innovation[J]. Journal of World Business, 2002, 37(4): 297-306.

[39] LUO Y, TUNG R L. International expansion of emerging market enterprises: A springboard perspective[J]. Journal of International Business Studies, 2007, 38(4): 481-498.

[40] MAHMOOD I P, SINGH J. Technological dynamism in Asia[J]. Research Policy, 2003, 32(6): 1031-1054.

[41] MUDAMBI R, NAVARRA P. Is Knowledge Power? Knowledge Flows, Subsidiary Power and Rent-Seeking within MNCs[J]. Journal of International Business Studies, 2004, 35(5): 385-406.

[42] QUINTANA-GARCIA C, BENAVIDES-VELASCO C A. Innovative competence, exploration and exploitation: The influence of technological diversification[J]. Research Policy, 2008, 37(3): 492-507.

[43] PHENE A, ALMEIDA P. Innovation in multi-national subsidiaries: The role of knowledge assimilation and subsidiary capabilities[J]. Journal of International Business Studies, 2008, 39(5): 901-919.

[44] SCHULZ M. The uncertain relevance of newness: Organizational learning and knowledge flows[J]. Academy of management journal, 2001, 44(4): 661-681.

[45] SINGH J. Collaborative Networks as Determinants of Knowledge Diffusion Patterns[J]. Management Science, 2005, 51(5): 756-770.

[46] SINGH J. Distributed R&D, cross-regional knowledge integration and quality of innovative output[J]. Research Policy, 2008, 37(1): 77-96.

[47] SRIVASTAVA M K, GNYAWALI D R. When Do Relational Resources Matter? Leveraging Portfolio Technological Resources for Break-through Innovation[J]. Academy of Manage-ment Journal, 2011, 54(4): 797-810.

[48] THOMPSON P, POX-KEAN M. Patent Citations and the Geography of Knowledge Spillovers: A Reassessment[J]. The American Economic Review, 2005, 95(1): 450-460.

[49] WANG C, HONG J, KAFOUROS M. Exploring the role of government involvement in outward FDI from emerging economies[J]. Journal of International Business Studies, 2012, 43(7): 655-676.

[50] ZANFEI A. Transnational firms and the changing organisation of innovative activities[J]. Cambridge Journal of Economics, 2000, 24(5): 515-542.

[51] ZHOU K Z, GAO G Y, ZHAO H. State Ownership and Firm Innovation in China: An Integrated View of Institutional and Efficiency Logics [J]. Administrative Science Quarterly, 2017, 62(2).

【作者】

李欠强,台州学院商学院副教授

陈衍泰,浙江工业大学管理学院教授

陈国栋,台州学院商学院副院长、副教授

浙江新生代民营企业家培养与成长研究

周建荣

在未来的企业竞争当中,转型的升级与企业的机构调整,是我国企业发展领域会长期探讨的话题,其伴随着企业的成长及长久的经济发展。新生代民营企业家在现代企业的发展过程中,成为浙江地区民营企业未来发展 10 年中的一个重要事件。当前,在我国浙江地区,很多企业都面临新生代民营企业家不断涌现的现象,新生代民营企业家所面临的问题,仍然是其成长的过程。本文以浙江地区为基础,依据企业家理论,结合新生代民营企业家的成长分析过程,对浙江地区的新生代民营企业家成长过程进行不同方面的分析,并提出参考意见。

一、新生代民营企业家的含义和特征

(一)企业家定义

法国著名经济学家萨伊认为,企业家也称为冒险家,他将土地、资本与劳动这三个要素相互连接,从而形成第四种生产要素,这种生产要素可以承担企业的破产风险。

英国著名经济学家马歇尔在理论中认为,企业家的成长是通过自身的创造力与洞察力实现的,同时还要兼具统帅性,才能使企业成功发展,要善于发现市场当中的不平衡性,并对其进行消除,为企业创造交易机会。

美国现代著名经济学家熊彼特则认为,当今企业家是社会经济结构内部所形成的"革命突变"模式,这种"革命突变"对传统企业生产方式产生了破坏性,但这也实现了生产要素的重新组合。

美国经济学家德鲁克在理论中认为,当代的新型企业家为革新者,可以承担企业发展所带来的风险,并且可以有目的地寻找企业革命新发展源泉,善于捕捉在社会经济发展中的变化,并将此种变化提供给开发利用的人。

从以上描述可以看出,当代企业家的基本特征均是由创新者与冒险家所组成。因此,本文的企业家均被定义为要承担土地、资本以及劳动力等重要生产因素,同时要进行有效组织管理,成为具有企业冒险精神的高级经营管理人才。企业家与经理、厂长等一般企业经营者不同,其不同之处在于企业家更加敢于冒险,同时更具有创新意识。在经济学上,企业家成为经济学的一个概念,并且代表一种素质而不是企业当中的一项职务。

(二)新生代民营企业家定义

从现代的教育背景与生产环境来看,我国新生代民营企业家的成长过程包括两个群体:第一,我国民营企业发展的第二代或者第三代企业家,例如,方太厨具集团总裁茅忠群、万向集团副总经理鲁伟鼎等,均成为企业发展当中的继承型"民企二代"企业家;第二,自主创业的青年企业家,其中包括国内国外的精英人士,同时还有风险企业投资的民营企业家,也包括从原有的民企成长为独立创业的技术型及专家型的企业家。

从上述分析过程中,将这两部分重新归纳统一为当下新生代民营企业家群体,主要是为了凸显出企业家群体当中的重要性以及特殊性,并将其分为两种形式:第一,这两部分人群为我国当下新生代民营经济的新兴力量,这些新兴力量将承担当下社会经济的快速实现,这也成为民营企业转型提升当中的一个关键步骤,成为民营企业发展当中的中流砥柱;第二,这两部分人的年龄与价值观具有相同之处,同时其所学的知识结构、企业管理经营理念也均相同,因此,在理论与实践当中都方便沟通,作为一个群体来进行研究。

(三)新生代民营企业家的角色定位

与张瑞敏、李东生、柳传志、王石等多数老字号商界领袖以及众多尚未完成现代企业制度转型的国有企业经营者相比,新生代的企业家在成长过程当中都是较为幸运的。新生代民营企业家在成长环境中,不必受到传统的社会经营方式的束缚,经历了很多已经完成的现代化发展模式,融入当下企业经营制度的改造当中,并顺着现代企业中所安排的制度进行发展,从而快速成长为一个公司的CEO;现代新生代民营企业家的发展,要兢兢业业完成自身的经营目标,并且能够得到相应的回报,例如,美的企业中的方洪波、联想企业的杨元庆以及TCL企业的万明坚,不会像老一辈企业家的发展过程一样,为了获取股权认证等各种股票回报,付出较高的代价;新生代民营企业家中的一些人才,从大学毕业或从公务员队伍中辞职后,直接开始了自己的事业,利用他们的知识与技术来完成最初的资本积累,如王文清、郭广昌。尽管新生代民营企业家扭转了前一代企业家的成长道路,但他们在现代社会主义市场经济中仍然扮演着同样或类似的角色。从典型的企业家定义中我们可以看到,无论何时,他们都是负责不确定性决策、制造要素配置和管理的政治家。对于新生代民营企业家来说,他们的角色还必须增加,以在塑造企业经济环境方面发挥关键作用,使企业定居者进入世界经济,并在接管世界市场方面发挥主导作用。

二、浙江地区新生代民营企业家的描述

(一)具体综述

浙江地区青年企业家协会是新生代民营企业家自行组织的社会团体,该组织成立于1999年10月。根据协会中的数据,当前,协会中的成员为178人,平均年龄在33.5岁左右,其中的一半为新生代民营企业家,其下属的团体会员为浙江地区青年企业家协会成员,新生代民营企业家的占比超过54%。首先,与前一代企业家相比,这些开拓者具有独有的特征。其次,这远非理想。他们想把自己的业务作为国内工业的旗舰,继续参加更高水平的国际竞争,希望建立国际品牌,恢复工业的发展。再次是高等教育。与前一代企业家相比,他们都有共同的特点:年轻、高教育水平、高技术水平和高治理水平。最后是具有创新的想法。与老一代企业家不同的是,他们更注重公司战略和管理,利用团队力量,利用系统优势取胜,他们不再是创造传奇的英雄,他们更像是依靠团队智慧和系统力量的战略家。新生代民营企业家的发现在塑造经济和社会发展方面越来越重要。

(二)实证分析——基于新生代民营企业家成长的问卷调查

本文主要通过问卷调查来获得数据。在那之后,我们对浙江地区大约200家

企业发放了调查问卷。这项研究的目的是了解新生代民营企业家在成长过程中面临的挑战,包括企业、企业家、政府和社会群体。调查分为五个方面:企业家的基本资料、新生代民营企业家的能力、新生代民营企业家的压力、新一届政府和企业家的增长、新一代社会群体和企业家的增长。调查表的总发行量为180份,回收率为88%,其中130份有效,82.28%有效。

研究样本的统计数据显示,如表1所示,新一代男性新生代民营企业家的比例超过70%;大多数30岁以上的人的年龄反映了新一代年轻企业家的性格;他们经营的公司70%属于他们的家族企业,因此新生代民营企业家大多为家庭成员。从调查问卷中提取的数据也证实了这一假设。

表1　具体样本调查情况数据

性别	样本数	比重（%）	婚姻情况		年龄				企业年限				
			有	无	20以下	20～29	30～39	40以上	1年以下	1～3年	3～5年	6～10年	10年以上
男	96	73.85	70.75%	29.25%	0%	35.85	55.66	8.49	3.77%	24.54%	36.79%	21.7%	13.2%
女	34	26.15											

企业性质					企业类型				
民营独资	合伙企业	有限责任公司	股份有限公司	其他	零售业	服务业	传统制造业	高科技行业	其他
32.08%	5.66%	50%	12.2%	4.72%	8.49%	12.26%	55.66%	11.32%	13.2%

企业家家族股权比例（%）						公司股份安排（%）			
≤50%	51—60%	61—70%	71—80%	81—90%	≥91%	一位家族完全持有	几位同辈家庭成员共同持有	多代家族成员都有	其他
23.58	13.21	8.49	12.26	7.55	34.9	27.48	42.4%	16.02	14.1

关于浙江地区新生代民营企业家个体在成长中面临的最大问题,问卷调查显示,浙江的新生代民营企业家在"继承企业面临的最大问题"的调查上,50%的人选择了"欠缺经验",由此可以看出在面对压力和继承、经营企业的问题时,开发和管理新生代民营企业家的个人培训情况尤为重要。调查显示,40.57%的新生代民营企业家对"企业家个人教育和企业家教育"感到非常不满,45.23%的企业家认为他们总体上只满足或满足不到20%的企业家。根据调查数据,我们可以发现新生代民营企业家所学到的内容主要集中在"经济和管理"占62.26%的经济阶层,包括

27.36％的技术、27.30％的国内外经济形势以及 10.38％的外语和计算机。这表明,新生代民营企业家在不完全满足于教育和教育的环境中长大,渴望学习。此外,他们研究的内容也有一定的局限性,因此企业家应该如何更好地独立学习是一个紧迫的问题。

三、浙江新生代民营企业家成长的意义

在 30 多年的发展之后,民营企业面临传承问题,新生代民营企业家转型已经成为一种趋势,它们将成为未来 5—10 年民营企业建设的主要力量。浙江经济适应市场速度快、效率高,创新企业是当地社会经济的主要来源;但是随着全球化和国际化浪潮的兴起,社会和经济发展必须保持领先一步,利用新的机会发展经济全球化,因此新生代民营企业家的发展至关重要。

(一)新生代民营企业家与浙江地区区域经济的联系

从区域经济发展的角度来看,为新生代民营企业家积累人力资本可能会刺激区域经济增长。萨辛将区域综合经济作为促进私营部门经济发展的指导方针,逐渐形成"一乡一业"或"几乡一品"等工业集群。综合工业化导致了相当规模的工业生产力,因此,强势的竞争力优势产业产品在很多市场上占据该地区第一位,同时,催生一些工业和大量的工业品市场,产生巨大的影响力,遍布全国和世界各地。因此,培养下一代优秀企业家,在保持区域一体化经济在刺激经济中的主导作用方面发挥着关键作用。通过刺激地区经济发展,将新生代民营企业家的人力资本及竞争优势提高。

(二)新生代民营企业家与浙江地区的产业转型

工业转型的现代化,是通过改变商业模式和生产管理模式来实现的。商业发展是一个不断创新和变化的过程,如果没有创新和改革,企业将很难克服不同阶段的增长限制。通过创新向企业治理结构过渡,以确保企业治理结构的成功转型,最终实现工业现代化。工业现代化的成功进展取决于新一代优秀企业家群体是否会出现。

20 世纪 80 年代初,当工业化从农村和农村企业开始时,经过 30 多年的发展,中国三家制造业和行业的工业份额明显上升,成为刺激经济发展的主导产业。在一个新兴的工业经济体中,轻工业是唯一的特征,它成就了一种纺织品、织物、印花棉布的工业发展。与此同时,一些高科技领域的活动也开始了,比如生物医学、服务业、旅游业等,并且开始发展日趋成熟。然而,与其他地区相比,工业结构存在明显的缺陷,低附加值工业的份额通常更高,高技术和有利可图行业的份额较低;轻工业在第二次生产中的份额太高,重工业的份额太低;四分之三的生产结构"2、3、1"将持续更长时间,工业的总体结构并不理想。虽然企业是行业转型的参与者之一,但它必须扮演"探索者"和"实干家"的角色,以充分实现创新机会,并为转型注入活力。虽然开发开拓者一代的企业中有三分之一现在由新生代民营企业家管理,但培养优秀的新生代民营企业家对促进工业转型至关重要。

(三)新生代民营企业家与浙江地区可持续发展

发展相对经济和建立循环社会,是实现可持续发展战略的重要途径和形式。可持续经济发展需要政府、企业和企业家的积极参与,而许多国家都是可持续经济发展的主体,是经济可持续发展的核心因素。促进可持续发展和经济繁荣,需要大量的后备力量。现在的企业家正在老龄化,新一代的企业家逐渐成为促进经济可持续发展的新生力量。

新冠疫情对全球经济产生了不可低估的负面影响,传统的发展模式需要做相应的调整。浙江经济必须正确地做大做强,追求可持续发展和规模之间的关系,充分发挥他们的作用,新生代民营企业家的经济结构调整,促进企业开发产品结构、技术结构、市场结构调整,支持企业不断进入高端领域,努力开发新市场和新领域的研究,延伸产业链、提升价值链,在增强核心竞争力和市场占有率的基础上。浙江新生代民营企业家重视自身发展与社会和谐的关系,努力实现产业升级、资源集约利用和环境保护的有机统一,为子孙后代留下发展空间。浙江新生代民营企业家愿意参与社会公益事业,81.12%的浙江新生代民营企业家认为参加公益事业可以促进企业形象,他们希望参与社会公益事业,以助力实现社会的可持续发展。因此,培养新一代优秀企业家,对浙江地区经济的可持续发展具有重要意义。

四、浙江地区新生代民营企业家发展的对策和建议

(一)强化构建个人学习机制

要想成为一个优秀的新生代民营企业家,就必须加强自我完善,特别注重现代管理知识和先进的科学和技术教育,不断分析自己,总结经验,充分利用人类社会中所有杰出的管理成果,全面提高"掌舵"的技能。根据民意调查,新生代民营企业家创业公司迫切需要市场知识来发展市场营销和公司生产管理。此外,新生代民营企业家还必须致力于建立终身培训机制:第一,充分利用国家的国内外资源,参与各种培训、轮换和培训计划。为了将其自身的特征和经济与工业发展需要相结合,自主地参与到各种各样的企业家培训中,真正提高其对法治、政治水平和经营企业的能力。第二,研究和实践各种形式的创业改进形式。可以尝试定期考察国外的大公司、大企业和商业基地,研究企业管理和管理方法的前沿思想,并在实地研究企业管理的最佳经验;有的放矢地雇用国内外企业管理专家开展企业讲座,组织各种形式的学术报告、研讨会、现场咨询等,提高自己的能力和水平。

(二)积极构建优秀的企业家精神

经济全球化视野下的企业家们的需求与日俱增。一方面,企业家必须适应知识经济的具有里程碑意义的趋势,不断接受新技术、新知识和对商业方面的创新理解;另一方面,企业家必须按照现代领导的趋势发展集体化、民主化和科学,从宏观到微观,从企业管理能力。美国企业管理协会在企业家应该拥有的经济全球化环境中,对全球 500 位最成功的管理者进行了调查,发现成功的经理人需具备 11 种能力:进取心强、思维敏捷、效率高、有创意、多谋善断、助人为乐、信心十足、人际关系好、乐观心态、正确的自我批评、有效的激励。从实际的角度来看,我们国家的创业品质包括三个方面:企业家精神、创业能力、企业家对现代经济趋势的信心。浙江地区新生代民营企业家应该致力于建立自己的公司,强调东方的方式,使儒家道德成为推动文化的好因素;另外,必须强调创新,发展良好的专业素质,培养市场上有才华的企业家。

（三）加强构建相互交流的平台

新生代民营企业家普遍具有如下特点：1.受教育学历普遍较高，知识结构也更为现代；2.个人英雄主义色彩开始淡化，更加注重企业内部管理；3.在公司治理方面更讲究整体和团队精神；4.更加注重企业创新，提高企业发展中的技术与知识含量；5.更加注重公司品牌，力求把握企业发展的前沿。

如今，新生代民营企业家以年轻人特有的尖锐和务实的态度对待他们父亲建立的"基础"。他们试图找到家族企业和现代公司系统之间的关系，以不断改变企业的形象和"企业政策"的精神。如果可以建立一个专门用于交流信息的平台或机构，新生代民营企业家将定期在所有方面交换信息，并交换公司管理经验、缓解个人压力等方面的经验，交流形式也可以多样化。

（四）加强新生代民营企业家各方面能力的培养

1.敏锐判断的能力。企业家判断的能力取决于他长期以来的实践和对市场机遇的捕捉，实际上就是新生代民营企业家成长的过程。

2.科学决策的能力。一个经验不足的新生代民营企业家，首先应该遵循信息、咨询、决定、审查等严格的程序；其次，应该应用科学理论、技术和方法，如加强调软科学、软技术和软方法。在经济活动中，企业家必须从几个项目中选择最好的。最佳选择是衡量企业家勇气和智慧的标准。

3.果断行动的能力。分权能力是企业家的主要工作，也是衡量企业家管理能力的重要标准之一。新生代民营企业家可以通过模拟不可预见的事件和实践问题的不同部分来提高他的行动能力。

五、新生代民营企业家的自我提升

改革开放后，尽管上一代企业家们取得了辉煌的成果，但他们受到的限制也无法避免。当然，这些限制不是针对个人，而是针对他们所扮演的企业家角色。第一，意识观念落后。落后表明核心价值观已经转移，首先会影响家庭和企业利益，另外还会影响社会、客户和雇员的利益；一方面是不健康的，缺乏活力和耐心，另一方面是缺乏创业精神。第二，缺乏自我意识。在公司系统中，不少浙江省的企业是家庭企业,有限的、有约束力的家庭意识和家庭关系,不反映企业发展的要求,企业系统的变化和创新不反映企业发展的要求;企业战略有弱的战略考虑,有非战略考虑,有战略不一致;从创新的角度来看,模仿创新首先占主导地位,自我完善是不够的,外部刺激是重要的,被动创新也是重要的,但只有被动创新又是不够的。第三,社会责任意识不够。过度的利益会导致对商业利润的单方面追求,即使是以牺牲员工的安全和健康为代价,如加班和忽视员工安全;缺乏诚信,以及违约、欺诈客户等,不注重资源和污染管理。

从产品创新到技术创新,从市场创新到制度创新,新生代民营企业家精神第一是敢于创新。当企业家开始僵化思想,停止创新时,他就结束了"企业家生命"。第二,要有进取心和奉献精神。不仅要面对自己的梦想和欲望,还要面对自己的毅力和内在动力,拼命地奋斗着实现它们,满足它们,坚持不懈,永不屈服于失望。第三,对忠诚负责。一如既往,支持企业家的动机不是金钱和地位,而是责任和奉献。企业家必须不仅关心事业的生存和发展,还应将个体生意和国家未来的兴衰联系起来,真正承担社会责任,遵守法律,公平做生意,把它当作生活和生命的一部分。第四,开放和健康的精神。以虔诚和尊重的态度,取得成功,同时获得财富,同时保持对竞争、财富、压力的态度,不断提高自己的竞争力。第五,科学精神与时间同步。科学精神意味着企业家以科学知识、科学思维、科学方法来看待他所从事的活动,并从事具体的工作。企业家的科学精神是现代企业的要求,没有科学精神,是不可能成功的。

六、结语

新生代民营企业家成为新的经济和社会发展集团,带来了商界的新希望和梦想。作为一个经济强国,在长三角地区,它的大部分收入是由民营企业创造的。一群新生代民营企业家,由继承的"第二代公民企业"和自认的年轻企业家组成,是创造私营部门经济的后起之秀,私营部门必须承担创造新快速发展浪潮的重任,这将是经济现代化的关键。因此,各级政府积极创造条件,关注、加快新生代民营企业家的培养,而新生代民营企业家则必须自学、欣赏和实践,在持续的学习、实践、概括和缩小周期中磨炼自己,以尽快成长。

参考文献：

[1] 蔡捷，黄争华.底气来自战略定力:浙江桐乡新生代优秀企业家代表王纯的故事[J].公关世界，2019(15):9-11,8.

[2] 蒋学基，曹伟.新生代民营企业家价值取向与政治引导研究:基于浙江省的实证调查[J].中央社会主义学院学报，2016(1):77-82.

[3] 蒋沂峻，潘宸谊.新生代民营企业家政治行为与跨代创业研究[J].现代商业，2018(10):96-97.

[4] 孟庆威.新生代民营企业家精神及早年的培养[J].上海管理科学，2018,40(5):61-65.

[5] 阮梦婷，方昕，熬云川.浅析新生代民营企业家创业的困境与突破[J].才智，2018(5):219-220.

[6] 伍万云，陶源，王菁.政府培养视域下新生代民营企业家成长环境研究:基于安徽省宣城、芜湖、宿州、淮南、六安5市的调查[J].重庆理工大学学报(社会科学)，2018,32(11):91-99.

[7] 吴小春，郭钟泽，谢宝国，等.新生代工作价值观、职业成长对工作满意度的影响[J].武汉理工大学学报(信息与管理工程版)，2019,41(4):438-442,454.

[8] 张早平，张璺璇.民营企业家:从商人到企业家的蝶变[J].人民之友，2019(Z1):26-28.

【作者】
周建荣,浙江经济职业技术学院教授

加快金融支持政策落地，助推中小微民企融资环境改善

王　军　　赖爱芬

一、中小微民企融资难现状剖析

（一）中小微民企层面

1.中小微民企财务管理欠规范。目前大部分中小微民营企业总体经营规模偏小，企业治理结构不够健全，财务管理体系不够完善，管理规范程度低，还有部分企业未设置专职财务人员，企业财务报表与实际生产经营匹配度不高，银行在贷前调查时难以了解企业真实的财务状况，贷前调查更加谨慎。

2.信贷资金存在被挪用现象。资本逐利性导致部分中小微民企获得贷款后未真正用到经营当中，而是挪作他用。目前各家银行只能监控行内贷款流向，跨行转账后的信贷资金流向信息不清，无法监控，很难防范贷款被挪作他用。

3.中小微民企规模整体不大，风险承受能力有限。贷款中的大部分中小微民营企业资金规模有限，出现问题申请破产后，银行坏账控制较难。

银行对此类中小微企业的信息获取不对称，导致银行偏好政府类项目或大型国企，对量大面广的中小微企业信贷覆盖明显偏少。2019年末丽水有贷款余额的企业为5121家，仅占企业登记数（50338）的10.17%，有税企业数（22934）的22.33%。

（二）银行层面

1.贷款产品期限不匹配。由于政策原因，农村林权、宅基地等抵押受限，中小

微民企主要向银行申请获得流动资金贷款,贷款期限一般一年,少数为三年,而中小微民企申请的虽然是流动资金贷款,但实际可能投入固定资产,固定资产从投资到产生效益回本的投资期限长,因此长期存在短贷长用情况,中小微企业贷款到期后,如果出现自然灾害、货款资金不能及时回笼等现象,中小微民企因自身实力较弱、资金调度能力较差且杠杆率高,一旦被银行压贷,则企业资金链存在较大风险,极易造成资金断裂。

2.过于依赖实物资产抵押。以中小微电商遂昌赶街网为代表的轻资产类企业,因固有资产有限,即使有良好的企业信誉,较好的经营预期,但受固定资产作为抵押物的传统思维影响,贷款难度大、额度有限。企业原材料仓单质押、知识产权、商标权质押贷款制度还不完善。即使"小米"手机这样的规模企业,也不能全心投入专业领域提升,只能建设自己的产业园与办公大厦,才获得资产类低息抵押贷款促进企业发展。

3.银行审批权限及内控制度设置不完善。近年来,国家层面虽然出台了许多支持中小微民企发展的政策,但各金融机构在实际操作中一方面受上级行考核指挥棒、审批权限的影响,制约了金融支持政策有效落地;几大国有银行贷款审批权限主要在省级以上银行,县级分支机构落实对中小微民企加大信贷投放时存在权责不对等现象,开发的金融产品中适合企业中长期流动性贷款产品较少,目前丽水市2000万元以内企业审批权限下放至市分行的只有四家,1000万元以内企业贷款审批权限下放至县支行的只有两家,省级行对同行业的企业贷款出清或压降存在一刀切的现象。另一方面,部分金融机构制定的贷款人员尽职免责制度不够全面、不够切合实际、也不够细化,缺乏细化的认定标准,而且国有银行相对没有主动权,因此,实际操作中能够落地执行的免责条款很少。

(三)政府部门层面

1.担保公司部分相关金融制度不够完善。2019年末丽水全市12家政策性融资担保机构在担余额8.8亿元,同比增加14.3%,但资金被考核机制、专业水平、人才储备等因素制约,在扶持中小微企业时显得有些力不从心,主要原因如下:一是管理操作规程滞后。政策性担保公司目前执行的工作流程、客户准入、反担保措施等落后于当前形势发展,难以适应当前中小微民营企业形势发展的需要,而且担保公司员工的尽职免责机制缺失、不够完善,绩效激励制度不到位,存在吃大锅饭的现象。二是受国有银行评级限制,银担合作不畅。县级农商银行和村镇银行对担保公司的授信额度有限,而国有银行对县级层面的政策性担保公司信用评级不高,手续较烦琐,影响担保公司在中小微民企业务方面的开展。此外,银行对各企业抵押贷款已发放至最高限额,限制了企业资产在担保公司的二次余值抵押。三是受担保法规限制。中小微的林权证、宅基地类反担保物通过司法处置变现渠道不够通畅,也难以进行抵押登记。

2.信用体系建设进程缓慢。政府在主体信用体系建设方面,讲工作推动的形式多,可以联系实际进行有效管理实施的措施不多。银企信息互通停留在传统层面,信息"孤岛"问题犹存。目前担保公司尚未接入中国人民银行个人和企业征信系统,导致其无法直接查询担保的中小微民企信用报告,由于无法共享此类信用信息,增加了担保公司贷前成本。

3.公共服务体系有待完善。一是缺乏统一、规范的金融服务信息共享平台,各地金融部门虽然建立一些金融服务平台,但共享信息作用较弱,数据不够准确、及时、完整;另外,政策性担保公司与银行合作的信贷,由于银企共享信息不畅,该类业务一旦出现风险,处置较为被动且难度高。二是为企业转贷服务多为过桥转贷,功能较为单一。三是金融支持政策宣传不到位。据遂昌县 2019 年 6 月份对 34 家民营企业抽样调查反映:对金融支持政策听说过但不清楚占 44.1%,不知道占 8.8%,可见国家对民营企业的金融支持政策落实到地方企业的知晓率还是较低,而中小微的许多中小企业主文化水平不高,对此类政策了解就更少了。

二、助推中小微民企融资环境改善的建议

(一)利用大数据系统建立金融服务信用信息共享平台

1.省级政府协调相关部门研究制定信用体系智慧化数字平台共享建设方案,由中国人民银行牵头,采集金融、税务、公安、市场监管、社保、生态环境、建设、海关、司法、电力等部门反映企业生产、财务管理等数据,建立金融服务信用信息共享平台,制定出台《平台管理办法》,明确用户管理、权限设置、数据采集、信息查询、争议处理、安全管理、职责分工等内容,实现跨区域跨部门信息互联互通。目前台州已建立此类信用信息共享平台,并进一步开发运行中小微企业信用评级、自动预警

功能，为金融机构贷款授信提供参考，被当地金融机构列入贷前调查、贷中审批和贷后管理必经环节，既有效降低了银行获客成本，也帮助中小微企业大幅节约融资成本，缩短融资时间。

2.推行用信与征信联动，加快社会信用体系建设。在地方和相关部门的行政许可、资质审查、市场准入、政府采购、项目审批、招标投标等行政管理事项中，使用第三方征信机构提供的"信用户口"信息。"一票否决"信用不达标者，对中小微民企的守信经营者，实行与信用度呈正比的奖励和优待，积极发挥第三方征信机构在信用体系建设的中立性。

3.设立中小微企业融资信息服务端口，建立综合信用平台App。银行通过平台及时查询所有在市场监督局登记注册的中小微企业信息，主动为其提供相关中小微类贷款业务；由银监牵头将银行、担保公司的信贷产品进行100万、200万、300万等区间额度分类及要求设置，匹配对应的申请功能，方便中小微企业在线贷款。税务部门要主动指导中小微民企的财务管理规范化，提升信用水平。

4.完善个人征信信息的制度化管理，建立银联信息共享平台。尽快实施中小微企业法人的个人征信信息全面采集，打破银行间征信信息的封闭问题，对接税务、水电等部门解决信息孤岛现象。建立完善的资金流向监督机制，避免企业贷款被挪用现象。设立可供金融机构查询的政务服务信息共享平台，方便各金融机构对中小微民企贷前、贷中的监管，解决融资过程中信息不对称的问题。

(二)理顺银行运行机制，多举措推进中小微金融支持政策落地

1.建立合理的信贷审批权责机制。鼓励各家银行积极向上争取更多中小微贷款权限支持，逐级下放审批权限，进一步提升中小微民企信贷效率。当地银保监分局适度放宽中小微企业贷存比监管指标，以提高银行对其融资规模。建议省级机构完善政策与考核体系，建立更加合理的信贷审批权责机制，释放基层机构支持中小微民营企业信贷投放的能动性，让中小微民营企业有更大的金融政策获得感。

2.完善银行贷款尽职免责制度。细化尽职免责办法、操作规则、具体情形以及从轻、减轻责任的要求，减轻基层金融机构服务中小微民营和中小微企业的后顾之虑。对不涉及操作风险和道德风险且符合法规信贷要求，但因客观原因导致贷款出现风险的，在责任认定时应免除或部分免除客户经理责任。适当缩短中小微企业直破流程，促进银行工作人员考核时段内的业绩实施，促进其放贷中风险与收益

的正相关及时落实。

3.加大金融产品创新开发力度。一是鼓励商业银行加大对中小微类中长期流动资金以及信用贷款投放,降低中小微民企融资成本。银行可根据生产周期投放3—5年的贷款,减少短期贷款到期使用过桥资金的成本增加。二是各银行扩大信用审核范畴,加大对中小微企业信用贷款投放,缓解其流动资金困境。三是针对目前普惠金融政策适用于1000万元以下的现状,适当放宽对1000万元以上的优惠。四是对于银行支持中小微民企超额投放中长期贷款和信用贷款的部分,政府予以一定的减税优惠或利好政策。

4.建立政府牵头的金融协调小组工作机制,确保中小微金融支持政策落地。政府有关部门要会同中国人民银行、银监会等部门建立协调工作机制,对中小微金融支持政策及时落实地方财政性补贴或配套政策,要通过地方政府牵头行文提高政策执行的权威性。要建立政府风险补偿基金,促进各项中小微金融优惠政策的落地。扩大金融监管范围,将有中小微融资行为的企业或中小企业服务公司纳入地方金融机构统一监管,加强监督和指导。以引导银行加大对民营企业信贷支持力度为目标,政府部门应加强对财政性存款招标工作的重视和研究,通过逐年调整项目和权重设置等要素,提高银行参与积极性,引导银行加大对中小微民企的信贷投放,切实服务好此类民营企业。

5.加大对中小微民企逃废债恶意行为的打击力度。对恶意破坏金融市场的个人及法人,以及各环节发生的假账或虚假业务经手人(负责人)实行倒查追责,将违法行为人列入黑名单的同时,限制其从业资格,杜绝恶意骗取中小微金融贷款的行为发生。

(三)加大创业投资基金投入,积极引进股份制民营银行入驻

对中小微企业战略性投资项目,加大政府主导基金投资力度,通过债权或股权等形式注资入股,引导风险投资加入,促进银行业贷款主动介入具有发展潜力的中小微民企。加大引进股份制民营银行的力度,形成良性竞争氛围,提升当地银行业对中小微民企的服务质量。

(四)完善政策性担保公司管理办法,理顺担保公司责权利关系

一是进一步完善县级政策性担保公司管理办法,适当放宽其对中小微类轻资

产电商公司的担保要求，重新予以规范定位，同时设置相关的坏账容忍度，提升其市场活跃度与企业发展参与度。二是加快健全完善政府性融资担保体系。在建立市级担保公司的基础上，建议持续深化融资担保体系建设，健全资本金补充、风险补偿、尽职免责机制，提升市、县两级政策性担保平台服务能力。争取国家融资担保基金、省再担保公司对市级政策性担保平台进行股权投资，完善落实风险分担机制，提高担保体系协同水平。三是对政策性担保公司不以中小微企业盈利为主要指标，保本为主，可以适当性亏损，提升良性发展的中小微类轻资产电商企业竞争力。

三、结语

在充分实施可落地的相关中小微金融政策同时，挖掘中小微民企内部资源禀赋、加强中小微类轻资产电商企业战略合作方面，各地在助推中小微民营企业开发方面还有工作需要完善，还需要积极借鉴外地中小微金融政策落实的经验，规避套取资金转移，差异化促进中小微民企在乡村振兴战略实施的引领作用。继续推进乡村振兴供给侧改革，在金融助中小微企业的深度发展领域进行细化合作，为地方中小微企业提供有益的金融政策指导实践，真正实现乡村振兴。

参考文献：

[1] 李梅英.切实改善中小微企业融资环境［N/OL］.新华网西藏日报,(2019-10-05)［2021-01-02］.http://m.xinhuanet.com/xz/2019-10/15/c_138472826.htm.

[2] 三农网.如何才能提高民企中小微企业信用贷款比例？你有什么好建议？［Z/OL］.(2019-07-02)［2021-01-02］.https://www.zg3n.com.cn/article-90970-1.html.

[3] 网易财经.国家融资担保基金：国家队的下一步［N/OL］.（2019-06-11)［2021-01-02］.http://money.163.com/19/0611/12/EHD0NE3A00258105.html.

[4] 叶晓倩.衢州市金融服务信用信息共享平台（衢融通）正式上线［N/OL］.（2019-11-26)［2021-01-02］.https://zj.zjol.com.cn/news.html?id=1335258.

[5] 云浮市人民政府门户网站.关于云浮市金融服务乡村振兴战略的若干意见［EB/OL］.（2018-12-31)［2021-01-02］.http://www.yunfu.gov.cn/yfsrmzf/jcxxgkzcfgzfwj/content/post_2344.html.

民营经济创新治理

本文为中国民主促进会丽水市委会 2020 年委托课题研究成果。

【作者】

王军,遂昌县文化和广电旅游体育局文保所副所长,经济师,民进会员

赖爱芬,青田县油竹实验小学教师

培育浙江省民营跨国公司成长机制
若干建议的调研报告

王军锋　肖　琳　谢子远　向娴华

一、引言

历史,总是在一些特殊年份给人们以汲取智慧、砥砺前行的力量。改革开放以来,浙江重在行动、干在实处,积极推进产业争先、科技争投,加快增长动能转换,率先走出了一条高质量发展之路。浙江各级政府已相继出台一系列政策措施以维护正常经济社会秩序,对保障民企市场准入和公平参与竞争,平等使用资源要素,解决民企融资难、融资贵、融资慢,保护民企和民营企业家合法权益等进行了针对性的制度设计。党的十八届五中全会提出"创新、协调、绿色、开放、共享"五大理念,浙江作为非公经济前沿阵地,浙江省民营跨国公司以新一轮经济结构,贸易环境、资源条件变化为基础,抓住"一带一路"倡议和《中国制造 2025》给民营经济转型升级带来的新机遇,从发展布局、发展关系、发展空间、发展要素、发展进程,向"速度、规模、结构、质效"发展,打造浙江省民营跨国公司成长机制"发展极"。

自新冠肺炎疫情发生以来,面对突发公共卫生事件,中国政府高度重视,党中央加强领导、全面动员,各地区各部门闻令而动,全社会积极响应,以最严格、最彻底、最有力的举措打响了疫情防控与复工复产两大双赢战。当前针对浙江民营企业的对比分析和对其进行的问卷调查、访谈分析,我们认为受此次新冠肺炎疫情影响,浙江民营经济增速下行并将遭受三轮潜在冲击。第一,企业部门特别是相关行业的中小微企业在经营压力增大后,采取减产、裁员等举措,引发失业率的抬升。第二,如果上述情形应对不当,中小民营企业集中违约,导致中小金融机构经营压力加大,进而引发一定范围的系统性风险。第三,在失业率提升、企业倒闭增多后,恐慌情绪可能进一步触发金融市场收缩与实体经济下滑,影响经济社会的稳定。日前,国务院促进中小企业发展工作领导小组第六次会议在北京召开。针对中小企业复苏发展的具体措施,此次会议指出了支持中小企业发展的两大"抓手":一是努力扩大总需求;二是加大金融对市场主体的支持。对此,通过调研我们对培育浙江省民营跨国公司成长机制提出:1.制订浙江省民营跨国公司成长中长期发展规划;2.健全政府服务与政策扶持体系;3.创新金融服务与金融支撑体系;4.完善中介服务体系;5.扩大对发达国家投资;6.稳定对发展中国家投资;7.完善民营跨国公司对外投资机制;8.共建境外产业集聚区与建立当地产业体系。予以探讨参考。

二、国外经验对浙江省民营跨国公司启示

1.成立海外投资促进机构,为企业"走出去"提供平台。美国商务部成立了专门的海外投资促进机构,为本国企业拓展海外市场提供各种信息咨询、同行业研究、培训、研讨会、展览及其他相关服务。新加坡经济发展局为促进本国企业海外投资,每年会组织十余次新加坡厂商和外国厂商的圆桌会议、几十次海外考察的机会。对于此类经验,浙江省民营跨国公司应当及时借鉴。

2.推动海外并购文化融合,帮助企业降低摩擦成本。美国驻外国使馆设立经济商业情报中心,为海外投资企业提供最新和最可靠的东道国文化及市场信息。日本制定《海外投资行动指针》,倡导企业对外投资应兼顾社会责任以提升海外形象。浙江省应充分利用海外使、领馆及相关机构,加强海外并购公共信息服务,提倡和帮助浙江省民营跨国公司与当地社会的深度融合,宣传和增强并购目标方对浙江民营跨国公司企业文化的认同和信任,尽量降低海外并购中的冲突。

3.鼓励开办专业咨询公司,帮助企业全面分析。韩国政府建立 OIS 海外投资系统,专为企业提供海外投资专家的在线沟通服务的经验值得借鉴。浙江省民营跨国公司海外投资无疑更具规模,应当大力支持开办针对海外并购业务的专业咨询公司,同时鼓励与重要投资目的地国家相关机构开展业务合作,共同为民营跨国公司并购决策提供帮助。

4.建立浙江省企业海外并购,整合公共案例数据库。考虑由浙江省商务相关机构主持,全面收录浙江省民营跨国公司开展海外并购的关键信息,尤其是并购后

整合策略及其经验教训,为民营跨国公司提供良好的交流平台,沟通企业与政府的联系,提高企业并购整合水平,丰富对外开放内涵、完善对外开放格局。

三、浙江省民营跨国公司主要模式

1.通过海外并购,提升技术能力。电子控制件是汽车零部件核心区域,一直都是外资企业控制。宁波均胜公司通过对全球技术领先高端汽配公司德国"普瑞"海外并购,推进均胜掌握了汽配、电子控制平台的技术能力,在产品研发技术、营运水平、欧美销售渠道等方面得到快速提升,迅速成为行业领军企业。

2.新建或并购生产基地,降低企业生产成本。民营企业在劳动成本较低的发展中国家建立生产基地,避开贸易壁垒并带动国内设备与劳务输出,是浙江有效的做法。雅戈尔以1.2亿美元并购了美国KELLWOOD公司旗下男装业务部门新马集团,通过跨国并购,雅戈尔拥有新马分布于斯里兰卡、菲律宾、越南等地的14个生产基地,以年产8000万件男装的生产能力,成为全球最大的男装生产基地。

3.获取国外自然资源,破解跨国巨头受制。为摆脱少数跨国巨头"掌控"世界能源价格与国际资源市场,破解我国"高价进口资源、低价出口商品"的受制局面,浙江省收购国外自然资源的步伐加快。宁波"银亿"集团2008年开始涉足海外矿产资源领域,经过近几年努力,已在菲律宾、泰国、巴西、墨西哥、印度尼西亚等地设立矿业投资运营和贸易公司,拥有各类海外矿权20多个;浙江福地等民营企业投资国外土地资源,从事大豆、粮食及林业生产,已取得明显成效。

4.建设境外经贸合作区,实现集群式海外投资。浙江境外经贸合作区建设始于2007年,主要由商务部门牵头,有关部门审批通过的企业为建设经营主体,以"抱团"的方式集体"走出去",增强民营企业境外投资成功概率。吉利集团在墨西哥设立中国(宁波)吉利工业经济贸易合作区,通过设立境外经贸合作区,带动浙江省民营企业"集群式"走出去起到很好"鲇鱼"效应。

四、浙江省民营跨国公司现实基础

1.投资规模迅速扩大。21世纪以来,浙江省民营跨国公司投资规模迅速扩大,"走出去"步伐不断加快。2013年1月,浙江万向集团以2.57亿美元收购了美国最大锂电池制造商A123系统公司,这不仅是中国民营企业成功收购美国知名公司的标志性事件,也是万向集团在传统制造业基础上,加快向清洁能源产业发展的里程碑。

2.投资增速明显加快。近几年来,浙江民营企业海外投资并购增速不断加快,对外直接投资继续保持增长态势。据中商情报网讯:2019年浙江省经审批和核准的境外企业和机构共计1877家,中方投资额198.15亿美元,同比增长17.49%,实际投资154.83亿美元,同比增长45.19%。截至2019年底境外企业和机构累计达到9021家,覆盖147个国家和地区,累计中方投资额761.85亿美元,促进浙江省民营跨国公司"走出去"要素有序流动、资源高效配置与市场深度融合。

3.投资主体地位上升。浙江省一大批民营企业通过跨国并购,在全球加紧产业布局,投资主体地位上升。据统计,2019年,浙江省以并购形式实现境外投资项目170个,并购额达71.14亿美元,平均单个项目并购额比上年增长13.06%。其中1000万美元以上大项目69个,金额19.36亿美元。其中2014年12月宁波均胜电子以9000多万欧元收购一家德国汽车零部件企业,成为浙江企业年度最大跨国并购项目,确立均胜电子在全球汽车HMI解决方案提供领域行业地位。

4.投资领域逐步拓宽。近几年来,"走出去"投资领域逐步拓宽,成为浙江省化解过剩产能的有效手段。浙江上峰建材有限公司与吉尔吉斯斯坦当地公司合作,在该国楚河州县克明区建设一条日产2800吨新型干法水泥熟料生产线及配套"粉磨站"项目,总投资1.1438亿美元,2016年4月已投产。此外,浙江省机械制造、纺织服装等领域企业都在积极"走出去",2019年制造业对外直接投资15.24亿美元,比上年增长149.50%。2019年全省经核准设立境外营销网络项目共761个,中方投资额达81.08亿美元创历史新高。

五、制约浙江省民营跨国公司四大"瓶颈"

1.国家对民营跨国公司成长扶持与促进体系存在短板。2019年浙江省民营企业对全球147个国家和地区进行投资,虽在部分行业中具有竞争优势,但发展后劲显然不足。吉利集团跨国指数排在我国100大跨国公司第1位,仍远低于世界100大跨国公司平均值。现阶段我国政府还没有对"走出去"企业实行税收减免政策,浙江许多"走出去"企业在国外经营获得利润后,还要受到双重征税的困扰;同时由于国家对于直接投资法规体系不健全,政府对海外并购还未进行立法,各职能部门相关配套政策法规滞后,民营企业境外投资审批手续烦琐,需经过多个部门审查和批准,很大程度上挫伤了跨国公司的积极性。

2.政府缺乏培育本土跨国公司战略规划和机制保障。现阶段民营跨国公司获取海外并购绝大部分呈现出资源互补性强、相似性弱的特点。浙江省民营企业境外投资自发性较强、产业又较分散,政府在对外投资区域产业布局等方面缺乏中长期的战略性规划和投资引导;目前浙江省还没有一个权威性综合协调管理机构,对海外投资企业进行统一规划和宏观协调,导致浙江省民营企业境外投资整体部署不明晰,缺乏区域及项目选优和重点;有关资料显示,浙江省不少民营企业孤单盲目行动,"一窝蜂"现象甚为严重,常常在竞标过程中相互压价、恶性竞争,导致两败俱伤。

3.金融机构对民营跨国公司融资与服务扶持不够。由于民营跨国公司境外投资融资渠道较少,对外直接投资保证、保险制度不完善,国内政策性银行和商业银行为民营企业境外投资项目提供融资支持时,在贷款审批、额度、利率、优惠政策等方面都存在"歧视"现象。其突出问题:一是民营企业申请商业银行贷款,利用海外资产担保,实施"外保内贷"融资难以有效落实;二是民营经济重点产业、龙头企业"走出去"财政专项扶持基金有限。

4.中介服务机构发展滞后影响浙江省民营跨国公司发展进程。民营跨国公司到国外投资需要中介机构提供信息咨询、风险评估、融通资金、商业保险及财税法律等多方面服务,由于国内中介服务机构发展普遍滞后,实力偏弱,加上经验不足,难以参与重大项目国际中介服务市场竞争。近几年来,浙江省民营跨国公司一些重大境外投资案件的咨询业务基本上被国外中介机构垄断,这给民营跨国公司"走出去"增加经营成本不算,"商业机密"也易于被国外中介服务机构所获取,给"走出去"民营跨国公司境外投资带来诸多隐患。

六、培育浙江省民营跨国公司三个基本结论

1.对外开放战略不断深化,为浙江民营跨国公司成长提供新机遇。自2001年我国政府提出"走出去"战略以来,"走出去"成为浙江对外开放战略的重要组成部分,有力地促进了浙江经济发展。浙江省由贸易大省快速迈向投资大省、产品输出转入产业输出,呈现出市场、能源、投资、并购"四头"要素有序流动、资源高效配置

与市场深度融合新局面。2001年浙江万向集团收购美国UAI公司21％股份,开启了浙江省民营企业"走出去"的良好开端;2010年吉利集团以18亿美元价格完成对沃尔沃整车的收购,成为中国第一家制造汽车的跨国公司。最近,宁波均胜收购美德汽车零部件巨头,成功跻身汽车产业智能化全球领先阵营,都是很好的例证。

2."走出去"与"一带一路"倡议,有利于浙江民营跨国公司成长进程。2018年5月28日,习近平总书记在亚洲博鳌论坛就"亚洲新未来:迈向命运共同体"做主领演讲,阐述"一带一路"建设,"亚投行"与"丝路基金"筹建与设立,标志着以"走出去"为核心的战略,已步入全面推进阶段。当前我国"走出去"与"一带一路"倡议,国家正在释放政策红利,浙江省经济发展进入新常态,浙江民营跨国公司在全球主要经济体中表现十分抢眼,民营跨国公司进入沿线国家产业分工环节,以点带面、串点成线,有利于收购境外优质资产,有助于从"量的积累"主动转向"质的飞跃";有助于从"价格优势"向"效益优势"转换,推动浙江民营跨国公司成长发展进程。

3.培育民营跨国公司成长机制,有利于浙江获取更多国际利益。近年来,由发达国家跨国公司所控制的全球生产网络在世界经济中占主导地位日益明显,也出现了不同于以往的许多特征。有关资料显示:浙江许多民营企业以"被动嵌入"方式融入"微笑曲线"的低端环节,在全球化生产和利益分配中处于不利地位。培育浙江民营跨国公司成长机制有利于培育新的比较优势和竞争优势,在大众创业、万众创新背景下,浙江省委、省政府在确保公平公正、简政放权、金融服务、法律服务、产权保护等方面"主动构建",营造了民营跨国公司"双创"环境,推动浙江装备、技术、标准、服务走出国门,增强了浙江对全球生产网络治理能力,获取了更多国际分工利益。

七、促进浙江省民营跨国公司成长机制八大建议

1.制订民营跨国公司成长的中长期发展规划。一是以"一带一路"倡议为契机,以培育一批竞争力和带动力强的本土民营跨国公司为目标,研究制订浙江省民营跨国公司成长的中长期发展规划,纳入地方经济社会发展总体规划统筹实施;二是找准突破口,形成跨国投资的地区与产业、技术与市场战略,对浙江省民营跨国公司成长机制扶持的力度、对象、区位、领域等问题进行统一协调,形成新格局创优

发展。

2.健全政府服务与政策扶持体系。一是建立浙江省培育本土跨国公司协调机制,由政府相关部门、社会中介机构发挥统筹协调功能;二是简化境外审批手续,下放境外投资审核权限,对一些重大项目争取"一事一议"并缩短审批周期;三是优化财税制度,对民营跨国公司境外投资按照投资额度给予相应的税收政策,对其境外所得已经东道国政府征税的部分不再重复征收;四是在新的起点上,政府以发展理念、程序、体制等方面,解决民营跨国公司各种社会矛盾和问题;五是依靠发展,统筹社会力量、平衡社会利益、调节社会关系、规范社会行为,有利于更好推进民营跨国公司"走出去"营造创优环境。

3.创新金融服务与金融支撑体系。一是完善民营跨国公司对外投资宏观金融政策,鼓励国内银行及其境外分支机构,为民营跨国公司境外投资项目提供融资便利与良好的金融服务;二是完善民营跨国公司"走出去"信用担保制度,进而提高企业投融资能力,协助海外投资企业获取长期优惠贷款,为其外国银行借款提供必要的信用担保;三是支持有条件民营跨国公司在境外采取贷款、资产证券化、境内外发行股票、债券及项目融资等多种方式筹集资金;四是鼓励"外保内贷"融资模式,鼓励商业银行以企业境外资产、股权、土地及矿业开采权等作抵押,由境外银行出具保函,为浙江省境外民营跨国公司在国内取得贷款提供担保。

4.完善中介服务体系。一是鼓励和支持一批有规模、有实力的中介平台机构,依托国家涉外政策、金融机构数据收集渠道和技术分析手段,为民营跨国公司境外投资提供资信调查、信用评级、国别信息、信用管理、行业风险分析与培训等服务;二是培育面向民营跨国公司境外投资和跨国经营的社会化服务机构,鼓励中介服务机构"走出去"设立境外服务站点,加强信息、法律、维权等境外服务;三是充分发挥海外侨商组织和其他华人组织的作用,统筹利用贸促机构境外办事处、双边企业家理事会及国际商事调解、仲裁机构组织与网络,为民营跨国公司对外投资提供便利服务。四是指导民营跨国公司加强境外项目前期调查、风险评估,落实项目实施过程监控,制定风险分担转移预案,帮助浙江省民营跨国公司用好投资国政策、资金、技术和人才,履行好中介服务责任。

5.扩大对发达国家投资。一是随着全球经济发展进入新常态,浙江省各级政府应优化民营跨国公司对外投资区位,鼓励有竞争力的民营跨国公司加快多种方式,建设国际经济合作走廊,更多投资于发达国家;二是充分利用民营跨国公司其成熟的市场环境、法律制度以及较为先进的技术与管理经验,利用所在国能源资源,进一步扩大对发达国家投资力度;三是从浙江省近几年发展证实,扩大对发达国家投资,既学习先进技术和经验,又绕开贸易壁垒,带动出口,是提高浙江省民营跨国公司境外经营管理水平、促进经济转型升级的重要途径。

6. 稳定对发展中国家的投资。从韧性和潜力来看,当前浙江省服装、家电、玩具、纺织品等产品在发展中国家市场前景广阔;一是许多发展中国家在经济发展程度、消费需求偏好、文化背景等方面与浙江省有许多相近之处,在坚持互利共赢前提下,继续稳定对发展中国家进行投资;二是在当地建设生产基地或投资兴业,将浙江省优势产能开发国际市场、发挥民营跨国公司的比较优势,既可绕开贸易壁垒将产品销往发达国家,缓解浙江省资源短缺问题,又能带动东道国经济发展,提升浙江省民营跨国公司"走出去"竞争能力,实现一举多赢格局。

7. 共建境外产业集聚区与建立当地产业体系。一是共建境外产业集聚区,深化境外产业投资和优势产能合作,契合沿线国家实现工业化的需要,带动浙江省民营跨国公司产业结构优化升级;二是将浙江省优势产能和沿线国家市场、资源等比较优势结合起来,帮助沿线国家发展特色产业和深加工能力;三是依托浙江省改革开放以来形成的经验、资金、技术、人才等优势,帮助浙江省民营跨国公司"集体出海""抱团取暖",支持沿线国家共建境外产业集聚区与建立产业体系。

8. 完善浙江省民营跨国公司对外投资机制。优化对外投资区位,取决于民营跨国公司的决策和行动,推动浙江省民营跨国公司进一步完善对外投资机制。一是明确自身定位,充分评估自身的优势、劣势以及面临的机遇和挑战,特别是根据自身所处产业类型、规模实力进行投资区位选择;二是增强竞争力,提高抗风险能力,特别是在不确定性更强的国外市场,以核心竞争力保障产品的稀缺价值尤为重要;三是提高对东道国投资经营环境的认知度,尤其在对外投资前,应对东道国投资经营环境进行科学评估与实地调研,加强跨国投资经营的法律、财务、会计等专业机构的咨询;四是及时吸取国内企业投资失败教训,借鉴浙江省民营跨国公司成功经验,巩固与当地政府牵头建立的境外经贸纠纷和突发事件处置工作机制,加强领事保护,维护好浙江省民营跨国公司合法权益,完善浙江省民营跨国公司对外投资机制。

八、面对当前疫情防控及复工复产应对措施

1.在疫情防控尚处于胶着状况下发挥好民营企业的作用。浙江是民营经济的大省。目前疫情对全国乃至全球的市场都带来较大冲击,旧的市场格局面临打乱和调整,复工复产的过程也是抢占市场拓展市场的过程,抢市场对浙江来说尤其重要。同时,抗击疫情需要大量的医用物资、防护物资、基本生活保障物资。要尽快恢复可以提供这些物资的民营企业生产,使它们在提供抗击疫情所需物资的同时,成为第一批恢复生产的单位,并在今后的稳定经济中发挥先锋作用。在当前形势下,恢复民营企业的生产,必须坚持全省统一一盘棋的原则,针对市场需求变化,有计划地协调生产,深化供给侧结构性改革,引导企业在复工复产的同时,同步提升民营企业产品和服务竞争力,积极推动"走出去"利用全国产业链恢复空档,开拓抢占国内外市场。

2.在疫情未得到彻底控制的情况下恢复民营企业生产必须处理好生产与防控的关系。各相关部门和地方主要负责同志要经常听取民营企业的反映和诉求,特别是在民营企业遇到困难和问题的情况下更要积极作为、靠前服务,帮助解决实际困难。为此,一定要做好民营企业恢复生产后的疫情防控工作。要科学开展疫情防控工作,细致处理疫情防控各环节之间的关系。在交通、工作环境、生活保障、防护设备等环节保障员工健康工作。广大民营企业也要积极主动同各级党委和政府部门多沟通多交流,讲真话,说实情,建净言,满腔热情支持地方发展,守住底线,把好分寸,呈现新气象,展现新作为。

3.对与疫情防控没有直接关系的民营企业做好安抚和服务工作。各银行金融机构要充分利用自身实力,借助国家政策指引,审时度势,准确定位海外投资的热点区位,设立相应的营业网点,以需求拉动投资,与民营企业携手形成合作共赢的良性发展态势。就目前疫情控制情况来看,要全面而彻底地控制疫情尚需一段时间,民营企业为此一定会承受很大压力。围绕宁波民营企业"走出去"相对集中的东盟、非洲等地区,各银行金融机构要积极争取总行支持,适当增设网点,完善布局,增强"近距离"服务能力。有条件的地方银行要加快制定海外发展战略与企业同步"走出去",因地制宜主动适应企业更多、更高、更杂的金融服务需求。

4.为民营经济在未来全面恢复生产提供必要的政策支持。改革开放40多年

民营经济创新治理

来,浙江民营经济之所以能从小到大、从弱到强,是与广大民营企业家的辛勤劳动、不懈奋斗分不开的。据省统计厅初步核算,2019 年全省 GDP 为 81985 亿元,按年平均汇率折算,人均 GDP 达 20752 美元,站稳 2 万美元台阶。浙江财政总收入、规上工业、外贸进出口和居民人均收入等各项指标排名均居全国前列,其中出口额居全国各省第 5 位。浙江以全省 9% 的陆域面积,创造了全省 19.2% 的 GDP、22.7% 的财政收入。但是,民营企业的规模普遍较小,应对疫情挑战的能力相对不足,许多民营企业随疫情持续感到压力越来越大。要避免这种情况发生,必须对其给予必要政策支持,这些政策可体现在税收减免、社保缓减、贷款保障等多方面,为减轻这部分企业负担提供必要支持。

5. 充分挖掘民营经济创新优势,积极推动民营经济转型发展。疫情暴发属于一个"黑天鹅"事件,是我们没有想到的,也是我们不愿看到的。全力抗击疫情是最重要,也是最紧迫的工作。我们既要高度警惕"黑天鹅"事件,也要防范"灰犀牛"事件;既要有防范风险的先手,也要有应对和化解风险挑战的高招;既要打好防范和抵御风险的有准备之战,也要打好化险为夷、转危为机的战略主动战。疫情之后浙江省的国民经济发展一定会出现一些新情况,生产和服务领域一定会有新的发展方向,其中包含新的经济发展机会,为民营经济提供大有作为的新空间。

第一,进一步优化营商环境。充分挖掘民营经济创新优势,使其在新经济业态、新经济模式重塑中发挥积极作用,加强民营经济业务创新和差别化营销,助力海外投资,强化银企联动,实现银企效益最大化,纵深推进"最多跑一次"改革,深入实施建设一流营商环境攻坚行动,完善产业政策制定落实机制,深化亲清政商关系试点,督促各级领导干部光明磊落同企业和企业家交往,做到常而守清、近而有制。在政策制定前多听企业意见建议,在政策出台后及时评估企业所感所得,确保政策接地气、真管用。

第二,精准帮扶市场主体。深化"三服务"活动,保障民营经济公平参加市场竞争。通过对企业发展方向、经营能力和经营风险等情况分析,有针对性地给予相应的投资建议,有效降低企业运营和融资成本,维持企业忠诚度,与企业建立长期有效的合作机制,不断提升企业服务效率。不折不扣落实各项纾困惠企政策,分行业、分规模、分类别帮助市场主体解决好融资贷款、招工引才、降本增效、开拓市场等具体困难和问题。落实优化稳定产业链供应链的政策举措,推动上下游、产供销、大中小企业协同发展。特别是对量大面广的民营经济,要主动做好上门送政策、送服务、解难题工作。

第三,坚定不移练好内功。引导企业更好地利用国际国内两个市场、两种资源,进一步提升产业链供应链稳定性和竞争力。抓实抓好系列产业工程,一体推进产业提质扩量与关键核心技术攻关,建成一批强大、有韧性的标志性产业链,形成一批具有较强国际竞争力的先进制造业集群。进一步保障民营企业合法权益。通过有效的信息收集和资源整合,最大限度地规避风险,降低银行营销成本,保障民营企业与其他性质企业依法平等使用资源要素,减少跨境信息壁垒,促成跨境融资供需对接,保持相关政策的连续性、稳定性,实现银企互利共赢的良好局面。

第四,深入实施龙头领军企业培育行动,加快打造制造业单项冠军之城,推动形成大企业顶天立地、中小微企业铺天盖地的企业梯队。大力弘扬新时代企业家精神,引导广大企业家顾大局、创大业、干大事、行大义,共同擦亮"中国企业家"这块金字招牌。依法保障企业家合法权益,大力培植和宣传一批企业家典型,营造尊商、亲商、安商、富商的浓厚氛围。

【作者】

　王军锋,浙江万里学院教授

　肖琳,宁波市审计局高级会计师、高级审计师

　谢子远,浙江万里学院教授

　向娴华,浙江万里学院副研究员

后疫情时代的营商环境评价

——基于台州市 361 家企业的调查

李绍泰

一、引言

自党的十八届五中全会提出"完善法治化、国际化、便利化的营商环境"以来，党中央和各级人民政府为优化营商环境推行了诸多富有成效的改革举措。2020年1月1日，中国第一部营商环境领域的综合性行政法规——《优化营商环境条例》正式实施，以加快打造市场化、法治化、国际化的营商环境，为地方政府优化营商环境提供了制度指导。

"水深则鱼悦，城强则贾兴"，营商环境是构建现代化经济体系和经济高质量发展的重要基础，优化营商环境就是解放生产力、提升竞争力。关于营商环境的文献研究比较多：

一是营商环境促进经济发展的研究。良好的营商环境不仅有利于帮助企业成长，而且有利于经济的发展，至少可以通过以下两种方式来实现。第一，增加创业。良好的营商环境可以降低企业的开办成本，为企业成功实现创业创新活动提供更多的可能，有利于企业生产和销售商品；频繁的创业创新活动能有效促进市场竞争，产生熊彼特所谓的"创造性破坏"过程。企业进入和退出市场更容易，优胜劣汰的机制要求企业不断提高劳动生产率，提高竞争水平，从而推动经济增长。第二，促进生产性私人投资。营商环境的改善有利于促进国内私人投资，几乎所有的国家，其国内私人投资都远远高于外商直接投资，而提高政府政策的可预期性和持续性，能使企业增加新投资的概率提高30％。也有学者研究证明，营商环境的改善有助于吸引外商投资,外资的流入对经济增长有正向的显著影响,外商投资对推动技术进步贡献巨大,技术进步能够有效提高生产效率,从而促进经济增长。董志强等(2012)利用中国 30 个城市的营商环境数据,研究了营商的制度软环境和经济发展的关系,实证结果证明良好的营商环境能够显著促进城市经济发展。

二是营商环境评价指标体系的研究。研究营商环境的评价指标体系的机构和学者很多,国际上影响力较大的主要为世界银行和 EIU(经济学人智库)的营商环境评价体系。世界银行构建了一套评价各国营商环境的指标体系,相较于其他指标体系,影响最大,该指标体系包括十个层面:开办企业、办理施工许可证、获得电力、登记财产、获得信贷、保护少数投资者、纳税、跨国贸易、执行合同和办理破产,自 2013 年起,世界银行每年发布《全球营商环境报告》,已覆盖全球 190 多个经济体。世界银行发布的《全球营商环境报告 2020》显示,中国的营商环境排在全球第 31 位。EIU 的营商环境指标也包括十个层面:政治环境、宏观经济环境、市场机遇、自由市场及竞争政策、外资政策、外贸及汇率管制、税率、融资、劳动市场、基础设施,与世界银行的评价体系相差较大,2019 年 EIU 评出的中国营商环境排在第 57 位。国内的研究中,樊纲等(2001)在营商环境概念提出前,使用了市场化指数来衡量中国企业的外部经营状况,评估了 30 个省份市场化改革的进程,该指标体系包括政府与市场的关系、非国有经济的发展、产品市场的发育程度、要素市场的发育程度、市场中介组织发育和法律制度环境。宋林霖等(2018)认为政府应从信用体系、保护投资者、执行合同、办理破产、便利跨境贸易等重点领域继续深化改革,构造良好的营商环境;张三保等(2020)从市场环境、政务环境、法律环境和人文环境四个维度构建评价指标体系,评估了 31 个省份的营商环境情况。

综上所述,世界银行和 EIU 的评价指标体系主要侧重于国家层面,并不适合研究地方政府的营商环境建设,国内学者的研究中,指标构建主要基于统计数据库所拥有的指标,只能从现有的数据中挑选指标,局限性较大,指标体系并不能完全反映地方政府的营商环境建设。本文综合了机构和学者的研究,考虑到地方的实际,从城市人文环境、市场经营环境、投资融资环境、行政法制环境和政务服务环境五个维度设计指标,并对本地企业进行问卷调查获得数据,以评价地方政府的营商环境建设情况。后疫情时代,企业生产经营面临诸多问题和挑战,企业的经营预期偏向负面,投资选择更加理性谨慎,营商环境好,企业才留得住、发展得好,才能进一步吸引外来企业,"栽下梧桐树,引得凤凰来",政府要做好哪些方面工作才能更好地引来凤凰,改善企业的生产经营状况?为研究政府招商引资(企业的投资选择)和经营预期的影响因素,本文通过因子分析提取了12个主成分,并通过多元回归模型来进行探讨分析。

二、当前营商环境的调查现状

(一)问卷调查

1. 问卷概况。

本次营商环境调查针对台州市的企业,调查问卷内容分为城市人文环境、市场经营环境、投资融资环境、行政法制环境和政务服务环境五个维度,设计了65个问题。回收问卷365份,其中有效问卷361份,行业主要以制造业为主,制造业占比高达94.75%;企业2019年营业收入在200万元以下的占11.91%,200万—500万元的占比11.36%,500万—2000万元的占比18.01%,2000万—5000万元的占比24.93%,5000万—1亿元的占比9.7%,1亿—5亿元的占比18.56%,5亿—10亿元的占比3.05%,10亿—50亿元的占比2.49%,50亿元以上为0。

2. 研究处理。

问题评价采用李克特7点量表形式进行赋值,如"1"代表非常满意,"2"代表满意,"3"代表比较满意,"4"代表一般,"5"代表比较不满意,"6"代表不满意,"7"代表非常不满意,左右对称设计。问卷数据采用SPSS20软件处理,平均值越小代表企业评价越高。

(二)当前营商环境的现状

自"最多跑一次"改革以来,政府部门聚焦改革重难点,在商事登记审批领域、法律法规等领域推进减次数、减时间、减材料、减费用,成效明显,政务服务效率提升,营商环境得到优化,企业的满意度评价较高。城市人文环境所有指标的平均值为1.99,市场经营环境为3.96,投资融资环境为3.28,行政法制环境为3.00,政务服务环境为2.76,五个维度的平均值都小于4,总体评价正面。

1. 城市人文环境:自然环境优越,城市生活便利。

城市人文环境包括自然环境、生活便利度、医疗卫生、教育、文化休闲娱乐、社会治安等 8 个指标组成。被调查的企业中,对自然环境非常满意的达到了 50.69%,是 8 个指标中最多的,满意和比较满意的分别占 32.13% 和 9.97%,评价负面的只占 1.38%。指标中非常满意占比排第二、第三位的是社会治安环境和生活便利度,分别占 49.31% 和 44.68%;排名倒数后三位的为子女入学便利度、教育水平和文化休闲娱乐环境,分别占 35.46%、37.4% 和 37.67%,这三个指标的负面评价也最多,分别达到了 4.99%、3.60% 和 3.05%。教育和文化休闲娱乐是城市人文环境指标中相对满意度较低的指标,也一定程度上反映了当前城市人文建设的短板。

2.市场经营环境:要素供给比较完善,企业经营负担较重。

市场经营环境所有指标的平均值是五个维度里最高的,原因主要是受高成本的影响。(1)劳动力。台州市民营企业占绝大多数,且大部分企业属于劳动密集型,对劳动力的需求较大,但受疫情影响,调查中发现劳动力的数量和素质水平比较能满足企业的需求;用工成本高问题仍较突出,劳动力成本认为非常高、高和比较高的占比最多,共达到了 65.66%;人才流失问题也存在,有 13.3% 的企业近两年人才流失比较严重,流失原因除了工资待遇和外地更好发展空间外,高房价也是重要因素,认为是高房价导致人才流失的占比达到了 34.07%,超过六成的企业认为房价收入比高。(2)土地使用。用地难、用地贵问题依然困扰着不少企业,土地供给数量和质量不能满足企业需求的占 13.85%,税费、劳动力、土地、用水、用电 5 个成本指标中,认为土地使用成本非常高占比达到了 9.97%,是所有成本中最多的,超过六成的企业认为用地成本总体较高。(3)其他。中介组织(如会计师事务所、律师事务所等)和基础设施配套的满意度评价较高。当前企业生产经营过程中遇到的最大问题是成本提高。5 个指标的评价偏负面,认为成本高的企业占比非常多。除用工成本和用地成本外,认为税费成本总体较高的占比也将近一半,税费是要素保障中企业最希望政府着力改善的方面;认为用电成本和用水成本总体较高的分别超过了四成和三成。

3.投资融资环境:融资需求增加,投资待遇比较公平。

(1)融资。银行提供的贷款等金融产品比较丰富,基本满足企业需求。企业银行贷款余额与上年相比,出现增加的比例达到了 31.58%,且当前超过四成的企业有融资需求。融资的原因中,维持正常生产经营需要的最多,达到了 46.54%。有四成的企业反映融资成本高问题,认为贷款成本偏高,希望政府成立针对中小企业融资的专项基金或进行贷款贴息。(2)招商引资。53.74%的企业认为招商引资优惠政策较多,且政府比较守信;超过七成的企业认为政府对招商引资企业和本地企业投资待遇上总体比较公平,不太公平的只占3.05%;而认为政府对大型、重点企业和中小企业投资待遇上总体公平的为67.59%,不太公平的比例占到6.09%,相对更多。也有部分企业反映政策门槛过高,对企业的针对性、适用性不强。

4.行政法制环境:依法行政总体满意,维权成本较高。

法治是营商环境的重要评价指标,依法行政,才能营造良好的法治化营商环境。企业对政府依法行政满意度较高,总体满意率超过了八成。政府的透明度满意度也比较高,73.68%的企业认为政府透明度总体较高。司法公正方面,对司法公正透明总体满意的将近八成,不满意的只占1.66%;认为台州市知识产权保护总体到位的占比69.26%,总体不到位的只占1.1%。维权成本评价较低,认为维权成本非常高的占7.76%,高的占16.9%,比较高的占29.36%,加总超过了五成。有企业反映抄袭、仿冒等知识产权维权是十分耗费精力、财力的工作,维权周期长、举证难、成本高、赔偿低,存在"赢了官司、丢了市场"等问题。

5.政务服务环境:办事效率提升明显,政府服务到位。

群众和企业办理政务事项不断得到优化,政府部门办事效率提升明显,88.37%的企业认为办事比之前更加方便。当前政府审批中仍存在着提交材料过多、程序烦琐等问题。特别是环保、建设、规划、土地和消防手续,认为总体复杂的占比分别达到了19.11%、18.83%、17.17%、16.34%和14.96%,复杂程度要高出工商登记、报税、进出口、检验检疫等手续10个百分点。疫情期间,政府出台了支持民营企业渡过难关的措施,八成企业认为扶持政策针对性较好,83.93%的企业认为执行效果总体比较好。今年以来,政府部门相关人员走访企业比较多,到企业走访次数超过4次的占比达到了45.15%,只有7.2%的企业表示没有人员来过;86.98%的企业反映政府部门人员主动接洽,告知企业相关优惠政策,企业受惠度较高。

三、营商环境评价指标体系的 构建

(一)城市人文环境

城市人文环境选择了自然环境、生活便利度、医疗卫生水平等 8 个变量进行满意度评价,详细变量见表 1,Bartlett 球形检验 P 值为 0.00,表明这 8 个变量间不是独立的,具有高相关性。因此,对变量进行因子分析,KMO 检验结果为 0.915,大于 0.7,表明适合做因子分析。该维度提取了一个主成分即公共因子,命名为"城市人文",累计方差贡献率为 81.35%,解释了 81.35% 的总变异。

表 1　城市人文环境的因子载荷及信度系数

变量	因子及其载荷	Cronbach's α
	城市人文	
自然环境	0.872	
生活便利度	0.926	
医疗卫生水平	0.943	
就医便利度	0.918	
教育水平	0.897	0.966
子女入学便利度	0.887	
文化休闲娱乐环境	0.928	
社会治安环境	0.840	

(二)市场经营环境

市场经营环境指标体系包括 10 个变量,Bartlett 球形检验 P 值为 0.00,表明变量间具有高度相关,KMO 检验结果为 0.786,通过因子分析共提取了三个公共因子,为便于命名因子及进行解释,采用方差最大化正交旋转因子,并将其命名为"经营负担""要素供给"和"水电成本",累计方差贡献率为 68.5%,解释了 68.5% 的总变异。

民营经济创新治理

表 2 市场经营环境的因子载荷及信度系数

变量	因子及其载荷			Cronbach's α
	经营负担	要素供给	水电成本	
税费负担	0.736	0.034	0.373	
劳动力成本	0.784	0.049	0.337	0.847
土地使用成本	0.880	0.058	0.165	
房价收入比	0.744	−0.105	0.078	
用水成本	0.395	0.095	0.822	0.897
用电成本	0.534	0.078	0.738	
劳动力和人才素质水平	0.138	0.728	0.063	
土地供给数量和质量	0.317	0.649	−0.383	
中介组织如会计师事务所、律师事务所、广告公司等供给	−0.111	0.755	0.107	0.673
基础设施配套	−0.150	0.734	0.076	

（三）投资融资环境

投资融资环境指标体系包括 9 个变量，Bartlett 球形检验 P 值为 0.00，KMO 检验结果为 0.737，该维度提取了三个公共因子，因子旋转后命名为"招商引资""融资贷款"和"融资成本"，解释了 69.3% 的总变异。

表 3 投资融资环境的因子载荷及信度系数

变量	因子及其载荷			Cronbach's α
	招商引资	融资贷款	融资成本	
融资成本	−0.038	0.137	0.892	
企业融资需求	0.075	0.768	0.178	
企业今年以来向银行、信用社贷款余额与上年同期相比总量变化	0.037	0.884	−0.171	0.77
企业从银行获得借款的难易程度	0.133	0.808	0.260	

续　表

变量	因子及其载荷			Cronbach's α
	招商引资	融资贷款	融资成本	
银行提供的贷款等金融产品的丰富性	0.488	0.067	0.464	
招商引资优惠政策数量	0.717	0.110	−0.044	
政府对招商引资企业和本地企业投资待遇	0.901	0.006	0.036	0.833
政府对大型、重点企业和中小企业投资待遇	0.864	0.025	0.137	
政府部门守信度	0.814	0.144	0.017	

（四）行政法制环境

行政法制环境指标体系包括 5 个变量，Bartlett 球形检验 P 值为 0.00，KMO 检验结果为 0.796，通过因子分析共提取了两个因子，累计方差贡献率达到了 77.5%，将因子进行旋转，命名为"司法保护"和"维权成本"。

表 4　行政法制环境的因子载荷及信度系数

变量	因子及其载荷		Cronbach's α
	司法保护	维权成本	
企业解决商业纠纷的维权成本	−0.001	0.998	
台州市对知识产权保护	0.683	−0.057	
台州市政府部门依法行政	0.909	0.032	86.5
台州市司法透明公正情况	0.915	0.028	
政府透明度	0.863	0.009	

（五）政务服务环境

政务服务环境指标体系包括 17 个变量，Bartlett 球形检验 P 值为 0.00，KMO 检验结果为 0.933，通过因子分析共提取了三个公共因子，解释了 81.0% 的总变异，因子旋转后分别命名为"审批审查""政策执行"和"申报登记"。

表5　政务服务环境的因子载荷及信度系数

变量	因子及其载荷			Cronbach's α
	审批审查	政策执行	申报登记	
土地手续	0.863	0.220	0.296	0.979
环保手续	0.887	0.227	0.266	
规划手续	0.911	0.239	0.267	
建设手续	0.904	0.244	0.273	
消防手续	0.833	0.271	0.350	
项目投资手续	0.788	0.301	0.407	
工商登记手续	0.304	0.200	0.821	0.928
报税手续	0.270	0.212	0.873	
进出口手续	0.370	0.223	0.832	
检验检疫手续	0.385	0.243	0.827	
开办企业便利度	0.245	0.418	0.512	
企业和群众到政府部门办理业务效率	0.241	0.507	0.449	0.915
目前的扶持政策对企业发展影响情况	0.248	0.780	0.126	
疫情期间出台的扶持优惠政策针对性	0.261	0.847	0.211	
疫情期间扶持优惠政策的主动告知度	0.127	0.825	0.264	
疫情期间扶持优惠政策相关部门执行落实效果	0.190	0.861	0.260	
疫情期间扶持政策企业受惠程度	0.234	0.801	0.118	

　　克朗巴哈 α 系数是检验问卷内部一致性的信度系数,反映了问卷变量间的相互关联程度,上述12个因子的一致性系数都大于0.6,从因子载荷和 α 系数统计量看,因子分析具有较高的信度与效度。

　　表6中均值越小代表评价越好,"4"代表"一般"。因调查中制造业占绝大多数,因此将营业收入2000万元以下的企业统一称为规下企业,2000万元以上的称为规上企业,为研究规下企业与规上企业对12个因子的评价是否存在差异,本文

进行了方差分析,发现各因子间并无显著性差异。规下企业在城市人文、要素供给、融资贷款和司法保护 4 个因子上的评价要高于规上企业,其他 8 个因子要低于规下企业。

表 6　规下企业和规上企业在 12 个因子评价上的差异性

企业规模	总计(N=361)		规下企业(N=149)		规上企业(N=212)	
	均值	标准差	均值	标准差	均值	标准差
城市人文	1.99	1.016	1.93	1.105	2.03	0.949
经营负担	4.94	0.943	4.99	1.115	4.90	0.801
要素供给	2.75	0.822	2.65	0.901	2.82	0.756
水电成本	4.40	1.006	4.42	1.116	4.40	0.924
招商引资	2.80	0.862	2.85	0.976	2.77	0.772
融资贷款	3.66	1.429	3.59	1.622	3.71	1.277
融资成本	4.54	0.903	4.62	0.977	4.49	0.846
司法保护	2.54	0.918	2.53	1.014	2.55	0.847
维权成本	4.82	1.041	4.93	1.163	4.74	0.941
审批审查	3.24	1.414	3.34	1.584	3.17	1.281
政策执行	2.45	0.944	2.48	1.041	2.43	0.872
申报登记	2.56	1.047	2.56	1.173	2.55	0.952

四、多元回归模型的构建与分析

(一)招商引资的影响因素分析

1.招商引资的多元回归结果。

探讨营商环境哪些因素会对企业投资产生重要影响,以便于政府针对性地出台招商引资政策。以招商引资为因变量,将其他 11 个因子作为自变量,进行多元回归。回归模型的拟合度 R^2 为 0.696,可以接受拟合效果,P 值为 0.00,表明模型具有显著的统计意义。

从表 7 可知各个自变量间的容忍度都大于 0.1,表明不存在共线性问题。对招商引资影响显著的因素有要素供给、融资贷款、司法保护、维权成本、审批审查、政策执行和申报登记 7 个因子,行政法制环境和政务服务环境的因子都在其中。除了融资贷款外,其他 6 个因子都对招商引资产生正向的显著影响,正向影响从大到小排序为政策执行、司法保护、申报登记、审批审查、要素供给、维权成本,每提升 1 个百分点,会使招商引资分别增加 0.402、0.296、0.231、0.181、0.098 和 0.097 个百分点。城市人文、经营负担、水电成本、融资成本这 4 个因子不显著。

表 7　招商引资的多元回归结果

模型	非标准化系数		标准系数	P 值	共线性统计量	
	系数	标准误差	系数		容忍度	VIF
（常量）	0.000	0.029		1.000		
城市人文	0.043	0.038	0.043	0.258	0.597	1.675
经营负担	0.015	0.033	0.015	0.650	0.813	1.230
要素供给	0.098	0.037	0.098	0.009	0.625	1.600
水电成本	−0.054	0.032	−0.054	0.086	0.873	1.145
融资贷款	−0.092	0.030	−0.092	0.002	0.961	1.041
融资成本	−0.051	0.033	−0.051	0.122	0.815	1.227
司法保护	0.296	0.048	0.296	0.000	0.378	2.648
维权成本	0.097	0.032	0.097	0.003	0.833	1.200
审批审查	0.181	0.036	0.181	0.000	0.687	1.457
政策执行	0.402	0.041	0.402	0.000	0.520	1.923
申报登记	0.231	0.039	0.231	0.000	0.576	1.735

综上所述,企业对政务服务环境和行政法制环境比较看重,政策执行、司法保护和申报登记是影响最大的三个因子,政府是营商环境最重要的影响因素,企业投资时仍担心资本安全,比较重视法治、行政服务等软环境。市场经营环境中要素供给比较重要,而企业的经营负担影响较小且不显著,城市人文环境的影响也不显著。

2. 按企业规模划分的招商引资影响因素。

按企业的营业收入划分研究不同规模的企业对招商引资的评价,从表 8 中可看出,规下企业中,对招商引资影响显著的因子有 6 个,从大到小排序为政策执行、申报登记、司法保护、审批审查、维权成本和融资贷款。规上企业中,对招商引资影响显著的因子只有 5 个,从大到小排序为政策执行、司法保护、申报登记、要素供给、维权成本。

表 8   按企业规模划分的招商引资多元回归结果

模型	规下企业(N=149)			规上企业(N=212)		
	系数	标准误差	P 值	系数	标准误差	P 值
(常量)	0.020	0.049	0.676	−0.028	0.039	0.467
城市人文	0.083	0.060	0.169	−0.001	0.051	0.979
经营负担	0.012	0.048	0.797	0.026	0.047	0.591
要素供给	0.080	0.058	0.175	0.131	0.051	0.011
水电成本	−0.078	0.053	0.141	−0.034	0.042	0.421
融资贷款	−0.108	0.042	0.012	−0.069	0.044	0.120
融资成本	−0.048	0.048	0.321	−0.062	0.046	0.183
司法保护	0.250	0.075	0.001	0.354	0.065	0.000
维权成本	0.104	0.048	0.033	0.092	0.045	0.043
审批审查	0.243	0.054	0.000	0.096	0.050	0.055
政策执行	0.429	0.063	0.000	0.357	0.056	0.000
申报登记	0.259	0.061	0.000	0.192	0.053	0.000

从企业规模的比较发现,政策执行、司法保护、申报登记和维权成本是所有企业看重的因素,只是优先程度不同,在规下企业中,申报登记的影响要大于司法保护,且更加看重审批审查和融资贷款因素,而要素供给的影响不显著。规上企业认为司法保护的重要性要优先于申报登记,且更加看重要素供给,而融资贷款和审批审查不是招商引资的影响因素。

(二)经营预期的影响因素分析

1.经营预期的多元回归结果。

新冠疫情对企业的生产经营影响较大,对于企业未来一年的经营预期,判断为比较乐观、乐观和非常乐观的分别只有 13.02%、9.7% 和 1.66%,加总只有 24.38%;认为比较艰难的占 27.42%,艰难的占 5.82%,非常艰难的占 4.16%,加总共有 37.4%;一般的占 38.23%。对经营预期判断艰难的企业占比要高出乐观的 13 个百分点。

对企业经营预期产生显著影响的主要为 3 个因素,从大到小分别为司法保护、经营负担和维权成本,都有正向的影响。在调研中也发现有些企业反映,担心订单出现纠纷,交了货却收不到货款,此时更需要政府在司法保护上有所作为,保护企业的合法权益;经营负担也是企业面临的问题,在企业当前生产经营过程遇到的主要问题调查中,有 69.53% 的企业表示成本提高,是所有选项中占比最高的。

表 9 经营预期的多元回归结果

模型	非标准化系数		标准系数	t	P 值
	系数	标准误差	系数		
（常量）	0.000	0.050		0.000	1.000
经营负担	0.180	0.054	0.180	3.354	0.001
要素供给	0.046	0.061	0.046	0.752	0.452
水电成本	0.043	0.051	0.043	0.849	0.397
融资贷款	−0.051	0.051	−0.051	−1.013	0.312
司法保护	0.256	0.067	0.256	3.820	0.000
维权成本	0.124	0.054	0.124	2.294	0.022
政策执行	−0.075	0.059	−0.075	−1.270	0.205

2.按企业规模划分的经营预期影响因素。

不同规模的企业对于经营预期的影响判断不同,通过单因素方差分析,发现规上企业与规下企业的经营预期具有显著性差异,规上企业的经营预期平均值为 3.95,偏乐观,规下企业则为 4.42,偏艰难。规下企业对经营预期艰难的占比远远要高于规上企业,影响规下企业的主要因素为经营负担,其他因素影响不显著;影响规上企业的主要因素为司法保护。从不同规模企业的影响因素中也可判断企业的经营状态,疫情期间规下企业更看重经营负担,关注企业的生存状态,而规上企业的抗压能力相对较强,更加关注订单风险,这与调研结果比较相符。

表 10　按企业规模划分的经营预期多元回归结果

模型	规下企业（N＝149）			规上企业（N＝212）		
	系数	标准误差	P 值	系数	标准误差	P 值
（常量）	0.202	0.080	0.013	－0.151	0.064	0.020
经营负担	0.235	0.076	0.002	0.096	0.077	0.215
要素供给	0.109	0.095	0.255	0.051	0.080	0.522
水电成本	0.017	0.084	0.843	0.052	0.064	0.419
融资贷款	－0.045	0.070	0.520	－0.037	0.073	0.611
司法保护	0.168	0.103	0.105	0.306	0.089	0.001
维权成本	0.129	0.080	0.107	0.092	0.074	0.212
政策执行	－0.034	0.086	0.689	－0.130	0.080	0.104

五、结语

对营商环境的 5 个维度进行了满意度评价,通过因子分析,提取了 12 个公共因子,并建立了主成分回归模型进行分析,探讨了影响政府招商引资和企业经营预期的因素。只有先了解营商环境哪些因素产生重要影响,才能更好地吸引"凤凰",改善企业的生产经营状况。

1.城市人文环境对于招商引资无显著影响。有些地方政府认为城市生活便利、自然环境优美会增加招商引资的吸引力,甚至已经将空气质量作为招商引资宣传的重要内容,而本次调查的结果却表明企业最看重政府的软环境建设,特别是政务服务环境和行政法制环境,城市人文环境的影响并不显著。

2.政务服务环境、行政法制环境和市场经营环境是影响招商引资最重要的因素。招商引资影响显著的 7 个因素中,政策执行、司法保护、申报登记、审批审查、要素供给、维权成本对招商引资产生正向影响,包括政务服务环境和行政法制环境的 5 个因子。不同的企业规模,影响因素有所差别,政策执行、司法保护、申报登记和维权成本是所有企业共同的影响因素,对规下企业影响显著的还包括审批审查和融资贷款;而规上企业则是要素供给,融资贷款和审批审查不是招商引资的影响因素。

因此,政府针对不同规模的企业时要提供精准化的服务,吸引企业投资除做好优化政务服务、行政法制环境外,对规上企业要更加重视要素供给,针对规下企业要侧重于做好融资贷款保障工作,为企业提供贷款支持。

3.行政法制环境和市场经营环境是影响企业经营预期最重要的因素。受疫情影响,企业的生产经营出现了一定的困难,对未来一年的经营预期总体艰难的占比达到了37.4%,但不同规模的企业对预期判断存在显著差异,规上企业抗压能力较强,总体偏乐观,更加关注订单风险和商业纠纷,影响经营预期的因素主要是司法保护;而规下企业的抗压能力相对较弱,经营预期偏艰难,更多地考虑企业的正常生产经营,影响经营预期的因素主要是经营负担。

因此,政府部门要分类施策,降低规下企业的经营负担,加大力度减免税费,对土地成本和劳动力成本进行补贴,帮助企业渡过难关;而对于规上企业则要把司法服务作为服务重点,维护企业的合法权益。

参考文献:

[1] 董志强,魏下海,汤灿晴.制度软环境与经济发展:基于30个大城市营商环境的经验研究[J].管理世界,2012(4):9-20.

[2] 杜智敏.抽样调查与SPSS应用[M].北京:电子工业出版社,2010.

[3] 樊纲,王小鲁,张立文.中国各地区市场化进程报告[J].中国市场,2001(6):58-61.

[4] 弓顺芳.基于营商环境指标下中部六省比较分析与对策[J].经济研究导刊,2019(19):65-67,82.

[5] 宋林霖,何成祥.优化营商环境视阈下放管服改革的逻辑与推进路径:基于世界银行营商环境指标体系的分析[J].中国行政管理,2018(4):67-72.

[6] 熊彼特.资本主义、社会主义和民主[M].吴良健,译.北京:商务印书馆,1999.

[7] 姚树洁,韦开蕾.中国经济增长、外商直接投资和出口贸易的互动实证分析[J].经济学(季刊),2008(1):151-170.

[8] 姚树洁,冯根福,韦开蕾.外商直接投资和经济增长的关系研究[J].经济研究,2006(12):35-46.

[9] 张三保,康璧成,张志学.中国省份营商环境评价:指标体系与量化分析[J].经济管理,2020,42(4):5-19.

[10] 中国政府网.李克强主持召开国务院常务会议,部署以实施《优化营商环境条例》为契机加快打造市场化法治化国际化营商环境[EB/OL].(2019-11-27)[2021-01-09].http://www.

gov. cn/premier/201911/27/content_5456406. htm.

[11] BANK W. Doing Business in 2005：Removing Obstacles to Growth[M]. Washington，D. C. ：World Bank，2004.

[12] BANK W. World Development Report 2005：A Better Investment Climate for Everyone [M]. Oxford：Oxford University Press，2004.

[13] CORCORAN A，GILLANDERS R. Foreign direct investment and the ease of doing business[J]. Review of World Economics，2015 (1)：103-126.

[14] THE ECONOMIST INTELLIGENCE UNIT. Business Environment Ranking and Index 2014[J]. The Economist Intelligence Unit，2014.

【作者】
李绍泰,中共临海市委党校讲师

服务型政府"主动性"服务视阈下
优化企业服务的路径初探

——基于富阳区企业服务专员制度的思考

张琦迪

党的十九届四中全会提出要建设人民满意的服务型政府,并通过进一步优化企业服务来激发各类市场主体活力。民营经济作为浙江省经济发展的重要组成部分,为浙江省自改革开放以来高速发展做出了重要贡献,是创新创业的"生力军",进行转型升级的"活力源",提供就业的"蓄水池",对于稳增长、调结构、惠民生都具有不可替代的重要意义。但是,在全球经济形势总体下行、市场需求缺乏新的增长点、经济发展方式转变以及突发公共卫生事件带来巨大影响的背景下,民营企业面临的困境也集中显现。用人少、融资贵、规模小、创新难等现实困境在很大程度上制约着民营企业的发展,也给 2020 年全省高水平全面建成小康社会带来了巨大的挑战。同时,民营企业也通常存在一些无法依靠市场调节或自身发展能够从根本上解决的问题。民营企业迫切需要"有形的手"提供精准、高效、多元化的服务,满足自身发展的需求。

在此背景下,富阳区出台企业服务专员制度,通过一对一主动服务,帮助企业解决生产经营和发展问题。富阳区企业服务专员制度是在服务型政府构建过程中的制度创新,是回应性服务的延伸。主动性服务是建设人民满意的服务型政府的内在要求和根本体现。企业服务专员制度是新时代建设人民满意的服务型政府的重要载体,是面向企业全面展现服务型政府的重要形式,也是在后疫情时期提振企业信心、恢复经济活力的重大举措。高质量实施企业服务专员制度对于推动企业发展、推进政府治理体系治理能力现代化和高水平全面建成小康社会都具有重要意义。

一、研究综述

关于服务型政府主动性服务的理论研究少之甚少且没有给出一个明确的定义。孟昭武(2011)在《关于服务型政府几个重要问题的探讨》中首次提出了"主动性"服务的概念并将其概括为积极主动为人民、社会服务。对于体现人民和社会诉求,关系到他们的切身利益的事情,即使社会主体没有明确提出要求,政府也应当主动提供服务。李文静(2012)从理论层面提出主动性服务是服务型政府较高层次的服务方式,是回应性服务在政府职能范围内的进一步延伸,是一种更高形式的政府服务。对主动性服务的理论研究,本质上是对其内涵的进一步解读,主动性服务具有以下几种特征和属性:1.非强制性。服务型政府主动性服务其中一个重要的特征就是其具备内在驱动力,即非强制性。主动性服务主要依靠行政人员的内心信念、道德标准以及个人的价值观等来调整行政人员的实际行为,这些内在因素在调节不同的个体时难以达到持续、稳定、统一的水平。2.有限性。作为服务延伸的主动性服务应当遵循有限的原则,对于市场能够有效发挥"看不见的手"进行资源配置时,政府不应当打破市场规律"越位"进行过度干预和服务。3.预见性。主动性服务是一种事前服务、前瞻性服务,因此主动性服务的特征必然具有一定的预见性。与事后处理相比,事前预防更符合企业的利益和意愿。4.互动性。主动性服务区别于回应性服务的一个重要特征就是政府与市场主体的有效互动。主动性服务是一个政企互动的过程,通过政企互动,政府可以及时了解企业发展态势、企业面临的需求民意,提高服务供给的精准度,互惠互利达到双赢。

二、富阳区服务型政府主动性服务的实践和其现实困境

主动性企业服务的初次探索。富阳区在2018年就开始了民营企业服务路径优化的探索,出台了重点企业服务专员制度,为区内88家重点规上工业企业和高新潜力企业指派一对一服务专员。在服务主体和对象上分为三个层级:区百强工业企业由区领导的联络员担任服务专员;除百强企业外的其他亿元以上的工业企业及高新潜力企业,由部门的中层干部或年轻干部担任服务专员;其余规上企业,按照属地原则,由乡镇(街道)的后备干部、中层干部担任服务专员。同时,制度从六个维度明确了服务专员职责,即上情下达联络员、项目审批代办员、难题破解协

调员、转型升级指导员、企业动态信息员和经验典型推广员。

企业服务专员制度在富阳区已实施近 2 年时间,累计收集企业需求 853 个,一线解决 332 个,交办解决复杂问题 207 个,提交服务企业发展联席会议研究解决疑难共性问题 170 个,有效帮助企业解决了发展过程中面临的问题。

企业服务专员制度的完善。2020 年初的突发公共卫生事件给整体经济形势和企业发展带来了挑战,也为优化企业服务提供了外在推动力。富阳区在 2018 年出台的重点企业服务专员制度的基础上再次进行制度创新和完善,在制度层面对专员的服务范围、服务精度和服务方式都进行了完善。

一是建立分行业分级负责制。按照分行业分级负责的原则,明确属地政府、主管部门在服务企业中的职责边界,制定了规上工业企业由经信局负责,限上批零住餐服务企业由商务局负责,规下工业企业、服务企业等市场主体由属地政府负责的负责制。同时,以精准高效服务为出发点,对其他行业实行主管部门负责制。如物流、运输行业由交通局负责;培训机构由教育局负责;建筑业、物业公司由住建局负责等。

二是扩充服务专员队伍。在 2018 年 88 名专员队伍的基础上,对全区 1274 家规上工业企业、限上服务业企业建立"一企一专员"制度,从 65 家单位的中层干部中指派 977 名服务专员为企业提供一对一管家式服务(见表 1)。在原有基础上根据当前社会经济新形势新增监督落实防疫责任、服务企业复工复产等职责。同时,充分尊重政府与市场主题的关系,嵌入"有求必应"的原则,正确处理主动服务与企业需求之间的辩证关系,减轻企业负担。

表 1　企业服务专员来源

机构	专员就职系统	专员就职单位	专员人数
党委机构	党委系统	纪委、组织部、宣传部等 15 家单位	53
人大机构	人大	人大	10
政协机构	政协	政协	5
政府机构	/	政府办	5
	宣传系统	教育局、文广旅体局等 6 家单位	58
	政直系统	人社局、数据资源局等 12 家单位	254
	政法系统	公安局、司法局	59

机构	专员就职系统	专员就职单位	专员人数
政府机构	发改系统	发改局、统计局、住建局等 6 家单位	172
	经贸系统	经信局、商务局、市场监管局等 5 家单位	167
	农经系统	农业农村局、供销社	33
	财政系统	财政局	44
	金融系统	金融办	5
国资系统	国资系统	城建集团、交通集团等 5 家单位	77
群众团体	群众团体	总工会、工商联等 8 家单位	35

三是完善工作机制。以"发现问题的人就是解决问题的责任人"为原则,实行首办责任制和销号管理制,确保事事有着落、件件有回音。基于企业服务专业制度过去 2 年的探索,针对企业服务专员服务主动性不强的痛点,建立了比武竞赛机制和宣传与督查通报机制,根据比武竞赛结果对服务专员开展结果应用,对不作为的专员进行通报和问责。

笔者在通过对 400 名企业服务专员进行问卷调查中发现,企业服务专员制度在执行过程中也面临着现实的困境,如服务专员服务企业的时间和主动性受到本职工作的挤压;服务专员受限于自身的专业知识和素质能力,往往无法有效解决或协调解决企业所面临的困难。在问题交办流转过程中偏向单一的回应和单向的回复,服务专员和企业之间缺乏有效的互动。

(一)服务的内在驱动力应然和实然不统一

企业服务专员制度是富阳区政府在做好回应性"放管服"改革基础上的对于企业服务的主动性延伸,是政府主动出击,了解企业需求、宣传政策、帮企业解决问题的重要路径。从制度设计层面它是非强制性的,是政府服务的主动创新和主动作为。但在执行层面,作为执行主体的企业服务专员对服务企业的内在驱动力与制度设计存在不一致性。笔者在实际走访调研中发现,由于服务专员都为兼职,联系走访企业时间和主动性受到其本职工作的挤压,对于政策的执行多数情况下是基于行政和政策压力,并非出于自身的内在的主动性动因。少数专员能够按制度规定定期走访联系企业、了解企业发展状况和面临的问题,而大部分专员由于其执行的动因是来自制度的约束性,因此会导致其服务自觉受到挤压。

（二）专员专业素养与高质量服务之间的错位

富阳区将学历、职务、工作年限等因素嵌入制度设计的考量中，977 名企业服务专员都是各个部门的中坚力量。但是由于企业服务在政策上涉及土地、税收、财政、行业扶持等，在企业自身发展上涉及研发、生产、销售、产业链等专业性较强的知识，且行业间存在较大异化，因此对于服务专员有较高的综合性素质能力的要求。基于专员队伍人口学分析，71％的服务专员不具备经济相关学历背景，54％的服务专员来自非经济部门（见表2）。对应或相近学历和工作经验的缺失会直接导致专员与企业负责人沟通中的话语权缺位，因而陷入被动，最终导致企业对服务专员的信任缺失。主动性服务的内在驱动力特性决定了每个服务主体在提供服务的过程中存在不稳定性和一定的差异性。从纵向来看，专员队伍整体的专业素养与企业需求之间存在结构性差距；从横向来看，专员个体之间在服务意识、专业知识、沟通解决问题能力上的差异也存在明显波动，导致专员之间在服务企业的过程中无法将服务水平或服务内容进行规范化，存在着一定的不稳定性。

表 2　专员队伍人口学分析

性别	男 737 人；女 240 人		
平均年龄	38.3 岁		
学历	本科以下:126 人	本科:718 人	本科以上:133 人
专业	经济相关专业:288 人	非经济相关专业:689 人	
工作部门	经济部门:457 人	非经济部门:520 人	
工作年限	平均 16.3 年		

（三）服务前置化的预见性失效

主动性服务预判性的内在特征要求服务主体要通过科学的方法和马克思主义发展观来分析事务发展的规律。从服务层级看，政策宣传、需求了解只是基础性服务，对企业转型升级的指导则属于更高层级的服务范畴。后者要求专员要对企业生产经营状况、所在行业的动态信息和发展趋势要有清晰的认知。在制度执行过程中，27％的企业服务专员表示对企业具体的生产经营状况不了解；64％的专员表示自己并不会主动关注和获取企业所属行业的最新动态。以本次突发公共事件为例,只有22％的企业服务专员在疫情暴发初期告知企业面临的潜在风险。专员只有在拥有充足的前瞻性和预判能力的基础上,才能将服务前置于企业问题产生之前,能够有效帮助企业提前进行管理生产经营上的对应性调整。富阳区企业服务专员在实际服务过程中更多是扮演了联络员的角色,即有政策需要宣传或企业有问题需要解决时才提供回应性的服务,对于产业、政策、行业发展规律没有提前的预判和研究。

(四)政府与市场主体的良性互动缺位

与回应性服务简单的"提出—回应"单向的沟通路径不同,主动性服务的沟通路径是多向的、复杂的、反复的,具有互动性的。富阳区企业服务专员制度在执行过程中问题的流转偏向单一的回应和单向的回复。针对企业服务专员无法在一线解决而上报给服务企业发展联席会议的问题,61％的专员表示对后续处理和交办情况不知情,专员无法与企业构建一种良性的双向沟通。56％的企业服务专员表示企业与其自身的关系一般,企业欢迎但不会主动联系,31％的专员表示与企业关系良好,企业信任,有困难会主动联系。一个良性的互动关系要求专员要充分了解企业的生产经营,对企业的诉求要做到件件有回应,而非简单的你问我答。因此构建一个政府和企业之间的良性互动关系,有利于政府、服务专员和企业三方建立顺畅的沟通路径。

三、关于企业服务专员制度优化路径的思考

需要把握的原则。作为主动性服务的企业服务专员制度,其优化路径的研究必须首先以充分尊重政府和市场的关系和规律作为先决条件。在各地间开展的优质企业服务的激烈竞争中,各地政府将自身打造成"店小二"角色,为企业提供"保姆式服务"。作为服务型政府回应性服务的延伸,企业服务专员制度的服务边界需要被定义。从市场主体侧,部分企业对于该制度、对于政府产生了过高期望,企图将企业发展所承担的自身责任全部转移给政府,形成了"衣来伸手饭来张口"的制度依赖,这并非企业服务制度体系设计的初衷。从政府侧,政府应当明确其服务只是为市场主体提供公共性服务,不能"越位"变相参与市场主体的经济活动。企业服务能力的优化也应当遵循渐进性和适用性原则,尊重市场主体间的差异和实际

情况,分层分类开展服务。

(一)优化服务全流程,构建企业服务闭环机制

企业服务专员制度应当以企业为主体,专员为核心,政府为依靠来开展。制度执行全流程涉及"问题收集—问题办理—结果反馈"三个阶段。问题办理阶段:涉企职权部门明确1—2名固定联络员负责与企业服务专员对接处理企业问题,弥补原有制度中专员解决问题能力弱、部门间推诿的痛点,构建"企业—专员—部门联络员—联席会议"的服务架构(见图1)。同时,开放与市场合作,打破政府和专员专业知识局限,引入专业第三方咨询服务机构,为企业做强做大出谋划策。结果反馈阶段:企业服务专员作为反馈口径将问题办理结果告知企业,涉及专业性较强或多部门的复杂问题,由服务专员召开多方联席会议商讨解决。

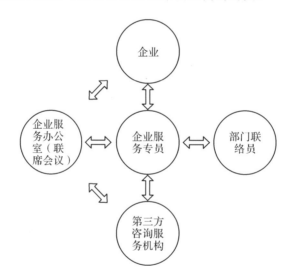

图1 企业服务专员制度服务与问题交办流程

(二)缓解"工学矛盾",激发专员内在驱动力

服务型政府主动性服务的特征决定了其具有内在决定性,而目前在制度的设计层面和执行层面的内生动力存在错位。企业服务工作与专员本职工作之间的"工学矛盾",使得调动专员队伍的内在驱动力失效。企业服务是专员在本职工作基础上的附加工作,正确处理两者间的辩证关系是激发专员主动性的关键。因此,从制度上保障并调节两者间的平衡,将企业服务专员工作纳入专员本职工作工作

量统计,并将企业服务与专员本职工作一并纳入绩效考核,并对其原有的工作量进行适当调整,将企业服务与本职工作"一视同仁"。建立奖励机制,激发专员队伍服务企业的内化驱动力和责任意识,以此来调动专员队伍的积极性并通过服务企业取得内在的获得感。

(三)精准施策,解决专员本领恐慌

服务专员的能力和素质是决定制度效果有效发挥的"经济基础"。主动性企业服务要求专员队伍具备政策法规、行业发展、生产管理、企业等复合型知识储备。通过定期开展综合性的企业服务知识培训,弥补专员队伍在知识型能力上的缺陷。同时,在专员队伍的结构上进行适当调整,弥补协调资源能力的不足。目前的专员队伍主要由各单位中层干部和年轻干部组成,虽然都是各单位的骨干,但调动协调资源和帮助企业解决问题的能力仍然有结构上的缺陷。调动资源的能力决定了企业服务专员帮助企业解决问题的能力,将部分区管领导干部纳入服务专员队伍,并通过建立体制机制来保障服务专员协调调动资源的能力,让专员队伍从传话筒角色转换到问题解决者。

(四)以企业需求为着力点对症下药

企业服务的目的是帮助企业从"活下去"到"大起来",从"大起来"到"强起来"。了解企业需求是做好企业服务的前置条件。从需求纵向看,有学者借用马斯洛需求理论的分析框架检视企业需求,认为企业同自然人一样具有不同层次的需求,并将企业在生命周期里的需求从高级到基础分为五个层级(见表3)。以企业生产经营作为基础性的"生理需求"向上延伸直到自我实现的需求即企业履行社会责任。

表3 马斯洛需求理论视角下企业需求分析

需求层次	自然人	企业
自我实现需求	充分发挥自身潜能,实现个人理想和抱负	企业履行社会责任,如慈善、公益等
尊重需求	成就、名声、地位等	权利对资本的尊重、社会对企业的尊重、企业间的相互尊重等

续　表

需求层次	自然人	企业
社交需求	友谊、爱情以及隶属关系的需求	企业与政府关系、与产业链上下游企业的合作关系、企业间的公平竞争关系等
安全需求	人身安全、生活稳定、免遭痛苦等	企业股权归属安全、财产安全(包括有形资产和无形资产)
生理需求	食物、空气、水、健康等	企业生产、再生产、做强做大

从需求横向看,以生理需求为例,企业对生产、再生产有着最基础的需求,但个体差异化导致不能将企业需求一概而论,不同类型、规模的企业对同种资源要素的需求程度存在较大差异。通过对 40 家企业调研问卷的研究,规上企业的土地、人才问题最为突出,而规下企业对政策、资金的高需求最为突出;规下企业对政策、资金的需求则明显高于其他三类(见图 2、图 3)。准确了解企业需求是为企业提供精准服务的前提要素。

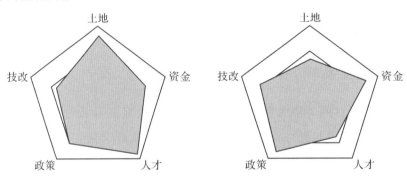

图 2　规上企业生理需求雷达图　　　图 3　规下企业生理需求雷达图

(五)以适度性为原则,构建良性互动的专企关系

良好的专企关系是构建亲清政商关系、优化企业服务的重要基础,也是企业服务专员制度作用发挥最大化的前提。政府应当正确理清自身与市场的关系,不能为了服务而服务。理顺服务专员、属地政府负责人和领导干部"三服务"重复走访给企业造成负担的矛盾关系,基于"企业有需求才上门"的原则,减轻企业行政负担;此外,在后续问题交办过程中建立透明公开的信息流转机制可以最大化降低企业与政府间的沟通成本,也确保企业服务专员能够及时获取企业的相关信息和问

题处理的最新动态,并通过服务专员口径反馈给企业,明确服务专员在服务全流程中的核心地位,避免专员身份和作用边缘化。

参考文献:

[1] 陈伟伟,张琦.系统优化我国区域营商环境的逻辑框架和思路[J].改革,2019 (5):70-79.

[2] 杜宇玮.以制度集成创新推动营商环境优化[J].群众,2020 (2):49-50.

[3] 李洪雷.营商环境优化的行政法治保障[J].重庆社会科学,2019 (2):17-25,2.

[4] 李文静.服务型政府新型服务方式探析[J].吉首大学学报,2012.

[5] 李文静.服务型政府"主动性服务"与"回应性服务"的辩证关系初探[J].长春理工大学学报,2012,25(2):1-3.

[6] 娄成武,张国勇.治理视阈下的营商环境:内在逻辑与构建思路[J].辽宁大学学报(哲学社会科学版),2018,46(2):59-65,177.

[7] 孟昭武.关于服务型政府几个重要问题的探讨[J].吉首大学学报,2011,32(1):86-89.

[8] 倪外.有为政府、有效市场与营商环境优化研究[J].上海经济研究,2019 (10):61-68.

[9] 索志林,金晔."放管服"改革视阈下营商环境优化及服务型政府建构的逻辑与推进路径[J].东北农业大学学报(社会科学版),2019,17(6):21-26.

[10] 武靖州.振兴东北应从优化营商环境做起[J].经济纵横,2017(1):31-35.

[11] 杨志勇,文丰安.优化营商环境的价值、难点与策略[J].改革,2018(10):5-13.

[12] 赵福昌,陈龙,李靖,等.民营经济营商环境发展报告:基于"降成本"调研[J].财政科学,2019 (10):38-55.

[13] 周钰.中小企业公共服务体系建设优化研究[D].兰州:兰州大学,2019.

【作者】

张琦迪,中共杭州市富阳区委党校初级讲师

制造业高质量发展的柯桥样本及启示

李　华　叶坚枫　朱丹清

　　浙江省传统制造业体量大、占比高,是供给侧结构性改革的主战场,是经济转型升级的主攻方向,也是"两个高水平"建设的重要支撑。近年来,浙江省以供给侧结构性改革为主线,聚力打好产业基础高级化、产业链现代化攻坚战,提高制造业创新能力,加快新动能培育和传统制造业改造提升,优化空间布局和产业结构,推动制造业质量变革、效率变革、动力变革,巩固提升制造业在国民经济中的支柱地位和辐射带动作用。2019 年,全省规模以上工业增加值 16157 亿元,比上年增长6.6%,增速高于全国(5.7%),三大产业中,第二产业增加值达到 26567 亿元,在全省经济总量中占比 42.6%。在出口商品中,机电产品、高新技术产品占比达到43.9% 和 7.0%。当前全省已形成数字安防、绿色石化、现代纺织、汽车等一批有竞争力的先进制造业集群。拥有年产值超百亿元集群 80 多个、超千亿元集群 12个;累计创建国家新型工业化产业示范基地 24 个,居全国前列。

　　但是,对标世界制造强国的发展水平和建设制造强省的新要求,当前全省制造业融资难、盈利难、创新难、转型难等"四难"问题仍较突出。以纺织产业为例,浙江有着完备的纺织产业链。上游化纤领域,桐乡、绍兴、萧山是全国知名的化纤新材料生产基地,涤纶纤维产量超过 1600 万吨,占全国总量的二分之一;中游印染领域,绍兴柯桥的蓝印时尚小镇,集聚了 108 家印染企业,印染量接近全国三分之一;下游的服装服饰领域,全省已形成 18 个服装产业集群。受疫情影响,2020 年春天浙江省的纺织产业可以说不但存在"四难",而且还"陷入寒冬"。这些问题的出现,既是国际经济环境变化的结果,也是我国经济由高速增长阶段转向高质量发展阶段的结果,既有政策落实不到位的原因,也有企业自身的原因。针对这一系列问题,全省各地结合自身实际,积极探索突围之道。2020 年 3 月,绍兴市柯桥区提出制造业高质量发展"步鱼计划"①,旨在以步鱼之静、步鱼之专、步鱼之强、步鱼之需,在近三年内打造一批现代制造业企业和先进产业集群,成为长三角区域先进制造业集聚区、示范区和引领区,为全省制造业高质量发展提供柯桥样板。

一、柯桥区制造业高质量发展"步鱼计划"实施背景

柯桥区产业特色鲜明,商贸氛围浓厚,综合实力居全国百强区第11位,是一座产城交融的现代商贸之城。有规模以上工业企业近1200家,商贸企业近1000家,上市企业15家。2019年柯桥区全年规模以上工业总产值达到2044.55亿元,其中大纺织产业是柯桥的传统产业、主导产业、优势产业和富民产业,2019年产值达到1045.81亿元,约为全国的1/3;中国轻纺城是亚洲最大的纺织品专业市场,全球近1/4的纺织产品在此交易。拥有柯桥经济技术开发区这一国家级开发区,滨海工业区、鉴湖旅游度假区这两大省级开发区,纺织产业创新服务综合体、外国高端人才创新集聚区等人才集聚新高地。

(一)创新驱动发展成绩显著

近年来,柯桥区积极贯彻落实创新强省和绍兴市国家创新型城市建设要求,坚定不移实施创新强区战略,主动融入科创大走廊建设,切实推进科技创新工作再上新台阶。全区现有高新技术企业达272家,省科技型中小企业1503家。产业链持续补强,涌现出现代纺织、高端装备、新材料、现代建筑等省级隐形冠军14家,市级隐形冠军60家。2019年高新技术产业投资额增长76.5%,全市第一,高新技术企业产值565.85亿元。2019年R&D经费支出占比达到2.65%。2018年度科技进步变化情况综合评价列全省第4位,绍兴市第1位。2019年全国科技创新百强区排名第11位,与综合实力百强区第11位的排位相符。调研数据显示,45.87%的被调查者认为当前柯桥区政府部门出台的政策非常给力,36.7%的被调查者认为当前柯桥区政府部门出台的政策比较给力。

---

① 步鱼是江浙一带常见淡水鱼类,颜色似土、肉质鲜美,具有喜安静、宜群居、反应灵敏、爆发力强等特点,对生存水质环境要求较高。"步鱼计划"寓意柯桥制造业要专心致志做实业,和产业链上下游协同发展,对市场反应既灵敏快捷又爆发力强。尤其是危机当前,要趁机练好内功,一旦市场恢复,能迅速咬住机会,重新奋起。

(二)产业平台建设亮点纷呈

重点加强产业平台建设,推动现代纺织、现代住建、黄酒三大重点制造业集群、产业创新服务综合体创建,引进国家技术转移中心东部中心绍兴分中心,打造"中国纺织科技中心"。加强与知名高校的产学研深度合作,整合东华大学、西安工程大学、江南大学、浙江理工大学等高校研究资源,共建开放式校地合作创新研究院。不断推进浙纺院、中科德商科创中心等民营科创平台建设,筹建鉴湖实验室(省级)。

(三)招才引智工作成果斐然

柯桥区积极实施人才强区战略。连续 5 年成功举办海内外高层次人才创新创业大赛,开展"海外学子行""高端人才柯桥行"等重大人才活动,采取"以赛引才"、政策激励、强化服务保障等措施,加快集聚高端人才,营造了良好的人才生态。全区累计引进人才"国千""省千"150 位,省领军型创新创业团队 4 个,市"海内外英才计划"46 人,为柯桥区传统产业转型升级和新兴产业培育壮大提供了智力支撑。

(四)"最多跑一次"改革持续深入

持续推动企业投资项目审批持"最多跑一次改革",加速全区经济的高质量发展。目前已实现 156 个投资项目在平台 2.0 版本上运行,实现网上申报、网上审批、办件回传、代办服务四个 100% 的要求,受到企业界的普遍好评。有 81.65% 的被调查者对"最多跑一次"改革表示非常满意和比较满意(见图 2)。81.65% 的被调查者对柯桥区政府形象的评价是非常满意或比较满意(见图 3)。改革成效明显,离不开政府工作人员的真抓实干,对于柯桥区政府工作人员在执行力方面的评价,有 81.65% 的被调查者认为非常给力或比较给力(图 4)。

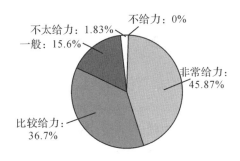

图 1　企业对当前柯桥区政府部门
出台的政策评价情况

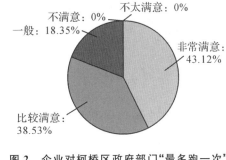

图 2　企业对柯桥区政府部门"最多跑一次"
改革的成效评价情况

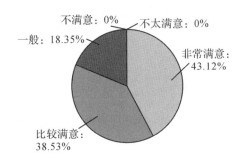

图 3　企业对当前柯桥区诚信
政府形象的评价情况

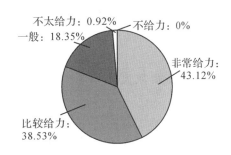

图 4　企业对政府工作人员在
执行力方面的评价情况

二、调研方法及样本说明

为掌握柯桥区制造业企业的经营现状及对政府相关政策、措施的看法评价，2020 年 5 月至 7 月，课题组围绕"步鱼计划实施"这一主题进行了专题调研。调研采用问卷调查和个人访谈相结合。

1.个人访谈。课题组走访了区经信局、发改局、科技局的分管领导及浙江红绿蓝纺织印染有限公司等 10 位新生代企业家进行了访谈。

2.问卷调研。课题组设计了《加快推进"步鱼计划"调查问卷》，通过微信二维码扫描答题的方式，选择 193 家制造企业在网上进行调查。据统计，参与调查的企业董事长总经理占 17.43％，中高级管理人员 51.38％，规模以上企业占 62.04％。

三、柯桥区制造业高质量发展的问题与挑战

（一）供需两头不够旺

供的方面,主导产业仍较单一,纺织印染一家独大的基本面没有根本改变。2019 年,柯桥区大纺织业依然为规模以上工业支柱行业,产值 1045.81 亿元,增长 5.1%;主营业务收入 1012.84 亿元,增长 4.5%;利润总额 71.32 亿元,增长 16.2%。三项指标分别占全部规模以上工业的 51.2%、54.6%和 58.7%。除服装外,能够直接"出口转内销"的特色商品、拳头产品偏少;需的方面,短期内外贸损失过大,内需难以有效回补。

（二）创新氛围不够浓

调研显示,有 33.9%的受访者认为"技术创新不足"是当前制约柯桥区制造业做大做精做特的主要原因之一(见图 5)。创新动力不足。一定程度上存在"政府热,企业冷"的现象,即政府要求创新的热情高,但企业反应平平,企业为顾及政府面子,存在为创新而创新的现象。甚至有的企业热衷于收购旧厂、出租厂房,享受借房地产发展红利,而放弃发展实业。创新能力欠缺。调研显示,有 77.06%的受访者认为当前柯桥区制造业最需要补强的缺失环节是技术创新(见图 6)。柯桥区产业特别是传统的纺织印染产业整体缺少对技术研发和关键核心技术攻关的重视。许多纺织印染企业靠跑量生存,仅有少数企业掌握部分原料和印染关键技术,想要再创新突破,能力较为欠缺。创新环境欠佳。调研反映,近年来柯桥区在纺织印染行业评高新技术企业时存在过多过滥现象,且普遍存在以副业为主体申报高新技术企业的情况,申报成功的企业中,不少企业在关键核心技术的研发创新方面能力较弱,导致这些企业在创新方面起不到应有的引领作用,使得整体企业创新环境变差,氛围不够浓厚。

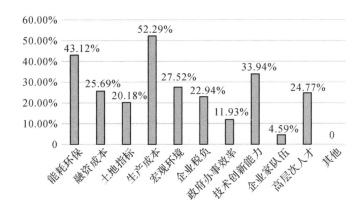

图 5　企业对当前柯桥区制造业做大做精做特的制约因素的评价情况

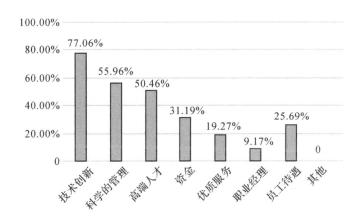

图 6　企业对当前柯桥区制造业最需要补强的缺失环节的评价

（三）顶尖力量不够强

柯桥区虽然拥有纺织行业完整的产业链,但发展不均衡,缺少行业顶尖力量的引领。龙头企业缺乏。柯桥区企业数量众多,综合实力强劲,但缺乏像浙江龙盛集团股份有限公司、浙江闰土股份有限公司等入选省创新能力百强的行业龙头企业,导致企业各自发展,缺少主心骨。隐形冠军不全。柯桥区在隐形冠军的绝对数量上与省内的余杭、萧山、鄞州等先进兄弟区还有较大差距,且分布领域不均衡,在创新型及细分领域,如化纤原料、印染助剂等关键性环节缺少龙头企业引领,制约了整体发展。产业链把控能力不够。柯桥区虽产业链完整,但整体实力还不够顶尖,对产业链整体的把控优势不明显,以及在完整产业链中的话语权仍须巩固。

（四）平台建设不够优

柯桥区制造业要做大做精做特，离不开高端平台的搭建。缺乏高能级产业平台。从现状来看，柯桥区虽有现代纺织、现代住建、黄酒三大重点制造业集群的产业服务平台，但缺乏高起点、高层次、高水平布局的以重点企业研究院、院士专家工作站为代表的专业特色平台。平台作用发挥不够。平台的搭建是为了形成创新集群，发挥产业链整体力量，但柯桥区平台建设在创新链的关键节点发挥作用还不够，集群优势不够明显，在强化产业链整体实力方面仍须努力。平台发展优势缺乏。平台的搭建是一时的，未来的发展才是支撑行业长久发展的动力，目前柯桥区在技术、人才、资金等要素上吸引力的弱势，使得平台的未来发展优势不足，缺少持续性发展动力。

（五）要素支撑不够足

制造业高质量发展需要包括高端人才在内多种要素支撑，而柯桥区在这方面还存在欠缺。调研显示，50.46％的受访者认为当前柯桥区制造业最需要补强的缺失环节是高端人才（见图6）。不少隐形冠军企业科研需求旺盛，对高技术人才求贤若渴，却缺乏相应的人才支撑，使得其科研进度缓慢，突破难度较大。同时，融资成本过高也一定程度制约了柯桥的制造业发展。调研显示，25.69％的受访者认为融资成本过高是制约柯桥区制造业发展的重要因素（见图5）。金融机构对民营企业存在"惜贷"和"慎贷"的态度，且部分中小企业虽资金需求量不大，但要求的频率较高，这也一定程度加大了其融资的成本和复杂性。资金的制约严重影响了企业的设备更新和转型升级。

四、存在问题剖析

（一）后疫情影响消除难

后疫情时代，促转型、优结构的政策出现了"政府热、企业冷"的现象，企业转型升级的总体意愿不强。加之柯桥是典型的外向型经济，供需两头的基本面都面临前所未有的压力。

（二）要素成本下降难

产业能级跃升不是光靠政策刺激就可以轻松完成的，柯桥经济转轨，很大程度上要看制度、要素的支撑。"步鱼计划"中提到，柯桥区现代纺织产业要做大做精做特，到 2022 年和 2025 年，分别达到 1500 亿元和 2500 亿元，竞争力明显增强。但在实施中企业普遍反映成本和风险的问题。调查显示，有 52.29％的被调查者认为柯桥区制造业做大做精做特，最大的制约因素是原材料、能耗、人工等生产成本的上升。近年来，由于实体经济利润率的减少，新经济、新业态的崛起，制造企业转型做服务业，或投资房地产、虚拟经济等其他产业的比比皆是，金融支持实体也缺少企业盈利能力的担保，特别是轻资产、高技术的初创企业融资难、融资贵、融资少的问题尤为凸显。

（三）创新活力激发难

柯桥区制造业尤其是一些传统制造业存在的"一流设备、二流管理、三流产品"的局面没有得到根本改变。根本原因是企业的创新活力难以得到有效激发。主观上，企业创新意识不强，主体意识不够，求稳怕风险，担当精神不强。一些企业追求眼前利益，不愿创新，有的靠车间承包出租，以收租收承包款为业。客观上，创新要积累，周期长，风险大。还有就是"小富即安"等传统文化的影响。另外，柯桥区缺少创新龙头作用的引领。政策力度上，相比先进兄弟县市区，柯桥区有关创新的政策支持力度还有较大提升空间。如柯桥区高新企业申报成功奖 40 万元，杭州是 50 万元。产学研合作方面，企业买技术，政府只补助 10％，激励效果不明显。

（四）人才引进留住难

人才一直都是稀缺的，不仅是高端科技人才，还有中、高级技术人才，营销、推广等产业链各环节人才。实地调研时反映，柯桥区一些高端平台人才难留。比如，生物医药方面的高端人才，政策享受完以后，往往一两年都跑掉了。另据反映，柯桥区一些制造业的研发部门基础人才难留住。一定程度上反映出"总需求向服务业集中、总供给向制造业倾斜"的结构性矛盾，即城市能级、城市环境缺少对人才的吸附力，生活质量和经济发展水平不匹配。

（五）城市能级上升难

柯桥区地处长三角南翼，虽然位于杭州半小时经济圈和上海 1.5 小时交通圈内，但由于城市能级和产业品质不高，在对大规模企业及高层次人才的吸引力方面依然有限，且存在被上海、杭州、宁波等长三角城市虹吸现象。

五、主要做法

为进一步优化营商环境，提振企业发展信心，柯桥区根据中央和省市制造业发展有关精神，2020 年 5 月起，实施制造业高质量发展"步鱼计划"三年行动，具体做法如下：

（一）涵养步鱼之静

鼓励企业以步鱼之"静"，沉下心做强主业，做实制造业。近日，柯桥区化纤龙头企业天圣控股收购了 7 家印染企业，从上游化纤向下游印染延伸，进一步提升产业链聚合度。据统计，2020 年上半年柯桥区共有盛鑫印染等 8 家印染企业进行厂房改造提升，实施做大做强主业。与此同时，柯桥区积极培育省级"雄鹰企业"，支持龙头骨干企业围绕提升产业集中度、延伸产业链等开展并购重组，集团化经营，产业链整合做大企业规模。建立百亿级龙头企业、十亿级骨干企业培育库。持续推进"凤凰行动"，支持有条件的企业加快股份制改造和多渠道上市。积极构建产业链命运共同体，鼓励一批有特色的纺织印染企业主动对接国内外品牌服装企业，构建大中小企业创新协同、产能共享、供应链互通的新型产业生态。根据"步鱼计划"，到 2022 年，柯桥要创建省级"雄鹰企业"3 家，新增上市企业 10 家；到 2025 年培育 5 家百亿级产业生态主导型企业，50 家十亿级企业，实现境内外上市企业30 家。

（二）深耕步鱼之强

引导企业加大创新研发力度，以步鱼之"强"厚积薄发，增强爆发后劲。在这次疫情中，柯桥区的众多纺织印染企业表现出极强的求生欲，充分展现了浙江民营经济的活力和韧性。最近几个月，浙江华港染织集团有限公司由于研发了业内顶级环保染料和环保助剂,生产的"牛奶丝"产品品质好于同行,其印染车间的订单已经排到了年底,而且还不断有客户在追加订单,即便是在疫情影响下订单也没有减少。在此基础上,柯桥区准备持续推进"鲲鹏计划",实施科技型企业"双倍增"计划,推进规上工业企业科技创新活动"全覆盖";落实企业研发费用加计抵扣、高新企业税收优惠等各项政策;开展"科技创新月""科技三服务"活动。加快创新平台建设。对接全市科创大走廊,做强金柯桥科技城,建设浙江绍兴人才创业园柯西园。提档科技园,提升外国高端人才创新集聚区,建成"浙江院士之家";深化与清华、中科院、西安交大等知名高校院所战略合作,推动更多创新平台落户;更大力度支持民营科创园建设;加速打造各类创新主体跨界协同的创新生态系统,积极争创全国印染创新中心,覆盖高端印染领域的国家重点实验室等重大创新平台。加强协同创新建设。开展"大院名所"建设工程,聚焦产业前瞻领域,紧盯关键技术、核心技术、卡脖子技术研发,招引高端科技服务机构,开展联合攻关;鼓励支持"企业出题、院校解题、政府助题"的产学研合作新模式,促成一批科技成果转移转化。

(三)培育步鱼之专

鼓励企业以步鱼之"专",深入行业细分领域,做精做专产品。目前柯桥区印染企业国际先进设备比重达到60%以上,重点印染企业CAD技术普及率达100%,染色设备平均浴比由1∶10提高到1∶5,行业领军和标杆企业不断涌现,2019年全区印染行业实现产值353.84亿元,占到规上工业产值的18.6%,在规上工业增加值中的贡献率为33%;利润25亿元,占到规上工业利润的23%。与此同时,柯桥区深入落实省"雏鹰行动",促进中小企业"上规升级""专精特新"发展,推动每个产业集群重点产业链核心环节实现"隐形冠军"企业全覆盖,培育一批国家级"单项冠军"企业(产品)和"小巨人"企业,力争每年新增规上企业120家以上,到2022年,新培育"隐形冠军"企业20家、新增"专精特新"企业1200家;到2025年,力争培育年营收超亿元企业600家。

(四)解决步鱼之需

加大财政专项资金统筹使用力度,强化绩效考核,完善各项产业扶持政策,聚焦重点产业、重点企业和重点工作,制定好区域经济高质量发展经济政策,每年统筹安排5亿元资金支持制造业高质量发展,确保政策兑现"最多跑一次"。加强产业基金对制造业的支持力度,对符合经济结构优化升级方向、有前景的制造业企业进行重点投入。继续深化"亩均论英雄"改革,全面推进"系统性评价、差别化管理、倒逼式改造",综合运用改革、财税、价格等"组合拳",激励优势企业高效能、高质量发展,倒逼"低散乱"企业和低端产能整治出清。

六、几点启示

(一)制造业创新治理,必须持之以恒做培育发展动能的"加"法

一是要提振企业信心。通过召开表彰会、媒体宣传等多种形式树立一批发展的先进典型。大力弘扬积极进取、崇尚探索,敢于争先,永不言败的企业核心价值观和企业家精神,在全社会营造创业光荣创新光荣的舆论氛围。二是培育发展动能。加快推进项目建设。以"市县长项目工程"为抓手,按照补链、强链、建链要求,持续发力精准招商,谋划盯引一批高端优势产业项目,深入推进"互联网+""智能+""5G+",构建"研发链+生产链+供应链"数字化产业生态圈。三是加大政策供给。一方面保持对中小微企业扶持政策的连续性、稳定性;另一方面,加大扶持政策的供给力度,帮助企业化危为机,共克时艰。特别是统筹土地、人才、金融等要素保障政策,重点加大对新兴产业集聚、传统产业智能化改造和现代服务业发展的要素支持。实施新兴产业发展"一产一策",引导广大制造业主走专精特新发展道路,不断提高制造业发展质量。优化用地配置。推行"标准地""先租后让"等模式,完善工业用地弹性出让和分阶段管理制度,提高新增用地准入门槛;在存量用地方面,结合实施传统产业改造、"僵尸企业"处置等政策,通过严格土地执法、强化经济惩戒、降低交易成本等手段,倒逼低效用地盘活。

(二)制造业创新治理,必须持之以恒做经营成本的"减"法

一是减企业生产运行成本,鼓励企业实施智能化改造,积极推进印染大脑建设,培育和引进一批面向特色产业具有引领作用的行业级工业互联网平台,在劳动相对密集、作用相对明显的传统行业重点推进工业机器人应用,推进机器换人。推进小微企业拓展云计算初级应用,加快大中型企业逐步实现云计算深度应用。优化用地配置,推行"标准地""先租后让"等模式,完善工业用地弹性出让和分阶段管

理制度,降低用地成本。二是减企业税费负担。继续落实研发费用税前加计扣除、高新技术企业所得税减免、小微企业贷款利息免征增值税、外贸企业出口退税等税费优惠政策,巩固拓展常态化疫情防控下的税费服务措施,持续优化税收营商环境,放大减税降费"溢出效应"。三是减企业融资成本。优先解决民企融资难融资贵问题,积极保障企业滚续融资,推动信贷资源向小微企业倾斜,联合银保监会升级"银税互动"融资支持。支持优质民营企业债券融资,实施民企债券和股权融资支持计划,鼓励并购重组资产整合;调整优化金融支持经济发展考核办法,鼓励银行机构加大对民营企业信贷支持,化解资金链"难点"。

(三)制造业创新治理,必须持之以恒做创新驱动的"乘"法

为民营经济营造更好的发展环境,提振民营企业创新热情和创业信心,一是注重创新政策导向。创新政策主要投向电子信息、生物医药、环保节能等新兴创新领域。加强对自主创新产品的政府采购,扶持自主品牌的发展。二是注重创新活动评价。规范评优活动,树立行业标杆,真正把名副其实的创新头雁评出来,在行业内起到创新引领作用。将部分创新活动"杠杆化",不直接返钱或给补助,可以尝试作为企业创新投入等匹配性扶持,更好形成政策的乘数效应。三是注重创新保护。明确市场监管、文广、新闻出版等创新部门职权,建立多部门的快速维权中心,加大打击各种侵权力度。

(四)制造业创新治理,必须持之以恒做简审批、优服务的"除"法

一是简审批。深化"放管服"改革,切实减轻企业制度性交易成本。让企业多用时间跑市场、少费工夫跑审批。要以公正监管促进公平竞争,不允许搞选择性执法、任性执法,不允许刁难企业和群众。要以改革推动降低涉企收费,让收费公开透明,让乱收费无处藏,努力在全社会营造关注企业发展、关爱实体经济的良好氛围。二是优服务。要深化"三驻三服务"工作机制,拓宽政企沟通渠道,深化政企沟通机制,更加平等、尊重、主动为企业解决问题。三是搭平台。以建设鉴湖实验室为契机,加大政府主导作用,引入多元化投入机制,加大高能级创新平台引进培育力度,着力解决柯桥区制造业特别是传统纺织印染业的"卡脖子"技术,加快占领行业核心技术制高点。同时,继续发挥好上海国家技术转移中心东部分中心、浙纺院等高端产学研综合体的辐射作用。

参考文献：

[1] 浙江省统计局,国家统计局浙江调查总队.2019年浙江省国民经济和社会发展统报[EB/OL].
(2020-03-05)[2020-01-12],http://tjj.zj.gov.cn/art/2020/3/5/art_1562012_42101962.html.

[2] 绍兴市柯桥区统计局,国家统计局柯桥调查队.2019年绍兴市柯桥区国民经济和社会发展
统计公报[EB/OL].(2020-04-03)[2021-01-12].http://www.kq.gov.cn/art/2020/4/3/art_
1505788_42475424.html.

【作者】

李华,中共绍兴市柯桥区委党校教研室主任、高级讲师

叶坚枫,中共绍兴市柯桥区委党校教研室科员,硕士

朱丹清,中共绍兴市柯桥区委党校办公室副主任,硕士

"民营经济"概念的提出及内涵

叶建华

迄今为止,学术理论界对"民营经济"概念的提出及内涵范围,这两个民营经济理论的最基础问题,还存在不同的,甚至错误的看法,造成许多矛盾和混乱,迫切需要统一认识。本文通过详细考证"民营经济"最早提出的时间,推翻和纠正了当前学术界的错误观点;同时,通过统一划分标准,正本清源,科学地提出了"民营经济"概念的定义、内涵和范围。

一、"民营经济"概念最早提出时间考

关于"民营经济"概念最早提出的时间,目前理论界、学术界、企业界所有人都认为,是王春圃于1931年在《经济救国论》一书中第一个提出来的,他在书中将政府经营的企业称为"官营",民间经营的企业称为"民营"。这一说法似乎一锤定音,无人质疑。本人多方查证,却并没有找到王春圃的《经济救国论》一书及其原文出处,只找到同时期学者徐青甫的《经济革命救国论》一书,写于1931年12月,出版于1932年4月,但该书中没有提及"民营"一词,只提到"私有经济""公有经济"等。而进一步的考证发现,早在清末民初,"民有""国有""民营""国营"的称呼即已大量出现,广泛见诸当时的官方法规、公函、公告、文件、批文、统计报表、学者文章著作以及新闻报道等。所以,"'民营经济'一词最早由王春圃于1931年提出来"的说法,不仅完全不符合史实,恐还有子虚乌有之嫌。必须予以纠正,切不可以讹传讹。

"民营经济"是一个特殊的经济概念。在中国古代经济中,早就有官与民之分。比如:酿酒业有官酿与民酿、私酿之分,盐业有官盐与民盐、私盐之分,造船业有官船与民船、私船之分,冶炼业有官冶与民冶、私冶之分,纺织业有官织与民织、私织

之分,陶瓷业有官窑与民窑、私窑之分,还有私商、私贩、民商、民贾等等称谓。在古代自然经济体制下,朝廷和地方政府直接拥有的官营工商业与私人拥有的民间工商业一直是两种既各具功能、相互独立,又相互共存、互为补充的经济形态。

到了清末和民国时期,西方资本主义列强入侵。为了实业救国,诞生了一大批民族资本工商企业,其中许多采用公司制、股份制,股东广泛,普通民众都可购买入股。他们与封建经济、官僚经济、买办经济,特别是外国资本主义经济展开激烈的商战。社会上开始将这些民间所有的企业称为"民有""民营"或"民办""商办",而将政府所有的企业称为"国有""国营"或"官办",外商投资企业称为"洋办""洋商"或"外有"。当时的文献中,已较多出现"国营""民营""国有""民有"以及"民营企业""民营公用事业""民营工业""民营厂矿""民营菜市场"等称呼。

从目前查证的情况看,至迟在清光绪十六年(1890 年)汤寿潜就在所著《危言》一书中,多次明确提出"官办""民办"概念。《危言·分河》云:"民办则非常之原,黎民惧焉,强令从事,患何可言? 官办则必举咸丰时所裁之厅汛各缺而仍复之,是为河工员弁多营一窟,司农财力绌矣! 万不能以有限之币项,注无底之漏卮。"汤寿潜在光绪二十二年(1896 年)完成的《理财百策》中也多次提出"官办""民办""官有"等概念。《理财百策·榷矿》云:"不论官山民山、官办民办,概宜租价。""所盈余利,皆为官有。"汤寿潜在 1905—1914 年创办浙江铁路有限公司期间的许多文章中,更是大量提及"国有""民有""官办""商办""民办"等概念。1914 年,他发表《浙江铁道史》(题词),对铁路国有、民有问题进行了反复阐述。他说:"当世政论,竞主铁道借款政策及国有主义矣。……国有、民有,东西国数十年争论,未有以相难也。中国则非其例。铁道之用,以速统一、固军防,他国主国有者取此说,我国主民有者亦取此说。世界无无国界之国有,亦无沾沾言省界之民有。……民与国非可以秦越视,而焉庸以衡石较哉。……英之铁道纯乎民有,银公司英籍也,为英国民有,非复为中国民有。"文中说"国有、民有,东西国数十年争论",可见比 1914 年还要早数十年即已有国有、民有之争。事实正是如此,据笔者查证,1906 年开始报刊文献上已广泛出现"国有""民有""国营""民营"等称呼。当时社会上曾经掀起一股"国有""民有"大讨论。相关学者发表了不少讨论文章。如《东方杂志》1906 年第 3 卷第 12 期发表《论铁路国有与民有之得失》,1907 年第 4 卷第 7 期又发表《论铁路国有主义与民有主义之得失》。经本人不完全统计,在 1906—1930 年间,仅在刊物上发表的文章标题上出现"民营"一词的就达 449 篇(条),主要指"民营企业""民营电气业""民营公用事业"等;出现"民有"一词的有 118 篇(条),主要指"民有铁路""民有林业""民有船舶""民有学校"等。在 1906—1949 年间,刊物上发表的文章标题上同时出现"国有""民有"或"国营""民营"字眼的文献,合计达 320 篇(条)。其中标题上同时出现"国有""民有"的有 43 篇(条),同时出现"国营""民营"的达 277 篇(条)。这些都还不包括报纸、书籍以及其他文献。此外,"民办""公办""官办"等词也较多出现。这些文献大致可分为三大类:

一类是学者的文章。如前引汤寿潜的文章著作以及《东方杂志》1906 年、1907年发表的讨论国有和民有铁路得失的文章;《铁路协会会报》1913 年第 12 期发表《欧美铁路国有民有之性质》,1926 年第 163—164 期发表《论铁路国有民有之得失》;《科学》杂志 1915 年第 1 卷第 2 期发表《调查:民有与国有铁道之比较》;《经济汇报》1923 年第 2 卷第 1 期发表《铁路国有与民有之利弊》;《银行月刊》1928 年第 8卷第 2 期发表《日本国营事业之规模与民营事业之比较》;《新纪元周报》1929 年第 1 卷第 4 期发表《为矿业国营民营问题与立法院胡院长书》;陶希圣于 1940 年在《汪记舞台内幕》披露"汪日密约"的文章中有记载:交通"由中日合办,但注重于中国原有国营、民营事业之恢复";国民政府资源委员会专门委员林继庸于 1942 年 6 月出版《民营厂矿内迁纪略》;经济学博士阮有秋在《中国农民》杂志 1943 年第 3 卷第1—2 期合刊发表《今日后方民营工业的危机》、在《四川经济季刊》1943 年第 1 卷第1 期发表《论对民营工业应取的态度》;《综合杂志》1947 年第 2 期发表《国营与民营》。

一类是政府出台的政策法规文件、公函、统计报表、法院公告等。如国民政府《统计月刊》1918 年第 1 期刊登《国有及民有铁路统计表》;《外交部公报》1929 年第2 卷第 6 期发布《文书:为转令解释民营公用事业监理二字之范围与意义》;《银行周报》1929 年第 13 卷第 32 期《立法委员提议保障民营企业》;《立法院公报》1929年第 11 期《民营企业案审查报告》;《江西省政府公报》1929 年第 10 期发布《江西省政府训令:准建设委员会接管民营电气业由》;国民政府 1929 年出台《民营公用事业监督条例》,1933 年出台《修正民营公用事业监督条例》,1944 年出台《菜市场管理规则》有"公营菜市场"与"民营菜市场"开办规定;《电业季刊》1930 年第 1 期《全国民营电业联合会简章》;《福建建设厅月刊》1931 年第 5 卷第 7 期刊登电信事业统计报表分列"国营电话""民营电话""民营公司"等;《建设委员会公报》1932 年第 21期刊登《实业部公函》规定"无论国营、民营矿业,概须注册领照";浙江高等法院编辑发行的《浙江司法半月刊》1932 年和 1933 年连续刊登相关公函《解释民营航空业最高监督机关疑义公函》《解释民营公用事业监督条例第十一条及第七条各疑义公函》《解释民营公用事业监督条例第三条疑义公函》。

一类是新闻报道。如《实业杂志》1930 年第 156 期《本省:公营民营各矿近部志略》分别报道了民营锡矿、民营煤矿、民营金矿、民营铁矿、民营硫矿、民营锑矿、民营水银矿等消息;《新广东》1933 年第 10 期发表《取缔民营糖厂》,1934 年第 21 期发表《保护民营实业大纲:政府实行指导奖励民营实业》;《新华日报》1942 年 6 月 27 日发文指出"民营工业在整个工业建设中的地位,应以明令保障,以期经营之安心和投资之活跃",1944 年 2 月 16 日发表社论《论民营工业的救济》等。

值得一提的是,毛泽东于 1942 年在《抗日时期的经济问题和财政问题》一文中明确完整地提出了"民营经济"一词。他说:"只有实事求是地发展公营和民营的经济,才能保障财政的供给。"并将"民营的经济""人民经济"等称谓与"公营经济"相对应,又并称"公私经济"。

综上可见,"民有""国有""民营""国营"等概念至迟在清末民初即已出现并得到广泛使用,绝非 1931 年才由某个人最先提出来。

二、"民营经济"的内涵及范围

民营经济的内涵和范围为什么至今还存在争议而不能统一? 民营经济为什么至今没有成为一个法律概念? 问题的根源在于,人们片面强调了民营经济是依经营方式为标准划分的经济成分,不是依所有制为标准划分。而与它对应的国有经济、外资经济则都是依所有制来划分的。法律上、统计上的经济形态也都是依所有制为划分标准。划分标准的不一致,造成"民营经济"概念内涵和范围的混乱,必须加以统一和规范!

(一)"国有民营"不能称为"民营经济"

不少人在谈"民营经济"概念时,都将"国有民营"划入"民营经济"范畴,没有人提出异议;而不少统计数据在统计民营企业和民营经济时,却都不曾将"国有民营"企业及其所创造的经济统计在"民营企业"和"民营经济"的数据中。这就是划分标准不一致所造成的矛盾。

在改革开放初期,国有企业改革中将所有权与经营权分离是很大的进步,所以,许多国有企业采用了民间经营的方式,或委托,或承包,被称为"国有民营"。但企业的所有权依然是国有的。特别是现在,越来越多的国有企业、民营企业都实行现代企业制度,尤其是股份制企业、上市公司,都有独立的董事会,很难再用经营方式去区分经济成分。如果仍然依经营方式划分,这些实行现代企业制度的企业,尤其是股份制企业、上市公司难道都将它们视为"民营经济"吗?显然是不对的。事实上,国有企业除非拍卖、整体转制为民营企业了,或民营企业控股了,才算"民营企业";否则,如果所有权仍属国有或国有控股的话,不管它采用何种经营方式,都是国有企业,它创造的产值都属国有经济,不可能归属"民营企业"或"民营经济"。总之,是否采用"民间经营"方式并不能构成区别"民营经济"与否的关键。

(二)"民营经济"是"民间所有制经济"

以经营方式为标准划分经济成分既不对称,也无实际操作的可能。因为与它相对应的国有经济、外资经济都是以所有制为标准划分的。所以,必须回归本源,统一依所有制为标准来划分。"民营经济"的科学定义,应该是指"民间所有制经济",包括民间个人所有经济和民间集体所有经济。具体范围包括个体经济、私营经济、集体经济、民营控股混合所有制经济等。也就是除了国有和国有控股经济、外资独资及其控股经济以外的多种所有制经济形式的统称。有些学者将"民营科技企业"单列一类,是完全没有必要的,这又不是按所有制来划分了。民营科技企业理所当然是民营企业。

民营经济与国有经济相对应。民营经济的"营"应该等同于"有",与"国有"相对应。事实上,历史上官营、国营和私营、民营这些概念,其中的"营"都和"有"是同等概念。清末民初,曾经出现过"国有""国营"与"民有""民营"大讨论。国有、国营是同一个概念,民有、民营也是同一个概念。"国有民营"中的"民营"根本不是民营企业、民营经济的意思,而仅仅指民间经营方式。同样,"民营经济"的"民营",也不只是指"民间经营",更是指"民间所有"。曾有学者主张把民营经济的提法改称为民有经济,是很有道理的。当然,现在也没有必要更改,因为"民营经济"已是约定俗成的称呼了。

民营经济与外资经济相区别。外资经济是与国有经济、民营经济相并列的另一个经济成分,不能归属于民营经济。因为,改革开放后,外商投资经济有着许多特殊性,国家对此有诸多专门性的法律加以规范。

民营经济与非公有制经济含义比较接近。但两者是一个大交叉的关系,民营的多数是非公有的,但也可能是公有的、共有的,比如民间集体所有经济,归为"非公"不甚贴切。同时,如果以非公有制经济来概括民营经济的话,势必又与外资相混淆,因为后者也属"非公"。再则,对于广大民营企业来说,其同样承担着税收、就业、公益慈善等社会公共责任,为国家、社会、公众做出重要贡献,称之"非公",在情理上也有所欠妥。所以,还是"民营经济"的称呼比较贴切。

(三)混合所有制企业关键看控股方性质

随着现代企业制度的建立,由多种所有制成分组成的混合所有制企业越来越多,尤其是股份制企业、上市公司等,股权结构多元复杂。如何判断是国有企业、民营企业还是外资企业呢?

关键不是看经营方式,而是看所有权,看谁控股。如果是民营企业法人或自然人控股,就属民营企业;国有企业法人或组织控股,就属国有企业;外资企业法人或自然人控股,就属外资企业。

总之,统一依所有制为标准,将我国经济成分划分为国有、民营、外资三大类,是可行的。国有经济包括国有独资经济和国有控股混合所有制经济,民营经济包括民间个人所有和民间集体所有以及民营控股混合所有制经济,外资经济包括外资独资经济及其控股的混合所有制经济。

【作者】

叶建华,浙江省市场监管局民营经济发展中心研究员、《浙江通志·民营经济志》副主编、浙江省浙商研究会副会长

高质量发展背景下民营经济新旧动能转换研究

——以台州市为例

吴 梁

一、引言

党的十九大报告指出,我国经济已由高速增长阶段走向高质量发展阶段,正处在转变发展方式、优化经济结构、转换增长动力的攻坚期,必须坚持质量第一、效益优先,以供给侧结构性改革为主线,推动经济发展质量变革、效率变革、动力变革。习近平总书记指出,深入推进供给侧结构性改革,要加快发展新技术、新产业、新产品,为经济增长培训新动力。民营经济作为我国国民经济中一支不可缺少的力量,已然成为经济发展强劲稳定的动力,但在经济转型发展中,却遭遇了巨大的挑战,如新旧动能转换不快,现代服务业和数字经济发展的机遇没有很好把握住,产业结构没有及时优化升级等。在此背景下,及时补好"短板",加快民营经济新旧动能转换、实现高质量发展势在必行。

"新旧动能转换"的概念是由李克强总理在 2015 年 10 月份召开的政府会议上提出来,是一个带有中国特色的新名词。近年来,围绕该话题,我国的学者开展了一定的研究,可以概括为两类。一类是研究新旧动能转换的内涵和重难点:王小广(2015)认为新旧动能转换是解决经济下行压力加大的对策,要培育新动力和新动能,主要体现为服务业、消费结构、新增长空间的拉动作用逐渐增强。张文、张念明(2017)指出了新旧动能转换内涵的开放性及"五维结构":器物、技术、产业、制度、观念。需求后劲不足、要素约束凸显、产业亟待升级、制度迫需改革是我国当前新旧动能转换面临的重难点。黄汉权(2018)认为我国当前新旧动能转换已经取得了初步成效,但在高端要素、发展路径、政策制定等方面仍需要发力;另一类是研究新旧动能的转换路径:黄少安(2017)以山东省为研究对象,认为新旧动能转换有需求和供给两个着力点,需求需要继续加大投资,而供给必须依靠产业结构升级。郑江淮、宋建、张玉昌(2018)通过构建中国经济增长动能指数来研究新动能的特征,提出了激发居民消费升级、要素替代、企业创新的动能是今后的政策重点。余东华(2018)提出新旧动能转换的切入点是以"创"促"转",即通过创见、创新、创业、创造来加快培育壮大新动能、改造提升传统动能。总体而言,学者们的研究视角呈现多元化,但对新旧动能的概念内涵以及分类都是从理论上进行剖析,与民营经济发展中的实际问题结合不紧密,从而在逻辑起点上制约了研究成果对民营经济新旧动能转换突破点的寻找和优化路径的廓清的适用性。本文将针对民营经济的特点,重新界定新旧动能的内容,在此基础上研究新旧动能在民营经济中的驱动作用,并深入探讨高质量发展的新旧动能转换问题。

二、民营经济发展新旧动能的内容界定

首先,我们要厘清对于民营经济来说什么是旧动能,什么又是新动能。从传统的需求侧来看,经济增长动能包括消费、投资和出口贸易。但这三驾马车并不能简单归结为旧动能或者新动能,而是应该视具体内容区分开来。比如,出口贸易中基于要素禀赋比较优势的外需动能就属于旧动能,因其主要利用低素质劳动力和资源环境比较优势,出口中低端产品或服务,在全球价值链中还处于低端位置。进入高质量发展阶段后,这种模式开始难以为继,印度、越南及东南亚等国开始逐渐取代中国成为世界加工厂,民营经济的先发优势正在消失,如果一直处于全球价值链的低端位置,一旦劳动力等比较优势彻底丧失,对外贸易将会来到一个十分被动的位置。同时,随着欧美产业策略的调整,发达国家出现了"制造业回流"态势,届时,出口贸易将面临"高端制造业回流"和"低端制造业转移"的双面夹击。所以,必须形成以高新技术产品为主体的出口结构,即培育外需新动能,从而实现在全球价值链的攀升。投资,是一个一体两面的经济活动,既可以从需求侧作为投资需求来拉动经济,也可以从供给侧作为资本供给来推动经济,是目前依赖度很大的动能,传统的投资即固定资产投资应归于旧动能。消费,也应具体区分何种项目支出。根据恩格尔定律,食品支出是维持居民生存的基本必要支出,因此食品支出这类中低

端消费属于旧动能,随着收入水平的上升和生活质量的提高,非食品类消费支出的占比就会上升,由此推动的升级型消费动能属于新动能。在进入高质量发展阶段后,升级型消费动能逐渐成为内需动能的主要部分,不仅体现了不断升级的消费模式,还推动了产业结构的调整,比如近些年方兴未艾的教育文化娱乐等产业。

从供给侧来看,经济增长的动能主要包括资本供给动能、创新供给动能、结构供给动能和制度供给动能。资本供给动能分为资本投入和人力资本。资本投入又涉及资产和资金投入,即固定资产投资动能和金融发展动能,固定资产投资对经济的拉动作用在高速增长阶段就已经形成壮大,所以属于旧动能范畴。而金融发展动能由于银行过去对中小民营企业的高门槛,导致企业受制于融资问题而无法充分发挥产能,目前金融还处于成长性阶段,尚未完全发挥作用,可以视为民营经济发展的新动能。人力资本分为高素质劳动力和低素质劳动力,显然,低素质劳动力属于旧动能,而高素质劳动力能提供复杂劳动,完成重大创新和技术层面的突破,属于新动能。创新供给动能从供给侧角度来看是指技术进步必需的资本投入带来经济增长的动能,即创新发生的资本基础。由于创新具有风险性,即使成功,巨大的投入不能立即转换成可观的收益,规模不大的民营企业很少选择创新投入,而且有些创新也需要政府的直接支持,如对整个地区都有正外部性的创新。进入高质量发展阶段后,企业和政府对创新投入加大重视,创新动能开始发挥作用。结构供给动能指产业结构调整和产业升级。产业结构是指不同产业之间的数量比例关系。产业结构高级化是以技术进步为基础的产业结构升级,而技术进步则可以突破资源限制的壁垒。信息化与工业化的融合发展即两化融合,是对第二产业进行信息化改造,提高第二产业的效率,是新旧动能转换的基础,所以,产业结构高级化在以传统制造业为主的民营经济发达地区也是新动能之一。制度供给动能可以理解为制度变革,是根源性动能,因为其他几个新动能都依赖于或受制于制度变革。

三、台州市民营经济发展旧动能的现实考察

台州市位于浙江沿海中部,是长三角区域 26 个城市之一,也是我国民营经济的发祥地,早在 1967 年就成立了全省最早的股份制企业"红卫仪表厂",如今台州市企业有 99.5% 为民营企业。过去几十年,台州市成功实现了从"第三世界"到"经济强市"的跨越,GDP 从 1991 年的 100.53 亿元提高到 2018 年的 4874.67 亿元

（图 1）。台州市民营经济飞速发展，依靠的正是传统的几大红利——人口红利、投资红利和外贸红利，换而言之，经济增长主要是靠大量低素质劳动力投入、大量投资、大量中低端产品出口拉动的，这些都是属于旧动能范畴。过去依赖这些旧动能来发展经济，是由台州市的区域要素禀赋结构所决定。台州市没有自然资源优势，没有区位优势，没有高素质人力资本优势，也没有国家优惠政策的享受和良好经济基础的承继，只能利用比较优势，靠低素质劳动力，发展中低端产业，出口中低端产品，这是经济发展的必经阶段，符合经济学原理。近些年来，随着经济发展进入新常态，旧动能虽然依旧发挥着作用，但对高质量发展的驱动力却日渐式微。

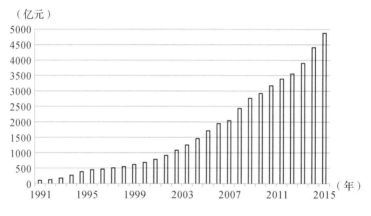

（亿元）

图 1　1991—2018 年台州市的 GDP

从出口来看，台州市的出口商品类别主要以医化产品、阀门龙头、家具为主，2018 年分别占总出口的 14％、11％ 和 10％。2005 年开始，民营企业出口总额占 GDP 比重就保持在 30％以上，但近十年来有下降趋势（图 2），而且高新技术产品出口比重不高，2015 年至 2018 年高新技术产品出口占出口总额的比重分别只有 6.22％、6.49％、6.07％和 6.27％。基于比较优势的外需动能，已经越过了最为强劲的阶段。出口对象方面（图 3），2018 年以美国和欧洲国家为主，分别占了 27％和 31％，集中度还是比较高，这种过度集中的出口主体结构，容易受贸易摩擦的冲击，不利于对外贸易的可持续发展。

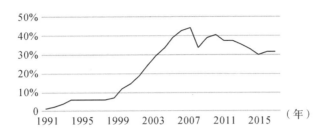

图 2　1991—2018 年台州市出口总额占 GDP 比重变化趋势

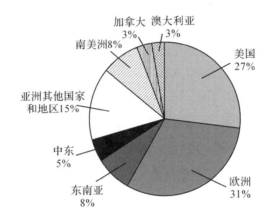

图 3　2018 年台州市出口对象分布

从投资来看,单纯分析投资的绝对量无法判断其与经济增长之间的密切关系,因此考察固定资产投资总额与 GDP 的比率,即资本形成率,来分析投资动能的作用(图 4)。数据显示,台州市 1991—2018 年间,有 9 个年度资本形成率大于 40％,有 13 个年度资本形成率低于 35％,整体呈现上升趋势,到 2016 年达到最高 58％,2017 年开始有所回落,这符合台州市以工业为主的现实情况,具有较高的资本形成率。但研究表明,对经济发展有利的资本形成率是在 35％—40％之间,当投资率保持在 40.8％的水平,经济增长率可保持 9％。台州市当前的资本形成率已经超出这个水平 15％左右,投资动能的作用已经接近饱和,如果继续依靠投资带动经济增长,其效率将会下降。

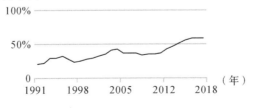

图 4　1991—2018 年台州市资本形成率

民营经济创新治理

　　从消费来看,考察消费率,即消费占 GDP 的比重,来分析消费动能的作用。当消费率越高,说明消费占 GDP 的比重越大,对 GDP 的贡献也就越大。图 5 中2013—2018 年消费率均保持在 36% 以上,2015 年消费在 GDP 中所占的比重达到最大,超过 40%,说明消费在经济增长中一直发挥着十分重要的作用。但是,从2016 年开始,连续 3 年消费率不断下降,说明消费动能有衰弱迹象。图 6 中2013—2018 年消费支出中的食品支出占比和教育文化娱乐支出占比变化趋势都比较平稳,但还是可以发现,食品支出占比在逐年下降,教育文化娱乐支出占比在逐年上升。

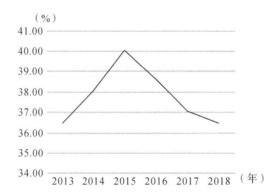

图 5　2013—2018 年台州市消费率(消费占 GDP 比重)

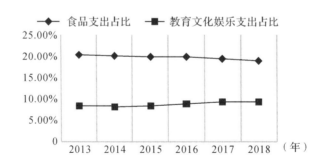

图 6　2013—2018 年台州市消费支出占比

　　从劳动力来看,伴随着人口总量增长呈转折性趋势、劳动力人口比重和数量持续下降以及人口老龄结构深化,当前各地的人口格局都开始处于大转折时期,传统的人口红利趋于减弱和消失。2018 年台州市 60 岁以上人口达到 1250840,占总人口的数量 20.66%,虽然低于全省平均水平 22.46%,但近十年来,比例一直处于稳步上升的态势(图 7)。

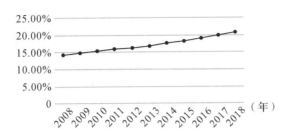

图 7　2008—2018 年台州市 60 岁以上人口占比

四、台州市民营经济高质量发展新旧动能转换的实证分析

前文已经使用部分时间序列对台州市民营经济发展旧动能的现实情况进行了初步的考察,为了更加全面和有针对性地考察新旧动能转换情况,找到新旧动能转换的突破点,故考虑建立一个面板数据模型来进行进一步的回归分析。

(一)变量选取和模型构建

根据前文界定的新旧动能内容和高质量发展要求以及数据的可获取性,构建如下解释变量指标体系(表 1)来分析台州市民营经济新旧动能转换情况。旧动能方面,从需求侧出发,选取比较出口贸易和食品支出消费两个指标。从供给侧出发,选取资本形成率代表传统投资。新动能方面,从需求侧出发,选取全球价值攀升和升级型消费两个指标,全球价值攀升代表以高新技术产品为主体的出口新动能,所以用高新技术产品出口额占 GDP 比重来表示,而升级型消费用全体居民人均教育文化娱乐支出占人均消费支出的比重来表示。从供给侧出发,选取了金融发展、高素质人力资本、创新供给、结构供给、制度供给五个指标。被解释变量则选择人均 GDP 来作为经济发展质量的代理变量。

表 1　新旧动能变量指标体系

		变量	定义
旧动能	需求侧	X1:出口贸易	出口总额/GDP
		X2:食品支出消费	人均食品消费支出/人均消费支出
	供给侧	X3:资本形成率	固定资产投资额/GDP

		变量	定义
新动能	需求侧	X4:升级型消费	人均教育文化娱乐支出/人均消费支出
	供给侧	X5:金融发展	存贷款余额/GDP
		X6:高素质人力资本	从业人员本科及以上学历人数/从业人员年末总人数
		X7:创新供给	规模以上工业企业 R&D 经费支出/主营业务收入
		X8:结构供给	第三产业产值/第二产业产值
		X9:制度供给	地方财政一般预算支出/GDP

2008 年以来,区域经济发展逻辑发生了重大变化,原来依靠加工业和外向型经济模式难以为继,2011 年后互联网经济蓬勃发展和现代服务业加快发展,成为区域经济发展新动能,也就是说,2008 年以来区域发展新旧动能发生了剧烈转换。为此,本文以台州市为研究样本,选取了 2009—2018 年间台州市及其 9 个县市区的指标数据组成面板数据。数据来源于历年《台州市统计年鉴》、《浙江省统计年鉴》、台州市海关进出口数据汇总表、台州市统计局及中国人民银行网站。各个变量的描述统计结果如表 2 所示,由于本文变量选用比值类指标,描述性统计值普遍较小,但从表 2 来看,数据较为平稳。

表 2　各指标描述性统计

变量	样本个数	单位	最小值	最大值	均值	标准差
DGDP	100	万元	1.7185	14.7068	5.866029	2.964663
X1	100	%	0.190042	0.604516	0.320631	0.086760
X2	100	%	0.256276	0.434756	0.338000	0.048210
X3	100	%	0.169087	1.200760	0.544496	0.256108
X4	100	%	0.011698	0.164692	0.088892	0.021070
X5	100	%	1.794131	3.430713	2.716768	0.398816
X6	100	%	0.099633	0.322381	0.176214	0.041333
X7	100	%	0.004279	0.025722	0.014585	0.005378
X8	100	%	0.483603	1.444396	1.026371	0.217824
X9	100	%	0.045078	0.237075	0.112446	0.045550

根据选取的新旧动能指标,构建一个面板数据模型,形式如下:

$$DGDP = \alpha_i + \beta_1 X_1 + \beta_2 X_2 + \cdots + \beta_9 X_9 + \varepsilon_t \qquad (1)$$

其中,X_1,X_2,$\cdots$,X_9 为变量指标,β_i 为自变量的系数,ε_t 为随机误差项。

由于各变量存在水平上的较大差异和波动,不适合直接使用绝对化指标,因此先对所有变量进行对数化处理,同时,对数化处理还能够消除异方差的影响。式(1)变为:

$$LnDGDP = \alpha_i + \beta_1 LnX_1 + \beta_2 LnX_2 + \cdots + \beta_9 LnX_9 + \varepsilon_t \qquad (2)$$

(二)实证分析

1.单位根检验。

本文使用的 2009—2018 年的各变量均为时间序列,通常与经济有关的实证分析,得到的大多数时间序列样本数据都是非平稳的,所以在做回归分析前,需要对样本数据进行平稳性检验,防止出现伪回归现象,即两个非平稳时间序列即使不相关也能得到显著的相关关系。本文利用 EViews 提供的 ADF 检验、PP 检验和 Levin 检验三种方法进行单位根检验,检验结果整理如表 3 所示,结果显示,所有变量都以较大的 P 值接受原假设,即存在单位根的结论。将非平稳变量做一阶差分后再检验,均至少在 5% 的显著水平下拒绝原假设,接受不存在单位根的结论,所以都是一阶单整,这满足进行协整检验的条件。

表 3　单位根检验结果

变量	Levin	ADF-Fisher	PP-Fisher	结论
LNDGDP	0.9946	1.0000	0.8842	非平稳
LNX1	0.0090	0.5509	0.8891	非平稳
LNX2	0.1838	0.9889	0.9787	非平稳
LNX3	0.0000	0.0017	0.9420	非平稳
LNX4	0.0001	0.3944	0.0009	非平稳
LNX5	0.0002	0.3205	0.9911	非平稳
LNX6	0.0000	0.0068	0.2471	非平稳
LNX7	0.0000	0.0575	0.0522	非平稳
LNX8	0.4100	0.8235	0.9135	非平稳

续　表

变量	Levin	ADF-Fisher	PP-Fisher	结论
LNX9	0.0000	0.2135	0.0004	非平稳
DLN$DGDP$	0.0000	0.0000	0.0000	平稳
DLNX1	0.0000	0.0000	0.0000	平稳
DLNX2	0.0000	0.0446	0.0001	平稳
DLNX3	0.0000	0.0031	0.0006	平稳
DLNX4	0.0000	0.0000	0.0000	平稳
DLNX5	0.0000	0.0007	0.0000	平稳
DLNX6	0.0000	0.0000	0.0000	平稳
DLNX7	0.0000	0.0000	0.0000	平稳
DLNX8	0.0000	0.0074	0.0000	平稳
DLNX9	0.0000	0.0004	0.0000	平稳

注:在显著性水平5%下判断序列的平稳性;DLN表示一阶差分后的变量。

2.协整检验。

由于所有变量均为一阶单整,有必要进行协整检验,证明存在协整关系即存在长期均衡关系。本文使用 Kao 检验法对面板数据进行协整检验,结果如表4,在1%的显著性水平下,变量之间存在长期均衡关系。

表 4　协整检验结果

	T 值	P 值
Kao ADF	−5.040364	0.0000

3.模型设定与参数估计。

因为数据中所含的截面成员是所研究总体的所有单位,固定效应模型是一个合理的 Panel Date 模型,所以本文采用固定效应面板数据模型。回归模型分两个部分,第一个是对台州市9个县市区2009—2018年的经济发展动能进行回归;第二个是整体来看,对台州市2009—2018年整体经济发展动能进行回归分析。

实证分析结果如表5。

表 5　面板数据模型的参数估计结果

	模型 1	模型 2
LNX1	0.991285(12.27818)***	0.965439(13.61360)***
LNX2	−1.218623(−12.78462)***	−1.249396(13.61360)***
LNX3	−0.209270(−4.731550)***	−0.218991(−5.460142)***
LNX4	−0.055076(−1.338848)	−0.062596(−1.696907)*
LNX5	0.298127(2.702748)***	0.203262(2.193424)**
LNX6	0.588071(9.373061)***	0.592175(10.33916)***
LNX7	0.356307(10.92603)***	0.371401(12.60460)***
LNX8	0.304313(2.827433)***	0.347107(12.60460)***
LNX9	−0.763131(−18.91383)***	−0.755283(−20.80154)***
C	10.94962(33.59469)***	11.03552(37.74745)***
	0.680279	0.675769

注:1. 估计系数右边括号内的数字是 t 值。2. ***、**、* 分别表示在 1%、5%、10% 的统计水平下显著。

4. 回归结果解读。

旧动能方面,从需求侧的出口贸易来看,变量 LNX1 的系数显著为正,说明现有的出口贸易结构对台州市的经济增长仍然有效,这可能是因为一直以来出口贸易在台州的民营经济中扮演非常重要的角色,目前为止还没能被其他动能所取代。从需求侧的低端消费来看,变量 LNX2 的系数显著为负,说明低端消费不仅没能促进经济增长,反而起了阻碍作用,这可能是因为台州的产业结构并不是以低端消费类为主,内需扩大后供需结构和消费结构的失衡,导致低端消费阻碍了经济的增长。从供给侧的传统投资来看,变量 LNX3 的系数也是显著为负,但是绝对值没有变量 LNX2 大,说明传统的固定资产投资对经济的拉动作用确实已经没有想象中那么好,这也验证了前文的分析,台州市当前的资本形成率已经超出最佳水平 15% 左右,固定资产投资的拉动作用已经接近饱和,如果继续依靠投资带动经济增长,其效率将会下降。

新动能方面,从需求侧的升级型消费来看,变量 LNX4 的系数为负,但绝对值比低端消费变量 LNX2 小得多,其中模型 1 为不显著,模型 2 为 10% 统计水平下显著,这说明升级型消费对经济的促进作用较低端消费有了非常大的提高,但是还非常薄弱,目前没有成为拉动经济增长的动能之一。从供给侧的金融发展来看,变量LNX5的系数显著为正,但是绝对值是几个正系数中最小的一个,说明金融发展能支持经济发展,不过驱动力还有较大的提升空间。从供给侧的高素质人力资本来看,变量LNX6的系数显著为正,且绝对值是正系数中最高的一个,因为劳动力素质水平的上升或将引发技能偏向性技术进步,成为经济高质量发展的重要新动能。从供给侧的创新供给来看,变量LNX7的系数显著为正,说明现有的科技投入对经济发展具有正向的促进作用。从供给侧的结构供给来看,变量LNX8的系数显著为正,说明产业结构高级化确实能促进经济发展,不过其系数与其他几个动能相比较小,说明产业结构升级需要与其他一些因素比如经济结构、劳动力素质、科技水平相适配,才能达到最佳效果。从供给侧的制度供给来看,变量LNX9的系数显著为负,说明当前的制度供给还存在一些问题需要调整,有可能是由于台州市场经济较为发达,政府的一些无效率重复性行为会导致资源错配,产生"挤出效应",也有可能是政策的制定和执行存在时滞效应,造成了对经济的反向作用。

5.结论。

旧动能对经济发展的驱动力视指标而不同,部分旧动能依然有效,部分旧动能开始衰弱。出口贸易依然是当前经济发展的重要动能,但要注意全球价值链位置的提升,做好应对"高端制造业回流"和"低端制造业转移"的双面挑战;投资方面,当前的传统类投资比例过高,其效率逐渐下降,是目前正在逐渐衰弱的传统动能之一;消费方面,低端消费对经济发展的抑制作用明显,相对来说,升级型消费的抑制作用已经不明显,且隐约能成为经济发展的新动能。

新动能对经济发展的驱动力不错,但与传统的重要动能相比,还有较大的提升空间。其中,高素质人力资本指标的影响能力最大,人才战略应持续推进。创新、产业结构高级化以及金融发展目前对经济发展的驱动力相差不大,都有显著的正向作用,需要继续培育。制度供给指标对经济发展有反向作用,应引起重视,转变现有状态,合理化培育其动能。

整体来看,台州市新旧动能转换处于艰难的转换期,旧动能衰退不代表旧动能完全失去作用,而是在其传统的作用机制下,已经过了红利期,不适应未来经济增长的新机制。部分新动能已经开始对经济发挥作用,部分还处于萌芽期,此时更要处理好新旧动能之间的关系,促进合理平稳转换。

五、新旧动能转换的提升路径

要培育民营经济高质量发展的新动能,完成新旧动能的转换,必须从其短板入手,做到因地制宜。基于实证分析的研究结论,本文提出以下几条优化路径:

(一)构建高能级产业体系,明确高质量发展目标

坚持传统产业改造和新兴产业培育并重,制造业发展与服务业发展并举,推动新一代信息技术全面融合渗透。

1.大力发展战略性新兴产业。以价值链高端为目标,聚力发展新能源、集成电路、智能网联汽车、生物医药等产业,推进覆盖科技创新、成果转化、产业发展全链条的生态体系建设,着力提升战略性新兴产业发展能级。

2.加快改造提升传统制造业。实施机械、化工、橡胶、纺织、服装等传统制造业改造提升行动计划,深化"亩均论英雄"改革,推进"低散乱"企业整治和小微园区建设专项行动。

3.积极培育发展未来产业。以科技创新为驱动力,积极抢占新经济制高点,加快推进5G、虚拟现实、区块链、量子计算等技术应用,构筑技术、产业、应用互动融合的生态系统,形成先发优势,夯实产业基础。

4.注重强化生产性服务业支撑。发挥电子商务、金融科技等领先优势,加快研发设计、科技服务、金融服务、信息服务、商务服务等生产性服务业发展。

(二)构建高精尖创新体系,增强高质量发展动能

围绕主导产业,加强基础研究和技术创新,加快重大科技基础设施和创新平台建设,加快科技成果转化和产业化培育,为民营经济高质量发展提供技术支撑。

1.聚焦工业云制造(工业互联网)、生物医药、新能源及智能网联汽车、机器人及智能装备等领域,推动组建产业技术创新联盟,加强前沿、关键、共性技术研发和应用,建设制造业创新中心体系。

2.加快科技创新及成果转化。围绕主导产业,加快科技大市场和产业创新服务综合体建设,促进在台高校、科研院所和企业科技成果转化。

(三)构建高效率升级体系,激发高质量发展活力

以打造工业互联网平台为抓手,全面推进"两化"深度融合,构建品质制造、绿色制造的高效率升级体系。

1.加强网络核心技术和关键产品研发,提升网络安全水平,培育打造一批行业级、企业级工业互联网平台和面向特定行业、场景的工业 App,推动大中小微企业深度应用,全面赋能制造业转型升级。

2.全面推进传统制造业数字化改造。实施制造业"互联网+"提升行动计划,深化机器换人、工厂物联网、企业上云、工业互联网等应用,大力推广协同制造、服务型制造、个性化定制、全生命周期管理等"互联网+制造"新模式,逐步实现企业数字化、网络化、智能化。

3.实施绿色制造工程。支持企业运用互联网技术提升能源利用效率与清洁生产水平,全面推进绿色园区、绿色工厂的评价与创建。

(四)构建高效能保障体系,提升高质量发展环境

优化人力、资本等要素供给,构建支持民营经济发展的高效能保障体系。

1.优化人才队伍建设。加大领军型创新创业团队培育和引进力度,研究探索人才举荐制度,构建科学化、社会化、市场化人才评价机制,研究制定制造业人才引育政策。大力弘扬新时代浙商精神,秉持义利并举的经营理念和回报桑梓的社会责任。树立企业家先进典型,宣传优秀企业家精神,造就优秀企业家队伍,强化年轻一代企业家的培育。

2.创新财政支持方式。加大财政专项资金统筹使用力度,强化绩效考核,聚焦重点产业、重点企业和重点工作,建立发展基金,以市场化、法治化方式,对符合经济结构优化升级方向、有前景的实体经济企业进行投入,增加区域内产业龙头、就业大户、战略性新兴产业等关键重点企业流动性。

参考文献:

[1] 常阿平.广东省三大需求要素与经济增长关系的测度分析[D].广州:暨南大学,2005.

[2] 国家发展改革委经济研究所课题组.推动经济高质量发展研究[J].宏观经济研究,2019

(2):5-17.

[3] 金碚.关于"高质量发展"的经济学研究[J].中国工业经济,2018(4):5-18.

[4] 刘戈非,任保平.地方经济高质量发展新动能培育的路径选择[J].财经科学,2020(5):52-64.

[5] 刘轩.辽宁省经济增长新旧动能转换问题研究[D].大连:东北财经大学,2018.

[6] 黄汉权.推进产业新旧动能转换的成效、问题与对策[J].经济纵横,2018(8):32-40.

[7] 黄少安.新旧动能转换与山东经济发展[J].山东社会科学,2017(9):101-108.

[8] 任保平,李禹墨.新时代我国高质量发展评判体系的构建及其转型路径[J].陕西师范大学学报(哲学社会科学版),2018(3):105-113.

[9] 孙焱林.合理投资率的实证分析[J].统计研究,2000(8):17-23.

[10] 田秋生.高质量发展的理论内涵和实践要求[J].山东大学学报(哲学社会科学版),2018(6):1-8.

[11] 王慧艳,李新运,徐银良.科技创新驱动我国经济高质量发展绩效评价及影响因素研究[J].经济学家,2019(11):64-74.

[12] 王小广.新旧动能转换:挑战与应对[J].人民论坛,2015(12):16-18.

[13] 余东华.以"创"促"转":新常态下如何推动新旧动能转换[J].中国经济问题研究,2018(1):105-111.

[14] 张立新,王菲,王雅萍.山东省新旧动能转换的突破点及路径[J].经济与管理评论,2018(5):27-41.

[15] 张文,张念明.供给侧结构性改革导向下我国新旧动能转换的路径选择[J].东岳论丛,2017(12):93-101.

[16] 郑江淮,宋建,张玉昌.中国经济增长新旧动能转换的进展评估[J].中国工业经济,2018(6):24-42.

【作者】

吴梁,中共玉环市委党校四级主任科员

供给侧结构性改革视角下县域金融
支持民营经济发展的研究

——以浙东 Y 市为例

吴 梁

一、引言

自我国经济转型以来,民营经济得到了迅速的发展。民营经济以其灵活的运行机制和市场适应能力,迅速成为我国经济发展的生力军。党的十九大报告指出:我国民营企业耗用近 40% 的资源,上缴 50% 以上的税费,创造 60% 以上的国内生产总值,提供了 70% 以上的技术创新,供给了 60% 以上的就业岗位。然而与民营经济在国计民生中的重要地位极不相称的是,其在发展过程中遭遇的诸多问题仍待解决,尤其是对于县域民营小微企业来说,融资问题便是横亘在其面前的一大难题。小微企业和个体工商户是民营经济的细胞,要实现民营经济的新一次突破,再创民营经济新辉煌,必须在每一个细胞里都注入金融的"活水",切实解决民营企业融资难的问题。

在探讨民营企业融资困难问题时,学术界的传统观点是把问题归结于民营企业自身,即由于民营企业缺少征信记录,缺少有价值的抵押物,或者缺少特别规范的财务报表等,才导致其融资困难。[①] 但新结构经济学最优金融结构理论的提出(林毅夫等 2006,2008,2009,2012a,2012b),为我们提供了一个全新的理论视角,即资金的供给方对民营企业融资困难问题也难辞其咎。该理论认为金融结构要匹

---

① Beck 和 Demirguc-Kunt(2006)、Beck(2007)、王霄和张捷(2003)认为信息不透明、缺乏抵押品、融资规模小从而单位融资交易成本高等原因导致了中小企业融资困难。

配特定的经济发展阶段,才能够更好地为实体经济服务。我国的金融体系有两个特征,一是银行占主导,二是政府的参与度较高。这种金融体系在相当长时期内,对推动中国经济快速增长发挥了重要作用,支持了"大企业"快速发展。但是,对小微企业和民营企业的融资需求支持有限。因为"大银行"往往倾向于贷款给"大企业",在满足小微企业的融资需求上具有比较优势的中小银行发展较为滞后,由此导致金融结构偏离了最优发展路径。改善金融结构,提升金融资源配置效率,是未来金融改革的方向。

2019 年 2 月 22 日,习近平总书记在中共中央政治局第十三次集体学习时强调"要深化对国际国内金融形势的认识,正确把握金融本质,深化金融供给侧结构性改革,平衡好稳增长和防风险的关系"。2019 年 12 月召开的中央经济工作会议再次强调"要深化金融供给侧结构性改革,疏通货币政策传导机制"。金融供给侧结构性改革着眼于金融服务的供给侧,深入结构性问题"内里",是扭转金融与实体经济错配失衡的治本之策。本文基于金融结构理论的研究基础,结合供给侧结构性改革的主线,以民营经济发达的 Y 市为蓝本,考察县域金融结构对民营经济的支持情况,是否有效缓解民营企业外部融资困难问题,并根据研究结果,提出了政策建议。

二、理论假说与文献回顾

学术界将金融体系因素分成金融发展水平和金融结构两个层面。传统的经验共识是,经济发展水平决定于金融发展水平而不是金融结构,其最具代表性的理论之一为"金融功能观"(Merton 和 Bodie,1995,2005)。"金融功能观"的观点是,金融体系的整体功能最重要,而金融结构安排是次要问题。其理论基础是在完善的信贷市场中,通过资金价格调整,信贷市场可以自发实现资金供求的均衡,而诸如金融工具的组合搭配与金融组织的分工协调这些金融结构问题是不重要的。这一观点颇具新古典经济学色彩,并且其已经被一系列经验研究所证实。[1] 不过"金融功能观"也有着明显的缺陷。首先,从理论上看,由于信息不对称和垄断等原因,完

---

[1] Beck 和 Levine(2002)、Levine(2002)、Demirguc-Kunt 和 Maksimovic(2002)等发现,在控制了金融发展水平之后,金融结构是否存在银行主导型或者市场主导型的差异,对经济增长并无显著的影响。

善的信贷市场只存在于理论假设当中,现实世界中并不存在。其次,从经验事实上看,如果金融结构不重要,那么随着经济发展水平的提高,为何会出现诸如市场主导型金融机构在金融体系中愈显重要这样具有一定规律的金融结构变迁?最后,支持"金融功能观"的经验研究文献主张的金融结构为银行中介和金融市场的比例构成,因此其实证结论或许并不能简单地套用于我国这类金融体系由银行业所主导的发展中国家,如果按照我国的金融体系现实特征对金融结构的定义进行拓展,那么相应的研究成果或许会有变化。

基于金融体系对实体经济发展的适应性视角,金融发展理论迎来了一个新进展。林毅夫(2003)以制造业为例研究了金融结构在经济增长中所起的作用,他考察了金融结构的两个内容,一个是银行业的结构,另一个是金融市场的融资结构,得到了一个共同的结论,即只有当金融结构和制造业的规模结构相匹配,才能有效地满足企业的融资需求,从而促进制造业的增长。在此基础之上,林毅夫等(2009,2012)提出新结构经济学最优金融结构理论,其核心观点是:经济体的每一个发展阶段都有其特定的要素禀赋结构,并由此内生决定了与其相适应的最优产业结构、相关风险的性质和企业规模的分布。由于不同行业的企业具有不同的规模特征、风险特征和融资需求,实体经济对于金融结构的需求随着发展阶段的变化也会有所不同。只有当金融结构的特征与当前最优产业结构需求相适应时,金融体系才是最有效率的,而金融结构也才是最优的。Allen 和 Gale(2002)、Demirguc-Kunt等(2011)、林毅夫等(2005,2012)认为我国所处的发展阶段以及收入水平决定了金融结构是银行主导型,因此,将银行业结构纳入金融结构概念之中对我国来说更具现实意义。

在新结构经济学最优金融结构理论提出之后,学术界从该理论视角入手展开了一系列经验研究。黄阳华和罗仲伟(2014)研究了我国劳动密集型中小企业转型升级融资支持,发现银行仍然是劳动密集型中小企业最为重要的融资来源,同时,限制劳动密集型中小企业融资的主要障碍并非融资的财务成本高,而在于融资的交易成本过高。吴晗和段文斌(2015)构建理论和实证模型探讨银行业市场结构与企业进入之间的内在联系,得出了提高中小银行市场份额、推动国有银行业务体系改革是促进中小企业进入市场的重要政策的结论。姚耀军和董钢锋(2014,2015)认为要素禀赋结构决定了中小企业是中国当前最优产业结构中的主要企业类型,他们利用中小企业板上市公司的数据,考察了金融发展水平和金融结构对中小企业融资约束的影响,发现由中小银行发展所推动的银行业结构变化有效缓解了中小企业融资约束,而银行中介与金融市场的比例构成以及金融发展水平都未与中小企业融资约束形成稳健的联系,所以与推动总量上的金融发展水平提升相比,中国金融改革应紧紧围绕银行业结构调整来推进金融结构优化进展。由此可见,如果是针对以小微企业为主的县域民营经济,最优的金融结构必须能够适应小微民营企业发展需要、满足其发展对外部资金的需求,要解决小微企业的融资问题,就应建立起以中小银行为主体的金融体系。

综合以上文献,我们可以发现新结构经济学最优金融结构理论已经得到了众多学者的认可,其观点也被众多经验研究所证实,但比较遗憾的是,因数据的可获得性等原因,大部分研究都选择上市的中小企业为样本,而这类企业已经能够从资本市场上获得相当一部分资金。而对于县域的小微民营企业来说,其主要外部融资渠道主要还是依赖于银行信贷市场。研究县域金融结构对民营经济的支持,使用小微企业样本数据才能得到更符合实际的结论。为此,本文选择了民营经济发达的 Y 市为蓝本,将大量非上市企业纳入样本,手工收集整理了 318 家民营企业的财务数据作为实证研究的基础。

三、样本选择与实证设计

Y 市是全国 14 个海岛县中唯一的县级市,民营经济是 Y 市最大的发展优势和发展特色,在 Y 市社会经济发展中扮演着重要的角色。Y 市现有各类民营企业1.5 万多家,占全市企业总数的 99.8%,其中工业占据主体地位,已形成汽配、阀门水暖、机床、金属制品、家具、眼镜配件及医药器械装备等特色产业集群。Y 市这几年一直致力于解决民营企业融资难、贵问题,如市政府出资 5000 万元设立信保基金 Y 市分中心、开展转贷公司试点、按照上级市部署开展无形资产抵质押、企业土地证分割抵押等,也取得一定的成绩。截至 2020 年 8 月,Y 市已有 22 家银行、4 家证券公司和 3 家小贷公司;已上市企业 8 家,其中主板 1 家、中小板 5 家、科创板 2家,新三板挂牌 9 家、浙江省股权交易中心挂牌企业达 78 家。但是,Y 市的小微企业和个体工商户还是存在着大部分县域民营企业的共性问题,即融资难、发展后劲不足。直接融资方面,企业硬实力不足,难以从资本市场获取资金,虽然总体企业数量多,但是上市企业占比很低。间接融资方面,银行等金融机构的贷款门槛较高,额度和期限匹配度差。而民间借贷则存在风险大、利率高、担保链不稳定等因素。根据要素禀赋结构特征理论,县域民营企业是以小微企业和个体工商户为主的,Y 市的实际情况与该理论非常契合。基于新结构经济学最优金融结构理论,本文预期县域民营企业融资难问题应该与县域的金融结构尤其是银行业结构因素存在显著的联系,中小银行发展能够为小微企业提供有效的金融支持,那么 Y 市的金融结构是否缓解了民营小微企业的融资困难呢? 这需要通过实证研究的进一步检验。

(一)实证模型构建

国内外学者在研究企业融资状况时,广泛采用现金—现金流敏感性模型,该模型的设定建立在现金持有理论基础上,模型的核心思想认为面临外部融资约束的企业,处于预防日后的投资需要,会从经营活动现金流中提取部分以现金或现金等价物的形式持有。而针对不存在外部融资困难的企业,无须通过持有现金的方式来应对未来的投资需要。该模型的判定通过观察现金持有量与企业经营现金流的敏感系数,现金—现金流敏感性系数越大,代表企业面临的融资困难越大。

以 Almeida(2004)的模型为基准,加入一阶滞后项和交乘项,可以建立一个动态模型:

$$\mathrm{Dcash}_{i,t} = \alpha + \beta_0 \mathrm{Dcash}_{i,t-1} + \beta_1 \mathrm{CF}_{i,t} + \beta_2 \mathrm{CF}_{i,t} \times \mathrm{SMB}_{i,t} + \beta_3 \mathrm{Controls} + \varepsilon_{i,t} \quad (1)$$

Dcash 表示企业的现金持有量变动,是被解释变量;*CF* 表示企业的现金流;*SMB* 表示中小银行在银行业中的相对发展水平;ε 表示误差项,i 表示企业个体,t 表示时间,*Controls* 表示个体效应变量。根据模型的设定,β_1 为现金—现金流敏感性系数,是识别企业融资困难的关键性参数,如果其大于 0,意味着企业外部融资存在困难。β_2 是识别中小银行发展对民营企业金融支持的关键性参数,如果中小银行发展增加了金融支持,则企业对内部资金的依赖就越低,β_2 小于 0。

(二)指标选取说明

1. 金融结构。考虑到 Y 市是银行主导型金融结构,因此,首先将银行业规模结构指标纳入其中,参考姚耀军(2014,2015)的做法,使用中小银行资产占银行业资产总额的比重度量中小银行在银行业中的相对发展水平。结合 Y 市的情况,本文将中小银行定义为除工农中建四大行之外的银行业金融机构。其次,将传统金融结构指标也纳入,即银行中介与金融市场的比例构成,参考主流文献的做法,使用金融机构存贷款总额与股票市值比值来度量,该指标越大,说明金融体系越偏向银行主导型金融结构。

2. 金融发展水平。除了中小银行相对发展水平之外,还会有一些其他的因素也会影响到民营企业的融资,金融发展水平就是其中之一(Beck 等,2005,2006,2008;解维敏和方红星,2011;张伟斌和刘可,2012),因此,有必要考虑金融发展水平对实证结果的影响。本文选用金融机构存贷款/GDP 和股票市场市值/GDP 来衡量金融发展水平[①],既包含了间接金融发展水平,也包含了直接金融发展水平。

表 1　相关变量汇总

符号	变量名	变量定义
Dcash	现金持有量变动	现金及现金等价物增加额/期初总资产
CF	现金流	经营活动现金净流额/期初总资产
SMB	中小银行在银行业中的相对发展水平	中小银行资产占银行业资产总额的比重
BS	银行中介与金融市场的比例构成	金融机构存贷款总额与股票市值比值
FD	金融发展水平	金融机构存贷款/GDP、股票市场市值/GDP
Size	企业规模	期末资产总额的自然对数
Grow	企业成长性	主营业务收入增长率

本文手工收集了 Y 市具有代表性的民营企业 2015—2019 年的财务数据,整理后最终得到由 318 家企业组成的面板数据。金融层面的数据,根据 Y 市金融工作中心和中国人民银行的数据整理所得。相关变量的描述性统计如表 2 所示。

表 2　相关变量描述性统计

	均值	中位数	标准差	最小值	最大值
Dcash	0.058	0.002	0.226	−0.284	1.315
CF	0.105	0.093	0.156	−0.173	0.640
SMB	0.555	0.575	0.053	0.477	0.619

①　姚耀军等(2015)利用金融机构贷款/GDP 与金融机构存款/GDP 来衡量金融中介发展水平,利用股票市场市值/GDP 和股票市场成交额/GDP 来衡量金融市场发展水平。结合 Y 市的现实情况,本文选择使用金融机构存贷款/GDP 和股票市场市值/GDP 来衡量金融发展水平。

	均值	中位数	标准差	最小值	最大值
BS	1.336	1.386	0.302	0.958	1.706
$FD1$	2.101	2.093	0.093	1.992	2.257
$FD2$	1.662	1.461	0.406	1.168	2.231
$Size$	20.491	20.378	1.676	17.354	23.352
$Grow$	0.169	0.178	0.509	−0.409	3.494

四、实证结果与分析

本文构建的实证模型属于动态模型,解释变量中包含了滞后因变量,因此,采用系统 GMM 估计法来进行模型估计。先是利用模型(1)对 CF 和交乘项 $CF \times SMB$ 进行估计,再在模型(2)(3)(4)中分别加入交乘项 $CF \times BS$、$CF \times FD1$ 和 $CF \times FD2$,估计结果如表 3 所示。

表 3　回归结果汇总

	(1)	(2)	(3)	(4)
$Dcash(\mathrm{L}1)$	−0.244 (−2.78)***	−0.258 (−2.88)***	−0.241 (−2.62)***	−0.242 (−2.71)***
CF	7.922 (4.03)***	6.073 (1.32)	7.194 (1.54)*	5.587 (0.68)
$CF \times SMB$	−12.743 (−3.69)***	−7.240 (−0.59)	−12.859 (−3.60)***	−9.716 (−0.89)
$CF \times BS$		−0.901(−0.49)		
$CF \times FD1$			0.378(0.17)	
$CF \times FD2$				0.395(−0.30)
$Size$	0.009(0.15)	0.008(0.12)	0.010(0.15)	0.010(0.15)
$Grow$	0.212(1.63)	0.221(1.66)*	0.225(1.47)	0.229(1.56)

注:＊＊＊、＊＊、＊分别表示在 1％、5％、10％显著性水平下显著,括号内为 z 值。

前文提到,β_1 为现金—现金流敏感性系数,是识别企业融资困难的关键性参数,如果其大于 0,意味着企业外部融资存在困难。在回归结果中,可以发现四个模型的 CF 的系数 β_1 均为正数,且模型 1 和模型 3 里显著为正,说明 Y 市的民营企业存在现金—现金流敏感性,面临着外部融资困难;$CF \times SMB$ 的系数 β_2 是识别中小银行发展对民营企业金融支持的关键性参数,按照预期,如果中小银行发展增加了金融支持,则企业对内部资金的依赖就越低,β_2 小于 0,在四个模型中 β_2 均为负数,且模型 1 和模型 3 均在 1% 的显著性水平下显著,说明 Y 市的中小银行发展能降低现金—现金流敏感性,有助于缓解民营企业融资困难,研究假设得到了数据的验证。但是交乘项 $CF \times BS$、$CF \times FD1$、$CF \times FD2$ 的系数都不显著,说明银行业和金融市场的发展依然存在很大的不足。银行业发展的不足主要在于大银行处于垄断地位,而大银行往往无法满足小企业的融资的需求;金融市场的发展不足在于多层次资本市场建设不够完善,只有实力强劲的企业才能享受到来自资本市场的服务。因此,金融结构改革,对于缓解企业融资困难至关重要,这里的金融结构并不是指传统文献所认为的银行中介与金融市场的比例构成,而是指林毅夫等所提出的银行业规模结构。另外,回归结果显示金融发展没有能够帮助民营企业缓解融资困难,主要还是因为金融结构偏离了新结构经济学最优金融结构理论意义上的最优路径,进而导致了金融发展的低质量等问题。

五、研究结论与政策启示

本文运用 Y 市大量未上市企业的 2015—2019 年的样本数据,基于现金—现金流敏感性模型和系统 GMM 估计方法得出的实证结果表明,民营企业存在外部融资困难,但中小银行发展能显著降低民营企业的现金—现金流敏感性,缓解融资困难。引入银行中介与金融市场的比例构成、金融发展水平后,对上述实证结果未造成较大的影响,但是银行中介与金融市场的比例构成及金融发展水平的系数始终不显著,说明这两者对民营企业的融资未起到明显支持作用。Y 市的经济结构虽独具特色,但其研究结果也反映了县域金融对民营经济支持的最新状态,从中可一窥金融结构改革的未来方向。新结构经济学最优金融结构理论认为,金融改革的焦点并不在于提高金融总量或者利率市场化,而是金融体系的结构性调整。这种调整并不体现在银行中介与金融市场的比例构成上,而是体现在调整银行业的规模结构上。民营企业是经济增长的重要引擎,金融结构应适应民营企业发展需要、满足其发展对外部资金的需求。由于中小银行能有效减少信息不对称和降低交易成本,在为民营企业提供信贷上具有比较优势,中小银行在银行业中得到更快的发

展有助于缓解民营企业融资困难,推动民营经济再创辉煌。为此,本文提出以下几点建议:

一是降低银行业市场准入标准,鼓励民间资本进入银行业。由于出现过民间金融资本风险事件,监管部门对民营银行态度非常谨慎,对民间资本进入银行业设有非常多限制,民营银行发展步伐有所放缓。目前由国资大银行主导的银行体系不管是产品还是服务同质化程度都非常高,且风险偏好低,导致一些轻资产的潜力民营企业金融支持可得性差。作为现代金融体系的重要组成部分,民营银行因其有别于国资大银行的产权结构和经营性质,具备效率高、机制灵活、专业性强等特点,民营银行的加入能有效推动信贷市场的公平化,进而改善金融市场的资源配置。所以,在严守风险底线的前提下,适当降低民间资本活跃地区民营银行发起人门槛和入股标准,放宽民营银行经营模式和业务范围,使其基于"软"信息为民营企业提供外部融资渠道,缓解融资压力。

二是发挥中小银行定位优势,加快金融产品服务创新。中小银行能够弥补国资大银行的金融服务短板,尤其是城商行、农商行、村镇银行是发展普惠金融的重要力量。但是在同质化严重的形势下,这些银行都或多或少出现了偏离主业、盲目扩张的问题。应当引导城商行、农商行、村镇银行准确把握差异化定位,发挥这类银行在积累当地中小企业客户资源和开展机制体制、产品和流程创新中的优势条件,设计特色金融产品,重构对民营企业的评价标准,降低对抵押担保的过分依赖,更加关注企业第一还款来源、核心竞争力、治理结构、负债结构等,更加关注企业实际发展状况和未来发展前景。

三是加强金融生态建设,推进银行业结构性调整。中小银行的健康发展需以健全的信用环境、发达的金融市场和有效的监管体系为前提,政府要为中小银行发展助力,增加对民营企业的金融支持,营造一个良好的金融生态环境。第一,完善个人和企业信用体系,推动企业外部信用评级发展,强化信用识别机制,降低银行和企业之间的信息不对称;第二,完善融资担保体系,推动担保机制从政府主导型向政策性引导、市场化运作转变,合理选择扶持方式;第三,完善配套法律制度,强化监督管理,防范中小银行较高的经验风险引发严重的道德风险问题等。

参考文献：

[1] 黄阳华，罗仲伟.我国劳动密集型中小企业转型升级融资支持研究：最优金融结构的视角[J].经济管理，2014(11)：1-13.

[2] 林毅夫，姜烨.经济结构、银行业结构与经济发展：基于分省面板数据的实证分析[J].金融研究，2006 (1)：7-22.

[3] 林毅夫，李志赟.中国的国有企业与金融体制[J].经济学（季刊），2005 (4)：913-936.

[4] 林毅夫，孙希芳，姜烨.经济发展中的最优金融结构理论初探[J].经济研究，2009(8)：4-17.

[5] 林毅夫，孙希芳.银行业结构与经济增长[J].经济研究，2008(3)：31-45.

[6] 林毅夫，徐立新.金融结构与经济发展相关性的最新研究进展[J].金融监管研究，2012(3)：4-20.

[7] 林毅夫，章奇，刘明兴.金融结构与经济增长：以制造业为例[J].世界经济，2003(1)：3-21.

[8] 王霄，张捷.关于中小企业问卷调查的若干问题：与美国中小企业融资调查之比较与借鉴[J].统计研究，2007(8)：26-29.

[9] 吴晗，段文斌.银行业市场结构、融资依赖与中国制造业企业进入：最优金融结构理论视角下的经验分析[J].财贸经济，2015(5)：72-83.

[10] 解维敏，方红星.金融发展、融资约束与企业研发投入[J].金融研究，2011(5)：171-183.

[11] 姚耀军，董钢锋.中小企业融资约束缓解：金融发展水平重要抑或金融结构重要：来自中小企业板上市公司的经验证据[J].金融研究，2015 (4)：148-161.

[12] 姚耀军，董钢锋.中小银行发展与中小企业融资约束：新结构经济学最优金融结构理论视角下的经验研究[J].财经研究，2014(1)：105-115.

[13] 张伟斌，刘可.供应链金融发展能降低中小企业融资约束吗：基于中小上市公司的实证分析[J].经济科学，2012(3)：108-118.

[14] ALMEIDA H M，CAMPELLO. The Cash Flow Sensitivity of Cash[J]. Journal of Finance. 2004，59(4)：177-1804.

[15] BECK T，DEMIRGUC-KUNT A. Small and Medium-size Enterprises：Access to Finance as A Growth Constraint[J]. Journal of Banking & Finance，2006，30(11)：2391-2943.

[16] BECK T，DEMIRGUC-KUNT A，MAKSIMOVIC V. Finance and Legal Constraints to Growth：Does Firm Size Matter？[J]. The Journal of Finance，2005,60(1)：137-177.

[17] BECK T，DEMIRGUC-KUNT A，MAKSIMOVIC V. Financing Patterns Around The World：Are Small Firm Different？[J]. Journal of Financial Economics，2008,89 (3)：467-487.

［18］BECK T. Financing Constraints of SMEs in Developing Countries：Evidence，Determinants and Solutions［R］. Washington D. C. ；The World Bank，2007.

［19］DEMIRGUC-KUNT A，FEYEN E，LEVINE R. Optimal Financial Structures and Development：The Evolving Importance of Banks and Markets［Z］. World Bank，mimeo，2011.

- -

【作者】

吴梁，中共玉环市委党校四级主任科员

- -

政策工具视角下的地摊经济政策选择分析

张雅君　龚呈婷

一、问题提出

政策工具是决策者及实践者为解决某一社会问题或实现某一政策目标而采用的具体方式和手段。作为政府治理的手段和途径,政策工具在公共政策目标与结果之间起到桥梁的作用。政策工具核心目的是将政策意图转变为精准治理行为,从而将政策想法付诸实践,促进社会治理的价值目标和制度规范与社会现实的统一,加快推进市域社会治理现代化。

当前,为了促进中小微企业和个体工商户复商复市,释放国民经济新动能,中央文明办明确,在 2020 年全国文明城市测评指标中不将马路市场、流动商贩列为文明城市测评考核内容。成都、厦门及杭州等地先后明确鼓励发展地摊经济,倡导重启地摊经济促使其出现一个井喷的状态,如何把握地摊经济与城市管理的平衡点,成为市域社会治理现代化的题中之义。本文在梳理政策工具相关研究的基础上,对城市治理工具进行重新分类划分,结合政策工具的特性以及城市管理治理变迁,从而提出适用于地摊经济的政策工具,实现地摊经济管理的法治、精治和自治。

二、文献综述

学界历来重视对政策工具的研究,特别是在政策工具类型研究方面已经有了丰富的研究成果。总的来说,学者们基于不同的标准,对政策工具进行了不同的分类。国外方面,澳大利亚学者欧文·休斯将政府工具分为政府供应、生产、补贴和管制四种类型。美国学者萨瓦斯按照服务的实施者、生产者和消费者的动态关系总结出了10种政策工具或模式,且按照政府干预程度的强弱,将其具体划分为政府服务到自我服务的连续光谱。加拿大政策学者迈克尔·豪利特也按照国家干预程度标准将政策工具划分成1到10的连续光谱,并将其划分成自愿性工具、混合型工具和强制性工具三类。国内方面,陈振明借鉴了新公共管理的理论与方法,将政策工具划分为市场化工具、工商管理技术和社会化手段三类。顾建光以使用方式为标准,将政策工具划分成管制类工具、激励类工具和信息传递类工具三类。朱春奎对政策工具的分类研究进行系统梳理,基于豪利特的分类,将次级政策工具进一步细化,增加了命令性和权威性工具、契约和诱因型工具等。

由此可见,当前学界对于政策工具的类型研究角度不一、标准众多,导致分类众多,但是有的分类忽视了自愿性工具即自我服务、自愿性组织,有的次级工具过于庞杂,可行性较差,有的把政府管制当作市场工具,从而忽视了政府管制体现政府基本职能的重要性。因此,本文在之前学者研究的基础上,结合政策工具的特性和政府治理转变的实际,提出新的政策工具分类方式,并以此来分析作为政策的地摊经济为何被重新激发,并成为热点。

三、理论框架

从之前的文献可以看出,政策工具的分类遵循不同的标准,但是都有不完善的地方,用来分析地摊经济有点"削足适履",因此要重新设定标准,分析政策工具的影响因素,并且提出新的政策工具类型。

(一)政策工具的影响因素

1.政策工具的特性。政策工具具有四种特性,决定了它最后的分类方式。一是可见性。即某一政策工具被大众清楚了解的程度,政策工具缺乏可见性会加剧信息不对称性。二是直接性。指的是政策工具作用于其目标对象的直接程度,公民和政府间的联结是解决不平等的传统方法,间接工具的使用会影响公民和政府间关系,导致政府的权威以及形象受损。三是自动性。主要指那些依赖于现有的程序或大范围行政治理的政策工具,它需要发挥公民的主观能动性,避免了任何形式的决定。四是强制性。如果一项政策工具强制性越强,明确禁止某种行为时,那么它的民主性就会越强。这些特性是政策工具分类的重要参照,只有与其相适应,才能得出合适的政策。

2.基层治理的现实需要。公共性是现代民主政府应秉持的价值理念,政策治理手段则是重要的载体。因此寻求契合治理现代化的政策工具显得尤为重要。一是政府治理工具需要民主化。在实践中,基层政府建立了不同程度公民参与行政决策的民主机制,尤其是公共政策制定中政策工具的选择与运用需围绕民主的责任机制、回应机制、参与机制。二是政府治理工具需要市场化。政策工具选择目的是在费用和能源尽量少的前提下,尽可能高效地解决问题或完成任务。在这种以追求利润最大化为诉求的市场机制的作用下,需要创造公平竞争、激励的环境,以此来营造出社会发展的动力,既保证政府高效服务,又追求更实质的合理性。三是政府治理工具需要法治化。全面法治化的地方政府既是实现政治民主的前提保障,又是健全市场化机制的需要,导致政府治理过程必须将地方政务纳入合法的制度化法治下,最大化运用地方制度性资源,不断促进地方政策创新。总之,政府治理工具的选择必须要与公共政策治理整体结合起来,在市场和民主价值的影响下其治理工具的选择也更具挑战性和考量性,也将不断激发政府治理的创新性,促使政策工具不断向现代化治理迈进。

(二)政策工具的分析框架

政府治理的政策工具在现实需要驱动下,结合政策工具特性和地摊经济发展需求,按照城市治理强制程度高低和功能差异归类为强制类、服务类、引导类和自助类四种类型的治理工具。

1.强制类政策工具。政治民主性以及健全的市场化机制都需要强制性的、法治类政策工具来保障,因此强制类的政策工具在确保地摊经济有序发展的过程中是必不可少的。对地摊经济进行治理的政策工具也比较多,虽然摊贩营业可以不办营业执照,但必须要严格遵守我国《中华人民共和国烟草专卖法》《中华人民共和国药品管理法》《中华人民共和国食品安全法》《中华人民共和国产品质量法》《中华人民共和国刑法》等,同时出台相关规章制度,主要包括城市管理相关条例、食品摊贩卫生管理相关条例,等等,因各地区地摊管制呈现出不同的特征,应采取分级管理制度。

2.服务类政策工具,根据政策工具可见性、直接性等特性,以及基层治理工具民主化与市场化的需要,进一步优化地摊经济发展环境迫切需要服务类政策工具的配合。主要是在完善城市基础设施建设的前提下,加大对各类摊贩的扶持力度,促进地摊经济发展的科学性、合理性,如金融政策、教育培训政策及完善市场规范化等等。

3.引导类政策工具,政策工具自动性以及基层治理的民主化都要求发挥公民的主观能动性,政府治理则需要正确引导激发摊贩主的能动作用,引导类的摊贩管理政策就应运而生。主要是指发挥非政府组织的培训和人力资源优势,增加摊贩者的法治和公民意识,引导他们进行自我教育和自我管理,比如建立摊贩行业组织或协会、建立第三方评估反馈机制等等。

4.自助类政策工具,党的十九大提出了要"打造共建共治共享的社会治理格局",参与权也是人民群众的一项重要权利,凸显了人民对民主、法治等现实需求。因此,为更好引导摊贩主的参与,就要通过自助类的政策工具来创造他们参与治理条件。结合互联网大数据和流动摊贩管理特性,制定政府数据开放共享管理办法,逐步形成地摊管理领域大数据共建共享机制,如摊贩自助准入登记、集中线上线下双向管理及实时摊位分流等等。

四、Y市地摊经济的政策工具变迁

Y市地处浙江东南沿海,是著名的海岛城市,虽然人口不多,但是产业结构合理,县域经济较为发达。近年来,Y市经济社会快速发展,对于城市管理的挑战也越来越大,特别是Y市政府提出要创建全国文明城市的口号后,对城市环境的整治更为严格,对流动摊贩的处理力度是不断加大。总体来说,Y市地摊管理的实践上可以分为两个阶段。

1.集中整治阶段。在开始阶段,管理部门采取"零容忍"的态度,全范围取缔流动摊点。城市综合执法部门采取区域管理的方法,规划成网格状若干区域,且分别有责任人包干治理流动摊贩。强制类政策工具实施为主,虽然方法比较粗暴简单,就是抓到处理即没收、罚款,但是通过这种手段在一定程度上大量减少流动摊贩,取得显著成效。但是,整治效果持续性不太可观,Y市一般定期进行较为集中的整治,并采取结果导向的考核,这对各区域执法大队都造成很大压力,虽然集中整治采取重罚严惩的手段让城市治理得到很大改善,但长时间后摊贩就摸到执法者的门路了,情况又会反复。究其原因,主要还是政策的实施未从根本上解决问题,买卖需求仍然存在。在政策高压下,流动摊贩只是暂时转移,当执法情况有所放松时,他们就马上发展,这无疑给城市治理工作带来了不小的挑战。

2.有前提条件的"解禁"阶段。由于治理工作未得到实质性的进展,政府相关部门进行反思,改变治理工具和思想。单单进行机械的一刀切不可能彻底解决流动摊贩的问题,因为公众需要摊贩的存在,这也使得政策从原来的"零容忍"发展到有条件的"解禁"的管理。通过对市民基本意见的调查、了解,对各区域进行统一规划,对经营范围和区域采取限定的方法,允许流动摊贩在指定时间和范围内经营。即在不影响城市交通和整体形象的前提下,对经营范围和时间进行严格控制,但对主要街道、商业区仍严格管控,不允许流动摊贩的展开。同时,政府部门还在工作效率上积极探索治理方式,通过对城区部分菜场、小区等人流大的 12 个重点区域安装监控摄像头,采取"定点监控"+"喊话警告"的方式,对区域内无照经营的流动摊贩、违规未摆放在规定区域的摊贩等现象进行劝阻,这种"非接触性执法"的柔性管理工作模式缓和了政府管理部门与摊贩主之间的关系,但是也没有完全消除双方之间的矛盾,地摊管理仍须不断改进与创新。

五、地摊经济的政策工具选择

地摊经济的重启,一方面在一定程度上可以增加就业拉动经济发展,缓解当前特殊时期的就业压力,改善人民生活质量,另一方面,烟火气唤起对城市的最初记忆。如何更好地引导地摊经济向着合理、合法、有序的方向发展就显得尤为重要,因此要坚持以人为本,协调各方利益,选择合理的政策工具,通过综合治理措施引导全社会共同参与,为地摊经济创造存在和发展的平台。

1.建立健全相关法律法规,严格使用强制类政策工具实现法治。管理条例作为地方性法规,是指导人们行为的准则,引导人们知道哪些不能做、具体怎么做的规范流程。因此在设定时要考虑到实际操作层面的具体条款,即符合标准的具体要求。一方面便于上级监管部门作为监督考核的依据,另一方面也为今后执法过程中更好做到有法可依,避免法律虚置情况的出现。具体而言包括地摊经营范围、经营品类和时间限制以及从业人员要求等的地摊管理办法或相关管理条例。

2.不断完善相关支持政策,通过服务类政策工具实现精治。地摊主一般都是下岗待业人员和进城务工人员,他们收入较微薄且受教育程度相对不高,劳动技能缺乏,因此要加大金融扶持和教育培训力度,促使地摊经济发展的同时培养符合市场对口劳动力。关于金融扶持政策,一方面可以设立流动摊贩基金,抑或可为他们提供贷款担保解决启动资金问题。另一方面政府可以引导银行放松贷款政策,帮助地摊主为他们提供资金帮助,提供小额贷款,促进地摊经济的可持续发展。关于教育扶持政策,一方面政府相关部门要组织相关人员培训,不断规范劳动力培训市场,对于市场需求的各类工作岗位和技能进行针对性培训,对市场所需岗位进行分类引导,避免不对口的弊端;另一方面要加强地摊主的就业观念,制订短期和长期的职业规划,避免一窝蜂导致的过剩。

3. 政府职能转变,结合引导类政策工具实现共治。在地摊经济管理过程中,要创新公众参与机制,加大市民尤其是地摊集中规划点周边居民群众参与治理的参与度,可以成立由社区、物业等代表共同参加地摊自治组织,实行摊贩计分处罚机制,以积分制来规范地摊发展。还可以通过建立摊贩行业协会,与协会协商制定管理标准,并监督其行业成员的自律经营。还可以通过第三方建立评估反馈机制,成立第三方社会调查机构,以暗访的方式对地摊发展情况进行督查。

4. 综合运用大数据,赋能自助类政策工具实现自治。通过将大数据思维用于城市治理、保障民生等基层社会治理工作当中,政府发现问题和分析解决问题的能力得到很大提高,而发展地摊经济必然要运用大数据。可以通过制定政府数据开放共享管理办法,逐步形成地摊管理领域大数据共建共享机制,如通过统一信息平台由申请者自助申报相关摊贩信息,实现统一区域调配,通过摄像头、卫星设施等监测管理地摊规划点的各种实时信息,实现统一分流,等等,引导摊贩经济良性可持续发展。

六、结论

地摊经济重新火了起来,这个不仅是保就业保民生的需要,更说明了政府治理观念的转变和治理能力的提升,本文以地摊经济为研究对象,以 Y 市为研究案例,通过梳理政策工具的相关研究,根据政策工具的影响因素,综合考虑政策工具的特性和基层治理的转变,对城市治理工具进行重新划分,提出了新的政策工具分析框架,并为实现地摊经济管理的有序发展提供了建议。

参考文献：

［1］陈振明，薛澜.中国公共管理理论研究的重点领域和主题［J］.中国社会科学，2007（3）:140-152.

［2］陈振明.政策科学:第二版［M］.北京:中国人民大学出版社，2004.

［3］顾建光.公共政策工具研究的意义、基础与层面［J］.公共管理学报，2006（4）:58-61，110.

［4］豪利特，拉米什.公共政策研究:政策循环与政策子系统［M］.庞诗，等，译.北京:三联书店，2006.

［5］萨瓦斯.民营化与公私部门伙伴关系［M］.周志忍，译.北京:中国人民大学出版社，2002.

［6］休斯.公共管理导论:第二版［M］.张成福，译.北京:中国人民大学出版社，2010.

【作者】

张雅君,中共玉环市委党校初级讲师

龚呈婷,中共玉环市委党校初级讲师

征信系统、企业信息透明度与私营企业信贷

——基于多国数据的实证分析

池仁勇　项靖轩

一、引言

近年来,私营经济快速发展,为市场的多样性与经济的增长带来了突出的贡献,在各国经济体系中发挥着重要的作用。在这些私营企业的组成结构中,中小私营企业构成了主要部分。然而,随着私营企业不断地发展,其融资方面的问题也愈加突出。其中,信用贷款作为最主要的外部融资方式,往往是企业最传统以及最依赖的融资方式。根据世界银行的数据显示,各国私营企业的国内信贷占 GDP 的比重在 1980 年仅为 70.64%,随后一直上升,2018 年的比重达到了 129.24%,这充分说明了私营企业对信贷融资的需求不断高涨。然而,高涨的需求碰上了有限的供给造成了如今"僧多粥少"的局面,信贷配给的现象也就开始频繁出现了。

私营企业由于所有制原因,相较于国有企业更难解决融资困境(王艺明,2018),使得外部融资问题成为影响其发展的重要因素。因此,提升融资能力对于私营企业的创新发展来说至关重要。同时,私营企业中的大部分中小私营企业往往不具备较好的企业信息透明度,与信贷供给方之间信息不对称,难以获得信贷支持,使得信贷配给现象难以消除。但近年来征信系统的发展为这一现象带来了转机,其作为一项金融基础设施建设,通过专业化的、独立的第三方机构为个人或企业建立信用档案,帮助信贷供给方查询到信贷人的信用信息,一定程度上解决了借贷双方的信息不对称问题,提高了借贷过程中的信息透明度。同时,信息技术的不断变革促进了大数据征信的发展,并衍生了一系列新时代的征信技术,进一步加强

了征信系统的运行效率(刘音露,2019)。另一方面,征信系统发展的侧重点会根据国家经济发展程度的变化产生一定的偏差,有的国家会更偏向于对征信系统的覆盖范围进行扩张,而有的国家会偏向于对征信的信息质量进行进一步的提升,两者的作用机制不尽相同,各自具有不同的特点与适应性。

综上所述,本文基于"征信系统—企业信息透明度—私营企业信贷"的逻辑链条,探明征信系统发展与私营企业信贷之间是否是通过改变企业信息透明度来产生影响。同时,针对信息技术发展在征信系统、企业信息透明度、私营企业信贷之间产生何种调节作用以及对征信系统深度发展与广度发展各自所带来的影响进行研究。

二、文献综述与研究假设

(一)征信系统与私营企业信贷

早期的研究认为,征信系统带来的作用主要集中在三个方面:首先,征信系统带来的信息共享能减少因信息不对称所带来的逆向选择问题(Pagano and Jappelli,1993)。其次,通过征信系统的信息共享可以降低企业因银行对信息进行垄断而造成的超额利息(Padilla and Pagano,1997)。最后,征信系统的存在能大概率降低企业同时对多家银行进行超额负债的情况(Ongenah and Smith,2000)。

相对而言,征信系统对私营企业的影响更甚于国有企业。在私营企业的组成体系中,中小企业占据了很大一部分比例,且多数中小企业财务信息缺失较多,信贷供给方很难从中获得需要的企业信息,使得其不愿为中小私营企业提供信贷支持,因此造成了市场上私营企业信贷供给不足的现象。而征信系统的出现为这一现象提供了有效的解决途径。其对企业日常信息进行收集、整理和加工,有利于信贷供给方进行信息甄别,以更小的代价来获取企业的信息,降低了信贷供给方的信贷风险与借贷成本,增加了其对私营企业放贷的意愿。另一方面,征信系统的存在还可以减少企业多头借贷的现象,降低了信贷供给方的信贷风险,抑制了信贷配给现象的产生,从而增加私营企业信贷的规模。此外,征信系统所带来的惩戒机制在很大程度上降低了信贷市场的违约行为,使得信贷供给方更倾向于发放贷款,导致信贷总额的增加。据此,本文提出如下研究假设:

H1：征信系统能有效促进私营企业信贷规模。

（二）企业信息透明度的中介作用

在关于征信系统与信息透明度的相关研究中，张海燕（2020）认为征信系统作为我国重要的金融基础设施，具有提升小微企业信息透明度的作用。崔振国（2016）在对新三板挂牌企业的研究中发现，征信系统的发展有利于促进新三板挂牌企业真实、准确、完整地披露公司的相关会计信息，有效提升企业的信息透明度。而在关于企业信息披露与银行信贷的关系研究中，学者们普遍认为较高的企业信息透明度可以有效提升企业信贷，缓解企业的融资约束（雷宇，2011；翟光宇，2017）。其中，廖秀梅（2007）对其进行了更深入的研究，发现私营企业相对于国有企业，更依赖于通过提升企业信息披露来获取银行信贷。

由于私营企业存在信息不对称，因而信贷供给方无法有效对私营企业信贷之后的履约行为进行动态跟踪监管，同时又无法对违约后的私营企业实行严厉的惩戒，那么对申请到贷款的私营企业来说，变更信贷资金的用途，或者隐瞒信贷资金创造的利润，甚至利用假破产恶意逃废银行债务的行为也就成了屡见不鲜的事件。这一现象使得信贷供给方很难获取企业的实际信息，导致其宁愿放弃较高的贷款利息以避免风险的发生。这种恶性循环的出现使得企业从银行获得信贷支持愈加困难。而征信系统的出现在一定程度上缓解了这方面的问题。其作为重要的金融基础设施，主要职责就是负责收集并处理信息，主要包括私营企业主的日常生活的交易数据和社交数据以及企业财务数据，并通过这些信息对企业进行分析评估，得到更准确的企业信用，有效提升了企业的信息透明度。随着企业信息透明度的提升，信贷供给方可以花费更低的成本去查询企业的信用风险。企业可以通过提高信息披露质量增加信息透明度来向信贷供给方传递偿债能力的可靠信号，从而帮助企业获得更多的信贷融资。据此，本文提出以下研究假设：

H2：企业信息透明度在征信系统发展与私营企业信贷的关系中具有中介作用。

（三）信息技术发展的调节作用

信息技术发展对于征信系统的辅助作用具有很好的现实意义，相对于传统的征信系统，其具有多种类型的评估模型（Crosman，2012），能对互联网金融风险进行有效抑制(马杰,2015),同时也可以更好地控制小微企业的信贷风险(周大林,2017)。在传统的征信模式中,信贷供给方主要依靠客户主动提供的信用信息、商业银行内部的历史交易数据以及国家征信中心提供的数据等。这些数据虽然具有很强的针对性,但数据的维度较为狭窄,信用信息过于单一,使得金融机构很难通过这些数据对企业的风险进行评估(冯文芳,2016)。同时,李真(2015)也认为传统征信模式缺乏时效性和连续性,监管难度较大,很难达到预期效果。而由信息技术发展所带来的大数据征信有效地解决了这一方面的问题,相对于传统征信模式,大数据征信模式所带来的数据具有更广泛的维度与更丰富的内容,例如社交网络平台以及政务服务网的日常信息,对企业的真实面貌进行描绘,使信贷供给方能对企业有一个更为全面的了解。另一方面,大数据征信所具备的热数据的特征使数据成为一种在线实时更新的状态,有效地保证了数据的时效性,提升了企业信息透明度。随着企业信息透明度的提高,银企之间的信息不对称关系得到缓解,信贷风险得到有效的控制,信贷供给方愿意提供更多的信贷,私营企业的信贷规模也得到相应的提升。

其次,信息技术发展所带来的区块链技术也为征信系统的发展提供了很大的帮助,其数据溯源机制可以改善数据的可信度,让数据获得信誉,保证了数据分析结果的正确性。此外,区块链技术可以在征信数据不泄露的基础上实现征信数据的共享,化解了借款者多头借贷的难题。因此,其提高征信数据质量以及实现征信数据共享的功能为征信信息的准确性与可得性提供了有效保障,进一步强化了征信系统的能力,从而影响了私营企业的信贷规模。

综上所述,当征信系统辅以信息技术的支持后,银行获取企业信息的成本和完善性都得到了充分的改善,降低了银企之间的信息不对称,使信贷供给方对私营企业的经营情况有了更清晰的认知,增加其对私营企业的放贷意愿。据此,提出以下研究假设:

H3a:信息技术对征信系统与私营企业信贷的关系起调节作用;

H3b:信息技术对征信系统与私营企业信贷的部分调节作用是通过企业信息透明度的中介实现的。

(四)征信系统深度与广度的影响

在上文的分析中,已经对征信系统与私营企业信贷的关系进行了介绍,但征信系统的深度与广度两种内在特性所作用的机制完全不同,因此,下文将会对征信系统两种不同的内在特性与私营企业信贷的关系进行研究分析。

征信的深度与广度是征信系统的两个基本属性,能直观地反映出征信系统的发展程度,但两者的作用机理确实完全不同。征信的广度提升主要依靠征信覆盖范围的扩展,能有效提升征信系统收录的企业数和人数。而征信的深度提升则较依赖于征信制度以及技术的发展,其能进一步获取更深层次的信息,提升所获取信息的有效性。两种截然不同的作用方式使得它们所适用的场景也会有所不同。在经济较落后的国家,征信的覆盖面还不全面,仍存在许多企业或个人的基本数据无法获得的现象,导致信贷供给方与私营企业之间存在过度的信息不对称,因此,征信广度的提升可以大幅度增加征信覆盖企业,有效降低信贷双方的信息不对称性,对提升企业信贷产生更显著的作用。另一方面,在经济较发达的地区,相对而言,征信建设已得到较好的发展,征信覆盖面已较为全面。此时,信贷供给方对企业的基本信息已较为了解,征信广度的增加并不会产生太大的影响,需要的是更深层面的信息来决定自身的投资意愿,因此,征信深度的发展会有效提升企业的信息透明度,进而使得信贷规模得到增加。基于以上分析,本文提出如下假设:

H4a:在经济较为落后的国家,发展征信广度更能促进私营企业信贷的增加;

H4b:在经济较为发达的国家,发展征信深度更能促进私营企业信贷的增加。

三、研究设计与数据介绍

(一)数据来源

本文所使用的各项数据均来自世界银行营商环境项目(Doing Business)。由于世界银行对于征信信息深度指数和法律权利力度指数的计量方法在 2013 年发生了变更,此外,世界银行数据库中信息技术发展的衡量指标目前只更新到 2017 年,为了保证实证数据口径的一致,本文选取的样本时期为 2013—2017 年。筛选、整理后,本文最终选取了 2013—2017 年间的 103 个国家的面板数据作为本文的研究样本,随后使用 Excel 对数据进行整理,并使用 stata15.0 和 spss23.0 进行统计分析,进行实证检验。

（二）变量测量

1.被解释变量。本文的被解释变量为私营企业的信贷规模。本文是基于国家层面进行分析，因此参考龙海明（2017）的测度方式，以私营企业国内信贷金额占GDP的比重来衡量私营企业的信贷规模。

2.解释变量。本文采取较为广泛的研究方式，参考龙海明（2017）提出的征信系统发展总指数来表示征信系统发展程度。在上述的公式中，征信深度指数反映的是一国从公共或私营征信机构获取信息的难易程度以及所获取信息的质量及范围。该指数从0到8共有9个等级，等级越高表明从征信机构获取有助于贷款决策的信用信息越多。

3.中介变量。本文以世界银行数据库中各国企业总体信息披露程度为衡量指标，以信息披露指数来表示各国企业信息透明度。该指数范围为0至10，数值越大表明披露程度越高。

4.调节变量。本文考虑到数据的可得性，在参考张之光（2015）的基础上，以各国信息技术产业服务的出口比值和进口比值的平均数来表示各国的信息技术发展水平。

表1　变量选取及说明

变量名称	符号	变量定义
征信系统发展程度	PPCDI	（公共征信覆盖率＋私营征信覆盖率）×征信深度指数
征信广度指数	CSI	公共征信覆盖率＋私营征信覆盖率
征信深度指数	CDI	取值0—8，分值越高，信用信息分享程度越高
私营企业信贷	LOAN	私营企业国内信贷/GDP
企业信息透明度	LT	序数变量，取值0—10，数值越大，信息透明度越高
信息技术发展	DLIT	（信息技术服务出口/总出口＋信息技术服务进口总进口）2
债权人保护力度	SL	序数变量，取值0—12，数值越大，保护力度越高
贷款利率	LIR	银行向主要客户收取的贷款利率
货币增长率	MGR	（本年度M2—上年度M2）/上年度M2
人均GDP	LNPGDP	人均GDP的自然对数
经济景气程度	GDPG	GDP增长率
国家市场化程度	DNM	外商直接投资额/GDP

5.控制变量。(1)人均 GDP。(2)经济景气程度。(3)贷款利率。(4)货币增长率。(5)国家市场化程度。(6)债权人保护力度。

(三)模型设定

为研究征信系统发展对私营企业信贷的影响,本文设定模型(1)以验证假设一:

$$LOAN = \alpha_0 + \alpha_1 PPCDI + \alpha_2 SL + \alpha_3 LIR + \alpha_4 MGR + \alpha_5 LNPGDP + \alpha_6 GDPG + \alpha_7 DNM + Year + \varepsilon \tag{1}$$

为验证企业信息透明度的中介作用,本文设定模型(2)以验证假设二:

$$LOAN = \alpha_0 + \alpha_1 PPCDI + \alpha_2 SL + \alpha_3 LIR + \alpha_4 MGR + \alpha_5 LNPGDP + \alpha_6 GDPG + \alpha_7 DNM + Year + \varepsilon$$

$$LT = \alpha_0 + \alpha_1 PPCDI + \alpha_2 SL + \alpha_3 LIR + \alpha_4 MGR + \alpha_5 LNPGDP + \alpha_6 GDPG + \alpha_7 DNM + Year + \varepsilon$$

$$LOAN = \gamma_0 + \gamma_1 PPCDI + \gamma_2 LT + \gamma_3 SL + \gamma_4 LIR + \gamma_5 MGR + \gamma_6 LNPGDP + \gamma_7 GDPG + \gamma_8 DNM + Year + \varepsilon \tag{2}$$

为进一步讨论信息技术进步对征信系统的影响,本文还加入征信发展程度与信息技术发展的交乘项以检验假设三,并构建模型(3)如下:

$$LOAN = \alpha_0 + \alpha_1 PPCDI + \alpha_2 DLIT + \alpha_3 PPCDI * DLIT + \alpha_4 SL + \alpha_5 LIR + \alpha_6 MGR + \alpha_7 LNPGDP + \alpha_8 GDPG + \alpha_9 DNM + Year + \varepsilon$$

$$LT = \beta_0 + \beta_1 PPCDI + \beta_2 DLIT + \beta_3 PPCDI * DLIT + \beta_4 SL + \beta_5 LIR + \beta_6 MGR + \beta_7 LNPGDP + \beta_8 GDPG + \beta_9 DNM + Year + \varepsilon$$

$$LOAN = \gamma_0 + \gamma_1 PPCDI + \gamma_2 DLIT + \gamma_3 PPCDI * DLIT + \gamma_4 LT + \gamma_5 LT * DLIT + \gamma_6 SL + \gamma_7 LIR + \gamma_8 MGR + \gamma_9 LNPGDP + \gamma_{10} GDPG + \gamma_{11} DNM + Year + \varepsilon \tag{3}$$

为验证征信系统深度与广度的直接作用效果,本文设定模型(4)以验证假设四:

$$LOAN = \alpha_0 + \alpha_1 CSI + \alpha_2 CDI + \alpha_3 SL + \alpha_4 LIR + \alpha_5 MGR + \alpha_6 LNPGDP + \alpha_7 GDPG + \alpha_8 DNM + Year + \varepsilon \tag{4}$$

四、实证分析

(一)变量的描述性统计

首先,为了解本文所使用数据的分布特征,运用 spss23.0 统计软件对本研究所涉及的各项变量的指标进行描述性分析。结果如表 2 所示,从各个国家的征信系统发展程度的最大值和最小值以及标准差可见,各个国家的差异较大,说明各个国家的征信系统发展得并不均衡。征信系统发展的均值为 3.23,对比中国 2017 年的征信系统发展数值 7.62,可以看出中国的征信系统发展建设是领先于世界平均水平的。企业信息透明度(LT)的最值之差为 10,标准差为 2.65,可见各国的企业信息透明度差异明显。贷款利率(LIR)、货币增长率(MGR)、经济景气程度(GDPG)以及国家市场化程度(DNM)这四项宏观经济指标的标准差都小于 0.1,表明这几项变量的分布都较为集中,差异较小。

表 2 变量的描述性统计分析表

变量	样本量	均值	中位数	最小值	最大值	标准差
PPCDI	515	3.23	2.30	0.00	16.00	3.27
LOAN	515	0.58	0.45	0.05	2.33	0.44
CSI	515	0.46	0.37	0.00	2.00	0.43
CDI	515	4.98	6.00	0.00	8.00	3.09
LT	515	5.65	6.00	0.00	10.00	2.65
DLIT	515	0.08	0.06	0.01	0.35	0.07
SL	515	5.15	5.00	0.00	12.00	2.96
LIR	515	0.11	0.09	0.01	0.60	0.09
MGR	515	0.10	0.09	−0.06	0.52	0.08
LNPGDP	515	8.60	8.60	5.55	11.37	1.33
GDPG	515	0.03	0.03	−0.21	0.21	0.03
DNM	515	0.04	0.03	−0.37	0.59	0.07

(二)回归结果分析

首先利用 stata15.0 对样本数据进行 LR 检验来判定选择混合 OLS 回归模型

民营经济创新治理

还是固定效应面板回归模型，检验结果为：P 值为 0.0000，拒绝原假设，结果显示应该选择固定效应面板回归模型。再利用 stata15.0 对样本数据进行 Hausman 检验来判断应该选择固定效应面板回归模型还是随机效应面板回归模型，Hausman检验的结果为：P 值为 0.000，检验结果表明样本数据存在显著的个体效应，所以本文需要选择固定效应面板回归模型进行多元回归分析。

接着考察征信系统发展对私营企业信贷的影响，分析结果显示征信系统发展（PPCDI）与私营企业信贷（LOAN）的系数为 0.014（T 值为 2.52），在 5% 的水平上显著，P 值小于 0.05，因此拒绝原假设，证明征信系统发展能促进私营企业信贷规模的增长。

表 3　征信系统发展对私营企业信贷的固定效应模型回归结果

VARIABLES	LOAN
PPCDI	$0.014^{**}(2.52)$
SL	$0.012^{**}(2.40)$
LIR	$-0.770^{***}(-3.84)$
MGR	$-0.544^{***}(-2.64)$
LNPGDP	$0.159^{***}(10.14)$
GDPG	$0.500(0.95)$
DNM	$1.110^{***}(5.23)$
Cons	$-0.820^{***}(-5.33)$
F 值	65.65^{***}
个体效应	固定
Observation	515
R-squared	0.47

表 4　企业信息透明度的中介效应回归结果

VARIABLES	LOAN	LT	LOAN
PPCDI	$0.014^{**}(2.52)$	$0.268^{***}(6.48)$	$0.005(0.86)$
LT			$0.033^{***}(5.89)$
SL	$0.012^{**}(2.40)$	$0.124^{***}(3.20)$	$0.008(1.62)$
LIR	$-0.770^{***}(-3.84)$	$-4.407^{***}(-2.86)$	$-0.624^{***}(-3.19)$

VARIABLES	LOAN	LT	LOAN
MGR	$-0.544^{***}(-2.64)$	$-0.110(-0.07)$	$-0.540^{***}(-2.71)$
LNPGDP	$0.159^{***}(10.14)$	$-0.258^{**}(-2.14)$	$0.167^{***}(10.99)$
GDPG	$0.500(0.95)$	$7.621^{*}(1.87)$	$0.248(0.48)$
DNM	$1.110^{***}(5.23)$	$1.853(1.14)$	$1.049^{***}(5.10)$
Cons	$-0.820^{***}(-5.33)$	$6.550^{***}(5.53)$	$-1.037^{***}(-6.75)$
F 值	65.65^{***}	12.00^{***}	65.65^{***}
个体效应	固定	固定	固定
Observation	515	515	515
R-squared	0.47	0.14	0.51

模型二中,征信系统发展(PPCDI)与私营企业信贷(LOAN)的回归系数为 0.014(t 值为 2.52),在 5% 的水平上显著,也就是征信系统的发展会促进私营企业的信贷规模。征信系统发展(PPCDI)与企业信息透明度(LT)的回归系数 β_1 为 0.268(t 值为 6.48),在 1% 的水平上显著,说明征信系统发展与企业信息透明度正相关。而信息透明度(LT)与私营企业信贷(LOAN)的回归系数 γ_2 为 0.033(t 值为 5.89),在 1% 的水平上显著,根据温忠麟和叶宝娟(2014)中介效应检验流程可知,当 β_1 与 γ_2 都显著时,说明中介效应显著。此时,再对 γ_1 进行分析,可以发现,征信系统发展(PPCDI)与私营企业信贷(LOAN)的回归系数 γ_1 为 0.005,并不显著,说明企业信息透明度存在完全中介作用。

模型三中的系数 α_3,征信系统发展(PPCDI)与信息技术发展(DLIT)交互项的系数为 0.324(t 值为 3.63),在 1% 的水平上显著,说明信息技术对征信系统与私营企业信贷的关系起正向调节作用,即拥有较强信息技术与征信系统的国家,其私营企业信贷的规模也会越大,假设 H3a 得到验证,可以进行下一步分析。

其次,对 β_3 和 γ_4,β_3 和 γ_5,β_1 和 γ_5 这三组系数进行检验,由模型三中的回归分析结果可以看出征信系统发展(PPCDI)与企业信息透明度(LT)的回归系数 β_1 为 0.238(t 值为 3.51),在 1% 的水平上显著为正,企业信息透明度(LT)与信息技术发展(DLIT)交互的系数 γ_5 为 0.363(t 值为 3.22),在 1% 水平上显著,有中介调节模型成立,表明信息技术发展会促进征信系统发展与私营企业信贷之间的关系,但信息技术的调节作用又是通过改变企业信息透明度来实现的,与假设提出的方向

民营经济创新治理

一致。

最后再对 γ_3 系数进行检验,征信系统发展(PPCDI)与信息技术发展(DLIT)交互的系数 γ_3 为 0.196(t 值为 2.08),在 5% 的水平上正向显著,再根据上述流程图的判别标准可以发现信息技术发展的调节作用是通过部分企业信息透明度的中介实现的(间接效应占了 65.31%),即信息技术发展强化了征信系统的运行效率,改善了国家整体的企业信息透明度,降低了信贷供给方所需承担的潜在风险,从而相应地增加了私营企业信贷的规模,使得假设 H3b 得到验证。

表 5　信息技术调节效应回归分析表

VARIABLES	LOAN	LT	LOAN
PPCDI	$-0.015^*(-1.78)$	$0.238^{***}(3.51)$	$-0.012(-1.37)$
DLIT	$0.206(0.64)$	$3.523(1.38)$	$-1.810^{***}(-2.71)$
PPCDI * DLIT	$0.324^{***}(3.63)$	$0.179(0.25)$	$0.196^{**}(2.08)$
LT			$0.003(0.34)$
LT * DLIT			$0.363^{***}(3.22)$
SL	$0.011^{**}(2.18)$	$0.118^{***}(3.06)$	$0.006(1.21)$
LIR	$-0.620^{***}(-3.14)$	$-3.798^{**}(-2.43)$	$-0.500^{***}(-2.62)$
MGR	$-0.626^{***}(-3.12)$	$-0.380(-0.24)$	$-0.591^{***}(-3.06)$
LNPGDP	$0.157^{***}(10.09)$	$-0.232^*(-1.88)$	$0.165^{***}(10.96)$
GDPG	$0.267(0.52)$	$6.960^*(1.71)$	$-0.035(-0.07)$
DNM	$0.738^{***}(3.42)$	$1.083(0.63)$	$0.544^{**}(2.54)$
Cons	$-0.794^{***}(-5.03)$	$6.140^{***}(4.92)$	$-0.842^{***}(-5.22)$
F 值	58.28^{***}	9.96^{***}	55.30^{***}
个体效应	固定	固定	固定
Observation	515	515	515
R-squared	0.51	0.15	0.55

在模型四中,本文以人均 GDP 的均值 8.60 为划分标准,将总样本划分为低发展组与高发展组。按照经济发展程度分组回归之后,具体回归结果如表 6 所示。在第一组中,征信系统广度指数(CSI)与私营企业信贷(LOAN)的系数 α_1 为 0.124(t 值为 2.02),在 5% 的水平上显著为正,而征信深度指数(CDI)与私营企业信贷(LOAN)的系数 α_2 为 -0.002(t 值为 -0.37),并不显著。这说明了在低发展地

区,征信范围的增大比征信深度的增加更能促进私营企业信贷的增长。而在第二组中,征信系统广度指数(CSI)与私营企业信贷(LOAN)的系数 β_1 为 -0.027(t 值为 -0.28),并不显著,征信系统深度指数(CDI)与私营企业信贷(LOAN)的系数为 0.048(t 值为 3.02),在 1% 的水平上显著为正。这说明了在高发展地区,征信系统已实现了大面积覆盖,进一步增加覆盖范围对私营企业信贷所产生的影响已经微乎其微,而此时征信深度的增加就显得更有意义,其能使信贷供给方在原有信息的基础上进一步了解企业的情况,进而决定是否增加信贷供给。

表 6 征信深度与广度分组回归分析表

VARIABLES	低发展地区	高发展地区
	LOAN	LOAN
CSI	0.124** (2.02)	-0.027 (-0.28)
CDI	-0.002 (-0.37)	0.048*** (3.02)
SL	-0.002 (-0.38)	0.020* (1.87)
LIR	-0.487*** (-2.88)	-0.919* (-1.75)
MGR	-0.201 (-1.12)	-1.184** (-2.55)
LNPGDP	0.134*** (5.99)	0.243*** (5.96)
GDPG	-0.090 (-0.20)	0.504 (0.42)
DNM	0.224 (0.80)	1.454*** (4.65)
Cons	-0.561*** (-3.03)	-1.859*** (-4.41)
F 值	17.59***	21.38***
个体效应	固定	固定
Observation	293	222
R-squared	0.33	0.45

五、研究结论与政策启示

本文选取 2013—2017 年 103 个国家样本数据作为研究样本,以"征信系统发展—企业信息透明度—私营企业信贷"为研究路径,并引入信息技术发展作为调节变量,通过文献回顾、理论分析、模型构建,同时运用相关中介效应检验方法,得出以下结论:第一,征信系统发展与私营企业信贷显著正相关,即征信系统发展会促进私营企业信贷规模的增加。第二,企业信息透明度在征信系统发展与私营企业信贷之间存在完全中介作用。第三,信息技术发展对该主效应存在调节作用,且调节路径为中介效应的前半路径。第四,经济较为落后的国家更适合通过发展征信广度来提升私营企业信贷,而经济较为发达的国家更适合通过发展征信深度来提升私营企业信贷。

基于上述结论,本文提出以下几个方面的相关建议:

1.加强征信系统建设,并依据国家经济状况选择合适的发展策略。在本文的研究中发现,征信系统的发展会促进私营企业信贷的增加。此外,各国征信系统的发展侧重点是会随经济状况的变动而产生差异。因此,在发展征信系统建设时,各国可以根据自身的经济状况选择合适的发展策略。如经济发展较为落后的国家可以将发展侧重点偏向征信覆盖范围的提升上,而经济发展较为发达的国家可以将侧重点放在征信深度的发展上,使征信系统建设对私营企业信贷的促进作用达到最优化,有效提升私营经济的发展。

2.加强信息技术发展。信息技术发展为征信系统所带来的增益是有目共睹的,大数据征信、供应链征信等不断涌现的新型征信方式正在不断推进征信建设的步伐。因此,各国在发展征信系统的同时,应加强信息技术的发展,充分利用互联网、大数据等信息技术的优势,对海量的信用信息进行规范化、标准化的深度挖掘,提高征信信息的多样化和个性化水平,从而促进私营企业信贷规模的增加。

3.改善企业信息披露机制,增强企业信息透明度。通过上述研究结论,我们可以了解到,企业信息透明度在征信系统与私营企业信贷之间起到了中介作用,因此,改善企业信息透明度对其来说就显得尤为重要。信息透明度的提高能够有效减缓借贷双方信息不对称的情况,使得信贷供给方能够及时有效地了解企业情况,减少信贷配给的发生。所以国家需要制定合理的信息披露机制,增强私营企业信息透明度,提升信贷供给方对企业的信任,以此增加信贷的可得性。此外,企业也需认识到自身信息披露的重要性,应积极配合征信系统建设的要求,合理披露自身的基本信息。

参考文献:

[1] 冯文芳,李春梅.互联网+时代大数据征信体系建设探讨[J].征信,2015,33(10):36-39.

［2］雷宇，杜兴强."关系"、会计信息与银行信贷:信任视角的理论分析与初步证据［J］.山西财经大学学报，2011，33(8):115-124.

［3］廖秀梅.会计信息的信贷决策有用性:基于所有权制度制约的研究［J］.会计研究，2007(5):31-38,95.

［4］刘音露，张平，徐晓萍.征信活动、信息技术进步与信贷表现［J］.国际金融研究，2019(11):45-54.

［5］李真.大数据信用征信:现实应用、困境与法律完善逻辑［J］.海南金融，2015(1):5-9.

［6］龙海明，王志鹏.征信系统、法律权利保护与银行信贷［J］.金融研究，2017(2):117-130.

［7］王艺明，刘一鸣.慈善捐赠、政治关联与私营企业融资行为［J］.财政研究，2018(6):54-69.

［8］翟光宇，张博超.货币政策、公司债务融资与会计信息透明度:基于2004—2014年中国上市公司数据的实证分析［J］.国际金融研究，2017(5):36-45.

［9］张海燕，倪凤玥，韩振亮.利用征信系统缓解小微企业融资难的对策［J］.河北金融，2020(1):24-26.

［10］张之光，王艳，赵立雨.中国信息技术投资绩效的实证研究［J］.科学学研究，2015，33(8):1141-1150,1173.

［11］CROSMAN P. ZestFinance Aims to Fix Underbanked Underwriting［J］. American Banker，2012.

［12］JAPPELLI T ，PAGANO M. Information Sharing in Credit Markets［J］. The Journal of Finance，1993(48):1693-1718.

［13］JORGE P A ，MARCO P. Endogenous Communication Among Lenders and Entrepreneurial Incentives［J］. Review of Financial Studies，1997(1):205-236.

【作者】

池仁勇,浙江工业大学中国中小企业研究院院长、教授、博士生导师

项靖轩,浙江工业大学管理学院硕士研究生

智能制造与中小企业绩效

池仁勇　　梅小苗

一、引言

随着我国经济步入新常态,经济增长更加注重质量,企业进一步发展也应该更加注重产业结构调整优化和创新驱动。而我国中小企业虽然在国民经济中占据着重要地位,但大多数仍处于劳动密集型的传统产业,生产和管理方式仍比较粗犷,信息化、数字化程度低,产品的质量管理意识较差、价值链低端。同时在全球性新冠肺炎疫情的影响下,传统的劳动密集型的中小企业受到了严重冲击,其发展也面临着前所未有的挑战。因此经济新常态的形式下,我国中小企业急需转型升级,寻找一条可持续发展的路径,以促进中小企业长期稳定发展。智能制造为我国中小企业转型升级提供了可行的方向,但中小企业由于自身规模限制、管理意识弱等问题,学者们对于智能制造与中小企业绩效的关系仍存在争议。本文立足于中小企业发展的现状和特点,基于融资约束和企业组织变革视角,讨论智能制造与中小企业绩效的关系,以期为我国中小企业智能制造实践提供理论基础。

二、理论与假设

(一)智能制造与中小企业

1.智能制造的内涵。

21世纪之前,有关学者从制造设备和产品的智能化的角度定义智能制造,通过集成知识工程、制造软件系统、机器人视觉等先进技术,模拟技工和专家的知识和经验,实现自动化的小批量生产(Wright et al,1988)。随着物联网、大数据、云计算等新一代信息技术的飞速发展和生产领域的应用,智能制造有了新的内涵,致力于通过先进的智能系统的应用,实现整个生产车间甚至是生产周期的动态响应和整个供应链网络的数字化、智能化,进一步强调了从智能化制造设备到整个生产过程和供应链的数字化和智能化(Peter E et al,2004;Dumitrache,2009)。中国学者从制造过程和环境的智能化定义智能制造应包含两个方面,即智能制造技术和智能制造系统,智能制造技术是通过计算机模拟人类专家的智能活动,并对制造智能进行收集、存储、完善、共享、继承与发展的技术;而智能制造系统则是在强调各个生产环节智能化的同时,更加注重整个制造环境和过程的智能集成(杨叔子和丁洪,1992;唐立新等,1996)。

学者们从不同的学科角度出发给出了智能制造的定义,而本文认为智能制造是一项系统工程,企业智能制造升级决不能仅仅停留在浅层次的自动化的生产设备和流水线上,而是应该包含从制造设备到制造过程、制造产品的逐步全智能化,最后集成生产、销售等各个子系统,形成管理的智能化。基于此,本文将智能制造定义为企业运用先进的科学技术,逐步实现其制造方式、过程和产品的智能化的过程,包含企业对其制造主体、制造方式和对象进行转变的一系列智能化步骤。

2.智能制造与中小企业绩效。

学者从外部环境和内部发展需要阐明了我国中小企业智能制造升级的必要性(孟凡生,2019;李梦真,2019),数字经济时代科技创新迅猛增加,大型企业利用不断发展的科技和自身的雄厚资本、人才等,在我国市场竞争中占据着绝对优势(王瑶瑶和何建华,2019;陈宪宇,2015),而中小企业由于资金、技术等问题在竞争中处于劣势,迫使中小企业必须进行转型升级,挖掘自身的潜力,朝着规模化的方向发展;近年来原材料和劳动力成本在不断攀升,成本优势不再,且产品质量和标准化程度偏低,中小企业需要转型升级,提高质量和标准化、精益化水平(易开刚和孙漪,2014;彭瑜,2016)。而智能制造能够帮助企业逐步向技术创新转型,利用核心技术不断调整自身的价值链,引导企业更加注重产品的研发创新。只有具备了强劲的创新能力,中小企业才能在激烈的市场竞争中取得持久的胜利。综上所述,本文提出了以下假设:

假设1:智能制造对中小企业绩效有着积极的影响。

（二）智能制造与企业组织变革

关于组织变革，国内外学者已经进行了非常系统的研究与探索，早在 20 世纪 70 年代，就有研究认为，组织通过变革提高运作效率，实现均衡增长，保持更具弹性的环境适应力与内部合作能力（Morgan D P，1972；Michael，1983），这一定义主要围绕组织变革的目的进行。Webber（1979）将组织变革定义为通过调整组织的政策结构或者组织内人员的意识形态（如企业文化）和组织行为。国内学者谢安田（1985）由组织内外部关系入手，将组织变革定义为外界的冲击或组织内部存在的需求发生时组织内部的组织结构、人员结构以及资源配置方式的重新整合。可见由于切入点不同，组织变革有着不同的定义。本文的组织变革属于广义上的组织变革，其定义为：企业由于受到外部冲击或自身内部产生变革需求而发生的，对其自身的战略决策、组织结构、业务流程、人员资源等多方面做出的调整，最终目的依然是提升企业的适应能力和企业绩效。同时，本文研究重点考察智能制造升级与中小企业的智能制造升级改造，故组织变革主要涉及组织内部组织战略、组织结构和业务流程三个易于观察的要素。

在 21 世纪的今天，智能制造有了新的内涵，传统的 CIMS 强调的是企业内部的物料流和信息流的集成（杨叔子等，1996），智能制造系统强调的是企业内外部跨企业甚至跨行业的信息和数据的互联互通（魏源迁等，1995）。智能制造的体系架构，在达成企业内部的数字化管理和全流程控制以外，企业与企业之间也能够互相共享信息、打破孤岛的局面。智能制造要实现从设计、生产、销售、物流、服务的全流程以及企业内外部的数字化、网络化管理，首先企业需要大量的专业人才以适应智能化设备和管理系统的要求。其次，从生产到服务的全流程智能管理，要求企业转变管理职能，新增高级管理岗位、节省低级岗位，同时，网络化的企业组织结构才能适应企业内部信息流的迅速交换。最后，在智能制造的体系架构之下，企业之间的信息互联互通，企业的战略决策需要更加柔性化、快速反应，注重创新管理；企业也更加注重网络和信息安全，生产的所有数据在企业内部传输，以及供应链企业间的信息共享都可能存在更大的信息泄露和被盗的风险。因此，智能制造对企业的组织战略、组织结构以及组织文化等方面提出了更高的要求，企业需要智能制造与组织变革的良性互动，才能共同促进企业绩效的进一步提升。综上所述，本文提出以下假设：

假设 2:组织变革在智能制造与中小企业绩效的关系中产生正向调节作用。

(三)智能制造与企业融资约束

融资约束指的是由于一系列内部或外部因素,如资本市场的不完善、金融体系不健全、信贷双方信息不对称等,使得企业内外源融资成本产生差异,企业投资无法得到满足(Fazzari et al,1988)。因而企业因融资约束而发生的资金获取的难度增加与企业所面临的财务困境和财务紧张的状况有着明显的区别(邓可斌和曾海舰,2014),企业融资约束更多反映的是企业的资金需求得不到满足的情况,企业经营不善、过度投资都有可能使得资金需求得不到满足。

我国目前大部分中小企业仍处于工业 2.0 和 3.0 时期,转型升级成智能化企业,需要大量的前期资金和成本(耿玉香,2019)。而目前我国中小企业由于自身的财务系统不健全、信用信息的透明度低,商业银行和其他金融机构往往倾向于将信贷资金投入大型企业,中小企业本身存在着一定程度的融资约束。因此,中小企业转型升级大部分只能依靠自有资金。融资约束的存在,使得中小企业在智能化转型的过程中很可能面临资金链断裂的风险,没有持续的资金投入,智能制造升级难以为继。有许多学者的研究也指出企业存在的融资约束不利于企业的生产经营、研发投入,进而不利于企业提高技术和生产力,最后影响到企业的经营绩效(Hovakimian & Titman,2003)。同时,融资难是阻止我国中小企业发展的重要因素,因为企业的技术更新和研发投入需要依赖自身资金,中小企业的自有资金并不能满足其技术革新和研发的需要,从而抑制了企业的绩效(倪磊,2014;许敏,2017)。基于以上分析,本文提出以下假设:

H3:融资约束在智能制造与中小企业绩效的关系中产生负向调节作用。

三、研究设计

(一)研究对象与数据收集

本研究采用的是问卷调查方法收集实证数据,根据相关专家的意见对问卷进行了修改和优化,对问卷条目进行修订和调整,确保被试者充分理解每个条目所表达的意思,最终形成正式问卷。问卷通过企业管理平台、人才资源服务机构等进行发放与收集。样本企业主要来源于浙江、江苏等中小企业智能制造比较发达的省份，调研问卷采用线上发放的形式，共发放1300份，为了提高问卷数据的有效性，调研小组对于收回的1088份问卷进行筛选，剔除了无效问卷，最终确定有效问卷数量为854，有效比例为78.4%。样本基本情况如表1所示。

表1 样本基本情况

类型	具体类别	样本量	样本占比
企业业主性别	男	717	84.0%
	女	137	16.0%
企业所处行业	制造业	631	73.9%
	非制造业	223	26.1%
企业发展阶段	初创期	80	9.4%
	成长期	604	70.7%
	成熟期	107	12.5%
	转型期	63	7.4%
企业成立时间	一年以内	47	5.5%
	1年至3年	175	20.5%
	3年至10年	312	36.5%
	10年以上	320	37.5%
企业性质	国有企业	58	6.8%
	非国有企业	796	93.2%

（二）变量及测量

本文研究模型的主要变量及其内涵如表2所示，所有变量均采用Likert 5级量表进行打分，量表的数字评分从1～5依次表示完全不符、比较不符、一般、比较符合、完全符合。

表 2   本文主要变量和测量

变量	内涵及测量
智能制造	反映企业采用自动化设备、全流程自动化生产机器人、人工智能、无人车间等制造技术,实现制造过程、环境、产品等全流程智能化的过程
企业组织变革	反映企业组织的柔性化程度、组织机构与战略匹配性、业务流程流畅性、决策效率等
企业战略变革	组织战略合理、战略与战术匹配、战略前瞻性与适应性、战略应变能力等
组织结构变革	组织结构扁平、智能分工合理、协调效率与决策效率等
业务流程变革	生产制造流程畅通、决策流与信息流通畅、内部交易费用低等
融资约束	相对企业投资机会,企业获取资金的难易程度
企业绩效	主要指企业财务绩效,指标有主营业务增长率、税前利润增长率、市场占有率等
企业类型	主要分为制造业和非制造业
企业性质	主要分为国有企业和非国有企业
企业发展阶段	主要分为初创期、成长期、成熟期、转型期

四、研究结果

(一)信效度分析

在对数据进行统计分析之前,为保证问卷的可信度,我们运用 Spss20.0 和 Amos21.0 分别对数据进行了信效度检验(吴明隆,2010;吴乐培,2012)。信度检验结果见表3,各变量的 α 系数均大于 0.8,信度通过检验。效度检验的结果见表4,变量各维度的每个条目因子载荷均在 0.7 以上,且平均变异系数均达到 0.5 以上,具有较好的聚合效度和判别效度。同时变量的验证性因子分析相关拟合指标参数如表4所示,各项指标大于 0.8,同时各变量的 RMSEA 也小于 0.1,总体看来模型的拟合效果可以接受。

表 3   信度检验结果汇总

变量	信度(Alpha 系数)
智能制造	0.925
组织变革	

续　表

变量	信度（Alpha 系数）
组织战略变革	0.818
组织结构变革	0.756
业务流程变革	0.801
企业绩效	0.825

表 4　效度检验结果汇总

检验指标	χ^2	χ^2/DF	SRMR	NFI	GFI	CFI	TLI	RMSEA
智能制造	1.325	0.668	0.021	0.969	0.953	0.97	0.97	0.155
组织战略变革	0.173	0.181	0.028	0.982	0.988	0.984	0.952	0.106
组织结构变革	0.161	0.162	0.161	0.98	0.99	0.982	0.947	0.092
业务流程变革	0.152	0.868	0.023	0.985	0.991	0.986	0.959	0.089
企业绩效	0.325	0.045	0.061	0.935	0.955	0.937	0.81	0.221

（二）假设检验

在进行回归分析前，为避免各变量的多重共线性问题，我们首先对各自变量的多重共线性问题进行诊断，得到各变量的容忍度均大于 0.01，膨胀因子均小于 10，说明各个变量间不存在显著的共线性，可做回归分析。其次，我们在检验调节效应时，对相关变量进行了标准化处理。最后对各变量之间的关系进行逐层回归分析，检验结果见表 5。

表 5　逐层回归结果汇总

变量 模型	企业绩效					
	M6	M1	M2	M3	M4	M5
1.控制变量						
QYLX	0.194	−0.012	−0.016	−0.008*	−0.005	−0.002
	(0.075)	(0.073)	(0.071)	(0.075)	(0.074)	(0.074)
QYXZ	−0.021**	−0.021	−0.074**	−0.021	−0.025	−0.027
	(0.132)	(0.130)	(0.128)	(0.132)	(0.131)	(0.0131)

续　表

变量 模型	企业绩效					
	M6	M1	M2	M3	M4	M5
1. 控制变量						
FZJD	−0.008*	−0.003	0.034	0.034*	−0.002	−0.002
	(0.042)	(0.041)	(0.041)	(0.042)	(0.042)	(0.042)
2. 自变量						
ZNZZ		0.198***		0.150**		0.207***
		(0.040)		(0.165)		(0.039)
3. 调节变量						
ZZBG			0.304***	0.275**		
			(0.041)	(0.158)		
ZNZZ×ZZBG				0.005		
				(0.186)		
RZYS					−0.161***	−0.175***
					(0.030)	(0.029)
ZNZZ×RZYS						−0.054**
						(0.029)
R^2	0.001	0.04	0.089	0.112	0.026	0.031
调整 R^2	−0.003	0.035	0.084	0.105	0.022	0.025
F 值	0.148	8.810***	20.652***	17.739***	5.767***	5.364***

1. 模型检验。

模型 1 考察控制变量对中小企业绩效的影响。模型 2 加入了自变量智能制造进行逐层回归,由回归结果可以发现智能制造对中小企业绩效有着显著的正向影响($\beta = 0.198$,$P < 0.01$),假设 H1 得到验证。由模型 3-4 发现企业组织变革在智能制造与中小企业绩效的关系中正向调节作用并不显著。由模型 5-6 发现融资约束在智能制造与企业绩效之间起着负向调节作用($\beta = -0.03754$,$P < 0.05$),假设 H3 得到验证。为了进一步探讨智能制造与企业组织内部战略、结构以及业务流程变革的关系,本文进行了智能制造与组织变革各维度的检验,结果如表 6 所示。由模型 7 到模型 9 我们可以看出,企业战略变革、结构变革和业务流程变革对企业绩效

民营经济创新治理

的回归系数为 $\beta=0.151P<0.01$)、$\beta=0.062(P<0.05)$、$\beta=0.238(P<0.01)$,并且智能制造与组织战略变革、组织业务流程变革的交互项显著($\beta=0.037$,$P<0.01$;$\beta=0.041$,$P<0.1$),智能制造与组织结构变革的交互项回归系数为负且并不显著,由此,假设2得到部分验证。

表6 逐层回归结果分析(M7—M9)

变量 模型	企业绩效		
	M7	M8	M9
1.控制变量			
QYLX	−0.012	0.032	0.016
	(0.073)	(0.040)	(−0.070)
QYXZ	−0.021	−0.062**	0.061
	(0.130)	(0.128)	(0.127)
FZJD	−0.003	0.032**	0.028
	(0.041)	(0.040)	(0.040)
2.自变量			
ZNZZ	0.198***		0.139***
	(0.040)		(0.039)
3.调节变量			
ZLBG		0.151***	0.131**
		(0.060)	(0.060)
JGBG		0.062**	−0.037
		(0.058)	(0.058)
LCBG		0.238***	0.206***
		(0.064)	(0.064)
ZNZZ×ZLBG			0.037***
			(0.044)
ZNZZ×JGBG			−0.025
			0.043
ZNZZ×LCBG			0.041*
			(0.028)

变量 模型	企业绩效		
	M7	M8	M9
3. 调节变量			
R^2	0.04	0.102	0.124
调整 R^2	0.035	0.096	0.113
F 值	8.810***	16.087***	11.879***

注：上表中列示的是标准化回归系数；*、**、***分别表示在10％、5％、1％水平上的统计显著性；括号里列示的为标准误差；N＝854。

2. 稳健性检验。

逐层回归的结果基本证实了本文的研究假设，但仍存在一些潜在的因素可能会对文章的推断产生影响。因此，本文进一步做了如下检验，增强研究结果的稳健性。重新定义企业绩效，将企业绩效四个基本问项数据进行加总求和取平均值，认为当企业绩效的均值≥3，说明企业总体绩效较好，记为1；反之，当企业绩效的均值＜3时，说明企业总体绩效较差，我们记为0。由于因变量企业绩效定义为二分类变量，因此采用logistic回归来验证自变量与因变量之间的关系，具体结果见表7。由回归结果可以发现，回归结果基本与逐层回归结果相一致，说明数据结果具有稳健性。

表 7　稳健性检验结果

变量 模型	回归系数	标准误	P 值	EXP(B)	EXP(B)的 96％ C.I.	
					上限	下限
ZNZZ	0.513	0.093	0.000	1.671	1.394	2.004
ZLBG	0.595	0.088	0.000	1.814	1.526	2.156
JGBG	0.417	0.089	0.000	1.517	1.273	1.808
LCBG	0.721	0.095	0.000	2.057	1.706	2.480
RZYS	−0.072	0.066	0.072	1.075	0.945	1.223
ZNZZ×ZLBG	0.151	0.019	0.000	1.163	1.120	1.208
ZNZZ×JGBG	0.168	0.020	0.174	1.183	1.137	1.231
ZNZZ×LCBG	0.136	0.020	0.000	1.146	1.102	1.191
ZNZZ×RZYS	−0.073	0.019	0.000	1.076	1.036	1.117

五、结论与建议

（一）研究结论

通过对 854 份中小企业智能制造推进情况的实证研究，我们得到以下结论。

第一：智能制造对中小企业绩效有着显著的正向影响。一方面，中小企业目前急需解决生产管理精益化、信息化以及标准化程度低的问题，智能制造首先需要达到生产流程的高度机械化、装备自动化、数字化，帮助中小企业提高产品的生产效率、质量和标准化水平，重新定义生产链条。另一方面，智能制造不仅是高度自动化的生产流水线，还需要利用物流管理技术、3D 等技术，打造零工人、高度信息化控制的"智能车间"，最终借助大数据算法、物联网等技术实现从产品设计、生产、销售、物流等全过程的智能化，打造"智能工厂"，进一步促进中小企业内外部数据的互换和共享，提高企业的资源利用效率，提升柔性生产和定制化产品的能力。

第二：不同层次的组织内部变革对智能制造与中小企业绩效之间的调节效应具有差异性。企业的经营环境一直在随着时代的变化而发生改变，企业管理者也需要根据环境的变化和自身的实际情况做出经营决策调整，包括组织战略、组织结构、组织人员等多个方面。对于中小企业来说，适应智能制造技术或系统的第一步，应是其底层基础设施的完善，改造业务流程，实现自动化装备和流水线的开发。同时，智能制造需要组织战略变革与业务流程变革与之匹配，中小企业才能获得更加良好的企业绩效。部分中小企业由于没有意识到智能制造的系统性以及与组织的适应性，盲目跟风模仿大企业，只是为了短暂地获取政府补贴和税收减免，最终并不能得到企业经营绩效的长期提升。

第三：中小企业面临着融资约束对智能制造与中小企业绩效之间的关系起着负向调节作用。智能制造升级意味着企业需要投入大量的资金，一方面中小企业由于自身限制，往往不能在短时间筹措到资金，另一方面一次性投入大量资金，会对其正常生产运营产生影响，加剧其财务风险。因此，许多中小企业在智能化升级过程中会出现资金链断裂等问题，最终影响企业绩效。

（二）政策启示

基于以上研究结论，本文对实践和政策制定也具有以下几点启示。第一：政府需要制定更加灵活、更加有针对性的智能制造优惠政策和补助方式,帮助中小企业解决智能化引进的资金问题。第二:中小企业实现智能制造并不能一蹴而就,而是按照逐级递进的原则,从低级向高级循序渐进,从顶层设计到底层实施的渐进式改造,要注重投资回报率。第三:中小企业应注重战略管理,阶段性的组织变革也是必不可少的。中小企业组织内部也应随着智能制造的推进,做出相应的调整。

企业智能化升级是一个复杂且动态的过程,中小企业智能制造与绩效的关系受多种因素的影响,尽管本文通过理论假设和实证分析得出了一些结论,但受到时间和能力的限制,本文的研究仍存在着明显不足,今后的研究可以选取案例进行分析,来考察中小企业在实现全面智能制造"车间—工厂"的动态过程中,其组织内部的各方面的变革以及对企业绩效的动态影响。

参考文献:

[1] 陈宪宇.工业 4.0 热潮下的冷思考:如何认识和落地"中国制造 2025"[J].企业管理,2015(7):34-38.

[2] 邓可斌,曾海舰.中国企业的融资约束:特征现象与成因检验[J].经济研究,2014,49(2):47-60,140.

[3] 耿玉香.中小企业智能改造升级初探[J].科技创新导报,2019,16(1):157-158.

[4] 李梦真.政府扶持背景下中国制造业中小企业转型升级路径研究[D].南宁:广西大学,2019.

[5] 孟凡生,于建雅.新能源装备制造企业智造化发展影响因素研究[J].科技进步与对策,2017,34(7):117-123.

[6] 倪磊.融资约束对浙江民营中小企业绩效影响的机制研究[D].杭州:浙江财经大学,2014.

[7] 彭瑜.中小型企业如何迈向智能制造[J].智慧工厂,2016(5):23-24.

[8] 唐立新,杨叔子,林奕鸿.先进制造技术与系统 第二讲 智能制造:21 世纪的制造技术[J].机械与电子,1996(2):33-36,42.

[9] 魏源迁,徐金相,章宗城.智能制造技术及系统[J].中国机械工程,1995(6):14-16.

[10] 吴乐培.经济管理数据分析实验教程:SPSS18.0 操作与应用[M].北京:科学出版社,2012.

[11] 吴明隆.问卷统计分析实务[M].重庆:重庆大学出版社,2010.

[12] 王瑶瑶,何建华.数字经济时代中小企业数字化转型问题研究[J].时代金融,2019(26):60-61.

[13] 许敏,朱伶俐,方祯.融资约束、R&D投入与中小企业绩效[J].财会月刊,2017(30):37-43.

[14] 谢安田.企业研究方法[J].超星电子图书,1980(2):13-24.

[15] 杨叔子,丁洪.智能制造技术与智能制造系统的发展与研究[J].中国机械工程,1992(2):18-21.

[16] 易开刚,孙漪.民营制造企业"低端锁定"突破机理与路径:基于智能制造视角[J].科技进步与对策,2014,31(6):73-78.

[17] CONRAD M. Evolution and the Organization of Potentiality[M]. Springer US, 1983.

[18] DUMITRACHE I, CARAMIHAI S I, STANESCU A. Knowledge management in intelligent manufacturing enterprise[C]. World Scientific and Engineering Academy and Society (WSEAS), 2009,24(10):48-50.

[19] FAZZARI S M, HUBBARD R G, PETERSON B C. Financing Constraints and Corporate Investment[J]. Brooking Papers on Economic Activity,1988(1):141-195.

[20] HOVAKIMIAN G S, TITMAN. Corporate Investment with Financial Constrains:Sensitivity of Investment to Funds from Voluntary Asset Sales[R]. NBER Working Paper Series,2003(38).

[21] MORGAN D P, COLLINS J H, SUTHERLAND J G. Asynchronous operation of an analog convolver[J]. Proceedings of the IEEE, 1972,60(12):1556-1557.

[22] PETER E, ORBAN, GOPALAKRIS-HNAN B, et al. Intelligent Manufacturing[J]. Proceedings of SPIE-The International Society for Optical Engineering,2004,30(4):24-27.

[23] WRIGHT, KENNETH P, BOURNE. Manufacturing intelligence[M]. 1988.

[24] WEBBER A, ROSS. Management pragmatics:cases and readings on basic elements of managing organizations[M]. Homewood, Ill. R. D. Irwin. 1979.

【作者】

池仁勇,浙江工业大学中国中小企业研究院院长、教授、博士生导师

梅小苗,浙江工业大学管理学院硕士研究生

大数据征信、金融市场化与中小企业信贷

池仁勇　　胡倩倩

当前,我国中小微企业"融资难""融资贵"问题仍旧是社会各界关注的重点(吕劲松,2015)。研究数据表明,63％的企业在银行贷款时,实际批准金额低于最初计划申请额度的70％;甚至71％的企业只能满足资金需求的40％,98％的企业无法通过银行贷款满足资金需求;而且,44％的企业表示其贷款利率是大型企业的1倍及以上①。因此,从中央到部委均采取了如政策扶持、征信系统搭建、金融市场优化等一系列措施来改善中小微企业融资困境。其中,征信作为解决中小微企业信贷根本问题——信息不对称的关键手段,其建设发展已然成为重中之重(Bennardo等,2009)。

在中国,现代征信业始于1987年商务部征信数据库建设,经过30多年的发展,整体建设已取得了较大进步。而随着数据经济的快速崛起,传统征信因开放性、共享性以及应用性等方面的短板问题逐渐过渡到公开透明度更高的大数据征信(吴楠,2018)。2014年《关于金融支持小微企业发展的实施意见》首次引入大数据征信概念,更是意味着大数据征信成为当今破除借贷双方信息不对称、缓解中小微企业融资难困境的新活力。据央行统计,当前国家信用信息基础数据库已与3500多家银行以及金融机构完成对接,拥有9.9亿自然人以及2600多万户企业和其他法人组织的信用信息,相关信用报告的日均使用率也在不断上升。同时,《2017中国企业经营者问卷跟踪调查报告》和《征信系统建设运行报告(2004—2014)》均表明,在一系列举措发力下,中小微企业融资难问题的确得到一定缓解。

----

① 数据来源:十三届全国人大二次会议中国人民银行行长等就"金融改革与发展"答记者问。

可整体而言,虽然大数据征信建设取得了一定成效,但其发展仍旧处于初期阶段,行业监管、法律完善、数据共享、中小微企业对接等方面均还存在许多制度性和技术性不足(赵志勇,2018;贾拓,2018;Hoofnagle 等,2013)。

张新宜、白钦先和李士涛等学者在研究中进一步指出(张新宜,2018;白钦先等,2017),信息生产和交易组织是金融的核心功能,大数据征信本质上是解决信息不对称下的金融市场失灵问题,其建设发展始终离不开金融市场大环境。总体上,金融市场化是强化市场主导地位、提升信贷配置效率,进而推动金融改革的重要手段,在很大程度上会对中小微企业信贷可得性产生影响(Neusser 等,1998)。但相对地,金融市场化无法仅仅依靠自身市场调节来弥补失灵风险,政府干预基础设施建设不可或缺(王凤荣等,2018)。大数据征信在实践中的诸多障碍、金融市场化在促进中小微企业信贷方面的局限性以及两者内在关联性都突出了两者协同的必要性,单一、过度强调某一领域都可能会出现软环境和硬设施耦合效用低下的局面。换言之,探究大数据征信和金融市场化交互效应是解决中小微企业信贷难问题的现实需求。

然而,目前国内外基于大数据征信和金融市场化的理论探索尚不充分,且大多集中于宏观层面,对于宏微观结合的实证分析相对较少。对于大数据征信和金融市场化协同能否有效降低中小微企业信贷成本,提高信贷可得率这一问题展开理论分析和实证研究仍具有重要理论意义与现实价值。因此,本文以 2013—2017 年中小板和创业板企业为研究样本,就金融市场化软环境和大数据征信硬设施协同效应对两者作用机制、协同方式、协同效果以及不足等展开研究,以期从更多细节上为大数据征信建设以及金融市场化路径等提供实践意见,并推动中小微企业信贷能力的提升。

一、理论分析与研究假设

(一)大数据征信对中小微企业信贷的作用机制

综合而言,银行等金融机构对中小企业贷款积极性不高,主要原因在于中小微企业的信息不对称,以及信用担保不足带来的高额信贷风险。而大数据征信凭借其先进的大数据技术,在传统征信基础上优化了信用信息维度和数据分析方法

(Pérez-Martín 等,2018),有效提升了借贷双方的信息透明度,为解决中小微企业信贷问题提供了极大帮助,也因此一直深受政府、金融机构乃至学术界的高度重视。

从大数据征信对中小微企业信贷的作用流程来看,大数据征信贯穿于整个信贷市场的借贷流程中,对企业借贷前、借贷时以及借贷后均具有影响作用(Bos 等,2016)(如图 1 所示)。企业信贷融资前,征信系统所提供的信用信息或信用分析报告能够帮助金融机构以及合作伙伴更好地了解企业真实的信用状态,从而做出科学信贷决策;企业信贷融资时,相关信贷交易信息将反馈给征信系统并补充企业信用信息,进一步增强企业信息透明度,降低银行企业信息调查成本;企业信贷融资后,征信系统将持续保持信用征集,跟踪并反映企业还款状态,无形中起到了监督和预警等作用。

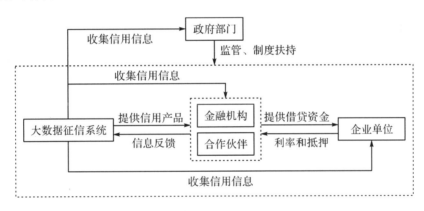

图 1　信贷市场中大数据征信作用流程

从大数据征信作用机制来看,主要可以划分为信贷规模和信贷成本两个方面。首先,大数据征信扩大了信贷规模。大数据征信所提供的信用信息,直接缓解了信息不对称问题,金融机构等贷款方能够通过较充足的信用信息资料了解借款方的还款能力等情况,提前筛选出违约风险较高的借款方,避免逆向选择问题,确保更多信誉良好的借款方获取信贷资金。其次,大数据征信降低了借款方信贷成本。大数据征信对借款方信用信息的持续追踪无形中对借款方资金使用情况、还款进度以及贷款行为形成了监督效应,使得违约者面临高额利息罚款,甚至是无法再次借款的风险,进而借款方违约行为得以约束,信贷市场中整体违约风险下降,风险溢价减少,借款方整体信贷融资成本下降(Janvry 等,2010)。此外,大数据征信实现了与贷款方之间的信用信息共享,这在一定程度上约束了贷款方从关系型借贷中以套牢方式获取信用租金的行为,进而促进金融机构间良性竞争,借款企业借贷成本下降(McIntosh 等,2015;尹志超等,2015)。因此,理论上而言,大数据征信能够有效降低借贷双方信息不对称问题,并通过扩大信贷规模、降低信贷成本提升中小微企业信贷能力。

研究假设 H1:大数据征信建设能够促进中小微企业信贷能力提升。

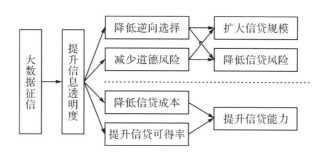

图2 大数据征信核心影响机制

(二)金融市场化对中小微企业信贷的作用机理

金融市场化是指金融运行由原先以政府为主导逐渐向以市场为主导的转变过程。国际经验表明,金融市场化是当前众多发展中国家金融改革的关键,而在我国,中小微企业信贷融资始终置身于要素市场大环境,金融市场发育情况也会在一定程度上对企业信贷融资产生直接或间接的影响。一般而言,金融市场化对中小微企业信贷作用机理可以从与企业信贷关联性较高的信贷资金分配和金融业竞争两个角度展开。其中,信贷资金分配是银行等金融机构等以信用方式分配货币资金;金融业竞争则主要是指参与信贷的银行等金融机构之间的竞争。

信贷资金分配对中小微企业信贷的影响效用主要在于从根本上控制流向国有大型企业的信贷资金。由于价格管制、信贷配给扭曲等原因,正规金融机构往往对中小微企业存在一定"所有制歧视"和"规模歧视",致使中小微企业面临信贷资金供给不足且成本高昂的局面(Allen 等,2005)。在金融市场化水平提升下,一方面,金融体系市场主导地位得以强化,信贷资金配置能力加强,减少了道德风险和逆向选择问题,进而改善了信贷资金过度错配局面,并有效降低了中小微企业信贷成本(王永青等,2019);另一方面,整体经济带动发展,信贷供给扩大,中小微企业整体信贷可得性也得到提高(王晓彦等,2019)。

金融业竞争的作用主要在债务期限结构和信贷成本两方面。国外研究表明金融业竞争对企业债务期限结构有正向影响(Muscettola 等,2013),但过度竞争可能会因信用信息甄别动力不足等原因增加新兴企业信贷融资成本(Rajan 等,1995)。结合我国国情,余明桂、潘红波在研究中指出(余明桂等,2008),政府作为我国金融发展主要参与者之一,其政策制度干预会影响金融业竞争对企业信贷的作用效果,主要表现于金融竞争水平较高区域,银行等金融机构发展更多基于经济原则而非政府主导,其与企业之间的信贷契约业务较为自由,当地企业能够较多地获得短期信贷来满足信贷需求。

基于此,本文认为总体上金融市场化有利于中小微企业信贷,具体假设如下:

研究假设 H2:金融市场化能够促进中小微企业信贷能力提升;

研究假设 H2a:金融市场化中信贷资金分配效率能够促进中小微企业信贷能力提升;

研究假设 H2b:金融市场化中金融竞争能够促进中小微企业信贷能力提升。

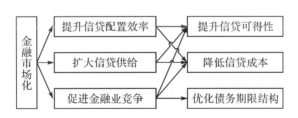

图 3　金融市场化核心影响机制

(三)大数据征信与金融市场化的协同效应

当前,越来越多的学者认为协同发展是实现政策、规划高效率运作的必要手段(周永圣等,2015)。大数据征信与金融市场化的协同就是通过两者之间互相协调来实现各自目标效用,从而提高整体运作效率并实现帕累托最优状态(Iglesias 等,2011)。通过前文分析,本文认为,大数据征信与金融市场化协同主要体现在以下两个方面。

1.信贷资金分配和大数据征信。众所周知,在金融抑制下,信贷市场分割较为严重,中小微企业往往会因"所有制歧视"和"规模歧视"而出现融资不足等一系列问题(罗来军等,2016)。该种情况下,一方面,金融市场化能够改善银行等金融机构信贷资金错配局面,促使信贷资金更多流向中小微企业(夏祥谦等,2019),为大数据征信积极效用发挥提供前提条件;另一方面,大数据征信能够从本质上提升信贷市场信息透明度,弥补金融市场化进程中新增信贷投放更多流向国有大中型企业的局限性,进而优化信贷配置效率,提升中小微企业信贷能力。

2.金融业竞争和大数据征信。金融市场化过程中,金融业竞争催生了 P2P、众筹等众多新兴金融业态,而这也就意味着银行等金融机构对更为全面细致的征信产品和服务需求将成倍上涨。其次,金融业竞争使得金融科技成为重要技术手段,其与大数据征信技术相辅相成,拓展了征信业数据的广度和深度(修永春,2018)。相对应,大数据征信建设在改善信贷双方信息不对称问题的同时,增加了与贷款方之间的信用信息共享,这在一定程度上约束了贷款方从关系型借贷中以套牢方式获取信用租金的行为,进而促进金融机构间良性竞争,使得借款企业借贷成本有所下降,整体信贷能力提升。

综上,本文认为大数据征信与金融市场化协同效应能够有效提升中小微企业信贷能力,具体研究假设如下:

研究假设 H3:大数据征信与金融市场化协同能促进中小微企业信贷能力提升;

研究假设 H3a:大数据征信与信贷资金分配协同能促进中小微企业信贷能力提升;

研究假设 H3b:大数据征信与金融竞争协同能促进中小微企业信贷能力提升。

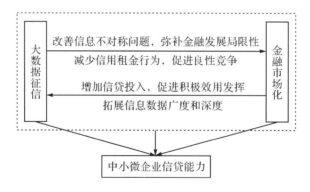

图 4 大数据征信与金融市场化协同效应影响机制

二、研究设计

(一)样本选取与数据来源

本文选取 2013—2017 年中国中小企业板和创业板两市上市公司作为研究样本,数据均来自国家统计局网站、《中国城市商业信用环境指数(CEI)蓝皮书》等政府或行业报告及 WIND 数据库。其中,为保证样本的规范性和准确性,本文对基础数据进行了处理:(1)剔除数据缺失的西藏调研数据。(2)剔除 ST 及 *ST 企业。(3)剔除金融保险行业的企业。(4)剔除企业关键数据不完整的样本。经上述处理后,本研究共获得 30 个省份 616 家企业 5 年的数据。

(二)核心变量选择与描述

1.被解释变量。

本文被解释变量为中小微企业信贷能力(FA)。对于企业信贷能力的度量,当前学者并未形成统一意见。较多学者直接选用银行总借款规模这一单一变量进行衡量,但也有学者将信贷成本、借款期限、信贷方式等内容进行综合考虑,通过构建多指标体系来衡量企业信贷能力。本文依据信贷配给理论,并结合上述学者对企业信贷能力的度量方法,构建由银行信贷和商业信贷两维度,信贷融资率、信贷成本、信贷期限等五大次级维度的指标体系(表 1 所示),并采用熵值法进行综合评价。经如下计算,银行信贷权重占比 0.52,商业信贷权重为 0.48。

(1) 数据标准化处理。正向指标:$x'_{ij} = [x_{ij} - \min(x_{ij})]/[\max(x_{ij}) - \min(x_{ij})]$;负向指标:$x'_{ij} = [\max(x_{ij}) - x_{ij}]/[\max(x_{ij}) - \min(x_{ij})]$。

(2)计算各指标熵值:$e_j = \left[-\left(\dfrac{1}{\ln(m)}\right) \right] \sum_{i=1}^{m} x'_{ij} \ln(x'_{ij}), e_j \in [0,1]$。

(3)确定各指标权重:$W_j = \dfrac{1 - e_j}{\sum_{j=1}^{n}(1 - e_j)}$。

(4)计算评价主体综合得分:$FA_i = \sum_{j=1}^{n}(W_j x'_{ij})$。

表 1　被解释变量评价指标体系

一级指标	二级指标	符号	变量定义
银行信贷	银行信贷融资率	TC	（长期借款＋短期借款）/总资产
	银行信贷期限	TCT	长期借款/（长期借款＋短期借款）
	银行信贷成本	TCC	利息支出/总负债
商业信贷	商业信贷融资率	BC	（应付＋预收）/总资产
	商业信贷成本	BCC	预付账款/（应收＋预付）

表 2　核心解释变量选取及说明

变量名称	符号	变量定义
信用投放建设	C1	中国城市商业信用环境指数中信用投放维度排名换算
征信系统建设	C2	中国城市商业信用环境指数中征信系统维度排名换算
政府信用监管建设	C3	中国城市商业信用环境指数中政府信用监管维度排名换算
制度建设	C4	信用中国与政府网中大数据征信相关制度统计
大数据技术建设	C5	中国信息化发展水平排名换算
大数据征信建设	BDCC	运用熵值法综合 C1、C2、C3、C4、C5 得出
金融市场化水平	MFI	选用樊纲《中国分省份市场化指数报告》金融业市场化指数换算
金融业竞争	FIC	选用樊纲《中国分省份市场化指数报告》金融业竞争指数换算
信贷资金分配效率	CFAM	选用樊纲《中国分省份市场化指数报告》信贷资金分配市场化指数换算

2.核心解释变量。

本文核心解释变量为大数据征信建设情况和区域金融市场化水平。

大数据征信建设情况的指标体系从大数据征信建设特点及内容出发,参考《中国城市商业信用环境指数(CEI)蓝皮书》中商业信用环境指数指标体系,综合考量征信系统、信用投放系统建设情况,其中征信系统包括市场征信服务体系和政府信用监管体系,选用信用投放建设、征信系统建设、政府信用监管建设、制度建设和大数据技术建设五大维度进行衡量。依据前文熵值法运算,五大维度权重分别为0.227、0.226、0.225、0.091、0.231。

金融市场化水平（包括金融业竞争和信贷资金分配效率）参照王昱、戴祁临等学者的衡量方法，选用樊纲《中国分省份市场化指数报告》中金融业市场化指标、金融业竞争指标及区域信贷资金分配市场化指标进行衡量，指标数值越大表明地区金融市场化程度越高。

3.控制变量。

本文在控制变量选取时综合考虑了中小微企业信贷影响因素的微观、宏观两个层次，进而选定微观层企业规模（SIZE）、企业运营年限（AGE）、企业属性（SOE）、企业所属行业（INDUSTRY）、内部控制能力（IC）、总资产报酬率（ROA）、企业负债水平（LEV）、企业成长性（GROWTH）8个变量，以及宏观层固定资产投入（FAI）、人均GDP（GDPPC）、GDP增长率（GDPG）、通货膨胀率（INFL）4个变量作为控制变量。

三、实证研究

（一）描述性统计

本文采用SPSS对基础数据进行分析处理，表3反映了不同地理位置下被解释变量和核心解释变量的描述性统计结果，表4反映了所有模型内变量描述性统计结果。结果表明，核心解释变量在区域间仍旧存在较为明显差异：如东部地区在大数据征信建设、金融市场化方面明显优于中部地区和西部地区；尤其在信贷资金分配效率方面，东部地区基本为西部地区的2倍之多。同时，被解释变量企业信贷能力的最大值和最小值差距较大，在表明部分省份中小微企业信贷能力较差的情况仍旧较为明显。

表3　主要变量不同地理位置下描述性统计结果

	东部			中部			西部		
	均值	最大值	最小值	均值	最大值	最小值	均值	最大值	最小值
BDCC	0.59	0.94	0.10	0.39	0.63	0.16	0.38	0.78	0.14
MFI	7.50	10.40	4.47	6.13	7.72	5.21	5.23	7.65	2.88
FIC	9.18	13.08	3.88	8.16	9.36	7.29	8.28	10.04	4.30
CFAM	5.79	10.29	1.83	4.10	6.07	2.06	2.19	5.25	−0.54
Y	0.63	0.81	0.27	0.62	0.81	0.36	0.63	0.79	0.40

表 4 主要变量描述性统计结果

指标	均值	标准差	最小值	最大值	指标	均值	标准差	最小值	最大值
BDCC	0.473	0.206	0.102	0.935	SIZE	21.978	0.884	19.56	25.98
MFI	6.397	1.775	2.88	10.4	AGE	2.783	0.274	1.78	4.13
FIC	0.62	1.54	0.27	0.81	IC	634.89	120.67	0	885.81
CFAM	4.13	2.639	−0.54	10.29	SOE	0.12	0.328	0	1
FA	0.632	0.079	0.272	0.813	INDUSTRY	0.73	0.445	0	1
FAI	9.513	0.743	7.541	10.919	ROA	5.463	5.475	−45.38	44.48
GDPPC	10.79	0.408	9.889	11.768	LEV	42.864	16.728	4.11	95.26
GDPG	0.085	0.466	−2.22	0.2	GROWTH	24.341	64.39	−91.5	2399.8
INFL	1.377	0.198	1.075	1.909					

(二)研究模型与修正

从本文研究的数据结构上可以发现,大数据征信建设所属的区域层和企业信贷能力所属的企业层是两个不同的分析单位,使得整体样本数据呈现分层结构,即企业从属于区域。针对该种数据结构,本文选取精确度更高、拒真概率更小的分层线性模型展开研究。同时,考虑到大数据征信建设和金融市场化均存在一定的时间滞后性,本文增加滞后 1 期和滞后 2 期的估计模型,以此增加模型稳健性。综上,本文设定初步模型如下:

层-1 模型:$FA_{ijt} = \beta_{0j} + \sum_{s=1}^{8} \beta_{s0} (CONTROL1)_{sijt} + r_{ijt}, r_{ij} \sim N(0, \sigma^2)$ （1）

层-2 模型:$\beta_{0j} = \gamma_{00} + \sum_{s=1}^{s} \gamma_{0s} (CEV)_{sj(t-h)} + \sum_{s=8}^{11} \gamma_{0s} (CONTROL1)_{sj(t-h)}$ $+ \mu_{0j}, \mu_{0j} \sim N(0, \tau_{00}) (h = 0, 1, 2)$

$\beta_{pj} = \gamma_{p0} + \mu_{pj}, \mu_{0j} \sim N(0, \tau_{p0}) (p = 1, 2, \cdots, 8)$ （2）

其中,i、j、t 分别表示企业、区域和时间;FA_{ijt} 表示在 t 时间段从属于第 j 个区域的第 i 个企业的信贷能力;CEV 包括区域层核心解释变量及其交互项;以及相关控制变量;CONTROL1、CONTROL2 包括企业层相关控制变量。

在模型初步运算中,本文首先运用空模型验证了多层线性模型适用性以及区域间显著差异存在情况;而后结合张雷等学者在多层线性模型应用中关于"变量信度估计较小,组间同质性可能较强"的观点,首先对随机系数模型进行了信度检验,并将结果显示的 SIZE、IC、SOE、ROA、GROWTH 这五个系数信度估计远小于截距系数信度估计的变量设定为没有随机成分的固定参数,修正后的层-2 模型如下:

层-2 模型:$\beta_{0j} = \gamma_{00} + \sum_{s=1}^{s} \gamma_{0s} (CEV)_{sj \langle t-h \rangle} + \sum_{s=8}^{11} \gamma_{0s} (CONTROL1)_{sj \langle t-h \rangle}$

$+ \mu_{0j}, \mu_{0j} \sim N(0, \tau_{00}) (h = 0,1,2)$

$\beta_{pj} = \gamma_{p0} + \mu_{pj}, \mu_{0j} \sim N(0, \tau_{p0}) (p = 3,5,7)$

$\beta_{pj} = \gamma_{p0}, (p = 1,2,4,6,8)$ (3)

(三)实证分析与讨论

为防止交互项与解释变量高度相关引起多重共线性问题而导致估计偏差,我们对 BDCC、MFI、FIC、MCFA 先进行了中心化处理,而后在此基础上计算交互项并进行模型检验,模型具体估计结果如表 5 所示。

表 5　模型估计结果

		t					
		3.1	3.2	3.3	3.4	3.5	3.6
截距,β_{0j}	γ_{00}	0.538***	0.491***	0.492***	0.457***	0.535***	0.436***
BDCC	γ_{01}	0.059***	0.061***	0.062***	0.062***	0.059***	0.062***
MFI	γ_{02}	0.003**	−0.0003				
FIC	γ_{03}			0.0023	0.006**		
CFAM	γ_{04}					0.002*	−0.001
BDCC×MFI	γ_{05}		0.004				
BDCC×FIC	γ_{06}				−0.01**		
BDCC×CFAM	γ_{07}						0.007***
FAI	γ_{08}	0.017***	0.020***	0.020***	0.017***	0.016***	0.021***
GDPPC	γ_{09}	−0.02**	−0.01*	−0.02**	−0.01	−0.02**	−0.01
GDPG	γ_{010}	0.010	0.019	0.006	0.021	0.015	0.017
INFL	γ_{011}	0.043***	0.041***	0.035***	0.036***	0.046***	0.041***
SIZE 斜率,β_{1j}	γ_{10}	0.005***	0.005***	0.005***	0.005***	0.005***	0.005***
AGE 斜率,β_{2j}	γ_{20}	−0.02***	−0.02***	−0.02***	−0.02***	−0.02***	−0.02**
IC 斜率,β_{3j}	γ_{30}	3×10^{-5}**	3×10^{-5}**	3×10^{-5}**	3×10^{-5}**	3×10^{-5}**	3×10^{-5}**

民营经济创新治理

		t					
		3.1	3.2	3.3	3.4	3.5	3.6
SOE 斜率，β_{4j}	γ_{40}	0.016^{***}	0.016^{***}	0.016^{***}	0.016^{***}	0.016^{***}	0.016^{***}
INDUSTRY 斜率，β_{5j}	γ_{50}	0.018^{***}	0.017^{***}	0.017^{***}	0.017^{***}	0.018^{***}	0.017^{***}
ROA 斜率，β_{6j}	γ_{60}	-0.001^{***}	-0.001^{***}	-0.001^{***}	-0.001^{***}	-0.001^{***}	-0.001^{***}
LEV 斜率，β_{7j}	γ_{70}	0.001^{***}	0.001^{***}	0.001^{***}	0.001^{***}	0.001^{***}	0.001^{***}
GROWTH 斜率，β_{8j}	γ_{80}	-1×10^{-5}	-1×10^{-5}	-1×10^{-5}	-1×10^{-5}	-1×10^{-5}	-1×10^{-5}
		t_1					
		3.1	3.2	3.3	3.4	3.5	3.6
截距，β_{0j}	γ_{00}	0.593^{***}	0.529^{***}	0.542^{***}	0.529^{***}	0.589^{***}	0.481^{***}
BDCC	γ_{01}	0.064^{***}	0.066^{***}	0.069^{***}	0.065^{***}	0.064^{***}	0.063^{***}
MFI	γ_{02}	0.003^{**}	-0.0004				
FIC	γ_{03}			0.0026	0.005^{*}		
CFAM	γ_{04}					0.002^{**}	-0.001
BDCC×MFI	γ_{05}		0.005^{**}				
BDCC×FIC	γ_{06}				-0.004		
BDCC×CFAM	γ_{07}						0.006^{***}
FAI	γ_{08}	0.017^{***}	0.021^{***}	0.022^{***}	0.019^{***}	0.016^{***}	0.021^{***}
GDPPC	γ_{09}	-0.02^{***}	-0.02^{**}	-0.02^{***}	-0.02^{***}	-0.02^{***}	-0.01^{*}
GDPG	γ_{010}	0.012	0.006	0.012	0.031	0.008	0.017
INFL	γ_{011}	0.043^{***}	0.043^{***}	0.033^{***}	0.033^{***}	0.048^{***}	0.044^{***}
SIZE 斜率，β_{1j}	γ_{10}	0.005^{***}	0.005^{***}	0.005^{***}	0.005^{***}	0.005^{***}	0.005^{***}
AGE 斜率，β_{2j}	γ_{20}	-0.02^{***}	-0.02^{**}	-0.02^{***}	-0.02^{**}	-0.02^{***}	-0.02^{**}
IC 斜率，β_{3j}	γ_{30}	$3\times10^{-5**}$	$3\times10^{-5**}$	$3\times10^{-5**}$	$3\times10^{-5**}$	$3\times10^{-5**}$	$3\times10^{-5**}$
SOE 斜率，β_{4j}	γ_{40}	0.016^{***}	0.016^{***}	0.016^{***}	0.016^{***}	0.016^{***}	0.016^{***}
INDUSTRY 斜率，β_{5j}	γ_{50}	0.018^{***}	0.017^{***}	0.017^{***}	0.017^{***}	0.017^{***}	0.017^{***}
ROA 斜率，β_{6j}	γ_{60}	-0.001^{***}	-0.001^{***}	-0.001^{***}	-0.001^{***}	-0.001^{***}	-0.001^{***}
LEV 斜率，β_{7j}	γ_{70}	0.001^{***}	0.001^{***}	0.001^{***}	0.001^{***}	0.001^{***}	0.001^{***}
GROWTH 斜率，β_{8j}	γ_{80}	-1×10^{-5}	-1×10^{-5}	-1×10^{-5}	-1×10^{-5}	-1×10^{-5}	-1×10^{-5}

		t2					
		3.1	3.2	3.3	3.4	3.5	3.6
截距，β_{0j}	γ_{00}	0.651***	0.570***	0.627***	0.619***	0.623***	0.501***
BDCC	γ_{01}	0.064***	0.067***	0.067***	0.062***	0.066***	0.065***
MFI	γ_{02}	0.002*	−0.001				
FIC	γ_{03}			0.0039	0.006*		
CFAM	γ_{04}					0.001	−0.002
BDCC×MFI	γ_{05}		0.005*				
BDCC×FIC	γ_{06}					−0.004	
BDCC×CFAM	γ_{07}						0.006***
FAI	γ_{08}	0.016***	0.020***	0.020***	0.018***	0.017***	0.022***
GDPPC	γ_{09}	−0.03***	−0.02**	−0.03***	−0.03***	−0.02**	−0.02
GDPG	γ_{010}	0.079	0.094	0.082	0.091	0.080	0.108
INFL	γ_{011}	0.028	0.031	0.017	0.017	0.029	0.030
SIZE 斜率，β_{1j}	γ_{10}	0.005***	0.005***	0.005***	0.005***	0.005***	0.005***
AGE 斜率，β_{2j}	γ_{20}	−0.02**	−0.02**	−0.02**	−0.02**	−0.02**	−0.02**
IC 斜率，β_{3j}	γ_{30}	3×10^{-5}**	3×10^{-5}**	3×10^{-5}**	3×10^{-5}**	3×10^{-5}**	3×10^{-5}*
SOE 斜率，β_{4j}	γ_{40}	0.016***	0.016***	0.016***	0.016***	0.016***	0.016***
INDUSTRY 斜率，β_{5j}	γ_{50}	0.018	0.019	0.017	0.017	0.017	0.018
ROA 斜率，β_{6j}	γ_{60}	−0.001**	−0.001**	−0.001**	−0.001**	−0.001**	−0.001**
LEV 斜率，β_{7j}	γ_{70}	0.001***	0.001***	0.001***	0.001***	0.001***	0.001***
GROWTH 斜率，β_{8j}	γ_{80}	-1×10^{-5}	-1×10^{-5}	-1×10^{-5}	-1×10^{-5}	-1×10^{-5}	-1×10^{-5}

注：＊＊＊代表 $p<0.01$，＊＊表示 $p<0.05$，＊代表 $p<0.10$。

依据表 5 参数估计结果来看，当期、滞后 1 期和滞后 2 期的模型中，大数据征信建设（BDCC）以及金融市场化水平（MFI）均为正向显著，表明大数据征信建设以及金融市场化确实可以提升中小微企业信贷能力，假设 H1、H2 成立。对于金融竞争（FIC）而言，可以发现，金融竞争在当期、滞后 1 期和滞后 2 期的模型中均非显著，即假设 H2a 不成立，表明尽管从理论上金融竞争能够提升中小微企业短期信贷融资，进而提升整体信贷能力，但这种调控在当前信贷市场中的影响更多是间接性的，且金融过度竞争存在增加企业信贷成本可能性，最终效用传播经过多个环节

民营经济创新治理

后容易出现失真或错误现象。与之相对,信贷资金分配效率(CFAM)呈现当期、滞后 1 期正向显著影响,滞后 2 期无显著影响局面,表明信贷资金分配效率对中小微企业信贷能力的影响较为直接有效,且及时性较强,假设 H2b 成立。

对于大数据征信与金融市场化协同效应,交叉项 BDCC × MFI、BDCC × CFAM 的估计结果绝大多数为正向显著,而 BDCC × FIC 则呈现负向显著。具体来看,大数据征信与金融市场化交互项在当期模型下呈现正向非显著,结合时间滞后效应后,两者交互项估计结果就转变为正向显著,表明大数据征信建设与金融市场化协同效应发挥需要时间周期,中小微企业信贷能力最终能够得到有效提升,即原假设 H3 成立。大数据征信建设与金融竞争交互项估计结果在当期模型下呈现负向显著,在滞后 1 期和 2 期模型中呈现负向非显著,原假设 H3a 不成立,一方面说明,大数据征信建设和金融竞争两者的耦合机制较不完善,仍需进一步调整优化;另一方面说明,当前金融业可能未形成良性竞争,整体积极效用尚未发挥。但反观加入交互项后模型中金融竞争估计结果表现为正向显著,表明大数据征信建设还是能够在一定程度上改善金融竞争的积极效用发挥。大数据征信建设与信贷资金分配效率交互项在考虑时间效应前后均呈现正向显著,且显著性强于大数据征信建设与金融市场化水平的交互项显著性,表明两者在促进中小微企业信贷能力提升方面协同效应更为明显。

在控制变量方面,可以发现除上述核心解释变量外,仍旧有较多因素能够影响中小微企业信贷能力。其中,区域层固定资产投资(FAI)、通货膨胀率(INFL)、企业层企业规模(SIZE)、企业属性(SOE)、企业所属行业(INDUSTRY)、内部控制能力(IC)、企业负债水平(LEV)表现为正向显著影响;人均 GDP(GDPPC)、企业运营年限(AGE)、总资产报酬率(ROA)则表现为负向显著影响。由此再次说明上述变量有必要纳入控制范围以确保整体模型可靠性。

此外,为进一步检验上述基础模型稳健性,本文选用被解释变量二分类方式进行验证,即企业信贷能力(FA)高于或等于平均水平赋值 1,反之赋值 0。从新模型估计结果可知,各变量之间的系数方向及显著性基本保持不变,表明本文大部分结论通过稳健性检验。

四、研究结论与建议

(一)主要研究结论

本文以 2013—2017 年 30 个省市自治区为研究样本,运用多层线性模型研究了大数据征信建设、金融市场化以及两者协同对中小微企业信贷能力的作用机制,总结得出以下内容:(1)大数据征信借助大数据技术开展信用信息收集和应用,使得信贷市场中信用信息共享效率大幅度提升,进而降低了逆向选择和道德风险可能性,中小微企业信贷可得率和信贷成本由此得以改善,整体信贷能力也得以提升。与之相对应,金融市场化同样对中小微企业信贷能力产生积极影响,但从整体发展结构来看,金融竞争和信贷资金分配的影响效用分别表现为间接型和直接型。换言之,金融市场化在中小微企业信贷方面的积极效用发挥存在一定局限性,仍需进一步调整优化。(2)大数据征信和金融市场化协同能够有效促进中小微企业信贷能力提升,但整体协同效用发挥需要一定时间周期。其中,大数据征信与金融市场化协同效果弱于两者单独作用,与信贷资金分配效率的协同效果则优于与金融竞争之间的协同效果,表明大数据征信与金融市场化之间的耦合机制仍有待健全完善。

(二)启示与建议

综合上述研究结论,鉴于大数据征信建设、金融市场化以及两者协同对中小微企业信贷均有显著积极作用,因此本文提出以下建议:第一,强化大数据征信顶层设计,灵活运用大数据、云计算等新兴科学技术,加快推进全网信用信息共享平台建设,形成数据信息互联互通,进而改善信贷市场中信息不对称局面。第二,坚持金融服务、金融科技创新,推动金融业持续优化升级;同时,深化金融体制改革,在顺应市场规律基础上有效提升整体信贷资金配置效率,减少行政性信贷分配干预。第三,依据发展现状和实际需求,加快构建地方性、行业性金融及信用法律法规保障体系,健全制度体系下监管惩戒机制,进而规范当地区域征信体系建设工作,引导金融行业良性发展,最终促进大数据征信与金融市场化协同效用发挥,提升中小微企业信贷能力。

（三）不足与展望

尽管本文结合实证数据对大数据征信和金融市场化在中小微企业信贷方面的协同效应做出了分析，但仍旧存在一定不足之处：首先，由于受到数据限制，本文所选样本区间较短，在考察大数据征信和金融市场化协同时使用了较简单的交互项分析方式，但两者之间可能存在更为复杂的非线性协同关系，在这方面有待进一步细化研究。其次，在大数据征信和中小微企业信贷能力度量上，本文建立了新型指标体系并用熵值法进行计算，客观性、科学性以及包含性可能存在不足。再者，金融市场化还包含金融制度、金融科技等其他维度，本文仅选取了金融业竞争和信贷资金分配两者进行研究，涵盖面可能较窄。

参考文献：

[1] 白钦先，李士涛.基于金融发展视角的征信基础理论研究[J].金融发展研究，2017(3)：3-7.

[2] 戴祁临.金融市场化是否缓解了小微企业融资约束：基于新三板上市公司数据的实证检验[J].新金融，2019(3)：29-34.

[3] 贾拓.大数据对征信体系的影响与实践研究[J].征信，2018，36(4)：17-25.

[4] 吕劲松.关于中小企业融资难、融资贵问题的思考[J].金融研究，2015(11)：115-123.

[5] 罗来军，蒋承，王亚章.融资歧视、市场扭曲与利润迷失：兼议虚拟经济对实体经济的影响[J].经济研究，2016(4)：74-88.

[6] 李广子，熊德华，刘力.中小银行发展如何影响中小企业融资：兼析产生影响的多重中介效应[J].金融研究，2016(12)：82-98.

[7] 饶品贵，姜国华.货币政策、信贷资源配置与企业业绩[J].管理世界，2013(3)：12-22.

[8] 吴楠.新金融背景下互联网征信体系与传统征信体系比较研究[J].时代金融，2018(20)：68,76.

[9] 王昱，安贝.金融发展、政府干预对企业R&D投入的异质性影响[J].管理工程学报，2019，33(2)：15-22.

[10] 王永青，单文涛，赵秀云.地区金融发展、供应链集成与企业银行债务融资[J].经济经纬，2019，36(2)：139-146.

[11] 王凤荣，王康仕."绿色"政策与绿色金融配置效率：基于中国制造业上市公司的实证研究[J].财经科学，2018(5)：1-14.

[12] 王晓彦,张馨月.省际金融发展水平与企业绩效的阈值效应研究:基于融资约束的视角[J].学习与实践,2019(5):23-32.

[13] 修永春.金融科技与普惠金融:征信业的变革与挑战[J].新金融,2018,357(10):53-56.

[14] 夏祥谦,范敏.融资歧视、银行信贷配置与资本回报率:来自省级企业贷款数据的再检验[J].上海金融,2019(6):33-43.

[15] 余明桂,潘红波.政治关系、制度环境与民营企业银行贷款[J].管理世界,2008(8):9-21.

[16] 尹志超,钱龙,吴雨.银企关系、银行业竞争与中小企业借贷成本[J].金融研究,2015(1):134-149.

[17] 周德友.制度环境、盈余管理与信贷融资[J].宏观经济研究,2015(3):120-133.

[18] 张雷.多层线性模型应用[M].北京:教育科学出版社,2003.

[19] 张新宜.金融科技与征信业创新[J].中国金融,2018(16):62-63.

[20] 赵志勇.企业大数据征信:困境与超越[J].上海金融,2018(2):92-95.

[21] 周永圣,刘巧荣,李健等.基于绿色信贷的政府促进银行实施代理监督权的博弈研究[J].系统工程理论与实践,2015,35(7):1744-1751.

[22] ALLEN F, QIAN J, QIAN M. Law, finance, and economic growth in China[J]. Journal of Financial Economics, 2005, 77(1): 57-116.

[23] BENNARDO A, PAGANO M, PICCOLO S. Multiple-Bank Lending, Creditor Rights and Information Sharing[J]. Review of Finance, 2009, 19(2).

[24] BOS J W B, DE HAAS R, MILLONE M. Show me yours and I'll show you mine: sharing borrower information in a competitive credit market[J]. SSRN Electronic Journal, 2016.

[25] HOOFNAGLE C J. How the Fair Credit Re-porting Act Regulates Big Data[J]. Social Science Electronic Publishing, 2013.

[26] IGLESIAS G, PABLO DEL RIO P, DOPICO J. Policy analysis of authorisation procedures for wind energy deployment in Spain[J]. Energy Policy, 2011, 39(7):4067-4076.

[27] JANVRY A D, MCINTOSH C, SADOULET E. The supply-and demand-side impacts of credit market infor-mation[J]. Journal of Development Econo-mics, 2010, 93(2):1-188.

[28] MCINTOSH C, WYDICK B. Adverse selection, moral hazard, and Credit information systems[J]. College of Arts and Sciences, 2015,78(2):271-298.

[29] MUSCETTOLA M. The weight of borrowed capital distinguishes the solvency of firms:An empirical analysis on a sample of 4500 Italian SMEs[J]. International Journal of Eco-nomics and Finance,2013,5(12):24.

[30] NEUSSER K, KUGLER M. Manufac-turing Growth and Financial Deve-lopment:

Evidence from OECD Countries[J]. Review of Economics and Statistics，1998，80(4):638-646.

[31] PEREZ-MARTIN A，VACA M. Big Data techniques to measure credit banking risk in home equity loans[J]. Journal of Business Research，2018，89(8):448-454.

[32] RAJAN P R G . The Effect of Credit Mar-ket Competition on Lending Relationships [J]. The Quarterly Journal of Economics，1995，110(2):407-443.

基金项目:国家社会科学基金重大招标项目"大数据背景下中小微企业征信理论与方法"(项目编号:17ZDA088);浙江省社科规划基金重大项目"把杭州湾经济区建设成为现代化先行区的对策思路研究"(项目编号:18ZDWT03ZD);受《浙江省大学生科技创新活动计划(新苗人才计划)》资助。

【作者】

池仁勇,浙江工业大学中国中小企业研究院院长、教授、博士生导师

胡倩倩,浙江工业大学管理学院硕士研究生

浙江民营经济模具产业链一体化重构
高质量发展的调研报告

——以宁波民营经济模具行业为例

王　瑞

一、引言

2020 年 3 月 29 日,习近平总书记赴中国模具之都宁波考察调研,在宁波北仑大碶高端汽配模具园区,重点了解骨干模具企业复工复产情况,给整个模具行业带来了莫大鼓舞。进入 2020 年下半年,新冠肺炎疫情依旧在全球肆虐,世界经济增长持续放缓甚至大幅下降,仍处在国际金融危机后的深度调整期,世界大变局加速演变的特征更趋明显。我国制造业产业供应链受到冲击,结构性、体制性、周期性问题相互交织,"三期叠加"影响持续深化,经济下行压力加大。加之中美经贸摩擦,作为汽车、电子、家电、包装乃至航空航天各零件制造领域的"成形母机"和"效益放大器"的模具产业首当其冲。长期以来,中国模具工业的发展在地域分布上存在不平衡性,东南沿海地区发展快于中西部地区,南方的发展快于北方,模具生产最集中的地区在珠三角和长三角,模具产值约占全国产值的 2/3 以上。从产业内循环布局来看,珠江三角洲和长江三角洲是我国模具工业最为集中的地区,近来环渤海地区也在快速发展。按省、市来说,广东是模具第一大省,浙江次之,上海和江苏的民营经济模具工业也相当发达,安徽发展也很快。模具生产集聚地主要有深圳、宁波、台州、苏锡常地区、青岛和胶东地区、珠江下游地区、成渝地区、京津冀(泊头、黄骅)地区、合肥和芜湖地区以及大连、十堰等。各地相继涌现出来的模具城、模具园区等,则是模具集聚生产最为突出的地方,具有一定规模的模具园区(模具城）全国已有 20 个左右。2020 年 1—6 月宁波模具产值 268.5 亿元,其中第一季度下降 5％,第二季度下降 15％,预计第三季度下降 8％左右。[①] 同时期出口 6.5 亿元,同比下降超过 60％。呈现运行质量下降、向上动力不足等问题。今年模具企业生产降低,产能利用率不足,呈现风险上升、预期不稳等特点。模具产业以国内大循环为主体、国内国际双循环相互促进的新发展格局正在有序形成。浙江民营经济模具产业链一体化重构高质量发展的路径和对策探索具有重要应用价值。

总体来看,模具是工业生产的基础工艺装备,在电子、汽车、电视、电器、仪表、仪器、家电和通信等产品中,60％、80％的零件都是依靠模具成型;用模具生产制件所具备的高精度、高复杂度、高一致性、高生产率和低耗能,是其他加工制造方法不能比拟的,也是"效益放大器",用模具生产的最终产品的价值,往往是模具自身价值的几十倍、上百倍。模具是工业之基,模具业稳则工业稳,工业稳则经济稳。

二、浙江民营企业模具产业链构成与企业创新发展现状

我国模具行业的生产能力已占世界总量的近 10％,位列世界第三,仅次于日、美。但我国还处于全球产业链分工的中低端,产品处于中低档。由于市场容量缩小,模具企业竞争加剧。价格战激烈,模具产品价格急剧降低,致使企业效益下降,产品质量也受到影响。我国模具工业与国际先进水平相比,由于在理念、设计、工艺、技术、经验等方面存在差距,因此在企业的综合水平上特别是产品水平方面就必然会有差距。差距虽然正在不断缩小,但从总体来看,目前我们还处于以向先进国家跟踪学习为主的阶段,创新不够,尚未到达信息化生产管理和创新发展阶段,只处于世界中等水平,仍有 10 年以上的差距,其中模具加工在线测量和计算机辅助测量及企业管理的差距在 15 年以上。管理水平、设计理念、模具结构需要不断创新,设计制造方法、工艺方案、协作条件等需要不断更新、提高和努力创造,经验需要不断积累和沉淀,现代制造服务业需要不断发展,模具制造产业链上各个环节需要环环相扣并互相匹配。虽然个别企业的产品已达到相当高的水平,甚至部分产品已达到或接近国际水平,但总体来看,模具的精度、型腔表面粗糙度、生产周期、寿命等指标与国外先进水平相比尚有较大差距。模具生产方式和企业管理的

---

① 数据来源于《宁波市模具行业经济运行分析报告》。

总体水平与国外工业发达国家相比尚有 10 年以上的差距。虽然我国已经成为模具制造大国,但是我国的模具行业产品结构并不合理,中低档模具所占比例过高,而高档的大型精密模具所占比例却是十分低,这也从侧面反映出我国的这类高档模具的进口比例大,出口比例小,中低档模具出口比例较大但是利润就相对较少,所以我国要真正成为一个模具强国,还需要进一步发展,改善现有的产品结构。

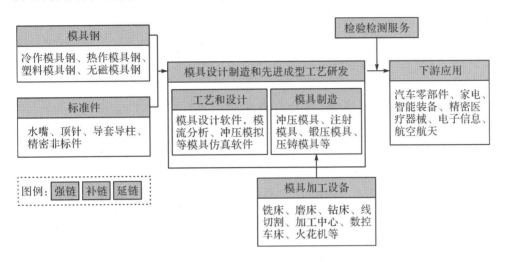

图 1　模具产业链图谱

浙江民营模具行业在全国模具行业里有非常重要的地位。最初,浙江模具的发展由上海扩散而来,随着改革开放 40 多年的快速发展,浙江模具已经形成了很强大的产业规模,成为全国模具行业的一个重要产业基地。浙江模具分布上主要集中在宁波和台州。宁波的模具产业基地方面,余姚、宁海、慈溪及鄞州主要生产塑料模具;北仑以压铸模具为主;象山以铸造和冲压模具为主。台州市模具企业主要集中在黄岩,塑料模具占大多数,其他模具占的比例不大,黄岩模具在全国都非常有地位。浙江模具的特点:一是模具生产企业几乎都是私营企业;二是模具企业相对集中,已形成模具市场;三是模具在满足不同层次用户需求的同时,高水平的模具在快速发展,并已占有较大比例;四是通过多次创业,已涌现出了一批高素质的重点骨干企业;五是已自然形成专业化分工,主要企业特色明显;六是模具工业发展对当地和周边地区工业发展的拉动作用明显。浙江模具凭借其环境优势和良好的发展形式,已经获得了国内外客户的一致认可。现在的浙江模具正在向着更高更远的目标发展。

模具行业涉及汽车零部件、汽车、工业设备、国防、铁路、医疗设备等一系列行业。一是医疗器械模具几乎应用于所有医疗器械的制件,大到高压氧舱,小到助听器等。因生产配套的精密要求,医疗器械模具在医疗器械行业中占据着重要地位。二是 IT 模具发展较为迅猛,已成为产品批量生产和新产品研发所不可缺少的工具。三是 OA 设备模具市场紧随 OA 设备市场发展,其成型方法一般为使用塑料注射模注射成型。四是 3D 打印应用生产模具型腔是型腔模具发展的新动向,金属增减材组合制造技术是 3D 打印领域的一个重要方向。目前,排名前三的是工业机械、航空航天和汽车,分别占市场份额的 20.0％、16.6％和 13.8％。宁波民营经济模具产业链有以下显著特征:

(一)模具产业规模大,细分产业集聚度高

浙江宁波素有"中国模具之都"称号。模具属于细分行业领域,其行业企业体量和产值都整体偏小。2019 年宁波模具产值达到 605 亿元,占中国总模具产值的21％,中国模协所列的十大类模具中,塑料模具、铸造模具、橡胶模具、陶瓷模具、粉末冶金模具等在宁波均能生产。其中铸造模占到了全国总量的 60％以上,压铸模则占全国总量的 50％以上,粉末冶金模占全国总量的 25％以上,塑料模占全国总量的 16％以上等,全市模具产业从业人员达 18 万人,模具企业大大小小达4000 多家。

(二)龙头企业带动产业发展,有一定竞争力

以余姚模具城、宁海模具城带动了上游塑机和下游家电、日用品的共同繁荣;以宁波东睦新材料有限公司为龙头的粉末冶金模具、以象山"合力"为代表的铸造模具、以慈溪鸿达模具为代表的冲压模具等企业带动当地模具产业。如宁海方正、第一注塑、震裕、双林等模具行业龙头企业积极发挥"传帮带"作用;金辉、现代等中坚企业发展势头良好;金晟、日太、禾世等行业后起之秀上升势头明显;德科、宇升等单位在市场产销两旺的推动下,都在寻找更大空间以释放产能;外协加工配套单位,也在腾笼换鸟,采购各类高端设备以适应市场的发展需求。至 2019 年,宁波合力、天正等 4 家模具企业荣获中国 10 强压铸模具企业。宁波 22 家单位 26 人喜获首届"卓越模具工匠匠心模具精英"称号,其中 14 名模具工匠,占全国 14％;12 名模具精英,占全国 11.1％。上海 2018DMC 模具展上,全国共评选出一、二、三等奖合计 108 副模具,宁波共获得 33 副,占比 30.5％;以宁波宁海为例,自 2006 年开

始,宁波宁海 10 家模具企业、44 批次模具产品连续 7 届喜摘大奖。此外,宁波旭升"新能源汽车铝合金减速器箱体"获得工信部单项冠军示范企业;华朔科技、方正汽模、新海科技等产品获宁波市制造业单项冠军示范企业,显示了宁波模具企业具有较强竞争力。

(三)特色模具支撑特色产业,紧跟产业发展趋势

高精密化、自动化、智能化、新型化、融合化,将是模具行业发展的必然趋势,宁波特色模具初具未来产业特征。象山汽配模具起步于 20 世纪 70 年代,相继荣获"中国铸造模具之乡""宁波市汽车轻量化特色产业园"等荣誉称号。在全县 7 家上市企业中,有华众控股、宁波华翔、合力科技三家汽模配上市公司。2018 年 9 月 21日,象山成立汽模配产业联盟,团结 70 余家成员加快产业融合、协同发展步伐。打造"汽车轻量化特色产业示范园",以"华翔"的"5100"汽配产业联盟和"合力"的国家强基项目为引领,实现汽车结构件模具国产化,致力形成国内知名的汽配特色产业基地。北仑模具企业开始用智能技术提升自己的产能。如习近平主席今年考察的宁波臻至机械模具有限公司就是其中之一,五年来公司累计引进五台 CNC 德玛吉三轴、五轴联动高速铣设备,进一步提高了生产效率。五台"大家伙"全部实现自动化操作,操作员只要事先将所需要的刀具放入机器的刀具库内,并且设置好刀具的使用顺序和使用时间等编程程序,机器便能自动工作。宁海模具在产业高度集聚的带动作用下,从模钢、模胚、模架、透气钢、锻造、热处理、表面处理直至模具检测、激光修复等的模具配套产业链已十分完善,内部也逐渐形成了较为成熟的专业化分工协作体系,大幅提升了企业的利润空间和产业竞争力。

(四)中美经贸摩擦对产业链形成冲击,但影响可控

中美贸易摩擦对我国模具出口造成冲击,高端精密模具、汽车模具企业尤为明显,很多涉及北美业务的模具企业都出现不同程度的下降,严重者出现了下降30%。2018 年,模具行业骨干企业出口同比下降 2.96%,2019 年情况更为严峻,如宁波跃飞模具有限公司,减少约 10%的出口订单。宁波盛技机械有限公司订单数量及产值方面与去年相比较,减少了一半多,出口美国模具的订单为零。值得注意的是由于宁波模具产业出口依存度较低,同时对制造、设计环节关键技术拥有专利,供应链安全对当地模具企业影响较小。宁波远东制模有限公司(余姚地区塑料

模)通过技术改造和产业转型升级,并与延锋汽车饰件系统有限公司建立了长期的合作关系,2019年国内汽车行业不景气,导致订单量同比下降10%,年产值和销售同比下降20%左右。宁波舜宇模具股份有限公司(余姚塑料模)主要配套国内汽车行业,对其直接影响不大,但整个汽车行业的下滑对公司影响很大;公司对固定资产的继续投入、扩大产能持谨慎态度,目前车企的新项目开发相对也较少。

三、疫情冲击下宁波模具产业链与企业高质量发展面临的"新"问题

宁波民营经济模具产业发展的优势主要为熟练的劳动力、专业的工程师、较低的工业用地成本、良好的电信服务、充足的电力及优秀的基础设施。今年新冠肺炎疫情叠加中美贸易摩擦造成产业链、供应链断裂风险及全球竞争力下降,宁波模具产业新问题集中表现在五个方面。

(一)部分模具企业关键材料、技术面临"断供堵点"问题

模具行业受人流、物流不畅及技术壁垒影响,如宁波一象吹塑家具有限公司因原材料"断供"导致生产受限,价值300万美元的订单不能及时交付;宁海县模具行业协会的调研数据显示58.8%的企业出现原材料等上游供应链断裂。前期部分原因是工程师、雇工不到位及国内物流不畅,后期主要原因是贸易管制和国际运输成本激增,导致部分关键原材料和零配件进出口受阻。缺乏专业高效的模具智慧平台。在工业互联网经济飞速发展的当下,模具行业缺乏全面涵盖上下游产业链、满足客户需求的智能制造云服务平台。模具产业的数字化制造尚处在起步阶段,数字化融合核心技术受制于人。

(二)模具企业普遍面临产业链"资金断裂"的问题

民营经济模具制造业具有产业链长、参与主体多的特征,往往包括"元件—器件—组件—模组—整机组装"极其复杂的供应链体系。受海外疫情持续发酵、订单取消或延后、叠加汇率波动导致企业经营成本增加,各风险叠加最终形成资金链断裂风险并传导到产业链其他环节。再加上应收账款数额大、回收难一直是影响模具企业生产经营突出的问题,很多企业因年前无法收到预计的货款造成资金紧张,

无法及时支付供应商的货款,造成供应商配合度下降,影响模具的交期和质量,形成恶性循环。新冠疫情则放大了资金链的安全问题。

(三)多数模具企业面对内外贸"订单难配"的问题

宁波只有少数模具企业实现了信息化、智能化的生产线。标准化水平和标准件覆盖率与国际先进水平距离较大,导致模具质量、成本、制造周期难以与国际接轨。且大量模具企业以自配为主,协作不够,降低了宁波承接国际需求总包分包项目的能力,因此国际订单难以直接转化为产业链协作订单。且国际化程度不足,模具企业多为中小民营企业,缺少海外接单能力和对售后服务的支撑,很难接到高质量订单。

(四)模具产业链现代化、一体化水平存在"创新不足"问题

综观宁波模具产业链全局,一是模具生产的商品化、专业化、标准化程度还较低、创新能力弱。单个模具企业的整体方案解决能力弱,企业协同能力弱,难以应对客户提出的完整解决方案需求;小规模的模具企业仍占据较大的比例;模具标准化水平和标准件覆盖率与国际先进水平距离较大,导致模具质量、成本、制造周期难以与国际接轨。二是缺乏高层次创新人才,研发及自主创新能力薄弱,对设备改造与高端仿真软件应用效率不高、成本激增的压力愈来愈大,已影响企业技术进步的步伐。模具企业与高校、科研机构沟通合作不多,产学研存在脱节,科研成果转换受阻;三是缺乏专业高效的模具智慧平台。在工业互联网经济飞速发展的当下,模具行业缺乏全面涵盖上下游产业链、满足客户需求的智能制造云服务平台。模具产业的数字化制造尚处在起步阶段,数字化融合核心技术受制于人。[①] 2019 年 8 月,习总书记在中央财经委员会第五次会议上提出,要实施产业基础再造工程,打造具有战略性和全局性的产业链,建立共性技术平台,打好产业基础高级化、产业链现代化的攻坚战。

(五)产业链集群存在环境支撑的"竞争乏力"问题

民营经济模具制造业的技术密集、过程复杂和模式新颖等特征决定了其需要

---

① 数据来源于《2019 浙江省模具产业白皮书》。

匹配高素质的人才队伍、多品种的金融产品和宽容高效的政策环境。但从现实情况来看,受行业发展的人才、土地等要素支持不足,高精尖技术人才匮乏、中小企业融资难融资贵、制度环境改革滞后等问题仍较突出,产业发展的外部桎梏亟待破解。[①]

四、提升浙江民营经济模具产业链一体化重构高质量发展的路径

(一)标准化、精益化、管理优化相结合的质量提升路径

要强化模具行业标准引领,形成"底线标准、消费者满意标准、战略性标准、国家安全标准、未来标准"相统一的产业标准体系。形成以质量为导向的模具行业资源配置方式,构建模具行业质量与价格的科学联动、反应机制。推动模具行业企业精心设计、精益生产、精细服务。健全模具行业企业质量管理体系,提高全面质量管理水平。推动模具行业企业社会责任制度、诚信体系建设,完善产品召回制度。

(二)数字化、网络化、智能化赋能的效率变革路径

围绕着降本增效、供需对接的要求,推动模具产业数字化进程。加强应用数字化、网络化、智能化技术,对供应链不同环节、生产体系与组织方式、产业链条、企业与产业间合作等进行全方位赋能。加快运用物联网、大数据、云计算、人工智能、5G、区块链等信息网络技术,促进模具企业内的人、物、服务以及企业间、企业与用户间互联互通、线上线下融合、资源与要素协同。

(三)以新产品、新服务、新技术、新业态为导向的新产业成长路径

把握新一轮模具产业革命的重大历史机遇,大力发展下一代信息网络模具(如产业互联网、大数据、云计算、5G、人工智能、区块链等)、高端装备模具(如大飞机、新能源汽车、无人自动驾驶汽车、磁悬浮铁路等)、生物模具(如基因产业、生命科学、生物疫苗等)、新材料模具、新能源模具(如太阳能、风能、氢能等)、特高压模具、节能环保模具等战略性新兴产业。

---

① 数据来源于《2019海智在线中国模具产业观察白皮书》。

(四)不同类型、层级、领域创新体系建设的创新驱动路径

围绕国家战略、市场需求、未来方向等,推动模具企业、模具产业结合自身情况,升级创新范式,促进产业链与创新链深度耦合。推动模具产业政产学研用有机结合,推动模具企业创新体系、模具产业创新体系、国家创新体系建设,打造世界级的模具创新生态系统。支持大中小模具企业和各类主体融通创新,推动科技成果转化和产业化。

(五)平台化、共享化、供应链化、生态化的商业模式升级路径

改变模具企业单打独斗、单一"产业"思维,转向"体系"思维,促进模具产业融合,构筑产业、资金、市场、人才、平台、技术等诸多要素协同的模具产业与市场高效对接的新商业模式。

(六)地区、国内、国际产业分工深化的空间优化路径

按照"有所为、有所不为""充分发挥比较优势与后发优势""形成自身独特竞争优势""畅通国内循环、国际循环"等思路,推动宁波各地区从全球分工体系与国家发展战略角度精准定位,选择好模具主导产业、支柱产业与优势产业,培育特色鲜明、专业化程度高、配套完善的产业集群。

(七)将绿色、循环、低碳理念导入模具产业、产业全生命周期的可持续发展路径

在民营经济模具产业发展的规划、设计、生产、流通、物流、消费、投资、运维、评价、治理、供应链等各方面体现资源节约、环境友好的目标,推动模具产业绿色化转型与绿色产业发展,统筹推动绿色产品、绿色工厂、绿色园区和绿色供应链发展,促使企业提供清洁环保的产品和服务,实现降低能源资源的消耗、减少废弃污染物和温室气体的排放强度,同时保持模具产业平稳健康发展。

(八)通过要素供给升级与体制机制有效保障来提高产业发展潜力的要素支撑路径

民营经济模具产业发展过程高质量离不开相关要素支撑。包括:符合时代技能要求与知识结构的丰富人力资源;先进适宜的技术装备;强大、智能、安全、绿色

的物理基础设施、数字化基础设施与创新基础设施；规模适度的多层次多渠道资本体系；相对充足的土地、矿产、能源等资源；富有效率的经济组织、科研组织；精准、灵活的政策；良好的体制机制等。

总之，在国内外形势深刻变化、国际竞争日益激烈的时代背景下，推动浙江模具产业链重构高质量发展，首要是保证产业发展战略高质量，才有发展过程高质量，才有最终达到产业发展结果高质量的可能。各行各业推动高质量发展，必须明白这一基本的逻辑。

五、推进浙江民营经济模具产业链一体化重构企业高质量发展的对策

为主动应对以国际需求不确定、产业链外迁风险并存为主要特征的后疫情时代，围绕国内超大规模市场，浙江模具要打造以国内大循环为主体、国内国际双循环相互促进的产业链发展新格局。模具产业以模具设计制造和先进成型工艺研发为核心，向上游发展模具钢、标准件等基础材料和核心部件，向下游延伸至模具检验检测以及汽车、家电等行业应用，打造兼具产业链、供应链较高稳定性和持续竞争力的"模具钢、标准件—模具工艺和设计—模具制造—模具检验检测—汽车、家电等行业应用"的全产业链条。

（一）推动模具企业基于核心能力的多元化战略进行高质量"补链"发展，实现产业链双循环格局重构

浙江模具企业应实施基于核心能力的多元化战略，着力攻克受制于人的关键技术和产品，把发展主动权牢牢掌握在自己手中，保持产业链完整、供应链稳定，实现模具产业双循环格局重构。一是延伸产品链条。要立足资源和产业优势，加快培育模具产业链条，推动骨干企业由单一产品向产业链条延伸发展。推动模具产业与下游产业的融合发展，围绕宁波"246"产业集群发展需求，重点推动高端精密模具在汽车零部件、家电、智能装备、精密医疗器械、电子信息等领域的应用。部分模具企业已走在前列，如宁波微科光电有限公司正在努力拓展产品线，加快进入地铁、工业自动门等全新领域；而宁波爱可森汽车电子有限公司利用无尘车间转产口罩等防疫产品。二是向高端产业链环节要效益。对于市场竞争激烈、饱和度相对较高的产业和企业，要积极引导其向微笑曲线两端延伸，拓展研发设计和销售服务

两个高附加值领域,提升企业的经济效益和竞争能力。要提升模具工艺设计,引进一批国内外知名的模具结构设计和模拟仿真、专用设计软件等龙头企业和重大项目。布局高强度耐磨模具钢材料,重点发展冷作模具钢、热作模具钢、塑料模具钢、无磁模具钢,支持三和兴模具等企业布局模具钢生产加工项目。宁波君灵模具和浙江华朔科技加快数字化技术改造,在疫情期间订单不减反增;天正模具高质量接单美国三大车企要造呼吸机模具,强技艺、抠细节、抓进度,把"智能制造+人工协调"发挥到极致,复工后为华为、中国重汽、宝马等客户赶制模具,订单不断。三是加快"走出去"步伐。走出去是企业抢占资源和市场的现实选择,是企业做大做强的必由之路。一方面要以国内紧缺资源境外开发和过剩产能转移为重点,组织优势产业和有实力的企业走出国门,积极开展合资合作和并购重组,努力实现低成本扩张;另一方面要注重境外研发平台建设,通过设立境外研发机构,缩短宁波市模具企业产品在技术、包装、设计等领域与国际水平的差距。宁波继峰汽车零部件股份有限公司收购德国同行成为隐形冠军就是一条可行路径。

(二)促进以大带小、上下联动、内外贸协同的企业融通"串链"发展,打通产业外循环链条

做好上下游产业链条协同、大中小企业融通发展工作,对增强宁波民营经济模具产业长期竞争力具有重要意义。一是发挥模具大企业的引领支撑作用。重点发展大企业的中高端精密模具产品,支持合力、方正、华朔、双林等重点企业面向下游应用领域,研发大型及精密塑料模、精密高效多工位级进冲压模具、超高强度钢板热成形模具、金属粉末注射成形模具及铸造模具等精密模具产品。鼓励大企业利用产业链、供应链优势地位,搭建线上线下相结合的大中小企业创新协同、产能共享、供应链外循环的新型产业创新生态,推动中小企业高质量发展,降低自身创新转型成本,形成融通发展的格局。[①] 二是推广产业链上下游融通发展模式。深化基于供应链协同的融通模式,构建大中小企业深度协同、上下游密切联动、融通发展的新型产业组织模式,提高供应链运行效率。鼓励银行等金融机构给产业链上关键企业授信、贷款,创新发展供应链金融等业务,推动以实时付款、降低预付款形式支持上中下游中小微企业,降低资金负担。三是促进产业内外贸协同发展环

---

① 数据来源于《2019先进制造业产业发展白皮书》。

境。进一步深化对外合作,在大型展会的带动下充分利用跨境网络交易平台进行跨境模具产品交易、技术交流、人才流动,融入大型跨国公司产业供应和产业创新体系。

(三)构建基于智能化、全产业链的模具产业集群云服务平台"固链"发展,保证产业链内循环效率与安全

浙江应加快模具制造业向数字化、智能化改造,进一步促进企业稳固供应链,提升产业链水平。一是推动传统模具产业升级换代、跨界融合,提升智能化水平。推动实施中小企业智能化改造专项行动,加强中小企业在产品研发、生产组织、经营管理、安全保障等环节对云计算、物联网、人工智能、网络安全等新一代信息技术的集成应用。天正、合力等大型模具企业将人工智能、工业互联网与制造业紧密结合,疫情期间满负荷完成订单,为维护全球产业链供应链稳定贡献了宁波力量。二是打造模具全产业链云平台,推动模具产业数字化发展。整合行业上下游产业链资源,共享数据与服务,提升供应链效率。如天正模具牵头打造的宁波市模具行业"中模云"工业互联网平台即将上线,将依托5G和工业物联网技术,以贸易订单为驱动,以国内外全流程服务基地为载体,力争打造国际知名的模具全产业链服务云平台。届时云平台将提供信息发布集成、国际市场需求开拓、生产资料线上交易以及总包分包、众包众设、售后服务支持、行业企业评价体系、供应链金融等"线上＋线下"全方位、全产业链、全过程的模具产业公共服务。三是实现宁波模具企业工业互联网应用全覆盖。工业互联网能够打通模具产业链,实现原材料、模具与制品直接对接,利用信息技术对下游汽车、通信医疗器械等复杂的市场动态进行分析,开展市场机会预测和产品创新,打造市场青睐的创新产品,实现敏捷制造和精益生产,提升模具产品价值,抢占市场先机,提升产业链供应链竞争力。

(四)打造后疫情时代新型高效的国际化模具产业生态体系"强链"发展,激发产业循环竞争力

一是深化产教融合、协同育人机制。提高产业学院、特色学院人才培养水平,建议政府每年拨出若干培训经费,并选取若干家企业作为模具产业人才培训基地,并开办类似"百名模具师傅"培训班,助力培养本地模具技术人才,解决模具产业中高级人才短缺问题,促进产业与人才融合。鼓励浙江省模具行业协会与浙江大学、浙江工业大学,宁波市模具行业协会联合浙大宁波理工学院、浙江工商职业技术学

院等筹建智能制造模具产业学院或特色学院。二是政、产、学、研、金、介、用协同发力。形成强大的产业科研、设计、实验支撑体系。政府采取多项措施,出台系列的模具产业扶持政策,布局产业发展基金,实施重点优质企业培育计划。重点孵化一批科技主导特色浓厚的模具企业,从根本上为产业注入科技动力。注重浙江省,特别是宁波市模具行业协会的引导和服务职能,促进全产业链企业协同攻关。大力运作创投资金和小额贷款公司,深化与金融机构的合作,全面推进金融创新服务,打造产业与金融的融合。推动中瑞(宁海)生产技术中心、宁波弗兰采维奇材料研究所、宁波智能制造技术研究院、宁波市中星中东欧新材料研究院等产业技术研究建设,加强高强度工模具钢材料、智能模具技术等关键技术研发,为模具产业高端化发展提供支持。推进北京航空航天大学宁波研究院高端工模具及关键机械传动件增材制造技术创新研究中心建设,开展航空航天装备用模具行业共性技术研发。加强华朔科技、光明橡塑、合力模具、横河模具等企业技术中心建设,提升企业自主创新能力。

参考文献:

[1] 宋文月,任保平.政府治理对产业结构变迁的影响及区域差异[J].中国软科学,2020(7): 77-91.

[2] 宁波市统计局.2019宁波市统计年鉴[M].北京:中国统计出版社,2020.

[3] 欧阳艳艳,谢睿婷,余雪霏.产业结构演变如何影响中国工业和服务业就业[J].产业经济评论,2019(6):5-25.

[4] 陈勇,柏喆.技术进步偏向、产业结构与中国劳动收入份额变动[J].上海经济研究,2020(6): 56-68.

[5] 魏际刚.中国产业高质量发展的战略与路径[N].中国经济时报,2020-08-25(4).

[6] 梁双陆,侯泽华,崔庆波.自贸区建立对于经济收敛的影响:基于产业结构升级的中介效应分析[J].经济问题,2020(9):109-117.

[7] 浙江省统计局,国家统计局浙江调查总队.2019浙江统计年鉴[M].北京:中国统计出版社,2020.

[8] 浙江省统计局,国家统计局浙江调查总队.2018浙江统计年鉴[M].北京:中国统计出版社,2019.

[9] 黄奇帆.结构性改革:中国经济的问题与对策[M].北京:中信出版社,2020.

[10] 全国能源信息平台."新基建"政策白皮书[EB/OL].(2020-04-21)[2021-01-12]. https://baijiahao. baidu. com/s? id=1664576330314337405&wfr=spider&for=pc.

[11] 深圳市模具技术协会.宁波模具携手两大创新平台一起共赢未来[J].模具制造,2019(10):9.

[12] 邵谊增.互联网 plus 模式下协同创新驱动产业转型升级的策略研究[D].杭州:浙江工业大学,2018.

【作者】

王瑞,宁波财经学院国际经济贸易学院教授

中国企业跨国并购的知识转移：基于联合研发平台的协同创新

章　俨　谢洪明　郑健壮

一、引言

全球金融危机引发了中国企业跨国并购的浪潮，特别是通过模仿创新建立了知识与技术体系的中国制造企业，前往德国、美国等技术先进国家并购同行业企业与日俱增，希望以此进一步提升技术水平，产业竞争力，实现转型升级。但中国制造企业过去与跨国公司仅在国内市场与对手进行"跨国竞争"，几乎没有跨国经营的经验，跨国并购面临所有权劣势，与海外企业存在制度、国家文化、企业文化等多层面的障碍。跨国并购不仅可能付出更高的价格，而且并购后管理输出、技术输出几乎不现实，不得不采用"High road"的整合范式，或者适应对方的管理模式。这为中国企业融合被并购的海外子公司技术，提升整体技术水平的战略目的带来更大的管理挑战。特别是在中美贸易战日益激烈的背景下，中国企业对于技术的获取成为国外企业重点防范的内容。

并购的重要目的之一就是获取目标公司的知识并将其转移到公司的其他部门。相较于国内并购中的知识转移，跨国并购的情境下的知识转移将面临额外的挑战。不同的组织文化与国家文化、不同的制度以及遥远的距离使得知识转移变得更加困难。随着大量发展中国家到发达国家并购资产，跨国并购后的知识转移变得愈发复杂，"High road"的整合范式导致并购后的国内母公司与并购的海外子公司分属两套管理和运作体系，使得这些发展中国家的企业只能看着自己并购来的高科技游离于自己的企业系统之外，更重要的是如果不能使这些并购进来的高科技尽快收回投资,极有可能如 TCL 并购汤姆逊彩电业务一样,快速变化的市场需求导致并购进来的技术快速贬值甚至毫无价值。如何破解技术获取为目的的跨国并购的知识转移障碍,提升企业创新能力,是企业界和学术界迫切需要解决的重要课题。本文认为中国制造企业跨国并购后更应该把被并购后的海外资产看作是合作伙伴,相互学习、相互合作,甚至主动投入"被并购资产的价值体系",最大化"以夷制夷"管理模式的正面价值,在双方共同建立的新平台上,通过知识或者技术的增量来盘活存量,通过共同创造引导知识转移,通过协同创新相互同化技术体系和运作体系,逐步实现跨国并购的战略目标。

本文首先评述跨国并购后知识转移、跨国公司知识转移的研究成果,接着结合我们之前访谈的三家中国制造企业跨国并购后的整合实践,分析中国制造企业跨国并购后的知识移转与协同创新的管理情景,然后构建了中国制造企业跨国并购后跨越制度与文化障碍的知识移转与协同创新的理论框架。文章最后探讨了上述特征及其比较对中国企业跨国并购的启示。

二、理论基础与文献评述

知识可以来源于企业内部,也可以来源于企业外部,而并购往往是企业获取外部知识的主要方式。交易费用学派认为跨国公司可以将无形资产内化,以降低交易费用,知识在公司内部转移是在信息不对称的环境中对知识本身的一种保护机制。Kogut 和 Zander 进一步意识到,许多知识存在于个体中,无法通过简单的市场交易完成。相较于之前从机会主义行为来解释知识转移,他们的资源基础论与演进理论更加强调组织认知能力与活动,对于资源的识别、吸收以及转化是企业成功的关键。知识作为核心资源,对于企业保持竞争力具有重要作用,接下来我们将具体阐述基于知识基础观的跨国并购知识转移理论发展及缺口。

(一)跨国并购与知识转移

1.知识转移的两种模式。

知识基础观强调存在于个人大脑中,组织的作用是应用知识而非创造知识。跨国并购中并购方不一定是知识输出方,也可能同时成为知识接收方。并购方通过并购目标国公司以获取当地子公司的知识,以增强其在目标国或全球市场的竞争力(Foss and Pedersen 2002)。然而，此类理论着重服务于发达国家的先发企业，强调先发企业逐步向后发企业转移技术、产业的阶梯秩序，发展中国家企业只能永远扮演跟随者的角色(Lall 1983，Kojima 1985)。

为了弥补上述理论在解释发展中国家跨国并购的缺陷，Luo and Tung（2007）基于跳板理论的视角进行了阐述。跳板理论认为，新兴国家跨国公司可以通过跨国并购获得战略性资产以弥补其自身竞争劣势。然而，中国后发企业获得的战略性资产并不完全直接用于提升海外市场竞争力，反而更加关注于母国国内竞争力的提升。通过利用国外平台规避母国的市场和制度限制，使得这些企业能够在母国市场获得成功，进而参与到全球竞争中。Mathews（2006）将中国公司的这种策略归纳为 LLL 模型，即链接→利用→学习的往复循环。但是，这种往复循环具体如何实现，学术界并没有给出相应的答案。

2.知识转移的方向。

发达国家企业跨国并购主要以输出知识为主即正向转移，同时可能伴随着一些逆向转移，而中国企业在并购后只能进行知识的逆向转移。这两种转移方向存在着完全不同的逻辑。知识的正向转移是指并购方将知识主动转移到被并购方以获得溢出效应的行为。传统 OLI 范式认为，企业进行对外直接投资必须拥有三个前提即所有权优势、区位优势以及内部化优势。发达国家公司可以通过跨国并购将其丰富的产业经验以及技术人员应用到发展中国家，利用目标公司廉价的劳动力赚取更多的利润。Barbopoulos 等人针对英国在发展中国家的对外直接投资绩效研究显示，并购方都获得了显著的收益。相反，知识的逆向转移是指通过并购获取东道国有用知识资源，并应用于自身经营活动的行为。

并购作为快速获取目标资源的一种途径，越来越受到新兴市场企业的青睐。由于这部分企业的国内市场日趋饱和，而进入国外市场缺乏资源优势。因此近年来大量中国的制造业企业走出国门，到先进的发达国家并购战略性资产，特别是隐性知识。企业可能会将跨国并购作为获取当地企业新知识和技能的快速通道，以此打入当地市场，也可能会通过知识的逆向转移增强自身在国内市场的能力。不论是建立当地营销网络还是获取企业自身缺乏的技术都需要掌握相应的知识，而跨国并购除了能获得现成的知识外还能保留使这些知识运转起来的人。

3.知识转移的障碍。

国际战略联盟中的知识转移有若干种，如知识默会性、资产专用性、知识复杂性、伙伴公司保护主义、文化距离以及组织距离。跨国并购中的知识转移与国际战略联盟中的知识转移本质是相同的,都是知识在跨越国界的范围内流动,因此面临的障碍也比较相似。Bresman 等人认为,跨国并购后知识转移最主要的障碍来自地理距离与文化距离。而 Zander 等人在十年之后对 Bresman 所研究的公司进行再次调研时发现,情况大相径庭。他们认为并购后的信息不对称是知识转移的最大障碍,先前的研究虽然搞清楚了个人层面的知识转移,但是组织层面的知识转移却成了一个"灰箱"。Vaara,Sarala et al.(2012)从文化距离的角度对知识转移影响机制进行了研究,他们发现组织文化冲突会引起并购双方的社群冲突进而不利于知识转移,而国家文化冲突与营运整合能够缓和社群冲突并促进知识转移。

近年来中国企业频繁进行跨国并购,大量制造业企业旨在通过并购获取核心技术和知识,如何有效地从跨国并购中实现知识的逆向转移还存在着理论空白。原本以市场换技术的方式并没有取得良好的效果,换出去的真金白银的市场,换回来的却是价值不大的非核心技术和知识。即使在并购以后,直接获取对方的核心技术用于国内生产制造也至少需要技术转让协议,主动权根本不在中国企业手中。要实现"以弱并强"条件下的知识转移,需要企业拥有丰富的整合经验,通过灵活整合降低员工心理障碍。现有的研究主要在寻找和讨论影响跨国知识转移的因素,对于具体如何在面临海外所有权劣势的情况下通过灵活整合实现知识逆向转移的机制缺乏更为深入的讨论。

(二)跨国并购与创新

对于跨国并购能否带来创新一直以来没有一个统一的答案。Hitt,Hoskisson et al.(1991)发现美国企业在并购后减少了研发投入,导致"研发密度"与"专利密度"的降低。企业既可以通过内部研发产生创新绩效,也可以通过并购的手段获取这部分资源,因此并购在一定程度上替代了企业的研发活动。同时,并购活动也会使得公司将精力投入到整合之中,对于创新活动的投入会减少。然而,也有研究认为并购使得其能够进行更高水平的创新,而且获得的研发人员也增强了研发能力(Subramaniam 2006)。

有关联合研发的文献强调,复杂产品的合作研发过程中,双方主体地位的不同往往会带来不一样的合作效果。例如当制造商占据主导地位时,可通过降低产品的批发价格并与零售商开展长期合作来阻止商店品牌的竞争力。

然而中国企业在跨国并购后面临所有权缺失，难以吸收整合对方的知识，达不到对企业内部研发的替代作用等困境。被收购企业往往对技术、品牌有着严格的专利保护，中国企业难以直接共享使用这些资源。同时，以夷制夷的管理模式导致并购后的国内母公司与并购的海外子公司分属两套管理和运作体系，这为以技术获取为目的的跨国并购设置了知识转移的障碍。因此，中国企业如何有效实现跨国并购后的逆向知识转移与协同创新有待进一步考察。

三、案例选取与数据来源

（一）研究方法

为了寻找中国制造业企业跨国并购后知识转移与协同创新的赶超之路，我们将采用多案例研究方法。案例分析有助于获取有价值的见解和丰富的信息，尤其是对于"是什么"和"为什么"的问题（Yin 2013）。由于中国企业跨国并购情境丰富，单个案例无法反映整个知识转移过程的全貌，因此我们采用多归纳式多案例研究方法。多案例的"复现"原则能够帮助我们建立具有普适性的理论，类似于多重实验中使用的原则（Eisenhardt 1991，Yin 2013）。

（二）案例选取

中国是个制造业大国，跨国并购也大量分布在制造业中，据 Zephry 数据库统计，除去金融业，1990 年以来中国制造业跨国并购占总并购数量的 42.8％。并购之前，缺乏核心技术和研发能力是中国制造业企业共同的特征，而并购正是为了获取这部分战略性资产（Hemerling，Michael et al. 2006），这为跨国并购知识转移提供了绝好的素材。此外，相比于民营企业，中国早期进行跨国并购主要是国有企业，这类企业并购带有明显的政治意义（Williamson and Raman 2011），并不适合作为本研究的对象。因此，我们调查走访了 40 余家民营制造业企业，行业涵盖了化学品加工、工业及商业用机器制造、汽车制造等。依据 Yin（2013）的案例筛选原则，我们对样本企业进行了分层抽样，从中选出了三家来自不同行业最具代表性的企业：吉利汽车控股有限公司（下文简称吉利汽车或吉利）、卧龙电气集团股份有限公司（下文简称卧龙电气或卧龙）、宁波均胜电子股份有限公司（下文简称均胜电子或均胜）。2010年吉利完成了对瑞典Volvo轿车公司的收购,2011年卧龙完成了对奥地利ATB驱动股份公司的收购,同年均胜完成了对德国普瑞公司的收购。虽然三家公司的并购发生在不同国家,面对不同的文化和制度环境,但它们都取得了较好的并购绩效,成功跨越了制度文化障碍。这种差异为我们寻找一个普适的知识转移理论框架提供了可能,并由此为企业后续的跨国并购提供新思路,为政府制定相关政策提供参考性意见。

表1　样本企业描述

企业名称	所属行业	总部位置	并购目标	目标方国家	并购时间	收购目的
吉利汽车	汽车制造	浙江杭州	Volvo轿车	瑞典	2010年	获取品牌:中国的自主汽车品牌要成为世界品牌的话,没有几十年、上百年的积累是做不到的。 获取知识:中国汽车的技术积累,没有几十年、上百年的积累也是做不到的。(资深副总裁)
卧龙电气	电气机械器材制造	浙江上虞	ATB Austria Antriebstechnik AG	奥地利	2011年	获取知识:我们组建了一个业务上的参观团,实地看了对方的企业,看完以后,我们对收购这个企业的信心大增,因为我们看到对方的产品、技术、资产规模,都是非常硬实的,是一个技术含量比较高、工艺水平比较精湛的电机企业。(常务副总裁)
均胜电子	汽车功能件及电子配件	浙江宁波	Preh	德国	2011年	获取知识:这些技术并购之前或之后它就有了,我们在中国建立了一个研发中心,德国一开始想法不同,认为我们搞制造就行了。我们说不行,获取技术是并购你的最主要原因之一,不然就不并购了。(副总裁)

（三）资料搜集

为了确保案例的真实性以及可靠性,我们从多种渠道搜集了相关的一手及二手资料。一手资料的获取主要来自企业实地考察以及对企业负责并购的高管的半结构化访谈。为了对并购相关事实进行更加全面的了解,我们在不同时期对若干高管进行了访谈。相关访谈来源详细信息见表2。二手资料的搜集主要来自公司发布的年报、内部宣传文件、媒体报道、商学院案例以及企业或外部观察家的出版物。

表 2　访谈数据来源

访谈企业	访谈时间	访谈对象	主要调研内容
吉利汽车	2012 年	财务管理部部长	吉利集团并购沃尔沃以及吉利的发展过程,及并购后的创新管理
	2013 年	前新闻发言人	
	2013 年	董事长兼首席执行官	
	2014 年	资深副总裁	
卧龙电气	2012 年	财务总监	卧龙电气集团有限公司并购奥地利 ATB 集团并购的整体情况、国际化经营情况
	2014 年	卧龙电气董事长	
	2014 年	ATB 董事长	
均胜电子	2012 年	副总裁	宁波均胜电子并购德国普瑞的整体过程
	2015 年	副总裁	

(四)资料分析

依照多案例分析的研究建议(Eisenhardt and Graebner 2007,Yin 2013),我们先对调研最为充分的案例进行单案例分析,并依据单案例分析所得到的结果进行进一步的跨案例分析。分析方法如下:首先,基于访谈数据、观察数据和档案数据的综合整理,由一名研究者初步完成案例的重构,另一名研究者则通过阅读原始的访谈数据和档案数据形成自己独立的观点,并将这些观点融进每个案例之中。接着,我们选择了吉利汽车并购 Volvo 进行单案例分析。然后,在完成单案例分析的基础上,我们得到了中国企业跨国并购知识转移的基本框架。最后,依照单案例分析的步骤,我们通过对另两个案例不断比较分析,对构念不断精炼最后得出一个较为完整的"中国企业跨国并购知识转移框架"。

四、研究结果

过去的研究表明,后发企业由于进入市场较晚,因此与先发企业相比往往缺乏技术和市场资源(Mathews 2006)。通过对吉利汽车、均胜电子和卧龙电气三家来自不同制造业企业的近 3 年的多案例跟踪研究,我们发现,并购双方组建新的技术开发或者合作平台有助于破解知识逆向转移的制度和文化障碍,消化了知识特性、知识距离、制度距离、文化距离在并购方和被并购方之间的正向知识转移和逆向知识转移中所起的阻碍作用。联合研发能够使并购双方通过知识或者技术的增量来激活存量,通过共同再创造新知识新技术来引导跨组织间的知识转移和吸收,通过协同创新相互同化技术体系和运作体系,进而提升并购后相互学习、相互合作的水平,最大化"以夷制夷"的正面价值,逐步实现跨国并购的战略目标。我们重构了中国制造企业跨国并购后跨越制度与文化障碍的协同创新的理论框架,提出了基于联合研发平台的知识转移与协同创新模型。

(一)市场互补与联合研发平台

互补性的市场地理位置拓宽了并购方的地理范围并获得新的分销网络,使得并购方可以利用其差异来拓展相关的市场,并抵消局部性商业周期的影响。中国由于市场化程度不及西方国家,国外企业进入中国市场往往带有较大的不确定性风险,因而阻碍了其对中国市场的开拓。2007年金融危机导致西方国家需求锐减,众多企业资金链吃紧,此时开拓庞大的中国市场成了他们保持业务活力的重要途径。同时,中国企业在经济快速增长的同时已经占领了一定的市场份额,构建了完整的销售体系,并购整合将形成良好的协同效应。从表3中可以看到,被收购的企业市场在中国有着较强的市场开拓意愿。

表3 市场位置互补与建立联合研发平台的关系

企业名称	市场位置互补关系		典型援引
	中方	外方	
吉利汽车	庞大的中国市场,缺乏海外渠道	完善的海外销售网络	Volvo原来有点抱残守缺,认为我就是贵族,我的设计风格就是不变……但是它在中国市场就是吃不开。(前新闻发言人)
卧龙电气	集中于亚太中东市场与中国本土	集中于欧洲市场	我们这里的,是供应中国市场、亚太市场的,因为,对它来说中国和亚太市场是空白,那么为什么这个技术给我了呢?这个技术给我,我不需要销到欧洲、美洲去,我只要在亚太中东市场销售。(ATB董事长)ATB在收购之前,80%的产品都在欧洲销售,它是欧洲企业,欧洲以外只销售了20%,不像其他欧洲的企业,早就走向全球了,它没有。(ATB董事长)

续　表

企业名称	市场位置互补关系		典型援引
	中方	外方	
均胜电子	在国内汽车零部件市场崭露头角	外国市场为一流厂商做配套	我们并购普瑞前,它在中国是没有业务的,它在中国的发展是企业发展的必由之路,如果作为一个汽车零部件供应商,在全球最大的汽车市场没有业务,上汽、一汽大众、一汽通用,一定会从国内走。它一直想来中国,但没有来成。(副总裁第二次)

注:资料来源于公司官网。

然而,中西两地遥远的地理距离迫使被收购方将生产技术用于中国工厂进行本地生产以节省成本,因此需要对产品进行本地化改造以适应当地供应链及生产环境。虽然并购双方存在较大的知识距离,但设立联合研发平台相比传统的合同或协议式外包,拥有允许被并购方能够充分利用中国企业的本地资源的便利。由于销售活动存在地理隔绝,技术的转移并不会导致产品销售的冲突,进而使得技术能够在联合研发平台中自由流动。

因此,我们可以得出以下命题:

命题1:来自中国的并购方与被并购方的市场位置互补性越大,越能够克服知识距离障碍,促使联合研发平台的设立。

(二)产品互补与联合研发平台

虽然相似性视角是并购价值创造研究的主流思维,但是互补性才是并购绩效的最重要前驱因素(Finkelstein 2009)。产品的互补性可重构从而完善并购方的产品组合,根据 RBV 的理论,并购后资源重组带来的产品组合是并购价值创造的重要来源,这样吸收了互补性差异的新产品组合使并购方获得了其他公司不容易模仿的强固优势(Barney 1988,Karim and Mitchell 2000)。不过,并购双方原先这种差异化的竞争意味着他们处于不同的战略群中。企业要想拥有较好的绩效,就必须实施能够发挥独特优势资源与能力的竞争战略,避免使用劣势资源与能力,这使企业的竞争战略并不相同(谢洪明 2003)。正如吉利董事长李书福所说:"吉利是吉利,沃尔沃是沃尔沃,吉利不生产沃尔沃轿车,沃尔沃也不生产吉利轿车。"因此中国企业与被并购方之间存在战略移动障碍,而联合研发平台可以在保持双方所处战略群位置稳定的情况下增强双方的竞争力。

同时,在组织层面,由于联合研发平台采取的是紧密合作,而非合同或协议的方式进行,因此并购方企业员工需要通过公开自身的优势技术细节来获得标的方员工的认可,达到不同技术之间的技术主体相等,双方员工沟通更为顺畅,从而使得隐性知识的学习变为可能。中国作为发展中国家,企业技术知识的积累具有鲜明的本地特色,与发达国家相差巨大,低成本是其显著的特征,这种技术能力往往是西方企业所缺乏的。从表4中可以看到,中方企业与被并购方之间的产品属于相同产业,但又不同质的产品使得双方能够共同参与到新产品系列的开发中来,因此建立联合研发平台成为双方自然而然的选择。所以,我们可以得到以下命题:

命题2:来自中国的并购方与被并购方的产品互补性越大,越能够避开知识特性障碍,促进联合研发平台知识转移。

表4　产品互补与建立联合研发平台的关系

企业名称	产品互补关系		典型援引
	中方	外方	
吉利汽车	大众产品	高端产品	沃尔沃是高档品牌,吉利是大众品牌,这两个品牌是兄弟关系,是要共同去参与世界汽车的竞争的。(资深副总裁)
	小型发动机	大中型发动机	沃尔沃没有小型发动机,吉利有小发动机,现在它拿去以后我们共同开发一个小发动机,在我们的发动机上进行优化,优化出来以后沃尔沃和我们共同使用这个发动机。(资深副总裁)
卧龙电气	小微电机	大型电机	我们是在小微电器方面比ATB这边强,小型电器和他们相当,中型电器和他们有一定差距,大型电器我们几乎是空白。我们小的强,他们大的强。我们是个正三角,他们是个倒三角,两个拼起来恰好是个正方形,不是长方形。(ATB董事长)
均胜电子	塑料功能件	汽车电子器件	实际上我们是一个产业扩张,从我们做的功能件、安全件、内饰件传统零部件向汽车电子产品进行扩张。因为你说升级意味着放弃原来的,我现在这么赚钱,我为什么放弃掉。但是我如果不做这个东西,只做我现在这东西,可能有一天我会做死。(副总裁第一次)

(三)联合研发平台与知识转移及协同创新

从表5中可以看到,吉利、卧龙与均胜都建立了各种形式的联合研发平台,例如吉利与沃尔沃在瑞典建立了联合研发中心，它为双方研发人员提供了深度社交的机会，进而能够促进更多隐性知识的转移与协同创新。根据本文的数据来看，想要实现协同创新，制度重构、文化融合、增量转移这三个方面缺一不可。

表5　联合研发平台的知识转移与协同创新的关系

企业名称	联合研发形式	协同创新	典型援引
吉利汽车	在瑞典建立吉利—沃尔沃联合研发中心	增量转移	去年，我们又在瑞典建立了一个吉利投资兴建的，吉利与沃尔沃一起的联合开发中心。这个开发中心，将来高档产品的模块化设计都在这里进行设计，将来的知识产权属于吉利汽车集团的，然后两家公司可以共同享用。（资深副总裁）
		制度重构	现在吉利的这些安全标准、技术标准，是按照中国的技术标准来进行的。今后沃尔沃有了很多的考核标准，因为企业的标准肯定高于国家的标准，我们就按照它的标准来进行开发，可以把标准等级、质量等概念拿过来。（资深副总裁）
		增量转移	比如说纯电动汽车，我们还要在电池电控系统等各个方面研究很多，它已经出来了，那它这个车是怎么样的，我们就可以直接在它最新的基础上进行进一步研发。（资深副总裁）
		文化融合	所以我想，设计上由于吉利的收购，现在沃尔沃已经改变设计风格了……中国人要看新面孔，沃尔沃前几年推出的新款很受欢迎，就是因为他们发现沃尔沃有新面孔了。（前新闻发言人）
卧龙电气	建立基于互联网的项目管理系统，统一管理杭州研究院、日本大阪研究所和多萨多夫研究所	制度重构	今年四月份，我们全集团，在德国的多萨多夫，开了一个协同大会，由我们的集团技术总工程师，做了一个技术分析报告，报告出来以后呢，认为，我们的高效电机，一共有六个方案，各家设计各有千秋。谁家设计的毛病在哪里，我们说得非常透彻。（ATB董事长）
		增量转移	设计方面用材每家都能节省，每家都能够节省用材。同样的产品同样的性能的东西，材料好用每家都能够节省，这个优势是非常明显的。通过这一个典型的联合设计，全球的联合设计，来推动我们的采购协同，推动我们的制造系协同，还正向提升他们的竞争力，同时提高我们的技术水平。（ATB董事长）
		文化融合	我们聘了ATB的管理层，三个人三个不同文化。CEO是奥地利人，COO是原来英国一个子公司的老总派过去的，CFO是从中国派过去的……为了能够加强这方面的沟通，我们在欧洲找了一些中国背景的雇员。（ATB董事长）

民营经济创新治理

企业名称	联合研发形式	协同创新	典型援引
均胜电子	在中国设立研发中心,建立中德平行但相互关联的事业部	制度重构	不仅仅是技术层面,我有很大一块在管理上,我们现在研发 R&D 的流程,就要用德国的,开发流程学它的。(副总裁第一次)
		增量转移	你建研发中心,一定要有事情做,在中国开发的这些产品,必须在中国做,大众、奥迪、宝马的销售量中国大于德国,他们有时候忙不过来,他们那里人工扩张费用太贵了。最近我们接北美的克莱斯勒项目,我们中国工程师在做,德国工程师就随时准备着,你需要支持我来给你支持。最后产生的效益是在整个集团里面反映出来的,所以对方也愿意做。(副总裁第二次)
		文化融合	我们在他们的组织当中也安排了一些职位,原来三个总经理,现在第四个总经理是我们派过去的,加一个CFO。这样也是一种学习,实际上你在监控的同时,是在向对方学习,也在向对方传递你的思想。(副总裁第二次)

　　首先在制度方面,由于被并购方普遍拥有远超中国企业的历史沉淀,生产、研发等管理流程制度已经非常成熟,中国企业可以借鉴适合于中国的管理流程制度,甚至主动投入对方的技术体系与运作体系,实现管理知识的逆向转移。然而,已经形成一定路径依赖的中国企业需要一种"忘却学习(Unlearning)"的技能来学习被并购方的体系。例如,吉利汽车将沃尔沃的技术标准、安全标准等应用于吉利自身的管理流程。均胜电子则直接采用了普瑞的研发管理系统,学习被并购方的研发流程。直接投入被并购方的技术与运作体系是大多数技术落后的中国企业的最佳选择。而卧龙电气将ATB原有的研发体系进行了整合,形成了统一的协同研发平台,不仅创造了知识流通的环境,还提高了整体研发效率。这种方式绕开了制度距离障碍,使得双方的知识能够在相同的制度下流动。因此,我们可以得出以下命题:

　　命题3:基于联合研发平台的制度重构能够绕过制度距离障碍,促进并购双方的知识转移。

　　其次在文化方面,联合研发平台也为文化融合提供了空间。由于文化可以视作人们所共同拥有的经历以及观点,并购双方员工将在联合研发平台上形成新的共有经历,以及以产品为代表的共同观点。首先,并购双方的工程师能够相互交换设计理念,将本地的市场需求通过社会化的方式让对方知晓。例如吉利在并购沃尔沃后了解了中国市场对于SUV车型的偏好，推出的新款沃尔沃汽车受到了市场的热捧。其次，由于跨国并购后对于多国经营的要求迫使企业突破语言关，联合研发平台给并购双方提供了形成共同编码、语言以及叙事方式的渠道，进而促进知识转移与协同创新。例如卧龙不仅对自己的员工进行英语培训，而且通过引进国际化人才管理联合研发促进双方文化的融合。最后，通过双方的交流和沟通，不仅员工之间可以实现文化融合，且管理层也能达到这个效果。例如均胜电子通过派遣CFO对公司整体进行财务管控，在监管的同时也形成了文化的融合。因此我们可以得到以下命题：

命题4：基于联合研发的文化融合能够消融文化距离障碍，促进并购双方的知识转移。

最后，在知识转移方式方面，联合研发平台不仅存在正向转移、逆向转移，还有一种我们称之为增量转移。以往的研究认为，知识转移是服从吸收、整合再创新的循环。然而，本文的数据显示，并购方可以基于联合研发平台直接参与到被并购方的知识创造过程中，通过"干中学"将双方共同创造的知识应用于自身进而完成转移。我们将这种知识转移方式称为增量转移。相比于正向或者逆向转移，增量转移的方式可以绕过跨越正、逆转移遇到障碍。首先，从双方利益上来说，增量转移的标的是双方共同创造的知识，它不会造成被并购方原有知识的流失进而损害其利益。而且，在双方在新环境中面临巨大不确定性时，被并购方也愿意将原有知识进行分享来共渡难关。

其次，就知识本身而言。通过知识的增量来带动存量，不仅缩小了双方的知识距离，还避免了学习→落后→再学习→再落后的学习陷阱。例如吉利与沃尔沃共同在沃尔沃最新的电池控制平台上进一步研发，而不是生产电池控制系统；均胜让德国工程师指导中国员工进行新项目的开发。此外，共同开发的新技术也不存在知识特性的障碍，协同研发的产物能够同时供双方使用，协同设计还能促进协同采购进一步降低成本。例如吉利与沃尔沃共同开发模块化产品供双方使用，卧龙将双方的研发流程合并后不仅加强了卧龙自身的技术水平，还降低了采购和制造成本，提升了ATB的竞争力。因此，我们可以得出以下命题：

命题5：基于联合研发平台的知识增量转移有利于促进并购后协同创新，跨越知识转移障碍。

（四）重构中国制造企业跨国并购后跨越制度与文化障碍的协同创新理论框架

中国企业跨国并购由早期的能源矿产行业逐步转向制造业，其并购的动因也逐渐从寻求市场和资源逐步过渡到寻求创造性资产。然而，对于缺乏所有权优势的中国制造业企业来说，并购创造性资产往往意味着知识的逆向转移。这种方式的转移容易引起被并购方的不满甚至引发并购失败，主要原因是并购双方存在巨大的知识距离、制度距离、文化距离等鸿沟。同时，虽然在某些方面中国企业强于被并购方，但由于制度距离和文化距离形成的知识转移障碍使得知识无法正向转移，中国企业只能采取特定的管理方式来维持跨国经营。那么中国制造业企业究竟应该如何化解制度与文化的障碍，达到并购创造性资产的真正目的并实现跨越式发展呢？

本文的数据分析表明，中国企业跨国并购后想要实现知识转移并真正获得被并购方的研发能力，需要分两步走。首先，利用中国国内庞大的市场需求以及企业自身相异的产品与被并购方形成战略互补，促使对方与中方形成类似于联合研发平台的协同研发组织，构建并购双方的员工社群网络。本质上，许多国外企业不愿意将知识转移是因为并购双方存在核心利益上的冲突，同质的产品以及重叠的市场将迫使中国企业只能降低成本以提升绩效。这通常意味着被并购方将面临裁员、技术流失、工厂关闭等厄运并容易造成社会问题。而互补的产品以及市场地理位置使得双方能够在并购后实现全方位的协同，形成 $1+1>2$ 的效应，进而使得双方利益达成一致。

其次，基于联合研发平台的制度重构、文化融合进一步加强了双方沟通、学习的强度，通过知识增量转移绕过或化解了知识转移中的重重障碍，促进了知识的转移与协同创新。根据制度理论，制度是一种游戏规则，它决定了人们的行为方式。基于联合研发平台的制度重构促使并购双方能够按照统一的规则进行工作、沟通和学习，从而化解了制度不一致造成的障碍。由于西方的企业制度在很多方面优于中国企业，所以中国企业更多地选择融入对方的经营体系中。此外，恰当的激励措施能够将并购双方的利益结合，进而促进知识的频繁流动。然而，仅有制度重构是不够的，文化距离被认为是并购后知识转移的另一重要障碍。不过，文化差异在给双方带来冲突的同时，也会形成一定的学习效应。借助联合研发平台这种沟通渠道,双方能够在日常工作沟通的过程中通过相互学习理解形成一致的知识编码以及叙事方式,并逐步弱化冲突。此外,对于国际化程度较低的中国企业,还需要对员工进行英语的培训以促进并购双方的有效沟通。

经过分析我们发现,实现联合研发既不是并购方对目标方的强势吸收兼并,也不是对目标方的模仿抄袭,它是建立在双方平等基础上的沟通、学习、创新活动。并购双方虽然一开始存在较大的知识距离障碍与知识特性障碍,但是通过协同研发的知识增量转移可以逐步缩小双方的总体知识距离并弱化知识特性障碍。具体而言,由于知识增量转移是双方共享共同产出的新知识,因而适用于并购双方产品的新知识便不存在知识特性障碍。知识距离由于双方开发的新知识一方面在一定程度上取代了旧知识,另一方面帮助中国企业学习了原有的关联知识,进而能够比普通的知识转移方式更快实现知识的吸收和创新。知识增量转移本质上就是协同创新的过程。

综上所述,借助联合研发平台,通过制度重构、文化融合,知识转移可以形成除正向转移、逆向转移之外的第三条转移路径——知识增量转移。这种转移方式不仅相较于前两种知识转移方式更加高效,而且还能避开或化解知识转移过程中的众多障碍。虽然本文没有就制度重构、文化融合以及知识增量转移对知识转移与协同创新的影响进行实证分析,但是建立联合研发平台等类似的知识转移渠道来化解知识转移中面临的众多障碍是中国企业实现跨国并购战略目标的捷径。图1刻画了中国企业在跨国并购中通过联合研发平台实现跨越制度、文化等障碍的知识转移与协同创新新路径。

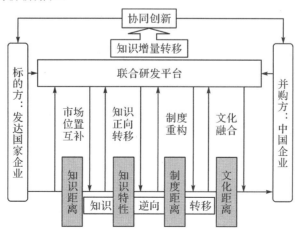

图1 中国制造企业跨国并购后的知识移转与协同创新的理论模型

五、讨论与结论

中国企业如何发挥后来者优势，发展成具有国际竞争力的企业值得深思。已有众多研究表明，跨国并购后的知识转移面临知识特性、知识距离、制度距离以及文化距离等障碍。这些障碍无论是从并购方转移到被并购方还是从被并购方转移到并购方，都会或多或少地存在。特别是缺乏所有权优势的中国企业，在知识转移上更多体现为知识的逆向转移，而这种转移方式往往面临更大的障碍，特别是制度距离和文化距离带来的障碍。那么，中国企业如何破解这些障碍成了知识寻求型并购的重大挑战。过去的研究主要关注于组织间的各种知识转移的影响因素以及效果（Filatotchev，Liu et al. 2009，Chang，Gong et al. 2011），缺乏对知识转移过程本身的研究。本研究试图在回顾"知识转移"相关文献的基础上，借鉴吉利汽车、卧龙电气和均胜电子三家来自不同制造业企业跨国并购后的整合实践，重构了中国制造企业跨国并购后跨越制度与文化障碍的协同创新的理论框架。相比于之前的研究，本文的理论贡献在于提出的知识转移两步模型。这个模型为处于所有权劣势的中国制造业企业跨国并购的知识转移提供了新思路，也弥补了知识管理理论对于过程研究的不足。本文得出的主要研究结论如下。

（1）并购双方市场地理位置与产品在战略上的互补能够促成联合研发平台的形成。实际上，之前的研究也已经证实，拥有这种互补的并购能够得到更好的绩效。如果中国企业能够在知识获取型并购前对双方的互补性进行充分的衡量，选择一个恰当的并购标的，那将能大大提高跨国并购战略实现的可能性。然而，需要注意的是，中国企业之所以能够实现以小并大、以弱并强是因为金融危机的到来。中外市场不同的周期使得被并购方处于绝对弱势，被迫依赖于中国市场。如果存在一个与中国类似且拥有更高知识水平的市场，这些企业绝对不会被中国企业所收购。因此，中国企业在获取技术的同时，还必须有选择地重视国外市场的开拓，分散单一市场所带来的风险，提供后续更多的市场互补的可能性。此外，产品互补的原理也告诫中国企业不仅要做大做全，而且要将自身的产品做到极致。正如均胜副总裁所说："做企业讲究在细分市场要做得非常好，这样才有市场地位，才有谈价格的实力。"这两种互补使得被并购方在效率最大化的原则下，愿意与中国企业建立联合研发平台。综上所述，并购双方市场地理位置与产品的互补对于建立中外联合研发平台具有重要意义。

（2）知识获取型的跨国并购，获取的并不仅仅是对方已有的知识，更多的是获取对方创造知识的能力，以此来保证企业后续发展的竞争力。这也是动态竞争理论中一个重要的观点。借助联合研发平台，并购方通过制度重构、文化融合的手段减弱双方原有社会网络的连接强度，减少原有制度、文化的影响，有利于新的连接的构建。在这个平台中，不仅显性知识成了共享资源，社会网络的重构也使得隐性知识得以通过中外两方员工的交流得以转移。在双方共同解决问题的过程中，新产生的知识增强了双方的共识，原本的知识距离因为总量的增加和吸收能力的增强而显得微不足道，从而在协同创新的同时完成了知识的转移。同时，联合研发能够使并购双方取长补短、融合创新产生更有价值的知识，以研发带动后续的采购、生产、销售等活动，发挥规模效应从而提升企业竞争力。技术知识的发展有时呈现出非线性，通过协同研发能够使中国企业迅速抓住新技术范式而超越其他竞争对手，规避了仅对已有知识进行消化吸收的风险。传统知识转移与跨国并购理论主要研究的对象是发达国家企业的跨国并购，知识转移大多是输出和复制，并不适用于中国企业的情况。中国企业想要顺利地进行逆向知识转移，成功跨越制度障碍和文化障碍，需要建立新制度替换旧制度，取长补短甚至主动投入被并购方的运作体系，通过设置合理的制度最大化"以夷制夷"管理模式的正面价值。同时在双方共同建立的新平台上，通过知识或者技术的增量来盘活存量，通过共同创造引导知识转移，通过协同创新融合双方的文化，同化技术体系和运作体系，逐步实现跨国并购的战略目标（见图2）。这种模式相较于普通的知识正向或逆向转移，可以快速获得对方的研发能力而不仅仅是知识，从而使得中国企业增强自身的动态能力。

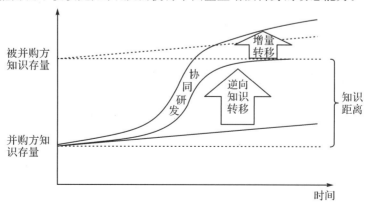

图2　以协同创新为基础的知识转移

当然，本文选取的企业均来自浙江省，这可能存在着一定的地域局限性，未来的研究可以在更大数据量的基础上对基于联合研发平台的知识转移框架进行实证性的研究，进一步验证理论的普适性。

总而言之，本文的主要贡献在于提出了中国企业跨国并购后知识转移的第三条路径。首先借助并购双方市场地理位置以及产品在战略上的互补促成联合研发中心的设计。然后再通过制度重构、文化融合的手段以知识增量转移的方式，化解或规避普通知识转移过程中所面临的各种障碍。然而，我们也发现，这种转移方式也面临着许多限制条件，例如中外双方倒置的市场周期等。这为并购后中国企业能否保持持久竞争力带来了不小的挑战，因为市场周期一定会发生逆转。不过，在中国市场处于相对强势的周期中，借助联合研发平台的知识增量转移为中国企业获取并转移知识提供了新路径。

参考文献：

[1] 孙黎，任兵，阎大颖，等. 比较所有权优势：中国和印度企业跨国并购的理论框架[J]. 中国管理学研究，2010，5(4)：1-32.

[2] 王燕君. 中国汽车企业跨国并购绩效比较研究[D]. 南京：东南大学，2017.

[3] 吴先明. 我国企业跨国并购中的逆向知识转移[J]. 经济管理，2013(1)：57-69.

[4] 吴晓波，李正卫. 技术演进行为中的混沌分析[J]. 科学学研究，2002，20(5)：458-462.

[5] 翟育明，王震，殷蒙蒙，等. 基于定性比较分析的企业跨国技术并购模式与绩效[J]. 系统管理学报，2020，29(4)：676-683.

[6] 张振刚，林春培，黄育坤. 基于知识转移的自主创新：机理与案例分析[J]. 中国科技论坛，2010(5)：13-18.

[7] BARBOPOULOS L，MARSHALL A，MACINNES C，et al. Foreign direct inve-stment in emerging markets and acquirers' value gains[J]. International Business Review，Elsevier，2014，23(3)：604-619.

[8] BERRY H. Leaders，laggards，and the pur-suit of foreign knowledge[J]. Strategic Management Journal，Wiley Online Library，2006，27(2)：151-168.

[9] BRESMAN H，BIRKINSHAW J，NOBEL R. Knowledge Transfer in International Acquisitions[J]. Journal of International Business Studies，1999，30(1)：439-462.

[10] BUCKLEY P J，CASSON M. The future of the multinational enterprise [M].

Springer,2016.

[11] DENG P. Why do Chinese firms tend to acquire strategic assets in international expan-sion?
[J]. Journal of World Business,2009,44(1):74-84.

[12] FOSS N J, PEDERSEN T. Transferring knowledge in MNCs: The role of sources of
subsidiary knowledge and organizational context[J]. Journal of International Management,
Elsevier,2002,8(1):49-67.

[13] GRANT R M. Toward a knowledge-based theory of the firm[J]. Strategic management
journal,Wiley Online Library,1996,17(S2):109-122.

[14] HYMER S H. The international operations of national firms: A study of foreign direct in-
vestment[M]. Cambridge,Ma: Mit Press,1976.

[15] JULIAN, BIRKINSHAW, HENRIK, et al. Knowledge transfer in international acqui-
sitions: A retrospective[J]. Journal of Inter-national Business Studies,2009,41(1):
21-26.

[16] KOGUT B,ZANDER U. Knowledge of the firm and the evolutionary theory of the
multina-tional corporation[J]. Journal of international business studies,Springer,1993,
24(4):625-645.

[17] NADOLSKA A,Barkema H G. Learning to internationalise: the pace and success of
foreign acquisitions[J]. Journal of International Business Studies,Springer,2007,38(7):
1170-1186.

[18] NG A W, CHATZKEL J, LAU K F, et al. Dynamics of Chinese emerging multi-nationals
in cross-border mergers and acquisitions[J]. Journal of Intellectual Capital,Emerald
Group Publishing Limited,2012,13(3):60-73.

[19] PARK B I, CHOI J. Control mechanisms of MNEs and absorption of foreign technology in
cross-border acquisitions[J]. International Business Review,Elsevier,2014,23(1):130-
144.

[20] PENG M W. The global strategy of emer-ging multinationals from China[J]. Global
strategy journal,Wiley Online Library,2012,2(2):97-107.

[21] SARALA R M, VAARA E. Cultural di-fferences, convergence, and crossvergence as
explanations of knowledge transfer in international acquisitions [J]. Journal of
International Business Studies,Springer,2010,41(8):1365-1390.

[22] SCHOUT A. Institutions, institutional change and economic performance [M].
JSTOR,1991.

[23] SIMONIN B L. Transfer of marketing know-how in international strategic allian-ces: An empirical investigation of the role and antecedents of knowledge ambiguity[J]. Journal of International business studies, Springer, 1999, 30(3): 463-490.

[24] VAARA E, SARALA R, STAHL G K, et al. The impact of organizational and national cultural differences on social conflict and knowledge transfer in international acqui-sitions [J]. Journal of Management Studies, Wiley Online Library, 2012, 49(1): 1-27.

[25] YILDIZ H E, FEY C F. Compatibility and unlearning in knowledge transfer in mergers and acquisitions[J]. Scandinavian Journal of Management, Elsevier, 2010, 26(4): 448-456.

[26] ZANDER U, ZANDER L. Opening the grey box: Social communities, knowledge and culture in acquisitions[J]. Journal of International Business Studies, Springer, 2010, 41 (1): 27-37.

【作者】

章俨,浙江大学城市学院讲师

谢洪明,广州大学教授

郑健壮,浙江大学城市学院教授

特色小镇产业发展与周边区域经济的"湖泊效应"

——以浙江省评优与警告小镇为例

赓金洲　郑长娟　罗　茜　吴佳淇

一、引言

从 2014 年浙江省首次提出建设特色小镇,到 2018 年国家逐步推进特色小镇建设,我国特色小镇建设从先行试验、示范推广、分级培育、评估整改到深化治理,经历了不同的实践发展阶段,其背后是对特色小镇建设实践理解的不断深入和相关政策的健全完善,但其宗旨仍然是保持特色小镇建设的初衷,将特色小镇建设成为本区域的产业集聚与创新特色平台,高质量地发展特色小镇。但是 2016 年以来,部分特色小镇建设存在一些乱象乃至变形走样的问题。为解决这些问题,国家发展改革委会同有关部门于 2017 年 12 月印发了《关于规范推进特色小镇和特色小城镇建设的若干意见》、2018 年 8 月印发了《关于建立特色小镇和特色小城镇高质量发展机制的通知》,指出:特色小镇和特色小城镇是新型城镇化与乡村振兴的重要结合点,也是促进经济高质量发展的重要平台。因此,特色小镇与周边区域经济的有机结合与相互促进是特色小镇高质量发展的重要内容,具有重要实践和研究意义。

二、文献回顾与理论模型构建

(一)文献回顾

经济增长趋同理论提出区域经济发展的趋同特性,也为特色小镇与周边区域

民营经济创新治理

经济的协同发展提供了理论依据。Salai Martin 最先提出了经济趋同理论,指出经济趋同包括经济体之间的经济发展趋同和经济增长的趋同(Lekha Chakraborty 等,2018)。在新工业化进程中区域经济体系和实体经济需要产生经济趋同,基于"平衡"原则的经济利益指标才能够获得社会最大利益(Galina Merzlikina 等,2019)。基于赫克歇尔-俄林-萨缪尔森定理、增长极理论、产业集聚效应等的研究表明欧洲经济一体化进程趋势(贾春梅,2018)。我国经济在快速发展时期出现经济趋同(霍丽娟、吴晓然,2018)。我国城市之间的经济趋同方式研究发现经济增长趋同现象在我国城市中是普遍存在的(池晓辉,2017;池仁勇等,2020),也必将存在于特色小镇与周边区域经济发展的互动关系中(白小虎等,2020)。

随着特色小镇建设和研究的不断深入,学界将特色小镇定义为传统特色产业聚集的块状经济与市场分工协作后的产业集聚基础上的特色产业创新发展平台(盛世豪等,2016;卫宝龙等,2016),将特色产业集聚视为特色小镇的缘起与推动区域经济转型升级的内在动力,在产业能级提升与高端化进程中,构建绿色产业生态平台(厉华笑等,2016;项国鹏等,2019),成为一个集产业、文化、旅游和社区功能于一体的新型聚落单位(唐慧,2018)。通过特色小镇产业集聚与创新同区域经济发展的多维互动,以点面结合、产业协同、创新驱动的方式(徐世雨,2019),成为突破城乡二元化的新手段和新动力(郁建兴,2017)。

"湖泊效应"理论有利于解决特色小镇与周边区域经济发展的关系研究。国外对于"湖泊效应"理论的应用更多是在自然生物领域,经济方面涉及甚少(Graves Stephanie D 等,2019;Zulkefli Nur Syahidah 等,2019)。近年,一些国内学者将"湖泊效应"理论应用于我国区域经济研究:孙冰(2015)通过"湖泊效应"提出区域经济较发达地区的海岸带范围也较广;狄乾斌与韩帅帅(2015)在研究环渤海地区城市经济时运用"湖泊效应",提出环渤海地区的社会经济呈现出倒 U 形的状态;汪波(2016)运用"湖泊效应"在中国城市群治理的研究中,提出城市群先吸收人力、物力、财力,后产生"外溢效应";张建清等(2018)基于"湖泊效应"研究长江经济带城市的空间分异。这些研究表明将"湖泊效应"理论应用于区域经济关系研究,是一种可以借鉴的新思路、新方法。

总之,由于我国特色小镇建设时间和研究时间较短,特色小镇的内涵研究、个案分析和空间地理分析居多,国内学者真正将特色小镇与区域经济发展有机结合,构建并验证其相互关系的研究还没有实现,因此,本文可能的贡献在于:一是基于经济增长趋同理论和梯度转移理论为研究经济领域的"湖泊效应"提供了理论依据,理论构建特色小镇与周边区域经济互动关系的"湖泊效应";二是验证这种"湖泊效应"存在的有效性、实际效果与契合程度;三是从区域经济协同发展的角度,基于特色小镇与周边区域互动关系挖掘特色小镇可持续发展对策,从而有益于现有的特色小镇理论研究与发展实践。

(二)理论模型构建

特色小镇被视为城乡融合发展的重要载体、产业聚集和人口聚集的空间载体(王博雅等,2020)。特色小镇的高质量发展就是要从集聚发展到协同创新、从相对孤立到深度融合,从而优化内部生产力,扩大区域影响力(徐梦周等,2019)。"十三五"期间,浙江省特色小镇计划总投资额5500亿元,期末实现总税收1000亿元(余杰等,2019)。其中,浙江省级特色小镇以占全省1.1%的建设用地,承载了6.8%的投资项目,创造了4.6%的总产出,贡献了4.4%的税收收入(刘乐平,2018)。浙江特色小镇的分布与产业集聚在地缘层面表现出了一定的内部关联性和空间趋同性,从长远来看,浙江特色小镇不仅有助于提升区域城镇化水平,且能产生正向空间溢出效应,推动邻近地区的城镇化发展(张环宙等,2018;Jinzhou Geng & Chenggang Li,2019)。可见,特色小镇的出现对周边区域来说像是筑起了一块创新平台与特色产业集中地,通过产业集聚吸引周边区域相关人力、物力、财力,体现出周边区域基础性支撑,然而特色小镇不是孤峰孤岛,虽然秉承力求小而精、不求大而全的发展理念,但是,特色小镇必然依托所在区域,并互动发展。特色小镇将这些基础资源通过集聚、创新等方式打造自己的特色产业,在众多相似产业中别具一格,使之发挥出最大限度的效用,形成新产品、新技术和新市场,为周边区域创造了更多的经济利益、创新与就业机会、税收,周围区域也可以通过支持政策、优惠税收、配套投入等方式再惠特色小镇,形成基于产业与区域经济增长的良性循环。

而"湖泊效应"是一种自然现象(如图1),主要是形容湖泊或水库对气候产生的作用。因为水具有较大的热容量,所以会导致气温的日较差、年较差数值变小,同时通过水的蒸发、渗透、地下流动等方式进行水循环活动,不断影响周边环境的温度。白天的时候,受到太阳的照射,导致水面温度比周围陆地温度低,陆地的大气受热上升,水面的大气受冷下沉,继而形成了湖泊与陆地之间的大气环流,而晚上则相反。特色小镇的建立可以加速小镇所在区域经济增长,然后对小镇周围的

民营经济创新治理

区域起到反哺作用,即在推动经济高质量发展、加快新型城镇化建设、推动城乡融合发展等方面起到了一定作用。所以特色小镇与周边区域应该存在"周边区域帮助特色小镇发展,特色小镇反哺周边区域"的关系。比较特色小镇与区域经济增长的互动过程与"湖泊效应",发现两者具备类似的特点(见表1和图2):(1)两者的发展主题、系统要素、媒介等构成要素具有较好的相似性。(2)共同存在内外两个方向的双重影响。(3)两者的循环效应都是为了形成区域可持续发展的良好结果。所以,健康的特色小镇与周边区域经济发展的促进与反哺关系,应当具备良性的"湖泊效应"及其构成要素、基本原理与循环效果,这也为检验特色小镇与周边区域经济发展关系的实际情况,提供了新的理论构建和研究依据。

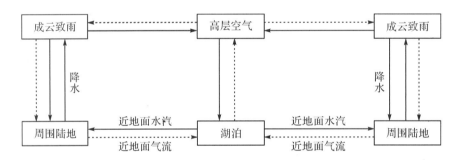

图1　"湖泊效应"示意图

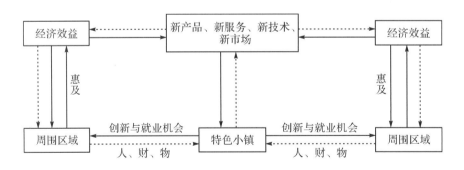

图2　特色小镇与周边区域经济发展的"湖泊效应"示意图

表1　湖泊效应与特色小镇和区域互动关系对照表

类比内容	湖泊效应	特色小镇和区域互动关系
主题	区域内部循环小气候	区域经济发展小气候
系统要素	湖泊、周边陆地、高层空气、云雨	特色小镇、周边区域,新产品、新技术、新市场,经济效益

续　表

类比内容	湖泊效应	特色小镇和区域互动关系
传递媒介	高空云雨、地面水汽、降水	高质量产品或新技术,相关投入要素
对外影响	成云致雨,滋养周边水土	为周边提供创新与就业机会,带动周边地区经济效益
对内影响	周边陆地湿润,保持湖泊水土	人、财、物等的投入,支持特色小镇可持续发展的基本要素
循环效应	形成内外循环的良性小气候	促进特色小镇与周边区域的互动发展
影响结果	区域生态系统的可持续性	特色小镇的可持续发展

三、实证分析

(一)数据来源与研究对象

"湖泊效应"存在的基础是湖泊的存在性和对周边区域的影响,因此本文的研究重点是特色小镇对周边的影响。浙江省是特色小镇兴起和聚焦的典型地区,国家住建部公示的第一批和第二批国家级特色小镇中浙江省共有 23 个,浙江省省级正式命名的特色小镇共 22 个,再加上其他已经创建的特色小镇,数据对象共计 194 个。浙江省划分的 8 大产业类别特色小镇中,排名前两位的是制造类产业特色小镇和旅游类产业特色小镇,前者共有 27 个,占比 23.5%,后者共有 24 个,占比 20.9%,并且,特色小镇网(http://www.51towns.com/)数据显示,这两类特色小镇的近期拟投资额较大,因此,本文选取这两类有代表性的特色小镇作为研究对象。根据 2017 年和 2018 年浙江省特色小镇考核结果,在制造类和旅游类特色小镇中,临安云制造小镇和建德航空小镇考核结果优良,慈溪小家电智造小镇和松阳茶香小镇受到警告,为此,本文将选择这 4 个小镇个案进行具体分析。数据主要来源是各小镇(市)的政府官网公开数据及各类关于小镇经济、产业报道的补充数据。

(二)指标体系设计

在浙江省《特色小镇评定规范》指标体系中,"产业'特而强'"是特色指标的一级指标,包括:产业专精发展、高端要素集聚和投入产出效益 3 个二级指标。本文据此构建三级指标体系,重点研究特色小镇产业发展与周边区域经济发展之间的关系(见表2)。

表 2　特色小镇产业"特而强"评价指标体系

一级指标	二级指标	三级指标	变量
产业"特而强"	产业专精发展	相关企业入驻水平	X11
		新产品或新技术应用	X12
		产业特色明显程度	X13
		具备市场开发潜力	X14
产业"特而强"	高端要素集聚	专业人才引进	X21
		科研机构或品质企业入驻	X22
		设施配套水平	X23
	投入产出效益	投入实施程度	X31
		实际产出效果	X32
		辐射带动作用	X33

(三)模型设计

利用"湖泊效应"研究区域经济的文献较少,基本都是通过引入 BASS 测度模型。本文借鉴狄乾斌与韩帅帅(2015)的研究成果,基本公式为 $f(r)=[1-F(r)][p+qF(r)]$,其中,$f(r)$ 为距离为 r 时的边际影响力,q 为湖泊对环湖较近区域产生的影响力,p 为环湖区对内陆区产生的影响力,在一般情况下,随着 r 的增大,p 不断变大,而 q 不断减小。而湖泊效应的实际影响力由 $G(r)=1-F(r)$ 表示,其表达式为:

$$G(r) = 1 - F(r) = \frac{p+q}{p} \times \frac{e^{-(p+q)r}}{1 + \frac{q}{p}e^{(-p+q)r}},$$

其中,$F(r) = \int_0^r f(r)dr$。

如果是近湖泊区域,q 极大且 $p+q \neq 0$,若 $G'(r)<0$,则湖泊效应对周边区域的影响随 r 增大而逐渐减小;若 r 增加,$q>p$,$G'(r)>0$,则湖泊效应对周边区域的影响呈增大趋势;若 r 增大到一定程度,$p>q$ 时,$G'(r)<0$,湖泊效应对周边区域的影响逐渐下降。结合 BASS 模型和本文的研究内容将 r 设为特色小镇到区域边际的

距离,p 设为依据经济指标体系得到特色小镇综合得分占总分的百分比,q 设为周边区域中相应产业的经济增长率。

(四)测算结果及特色小镇"湖泊效应"的实现形式与差异原因

1.特色小镇"湖泊效应"存在的有效性 BASS 模型结果显示,四个小镇的 $G(r) > 0$,说明无论是制造业还是旅游类,无论是考核优良还是警告的特色小镇,都存在明显的"湖泊效应",并且 $G(r)$ 值反映出其湖泊效应对周边区域的影响总体上随距离变远而渐弱的趋势,临安云制造小镇表现出随距离变远而渐强的趋势,但是从 $G(r)$ 与公里数之比来看,还是符合 $G(r)$ 值按距离比例渐弱的趋势。

考查临安云制造小镇内部企业发现:小镇内的浙江联飞光缆有限公司是浙江省领先的光纤生产基地,在 2019 年提出的年产 600 万芯公里 5G 用光电缆项目于 2020 年 1 月 3 日由临安区政府受理、公示,项目总投资 15850 万元,这个项目的意义和应用范围已经远远突破临安区,必将与最具快速应用基础的杭州市发生关联,从而产生随距离变远而渐强的现象。

另外,数据表明建德航空小镇与临安云制造小镇虽然都是考核优良的小镇,但是在距离增加的条件下,建德航空小镇的影响效果随距离渐弱的速度高于临安云制造小镇,其中一个重要原因就是距离过远,建德航空小镇距离杭州市的距离远远超过距离建德市的距离,增加了近 8 倍的距离,而临安云制造小镇计算时距离相差只有 3.5 倍左右。这也从侧面证明优秀小镇确实对于周边区域的影响力会随着距离的增加发生正向的影响,但是这个距离不是无限扩大的,是有一定限度的,当距离超出这个限度,小镇对于区域的影响力就会慢慢减退。

表3 四个特色小镇的检验结果

特色小镇名称	产业类别	近年考核结果	对应周边区域	距离公里数	$G(r)$值	$G(r)$与公里数之比
临安云制造小镇	制造	2017 年产业型(高端设备)排名第8,2018年良好	临安区	12.2	1.068	0.087541
			杭州市	43.5	1.103	0.025356
慈溪小家电智造小镇	制造	2018 年警告	慈溪市	15.2	1.204	0.079211
			宁波市	72.7	1.198	0.016479
建德航空小镇	旅游	2017 年旅游型排名第9,2018年优秀	建德市	18	1.327	0.073722
			杭州市	152	1.147	0.007546

续　表

特色小镇名称	产业类别	近年考核结果	对应周边区域	距离公里数	G(r)值	G(r)与公里数之比
松阳茶香小镇	旅游	2018年警告	松阳县	14.1	16.818	1.192766
			丽水市	53.3	1.230	0.023077

2.特色小镇"湖泊效应"的实现形式及差异原因。

（1）特色小镇对周边区域经济带动作用对应本文构建的特色小镇产业"特而强"评价指标体系，从产业专精发展、高端要素集聚和投入产出效益三个方面，分析 4 个特色小镇的实际情况，明显发现特色小镇对周边区域经济带动作用存在实际的产业支撑与现实依据（见表 4）。

表 4　特色小镇对周边区域经济带动作用的现实依据

镇名	产业专精发展	高端要素集聚	投入产出效益
临安云制造小镇	杭氧公司、杭叉集团等中国制造业 500 强企业，西子电梯公司（西子联合旗下全资子公司），万马科技公司（浙江省专利百强企业），恩大施福公司（浙江工业 4.0 标杆）。纳米磁性材料项目是引进的亿元以上项目，填补国内技术空白。浙江联飞光纤生产基地项目在全省的线缆行业起着战略性的作用	累计集聚了 46 家科研所、校企合作的创新载体，包括中科院长春应化所、浙江西安文通大学研究院等，发布科研成果 160 余项，产学研对接项目 30 余个。小镇还引入院士 15 名，国家级及省级大师 1 名。"国千""省千"人才 36 名，拥有 863 名"新四军"人才，238 名高精级技术职称人员，还累计集聚 10 家高新技术企业、300 余家科技型中小企业	小镇年度税收 12.8 亿元，主营业务收入 67.68 亿元。小镇创建后将投入 79.1 亿元，总规划 3.17 平方公里。恩大施福等形成了完整的智能制造产业链。通过构建产学研联动的智能制造生态圈，推动科技成果的转化。小镇创建一年完成特色产业投资 5 亿元，智能装备制造产业产出 200 亿元，占总产值 239.5 亿元的 83.5%
慈溪小家电智造小镇	月立电器（美发器行业隐形冠军），慈星股份（第二批国家级制造业单项冠军），卓力电器的石墨烯微片生产线技改项目，中大力德机器人精密摆线针轮减速器项目入选国家级工业项目。小家电产值占全镇工业总产值的 65% 以上	小镇依托家电学院的建设，举办中国小家电高峰、小家电学术等专业论坛，并与高端科研院所合作办学，打造小镇产、学、研平台。小镇内有年产值超亿元的企业 38 家，国家高新技术企业 20 家，并拥有恒康、三 A 等国家级品牌 14 个	已完成投资 18.27 亿元，实现工业产值 64.96 亿元，年度税收 12 亿元以上。小镇的小家电生产企业涉及 100 多个类别、上万种产品，形成了较为完备的小家电产业链，在小镇内即可完成小家电的研发与生产

续　表

镇名	产业专精发展	高端要素集聚	投入产出效益
建德航空小镇	周边有新叶古民居、灵栖洞、古楠木森林公园、新安江水电站、建德果蔬乐园等知名景点。小镇内与通航相关的特色产业占比71.93%，形成国内唯一的航空全产业链。接待国内外游客80万余人次	地处"杭—金—衢"三市交界地。有高速、铁路等多种交通设施。小镇内建皇爵洲际酒店（四星）、火车主题酒店、在云端航空主题酒店等住宿，还有销售旅游商品、航空产品、免税进口商品等文创商业街和多种餐饮服务	小镇累计完成固定资产投资33.99亿元。建设用地每亩均投入160多万元。小镇税收2.5亿元，主营业务收入7000余万元。开办农家乐和民宿，使农村剩余劳动力向乡镇转移，成功创建为国家4A级旅游景区
松阳茶香小镇	小镇以平原为主，含有骑行景观区、风景名胜区、茶文化宣传区等丰富的旅游产品，吸引90多万的游客前来旅游。小镇特色产业占比50%，低于评比标准	小镇交通便利，飞机、高铁、高速都可到达。小镇内建有一家高端特色酒店——松阳花间堂·精品度假酒店，附近村庄改建的多家民宿为游客提供留宿服务。茶礼品更吸引大量游客消费	计划5年内完成投资50余亿元，但目前投资进度滞后;小镇的建设用地1500亩，税收7105.26万元。民宿业发展带动了农民额外收入，同时4A级景区建设提高了旅游观感水平

（2）特色小镇"湖泊效应"的实现形式与相互差异　为便于比较分析，将相同产业类型特色小镇的"湖泊效应"在一张图中显示，形成制造业和旅游业特色小镇"湖泊效应"示意图（如图3、图4）。

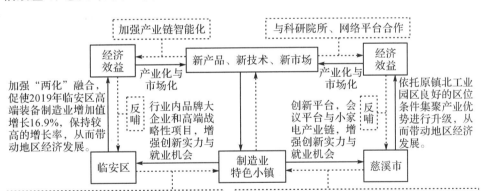

图3　制造业特色小镇"湖泊效应"示意图

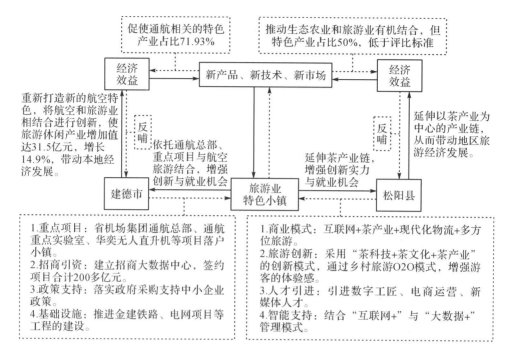

图4　旅游业特色小镇"湖泊效应"示意图

首先,在制造业特色小镇"湖泊效应"示意图中,左右两边的循环路径分别表明临安云制造小镇和慈溪小家电智造小镇的"湖泊效应"。可以发现由于制造业的技术化、标准化、链条化、密集化、规模化的生产特性和特色小镇的"小而精"的发展理念,制造业特色小镇对所在区域有很强的依赖性,周边区域的人才、资金、技术与政策支持力度与地方经济的反哺能力对特色小镇的支撑作用是非常关键的。特色小镇在此基础上加强产业链合作、科研院所与平台合作,通过创造新产品、新技术、新市场机遇来带动周边经济效益。反过来,特色小镇通过落户的优质品牌企业、高端战略性项目、创新平台、占据产业链重要结点等方式促进周围区域的创新、就业与经济效益,并巩固和生成新技术、新产品的产业化与市场化需求,为保证特色小镇企业实现价值创造提供出口。

其次,在旅游业特色小镇"湖泊效应"示意图中,左右两边的循环路径分别表明建德航空小镇和松阳茶香小镇的"湖泊效应"。旅游类特色小镇重在基于旅游特色吸引力带来可观的客流,一般要从历史传承、自然风光、现代产业体验等方面入手,因此,建德航空小镇是"工业＋旅游"模式,松阳茶香小镇是"农业＋旅游"模式。两个小镇虽然从不同层面都得到了所在区域的大力支持,航空小镇是依赖于建德市大力发展航空产业及航空旅游的产业基础,形成航空相关产业高占比和特色鲜明的新服务,带动周边区域的经济效益,为建德市和航空小镇的发展奠定更好的经济基础。反过来,航空小镇依托通航总部、重点项目与航空旅游结合,增强创新与就业机会,为建德市与航空特色产业带来更好的效益。而茶香小镇也获得松阳县在商业模式、人才引进、网络与数据化建设方面的支持,推动茶香小镇团结茶种植生成新的茶产品、茶服务,促进生态农业和旅游业有机结合,产生区域经济效益。反过来,茶香小镇通过延伸茶产业链,增加创新实力与就业机会,并通过"茶产业十"的方式带动区域相关行业发展,进而形成对茶香小镇的再度需求。

(3)特色小镇"湖泊效应"的差异原因及影响因素。

为找到相同产业类型特色小镇"湖泊效应"的主要差异,需要按照产业类型分别比较考核结果优良与警告的特色小镇的"湖泊效应"的主要区别及影响因素。

首先,从制造业特色小镇的"湖泊效应"实现效果比较看,临安云制造小镇和慈溪小家电智造小镇的主要区别及影响因素包括:一是小镇本身特色是否突出,主要表现在其特色产业在行业内是否具有相对高度,不追求规模巨大,但要具备创新性高度和难以复制的可识别性;二是所在区域的基础实力和能够提供的支持力度,这对小镇建设和实施的执行力具有重要影响;三是小镇与周边区域的契合度,不管产业是否相同,关键是否形成协同或互补关系,形成扩散和放大效应,才能奠定反哺的基础。

其次,从旅游业特色小镇的"湖泊效应"实现效果比较看,建德航空小镇和松阳茶香小镇的"湖泊效应"的主要区别及影响因素包括:一是小镇本身旅游特色是否突出,要避免在做"旅游十"的产业链延伸中淹没主打的旅游特色。建德航空小镇的通用航空旅游特色十分鲜明,冲击力强,在国内具有相对较高的旅游特色识别度,而松阳茶香小镇的茶旅游特色相对较弱,特色产业比重不达标;二是所在区域的基础实力和能够提供的支持力度上,由于航空产业的现代工业属性,因而在重大资产建设、重点项目的支持与投入力度上表现出更直观、强烈的实现效果,也使建德航空小镇形成快速的执行力与高比例的产业特色,而松阳茶香小镇的投入进度滞后,侧重商业模式创新,相对支持力度偏软;三是从小镇与周边区域的契合度看,两个小镇都与所在区域产业的相关性很强,但是航空小镇和建德市的通过航空产业具有较高的国内影响力,形成较好的放大效应与扩散效果,而茶香小镇与松阳县虽然具备茶产业特色,但是没有形成共振和较大的影响力。

可见,不同产业类型、不同考核结果的特色小镇是实际存在"湖泊效应"的,但是具体实施效果存在差异,进而能够找到考核结果较弱的特色小镇的主要原因。对于不同产业类型特色小镇,制造业和旅游业不同的产业属性和发展需求,是影响两种产业类型特色小镇"湖泊效应"实际效果的重要影响因素。对于不同考核结果的特色小镇,特色小镇自身的特色是否相对突出,可获得的周边区域支持力度、是否形成共振或放大效应是影响特色小镇"湖泊效应"实际效果的主要影响因素。

四、主要结论与政策建议

经济增长趋同、梯度转移理论及特色小镇产业集聚的溢出效应,为构建特色小镇的"湖泊效应"提供了理论基础,利用据此形成的特色小镇评价指标体系和实证分析,发现浙江制造业和旅游业中考核评优与警告的特色小镇都存在"湖泊效应",不同产业类型、不同考核结果特色小镇的"湖泊效应"存在实际效果差异,主要受到产业属性及发展需求、特色小镇的行业或区域相对特色是否突出、可获得的周边区域支持力度、是否形成共振或放大效应等因素的影响。

因此,从特色小镇与周边区域经济互动关系的"湖泊效应"中,可以进一步挖掘促进特色小镇可持续发展的对策建议。第一,从特色小镇自身入手,加强小镇产业特色定位的精准度与对比度,增强特色产业在行业内或区域内的识别度,形成产业链中的节点优势或创新优势。第二,从产业类型、产业属性和发展需求入手,提高小镇特色产业的支持策略。对制造类或现代工业旅游类特色小镇,要加大资金、技术、重点项目、高级人才的投入,满足生产规模和创新研发需求;对一般旅游类特色小镇,要突出重点,打造和突出识别度较高的旅游特色和旅游项目,形成特色鲜明的对比度,降低重复率。第三,从特色小镇与周边区域的互动关系入手,加大周边区域的支持力度,保证特色小镇的投入和建设进度,建立健全特色小镇与周边区域的合作交流机制,从更大范围内获取周边区域的支持,从而形成特色小镇与周边区域经济发展的良性循环,更好地实现特色小镇产业强镇、以点带面的积极作用。

参考文献:

[1] 白小虎,魏强.特色小镇、外部性效应与劳动生产率:来自浙江的实证研究[J].浙江社会科学,2020 (2):53-59,156-157.

[2] 池仁勇,王楠.我国不同区域间物流经济发展的不平衡演进及成因分析[J].统计与决策,
  2020,36(2):117-120.

[3] 池晓辉.参数异质性、城市经济趋同性[D].南昌:江西财经大学,2017.

[4] 狄乾斌,韩帅帅.环渤海地区城市经济影响区的空间分异研究:基于"湖泊效应"和 BASS 模
  型[J].地理科学,2015,35(6):690-697.

[5] 厉华笑,杨飞,裘国平.基于目标导向的特色小镇规划创新思考:结合浙江省特色小镇规划
  实践[J].小城镇建设,2016(3):42-48.

[6] 刘乐平.我省年产超百亿元特色小镇已有 10 个[EB/OL].(2018-10-07)[2021-01-12].
  http://zjrb.zjol.com.cnhtml201810/07/content_3170470.htm?div=-1.

[7] 霍丽娟,吴晓然.我国区域经济发展协调性研究:基于经济增长趋同理论的分析[J].价格理
  论与实践,2018(2):139-142.

[8] 贾春梅.欧元区经济分化研究[D].沈阳:辽宁大学,2018.

[9] 盛世豪,张伟明.特色小镇:一种产业空间组织形式[J].浙江社会科学,2016(3):36-38.

[10] 孙冰.基于"湖泊效应"模型的辽宁省海岸带陆地范围测度及其时空分异分析[D].大连:辽
  宁师范大学,2015.

[11] 唐慧.国内特色小镇研究综述[J].湖北经济学院学报(人文社会科学版),2018,15(3):
  11-14.

[12] 卫宝龙,史新杰.浙江特色小镇建设的若干思考与建议[J].浙江社会科学,2016(3):
  28-32.

[13] 王博雅,张车伟,蔡翼飞.特色小镇的定位与功能再认识:城乡融合发展的重要载体[J].北
  京师范大学学报(社会科学版),2020(1):140-147.

[14] 汪波.中国城市群治理:功能变迁、结构透析与湖泊效应[J].城市观察,2016(5):32-40.

[15] 项国鹏,周洪仕,罗兴武.核心企业主导型创业生态系统构成与运行机制:以杭州云栖小镇
  为例[J].科技进步与对策,2019,36(22):10-19.

[16] 徐梦周,潘家栋.特色小镇驱动科技园区高质量发展的模式研究:以杭州未来科技城为例
  [J].中国软科学,2019(8):92-99.

[17] 徐世雨.特色小镇:内涵阐释与实现路径:对既有文献的综述与展望[J].江苏农业科学,
  2019,47(9):32-36.

[18] 余杰,许振晓.特色小镇政策发展历程与演进逻辑:以浙江省为例[J].财政科学,2019
  (6):128-236.

[19] 郁建兴,张蔚文,高翔.浙江省特色小镇建设的基本经验与未来[J].浙江社会科学,2017
  (6):143-150,154,160.

[20] 张环宙，吴茂英，沈旭炜.特色小镇:旅游业的浙江经验及其启示[J].武汉大学学报(哲学社会科学版)，2018，71(4):178-184.

[21] 张建清，陈佩，王嵩，等.基于"湖泊效应"的长江经济带城市空间分异研究[J].中国人口·资源与环境，2018，28(7):65-75.

[22] CHAKRABORTY L, CHAKRABORTY P. Federalism, fiscal asymmetries and econo-mic convergence: evidence from Indian States[J]. Asia-Pacific Journal of Regional Science, 2018,2(1):1-31.

[23] GENG J Z, LI C G. Empirical Research on the Spatial Distribution and Determinants of Regional E-Commerce in China: Evi-dence from Chinese Provinces[J]. Emer-ging Markets Finance & Trade, 2019(3):1-17.

[24] GRAVES S D, LIBER K, PALACE V, et al. Effects of selenium on benthic macroinvertebrates and fathead minnow (Pimephales promelas) in a boreal lake ecosystem [J]. Ecotoxicology and environ-mental safety, 2019,182(10):109354. 1-109354. 10.

[25] MERZLIKINA G, MINAEVA O, AGIEVICH T. Need for convergence of inter-ests of the regional economic system and eco-nomic entities in the process of neo-indus-trialization[P]. Proceedings of the Volgograd State University Interna-tional Scientific Conference " Competitive, Sustainableand Safe Development of the Regional Economy" (CSSDRE 2019), 2019.

[26] ZULKEFLI N S , KIM K H , HWANG S J. Effects of Microbial Activity and Envir-onmental Parameters on the Degradation of Extracellular Environmental DNA from a Eutrophic Lake[J]. International Journal of Environmental Research and Public Health, 2019，16(18):33-39.

【作者】

赓金洲,宁波财经学院工商管理学院院长助理,副教授

郑长娟,宁波财经学院工商管理学院院长,教授

罗茜,宁波财经学院工商管理学院讲师

吴佳淇,宁波财经学院工商管理学院学生

台州民营企业转型升级模式调研报告

崔凤军

台州民营企业占全市企业总数的 99.5％,税收和产值分别占全市的 92％和 77.5％,其转型升级是台州经济高质量发展的根本。近年来,台州市委市政府认真贯彻落实中央和省委省政府的决策部署,把推动民营企业转型升级作为台州经济高质量发展的主线来抓,取得了积极成效,涌现出了一批典型企业(行业)和较具代表性模式。

一、台州民营企业转型升级典型模式

(一)银企协作模式——西玛智能科技股份有限公司

西玛智能科技股份有限公司(简称"西玛")是专业从事智能马桶研发、生产及销售的高新技术企业。西玛的转型升级是金融服务实体经济的典型,其主要做法如下。

1.银行上门服务推动转型。2006 年,西玛合伙人刘日志、王正平想从纺织行业转型智能马桶制造,台州农行调研组主动帮助开展市场调研,递交翔实的调研报告,促使他们坚定转型升级信心。同时,台州农行按照科技型企业的最优利率为西玛发放了首笔贷款。

2.银企携手共克时艰。2008—2014 年,西玛深受资金问题困扰,其他金融机构纷纷撤贷或压贷,台州农行坚持不断贷、不压贷、不设上限,仍然持续给予资金支持,让企业获得了喘息的机会。西玛利用农行贷款购买了 30 多亩厂房扩建用地,引进流水线设备,设立国家级智能马桶技术实验室,大力投入研发,从而实现了技术突破。

3.战略合作实现双赢。2016 年开始,西玛开始了裂变发展,来自欧洲国家的订单逐步增加,农行与西玛正式签订合作协议,为其量身定制集团性多元化综合金融服务方案。得益于农行不离不弃的支持,西玛坚守技术制胜"匠心",终于"破茧成蝶",铸就了国际智能马桶著名品牌。2019 年,西玛旗下 VOTO 新品 Seamoss 获得德国"IF"设计大奖;获智净杯"智能卫浴创意设计金奖";荣获"中国企业十大创新力品牌"。

(二)龙头企业带动模式——鑫可精密机械有限公司

吉利集团是台州汽车产业的龙头企业。作为吉利汽车变速器部件的核心供应商,台州鑫可精密机械有限公司(以下简称"鑫可")随吉利进军新能源汽车而成功转型,其主要做法如下。

1.需求导向,龙头带动。2009 年,我国新能源汽车驶入快车道。鑫可紧随吉利进军新能源汽车市场,及时向新能源汽车配件供应商转变,2014 年完成第一台减速器试制,与康迪和知豆电动车(吉利集团参股企业)搭配,由此开启了升级之路。

2.嵌入行业,同步匹配。2016 年,鑫可紧跟上游电动汽车技术发展需求,与 30 家汽车集团的电动汽车进行合作开发。2018 年,成功研发电动汽车动力总成,与近 40 家汽车企业合作开发,与 16 家电动车企业进入商品化配套,企业规模急剧扩大。

3.自主研发,跨越发展。为适应新能源汽车发展的技术需求,公司加大研发投入,研发人员从 5 人增加到 50 多人,建立了国内设备最全最先进的新能源减速器检测中心。公司现为国家高新技术企业,产品国内市场占有率居国内同行前两名,国内年销售额达到了 2 亿元,占地 153 亩的智能工厂落户桐乡,上市箭在弦上。

(三)跨国并购模式——吉利集团与杰克缝纫机股份有限公司

1.吉利集团。

为提升企业竞争力,参与国际竞争,吉利成立不久便积极筹划"走出去"。2006 年顺利收购英国锰铜控股有限公司 19.97% 股份,并于 7 年后以 1104 万英镑将其全资控股,将伦敦标志性黑色出租车生产商招入麾下;2009 年以 5456.34 万澳元全资收购全球第二大自动变速器公司澳大利亚 DSI 公司,在吉利汽车零部件制造的路上迈出重要的一步。2010 年,吉利以 18 亿美元完成对陷入破产危机的沃尔沃汽车公司 100% 股权的收购,上演了一场世界级别的"蛇吞象"好戏。2017 年 6 月,吉利完成对宝腾汽车 49.9% 股份与路特斯(英国莲花)51% 股份的收购,收购这两家企业股份的总金额约为 1.8 亿美元,仅相当于收购沃尔沃的 1/10;2017 年底,吉利又相继收购美国 Terrafugia 飞行汽车公司,以及沃尔沃集团(AB Volvo)8.2% 股份,其中对后者的投资金额超过 30 亿美元。2018 年 2 月,戴姆勒和浙江吉利控股集团相继公布吉利集团持有戴姆勒 9.69% 股权的消息,吉利成为戴姆勒最大的单一股东。至此,吉利已对 7 家海外车企进行了投资,总金额超 140 亿美元(约合 884 亿元人民币)。吉利的海外并购并未就此停歇。

每一次海外并购,吉利都精选对象,收获满满。收购锰铜股份后,吉利借助锰铜网络实现在英国市场、欧洲市场的销售,同时也积累了海外并购、融资方面的经验;收购 DSI,加速吉利变速箱技术的研发;收购沃尔沃获得其技术、市场、品牌以及全球供应链整合能力,通过沃尔沃品牌、技术反哺,吉利获得丰厚回报。沃尔沃当年的营业利润便达到 17.33 亿美元。2017 年吉利汽车跨过年销百万辆大关,一跃成为国内自主车企领头羊。2011 年吉利的营收还只有 209.65 亿元人民币,净利润 15.43 亿元,而 2018 年则分别达到了 1065.95 亿元和 125.53 亿元。

2. 杰克缝纫机股份有限公司(简称"杰克")。

杰克是一家专注于工业缝制机械的研发、生产和销售的国际化民营高新技术企业,是台州缝制设备行业企业通过跨国并购实现升级的典型,其主要做法如下。

一是摸准市场需求找准兼并标的。奔马和拓卡是德国两家知名缝制设备制造企业,杰克在分析两家公司的市场前景和在中国的发展机遇后果断出手,2009 年 7 月出资 4500 万元人民币,以非股权、非承债方式成功予以收购,成立了拓卡奔马公司。此次收购,杰克获得两家企业的品牌、技术、有效存货及人力资源。

二是发挥双方优势开拓市场空间。重组整合后的拓卡奔马公司最大限度地保留产品生产、研发方面的德国传统,根据不同市场需求情况进行产品结构优化。收购后的两年,拓卡奔马的独立服务体系覆盖我国主要市场,其产品销路大幅拓展,仅在中国市场的自动裁剪设备销量就超过原艾斯特奔马在该市场近 10 年的总销量。

三是品牌经营助力整体转型。得益于并购后无与伦比的品牌效应,从 2010 年起,杰克每年全球销量第一,市场份额占据全球逾六成。通过并购,杰克进一步借助拓卡奔马公司的高端自动化技术,加快了从"缝制设备制造商"向"智能制造成套解决方案服务商"的转型。2018 年公司营收 41.52 亿元,同比增长 48.98%,归净利润 4.54 亿元,同比增长 40.18%。

(四)供应链嵌入模式——台州富岭塑胶有限公司

台州富岭塑胶有限公司(简称"富岭")创建于 1992 年,成功从一家手工作坊发展成为美国五大快餐连锁企业及沃尔玛等终端客户的国际供应商,其转型升级是供应链嵌入模式的典型代表,主要做法如下。

1. 攀国际餐饮巨头"高枝"。富岭以小作坊起家创业,自 2001 年成为肯德基的环保餐具供应商开始,步入了国际化发展的快车道,短短两年时间销售额突破了3000 万元。聘用美国人为销售人员,在美国建立 2 家销售公司开展在地营销,先于同行"傍"上跨国连锁餐饮巨头,建立先发优势,从而推动公司从 OEM 转向终端客户。公司产品 90% 以上出口,市场遍及美国、欧洲等发达国家和地区,并成功在美国纳斯达克上市。

2. 靠自主创新取得"路条"。公司 18 年来紧跟技术变化,推进自主创新,形成了自己的核心技术,奠定了业内领先地位。2016 年投资 4.5 亿元实施温岭市东部新区技改项目,推动当年营收突破 1 亿美元。通过技改,富岭从一个普通的塑料企业成长为一个典型的食品餐饮具企业,获得近十项市厅级以上荣誉资质,取得FDA、GMP、HACCP、FSSC22000、QS、FSC 等第三方认证,为拓展欧美市场打开了通道。

3. 有效应对中美贸易战。富岭以个性化制造楔入供应链体系,与美国跨国餐饮巨头形成利益共同体,在美国宾州建立工厂。拓宽市场布局分散贸易风险,在墨西哥建立销售网络,在印尼建立工厂。在国内建立快餐餐具配送渠道,开发培育壮大奶茶、咖啡、饮品行业供应体系。与外卖企业合作,进入食品配送体系。在中美贸易战背景下,公司逆境上扬,销售额同比增长 30% 以上。

(五)环保政策倒逼模式——熔炼与金属再生行业

1.玉环熔炼行业。

一是地方政府铁腕治污。玉环政府自2011年开始关停了587家企业,进而将剩下的206家熔炼企业进行重组整合。在整治过程中,玉环坎门曾有23家金属表面处理小作坊在环境整治中被纳入整治黑名单。这些企业规模都不大,厂房简陋、生产粗放,无力单独转型升级,生存面临危机。

二是绝境面前抱团发展。面对生存危机,坎门23家小作坊在地方政府的推动下抱团重组,成立玉环永霖发汽配有限公司,尝试联合经营模式。台州蓝天铜业制造、玉环国汇机械、台州万得利铜业和玉环振鑫铜棒厂等四家企业组合成玉环高荣铜业有限公司,搬迁至园区集约生产。

三是技改促进凤凰涅槃。在政府的督促下,永霖发在环保和技改上投入800万元,对废气进行酸雾收集,通过喷淋等处理达标后排放。如今的永霖发公司引进标准化管理程序,整个车间作业环境整洁有序,已完全找不到小作坊的痕迹。高荣铜业将公司占地面积拓展到11333平方米,厂房及设备投入约3000万元,职工人数近70人,年产量18000吨,产值近1.6亿元。

2.台州路桥金属资源再生企业。

一是不断延伸拓展原有产业链。巨东是再生产业基地的龙头拆解企业,经历了从最初附加值较低的废旧金属拆解回收到附加值较高的铜棒、铝锭深加工。环保新政推出后,巨东为积极调整市场布局,果断将深加工延伸到水暖阀门设备的生产,有效地拓展了公司产业链,增加了企业产值。

二是积极布局国内外经营网络。京城公司主动布局国内各地废旧物资回收利用站点,通过吸收汽车动力电池、废线路板、废弃电子和手机等产品,有效地缓解了国家新政对进口废金属源头控制收紧后导致的原料不足困境。巨东则积极尝试在东南亚"一带一路"沿线国家设立固废拆解海外分厂,进行海外分拣、拆解和初加工,进入将零污染且高附加值的金属原料或半成品进口到国内进行深加工的细分产业布局。2017年,公司实现工业产值38亿元(含子公司),上缴国家及地方税收近6亿元(其中海关代征5亿元)。

三是海外兼并获取先进生产管理经验。齐合天地公司作为上市再生金属企业,业务遍及亚洲、欧洲和北美。该公司通过收购德国舒尔茨集团,掌握了世界领先的破碎物料回收技术和系统全面的金属废料收集、分类和处理业务,有力提升了公司乃至台州整个金属再生产业的回收利用率。2018年,公司处理并销售了529万吨金属,节约了约4百万吨二氧化碳,为创造可持续经济做出了贡献。

(六)技术创新驱动模式——星星便洁宝有限公司

星星便洁宝是台州智能马桶产业崛起的一个缩影,也是台州民营企业专注技术创新驱动转型升级的典型代表,其主要做法如下。

1. 瞄准商机敲定方向。1998年,星星集团董事长叶仙玉在日本考察时对智能坐便器产生了浓厚兴趣。当年,星星集团便斥资1.2亿元成立了浙江星星便洁宝有限公司,聘请复旦大学陈忠民教授团队从事研发,经过半年多奋战,终于在年底顺利生产出国内第一台便洁宝产品,公司也成为国内首家生产智能坐便器的厂家。

2. 坚守初心矢志创新。由于社会公众对智能马桶的认知度不高,智能马桶一直未能大范围进入消费者家庭。从1998年到2014年,便洁宝一直处于亏损状态,但公司不改初心,顶住经营压力,专注智能马桶研发、生产和销售,终于迎来了智能马桶产业的春天。3年间,企业得到了突破性发展,销售额翻了8倍,2018年突破了2亿元。

3. 不改匠心铸就品牌。便洁宝以技术铸品牌,现已成为国家高新技术企业,拥有自主研发的专利技术40多项,产品新款爆出、迭代发展,每一款产品都做到极致,许多产品应用的技术都属于行业首发技术,并达到了国际先进水平。公司至今已获得省部级以上荣誉10多项,"BJB便洁宝"品牌产品也已逐步走向世界。

(七)"十联动"模式——浙江台州生物医化产业研究院

台州市委市政府聚焦医化产业发展需求,搭建了浙江台州生物医化产业研究院(简称"研究院"),构建"产学研用金、才政介美云"十联动的创新生态系统。

1. 政府发挥引导作用,市校联合搭建平台。台州市政府牵头筹建研究院,从人才经费中出资5000万元投入到台州学院,专项用于购买高端仪器设备。学校不惜重金引进人才,组织相关学科的骨干力量以双重身份进入研究院。研究院引入市场机制实行公司化运作,自投入运行以来共承担检测和技术服务项目150余项,年合同金额1000万元,为企业节省资金千余万元,服务企业产值百亿元。

2.产学金用共同入股,政介美云主动服务。研究院按 IPO 要求进行制度设计,命名台州市生物医化产业研究院有限公司(简称"公司"),注册资本 1000 万元。公司实行董事会领导下的总经理负责制。台州学院以科研成果入股,由该校后勤发展有限公司代为持股 30%。10 家(其中 4 家为上市公司)生物医化企业(占股 65%)和相关资产管理公司共同出资入股,中介机构参与成果转化。

3.校地协作招才引智,专家团队协同研究。研究院充分利用市校人才政策的叠加优势引进高端人才,近两年全职引进培养国家特聘专家等高层次人才近 10 人,柔性引进国内外一流专家团队 10 多个,实行驻院研究,承接企业研发项目,提供技术服务。台州学院根据需求为每个团队全职招聘 4—5 名博士作为团队成员,校内科研骨干根据研究方向进入相应团队,参与项目攻关。

4.上下左右同向联动,政产学研共生发展。人力资源和社会保障部国家级专家服务基地、民盟专家工作站等近 10 块省级以上牌子落户研究院。公司也成为浙江省博士后科研工作站,每年招收 2—3 名博士进站从事研究工作。目前,研究院仪器设备满负荷运转,相关研究取得实质性进展或关键性突破。慕名来院考察交流的专家同行多达 4200 余人次,《光明日报》等多家权威媒体进行了报道。

(八)国家战略引领模式——中国·宇杰集团股份有限公司

中国·宇杰集团股份有限公司(以下简称"宇杰")是台州融入"一带一路"倡议,勇敢"走出去"的典型,其主要做法如下。

1.跟班国企融入"一带一路"。2007 年,宇杰创始人吴勇杰只身深入柬埔寨考察,通过考察,认为投资柬埔寨这样的发展中国家是很好的契机。此后,他力排众议,经过一番决策,让这家地处仙居的民营企业与众多大型国企一起跻身"一带一路"倡议下的海外建设大军。

2.造福柬埔寨人民赢点赞。在进入柬埔寨后的十年间,宇杰共承建了 5 条国家公路,总长 325.5 公里。公司优先选用当地劳工并进行培训。工程结束后,将漂亮的工程指挥部无偿捐赠给当地作为学校教室。公司在推动柬埔寨发展并造福当地人民的同时,树立了中国企业的良好形象。该国首相洪森亲自为吴勇杰颁发"国家合作友好勋章"。

3.接轨国家战略开拓国际市场。随着"一带一路"建设的推进,宇杰利用自身积累的海外投资经验,将市场拓展到东南亚和非洲,海外投资有力促进了企业的发展,公司年施工能力达到了 70 亿元人民币,获得各级各类荣誉 160 余项,现已成为综合性大型集团企业。

(九)管理创新驱动模式——浙江银轮机械股份有限公司

浙江银轮机械股份有限公司(简称"银轮"),是一家专业设计、制造、销售热交换器产品的民营股份制企业,是管理创新驱动转型升级的代表,其主要做法如下。

1.建立"公司化、专业化、全球化、集团化"基础战略。公司自 1999 年成立以来就把创新管理作为企业发展重要抓手,建立法人治理为核心的战略管理与经营决策体系,面向全球市场,按世界级供应商标准管理,强化核心竞争力。

2.建立"目标管理、多元化、效率化、理性化"成长战略。企业立足现实,瞄准目标,选择机遇,优化决策与管理。充分利用企业资源,提高边际效益,强化综合实力。发现、评估、有效突破瓶颈,循环改善,持续提高,实现瓶颈管理。预算控制与风险预警结合,高成长与风险承受力平衡。

3.建立"业务与组织相统一"成长战略。以产品线建立研产销一体化事业体系,推动市场导向、自我完善及发展扩张能力,实现业务模块(事业部)化,全面打开银轮成长空间。坚持市场导向,注重效率,适应变化,支持不同业务运营,推动人才成长,创造开放的企业发展空间。

4.推行 QCLDM 发展战略。在 Q 质量方面,持续严谨地满足卡特全球质量标准,全力争取卡特 SQEP 的质量认证,不断提升产品品质。在 C&L 成本和物流方面,整合资源、就近配套和服务,以提高经营效率。在 D 研发上,在芝加哥设立美国研发中心,提升为卡特产品开发的服务能力。与卡特技术部门紧密合作,参加美国卡特技术中心的同步开发项目。在 M 管理方面,向国际客户学习,成立了卡特专用工厂,导入 BIQ 质量管理工具。向卡特学习生产运营系统 CPS 等,打造卓越的制造系统。2018 年,公司实现营收 501924.15 万元,实现利润总额 46175.80 万元,分别较 2017 年同期增长 16.10% 和 14.42%;实现归属于上市公司股东的净利润 34912.26 万元,同比增长 12.26%。

(十)军民融合模式——浙江正特与四兄绳业

台州民营企业军民融合以临海市最具代表性。临海市推动军民融合的主要做法如下。

1. 搭建专业平台。2009 年,临海市成立省内首家军民两用科技成果推广服务中心(简称"中心")以来,中心工作人员对国防工业十大集团公司下属的 700 多家企事业单位和研究院所进行了地毯式调查,筛选出 100 多家军工企业作为重点联系对象,建立了军企信息库,选准目标进行走访。

2. 促进信息共享。中心梳理、登记了临海 3000 多家工业企业的联系方式、技术需求,并邀请专家进行技术需求筛选,建立企业技术需求数据库。将多种途径征集到的军工项目整理成册,在临海科技信息网上发布,并通过短信平台发送到全市所有工业企业负责人的手机上。积极参与国防科工系统和省科技厅的对接会、座谈会推介临海制造企业,邀请军工单位专家来临海实地考察。

3. 企业精准对接。浙江正特集团有限公司原是一家专业生产户外休闲家居的民营企业,为突破发展瓶颈,该公司借助军民融合,与总后军需装备研究所建立合作关系,引进该所专家,合作研制防弹板材和防弹帐篷,使企业从传统产业转向了军工高新技术产业,被军需装备研究所授予"复合及防弹材料试验基地"牌子。

4. 示范引领发展。临海四兄绳业研发的浮泰绳成功在"神舟四号"至"神舟十一号"飞船上得到运用,为国家航天事业做出了贡献。华海药业与中国军事医学科学院合作开发抗抑郁新药,为企业打开新的巨大市场空间。

二、对加快台州民营企业转型 升级的建议

台州经济总量和民营企业规模总体偏小,抗风险能力较弱。尽管台州市委市政府出台了支持民营企业转型升级的一系列举措,但由于受到地域、资源、政策等限制,困难较大、力度有限,需要省委省政府从全省层面给予大力支持,重点采取以下措施。

(一)支持台州创成国家高新技术产业开发区

深入实施科技新长征,融入长三角创新体系,对接全省湾区三大科创大走廊及宁波、温州国家自主创新示范区,汲取中心城市外溢的创新资源。以现代化湾区建设为统领,完善"一核三区"整体构架,重点打造"一区一城一廊"创新大平台,推动环台州湾科创走廊要素统筹,创新协同,形成有国际影响力的制造业创新中心。培育"万亩千亿"产业平台,深入实施科技企业"双倍增"计划,加大国家级高新技术企

业培育力度,推进规上工业企业研发机构全覆盖。充分考虑台州的产业集聚优势和发展潜力,有针对性地布局优质创新资源,支持台州引进科创大平台,打造具有区域特色的高能级创新联合体。

(二)支持台州打造民营企业转型升级示范区

支持台州尽早摆脱路径依赖和内部自循环,主动变轨,加快实质性融入长三角一体化的步伐,搭上产业转型升级的顺风车。主动参与"一带一路"建设,支持通过海外投资、跨境并购、上市等方式实现裂变发展。坚持制造业转型升级与高技术产业发展双轮驱动,推进金融信息、风险投资、管理咨询、高端商贸、现代物流、文化创意与"台州制造"深度融合,促进制造业高端化。加大研发(R&D)投入,鼓励创新型企业普遍建立研发准备金制度。发挥航母企业的龙头带动作用,扶优扶强旗舰企业、上市企业、瞪羚企业,推进专精特小巨人企业"隐形冠军"培育,推动小微企业茁壮成长。

(三)支持台州完善创新生态体系

推进"最多跑一次"改革,加快建立"市场准入负面清单",形成公平的要素配置方式,加强知识产权保护,建立企业信用数据库,营造最优营商环境。深入实施数字经济"一号工程",充分发挥数字经济的赋能带动作用。发挥政府产业投资引导基金的作用,引导企业资本投入数字化转型项目,培育面向中小企业的本土化数字化服务平台和数字工程服务公司。强化产业数字化高精尖人才的引进和培养,积极建设工业互联网和智能制造实训基地。建立"双一流"高校与台州高校结对帮扶机制,并在硕士点布局上给予适当倾斜,充分发挥本地高校作为中小企业转型升级"助推器"、技术创新"便利店"、双创人才"蓄水池"的作用。

(四)支持台州推进小微企业金融服务改革创新

指导台州推进国家级支持深化民营和小微企业金融服务综合改革试点城市建设。拓宽金融创新产品覆盖面,支持小微企业加快对接多层次资本市场,提高直接融资比例。推广小微企业信用保证基金和金融服务信用信息共享服务平台,加快小微企业贷款还款方式创新。鼓励引导金融机构推出产业数字化金融解决方案,强化对中小企业数字化转型的金融扶持。支持地方法人城商行发展壮大,稳步发展中小金融机构和新型金融组织,推动新型互联网金融业态往服务小微、服务实体经济方向规范发展。构建智能供应链金融生态圈,根据不同行业、不同类型客户,设计个性化、专业化的供应链金融解决方案,不断地提高服务质量和服务效率。

本文为浙江省人民政府研究室委托课题"台州民营企业转型升级典型案例研究"研究成果。

【作者】

崔凤军,台州学院党委书记、教授、博士生导师

浙江台州生物医化产业研究院积极打造
"十联动"创新联合体调研报告

周良奎

将产业、学术界、科研、成果转化、金融、人才、政策、中介、环境、服务等十方面因素融合提升，构建"产学研用金、才政介美云"十联动的创新生态系统，这是省委省政府作出的重大决策，是推动高质量发展的重要举措。近年来，台州市委市政府积极实施创新驱动发展战略，聚焦医化产业发展需求，搭建了浙江台州生物医化产业研究院（以下简称研究院），引入市场机制实行公司化运作，培养引进国家特聘专家等高层次人才近10人，柔性引进国内外一流专家团队10多个，成了名副其实的创新联合体。研究院自投入运行以来共承担检测和技术服务项目150余项，年合同金额1000万元，为企业节省资金千余万元，服务企业产值百亿元。

一、政府发挥引导作用，市校联合搭建平台

医药化工是一个技术人才密集型产业，也是台州着力打造的七大"千亿产业"之一。该产业发展受到了创新能力不足、人才引进困难、服务平台缺乏等一系列瓶颈问题。研究院的成立为高端要素的联合创新提供了广阔舞台。

一是党委政府政策驱动。台州市委市政府积极发挥政策导向作用，于2017年9月牵头搭建了研究院，市人才经费出资5000万元投入台州学院，专项用于为研究院购买高端仪器设备。市相关部门领导组成指导小组，指导研究院的建设。市委市政府主要领导亲自为研究院揭牌。

二是台州学院整合资源。台州学院将之作为"一号工程"，主要领导亲自抓，整合优质资源，在用房十分紧张的情况下专门腾出一层楼用于研究院建设，对研究院

需要的人才不惜重金优先引进。同时,组织相关学科的骨干力量以双重身份进入研究院,参与项目研究,科研成果计入相关二级学院,纳入年度考核,推动校院两级形成合力。

三是二级学院提供依托。生命科学学院和医药化工与材料工程学院(以下简称医化学院)是台州学院实力最强的两个二级学院,现有的 2 个省级一流学科、2 个省级重点实验室和 1 个省级工程技术研究中心为研究院提供支撑。医化学院充分挖掘空间,改造学院大楼架空层作为研究院用房,将研究院纳入学院日常服务保障,悉心呵护。

二、"产学金用"共同入股,"政介美云"主动服务

据调研,全省各地搭建的各类平台不少,真正发挥作用的不多,体制、机制问题是其中的关键。研究院导入市场机制,实行公司化运作,发展呈现出勃勃生机。

一是按 IPO 要求进行制度设计。台州学院与行业企业合作,在省内首创政产学共同参与构建的混合所有制企业,命名台州市生物医化产业研究院有限公司(以下简称公司),注册资本 1000 万元。公司实行董事会领导下的总经理负责制,研究院院长兼任董事长,总经理从学院教学科研骨干中聘任,所需仪器设备及场地向研究院租赁。这一制度设计确保了各方面既权责明晰又协调一致。

二是高校企业风投共同入股。台州学院以科研成果入股,由该校后勤发展有限公司代为持股 30%。10 家生物医化企业共同出资入股,共占股 65%,其中海正药业、联化科技、永宁药业、圣达生物药业等 4 家为上市公司。研究院的公司化运行吸引了风险投资机构的关注,杭州恒溢源资产管理有限公司闻讯投资入股。

三是"政介美云"创设创新生态。台州市委市政府领导主动上门服务,帮助协调解决研究院建设发展中遇到的困难。中介机构组织专场科技成果拍卖,"阿扎那韦手性中间体 R-氯醇的生物制造"就以 120 万元价格转让。公司建立薪酬激励、股权激励等多种激励模式,规定每个项目所获纯利润至少 70%归项目工作室组成人员,项目组负责人按贡献大小自主协商分配。同时预留 10%人才激励股权,人才可以资金认缴方式入股,在适当时机可向人才和核心员工增资扩股。

三、"政产学研"深度融合,校、企一体协同育人

"剃头挑子一头热一头冷"是产教融合中的普遍问题。研究院成立后充分发挥

桥梁纽带作用,将政府、企业和高校黏合在一起,形成利益共同体,从而突破了产教融合的"最后一公里"。

一是政产学共建校外人才培养基地。研究院与临海医化园区共建省级校外实践基地,与临海头门港新区管委会及医化园区企业合作建立集产学研于一体的台州学院头门港产业学院,实行"厂中校"办学,真正做到把人才培养放到园区里,因而入选了教育部产教融合示范项目。

二是"校中厂"培养行业急需人才。研究院既是研究机构又是企业,还是教学单位,承担人才培养职能,将进入公司工作实习的学生作为准员工,每月给予工资。研究院正式职工中就有3名是该院自行培养的毕业生。公司股东企业中有100多名员工来自该研究院。目前已支持学生获得省级以上创新创业项目28项,发表论文50篇,授权专利8件,省级以上竞赛获奖47项。公司还代表台州参加了"2019全国双创活动"在杭州的展示。

三是校、企合作实行订单式培养。研究院利用自身的平台和纽带作用,与大型骨干企业合作开展"特色订单式"培养,联合创办了"九洲药业班""万盛班""伟星新材班"等,按企业需求设置专业人才培养方案,开设产教融合特色课程38门,企业元素提前在人才培养过程中植入,学生岗位适应能力和发展潜力得到企业充分肯定,毕业生供不应求。

四、校地协作招才引智,专家团队协同研究

台州在高层次人才引进方面相对困难,人才项目落地难、孵化难、加速难。"种下梧桐树,引来金凤凰。"研究院及公司的成立为高层人才引进以及与产业的对接提供了依托。

一是市校人才政策相互叠加。台州市将研究院引进的博士全部纳入紧缺专业目录,每人给予40万元的补贴和10万元安家费,台州学院再给予每人10万元的购房补贴和6—18万元安家费、8—18万元科研启动费。高层次人才引进实行一事一议,一人一策。台州市给予台州学院一定数量的人才公寓,就近安置引进人才。

二是放眼世界引进高端人才。研究院充分利用市校人才政策的叠加优势、台州医化产业优势、公司体制机制优势引进高端人才,近两年全职引进了俄罗斯籍国

家特聘专家弗拉基米尔·列夫琴科教授(世界名人录专家)、美国籍省特聘专家亚历山大·基谢廖夫教授、省特聘专家马永敏博士、教育部新世纪人才吴劼博士(原复旦大学教授)、王磊教授(原淮北师范大学党委书记)、英籍华人学者程格博士等海外高层次人才。

三是引进一流团队驻院研究。研究院利用学校人才特区,以 PI 制形式柔性引进 10 多个由中科院院士等权威专家领衔的一流科学家团队驻院研究,承接企业研发项目,提供技术服务。台州学院根据需求为每个团队全职招聘 4 名博士 1 名硕士作为团队成员或研究助理,校内科研骨干根据研究方向进入相应团队,参与项目攻关。

五、上下左右同向联动,"政产学研"共生发展

平台建设中虎头蛇尾现象比较普遍,不少平台挂完牌后处于空转状态,甚至成为"二房东"。研究院的建设发展自始至终得到了各方面的大力支持,产生了很好的"头雁效应"。

一是政府及学术界大力支持。人力资源和社会保障部国家级专家服务基地、民盟专家工作站、浙江省制药化工废弃物循环综合利用工程技术研究中心、化学学会专家服务基地、浙江省海外高层次人才联谊会生物医药分会秘书处相继落户该研究院。公司也成了浙江省博士后科研工作站,每年招收 2—3 名博士进站从事研究工作。

二是领导媒体同行关心关爱。目前,研究院面向省内外医化企业的检测业务已经排到了下半年九十月份,仪器设备满负荷运转,学校正申请立项建设科技大楼以解决发展空间问题。研究院还联合药企开展药物一次性评价和原料药中间体回收转化技术研发,现已取得实质性进展或关键性突破。截至目前,慕名来院考察交流的专家同行多达 4200 余人次,《光明日报》《中国教育报》等多家权威媒体进行了报道。省委省政府有关领导亲临研究院视察指导,中科院陈洪渊院士等多方权威专家均给予了充分肯定。

三是发挥示范引领作用。台州学院将研究院的运行模式予以复制推广,与三门县政府合作建立了台州学院三门研究院。校内其他学院纷纷效仿,与相关行业的龙头企业开展合作,挂牌成立了头门港产业学院、模塑产业研究院、台州学院杰

民营经济创新治理

克学院、台州学院银轮商学院、奇安信网络空间安全产业学院等 20 多个产学研合作平台,将学科建在产业上,打造校地共生发展的共同体的目标正在成为现实。

本文为浙江省人民政府研究室委托课题"台州民营企业转型升级典型案例研究"研究成果。

【作者】

周良奎,台州学院研究室主任

"海归"创业真的能促进企业创新吗

——基于杭州"海创园"195家企业的实证研究

郑健壮　靳雨涵　褚　雪

一、引言

近年来,海归创业已成为社会关注和学术研究的热点。究其原因,主要有以下两点。其一,我国国际化人才已呈现"大进大出"局面。2018年我国出国留学人数为66.21万人,而留学归国人数为51.94万人,回国与出国人数的"逆差"正逐渐缩小。其二,随着我国"大众创业、万众创新"战略的持续深入,归国创业已成为海外归国人员重要的就业选项和个人价值的实现途径。

海归创业是指从海外留学归国人员在母国创业的现象。综观国内已有的研究成果,一方面,多将海归理解为高层次科技人才,且普遍得出以下研究结论:海归或具有海外经历的高管对企业研发投入、技术创新等具有显著的正向促进作用,也就是说高新技术是海归创业的核心特质。另一方面,几乎所有较规范研究都将海归界定为以下三类人员之一:一是经教育部留学人员服务中心等国家权威留学机构认定的留学人员;二是在知名海外企业或海外机构工作满一年以上的归国人员;三是在海外获得本科以上学历且生活居满一年以上的人员。但随着海外留学的动机越来越多样化(诸如开拓国际视野、语言学习或其他原因等),非科技型留学比重不断上升。据《2018中国海归就业创业调查报告》显示,获得海外本科和研究生学历的海归已占海归总体的94%。因此,认真思考上述研究成果,有一个疑问摆在我们前面:对于仅在海外待上一年(诸如参加某类培训和进修)的海归与在国外著名大学和研究机构长期从事科研工作的海归,以及对于获得海外本科或硕士(相比国内硕士普遍学制 2—3 年,国外硕士普遍存在时间较短的情况,一般以 1 年居多)的海归与在国外经过长期科学训练获得博士学位的海归,上述两类海归在母国从事的创业行为难道不会存在显著差异吗? 也就是说"海归"创业一定能促进企业创新吗?

为回应上述"疑问",本文按以下逻辑进行研究。首先,创造性地提出有别于获得海外博士学位或海外长期从事科研工作(2 年以上)的高科技归国创业人才(科技型海归),将海外获得硕士及以下学位或经历短期培训(2 年以内)的海归归类为"非科技型海归"。其次,基于企业创新主要依赖于知识的获取及海归创业者所具有的同时嵌入海外和本地两类创业网络的"双重嵌入性"特征,在提出相关假设的基础上构建"创业网络强度—资源获取—创业绩效"研究模型,研究"非科技型海归"创业者在创业网络强度与资源获取、资源获取与创业绩效等关系中的特殊性,以探究其创业过程主要利用何种资源,从而判断其创新性。最后,以浙江创业"海归系"创业聚集地——杭州"海创园"的 195 家"非科技型海归"的创业企业为研究对象,通过问卷调研收集相关资料,实证研究"非科技型海归"创业活动的创新性。

二、研究基础与研究假设

(一)创业网络强度与资源获取的关系

资源是创业的基础。创业资源是企业在创业过程中投入的各种资源的总和,它可以分为知识资源和资产资源两类。前者是指知识产权、技术诀窍、市场信息等无形资源,后者是指风险投资、机构贷款、场地设备等有形资源。由于创业企业现有的内部资源往往相对缺乏,因此,借助创业网络既可扩大资源获取的范围、种类,还可借助网络成员间的高信任关系降低资源获取的交易成本。研究发现,网络强度越高意味着创业者与网络成员间关系越紧密,越有利于企业获得外部资源并提高创业绩效。

在以集体主义为核心的中国文化情景下,基于情感信任的强关系对企业资源获取具有更强的支持作用,它既反映在海归人才通过嵌入本地网络获得产业链上下游企业和政府等的支持,也反映在通过嵌入海外网络使其得到海外的客户、供应商、同行、科研机构等的帮助。另外,现有研究表明:海归创业企业同时嵌入的海外和本地两个网络,能更有效地获得上述两类资源。综上所述,海归创业企业网络强度对创业资源获取有正向影响。由此,本文提出以下假设。

H1a:本地网络强度对知识资源获取有正向影响。

H1b:本地网络强度对资产资源获取有正向影响。

H2a:海外网络强度对知识资源获取有正向影响。

H2b:海外网络强度对资产资源获取有正向影响。

H3a:网络交互对知识资源获取有正向影响。

H3b:网络交互对资产资源获取有正向影响。

(二)资源获取与创业绩效的关系

创业资源将直接影响着创业绩效的提升。一方面,知识资源将帮助创业企业识别创业机会、研发产品和提高服务,从而促进新创企业的生存和发展。另一方面,充裕的资产资源将帮助创业企业生产高品质的产品并快速地开拓市场。综上所述,海归创业企业资源获取对创业绩效有正向影响。由此,本文提出以下假设。

H4a:知识资源获取对创业生存绩效有正向影响。

H4b:知识资源获取对创业成长绩效有正向影响。

H5a:资产资源获取对创业生存绩效有正向影响。

H5b:资产资源获取对创业成长绩效有正向影响。

(三)资源获取的中介作用

创业网络对企业绩效的正向促进作用并不是直接和即时的。一方面,借助创业网络可以有效地获取创业资源进而最终影响创业绩效,因此,创业资源是创业网络和创业绩效间的桥梁。另一方面,创业网络活动往往需要一段时间后才能体现在对创业绩效的提升上。综上所述,海归创业网络强度在资源获取与创业绩效间起到中介作用。由此,本文提出以下假设。

H6a:知识资源获取在创业网络强度与创业绩效间起中介作用。

H6b:资产资源获取在创业网络强度与创业绩效间起中介作用。

综合上述假设间的内在逻辑关系,我们提出本研究的概念模型(图1)。

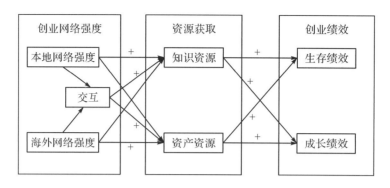

图1　"创业资源—资源获取—创业绩效"的概念模型

三、数据与方法

(一)数据收集

为验证上述假设与模型,本研究选取杭州余杭海创园(以下简称"海创园")的"非科技型海归"创业企业作为研究对象。其理由主要有以下三个方面。第一,杭州对于海归的吸引力逐年提升,在海归回国目的地选择中,杭州已排在上海、北京、深圳、广州四个城市之后,名列第五;第二,杭州拥有良好的创业生态环境,目前已形成了除"阿里系""浙大系""浙商系"以外的"海归系",并形成了"创业新四军";第三,2011年挂牌成立的"海创园"是浙江省内海归人才创业的最主要集聚区。截至2018年年底,"海创园"已累计引进我国两院院士10名、海外院士5名、各类创业人才15200名(其中海归人才3084名)。目前,园内注册企业已突破1万家,其中:上市企业5家,新三板挂牌企业28家。

本研究采用问卷调查收集相关数据,问卷对象为"海创园"内部分创业企业的核心成员和高级管理人员。本次研究共发放问卷300份,回收有效问卷229份,剔除非海归创业企业和具有博士学位的海归创业企业共34份,属于"非科技型海归"创业企业的共195份,问卷有效率为85%。

195个样本企业整体特征表现为成立时间相对较短(6年以下占74.3%)、创始人学历以硕士研究生为主(硕士占62.12%,本科和短期培训经历占37.88%)、企业规模相对较小(员工数量小于100人占58.7%)以及行业分布主要在服务中介(24.6%)、电子信息(21.0%)、生物医药(14.4%)和装备制造(13.8%)等领域。

(二)变量测度

为保证量表的信度与效度,本研究模型中的变量均采用现有研究中较为成熟的量表。本文选择 Likert5 级量表打分法,从 1 分到 5 分表示完全不同意、不同意、一般、同意、完全同意。解释变量为海归创业企业的本地创业网络强度和海外网络强度。本地网络强度和海外网络强度参考蒋天颖等、朱秀梅和李明芳的测量指标,各用 4 个题项对网络强度进行度量,分别为交流的时间(频率)、情感的紧密程度(信任、亲密度)、熟悉程度和互惠性 4 个方面。用本地网络强度和海外网络强度的乘积表示两者的交互作用。中介变量为资源获取,共 12 个题项,主要参考 Wiklund 和 Shepherd、朱秀梅和李明芳等的分类方式,即将资源获取分为知识资源获取和资产资源获取。知识资源包括技术诀窍、知识产权、信息资源;资产资源包括财务资源、物质资源、人力资源。再将以上 6 个资源类别与不同的创业网络(海外网络—本地网络)进行组合,形成 12 个题项。被解释变量为创业绩效,包括生存绩效和成长绩效两个方面共 6 个题项。生存绩效参考 Civarella 的研究,包括企业目前的生存年限及未来至少持续经营 8 年以上可能性的两项指标。成长绩效参考 Gerschewski 和 Xiao 的研究成果,包括企业销售增长率、利润增长率、市场份额增长率、未来发展前景等四项指标。另外,考虑到研究对象为海归创业企业,且企业生存绩效中已经考虑了企业年限,因此将企业的规模、行业类别及创始人学历等作为控制变量。

四、实证结果

(一)信度和效度分析

信度是反映样本数据的可信度,表示在控制调研方法的前提下对测量对象进行多次测试,测试结果的一致性程度。在信度满足的前提下方能进行效度的分析,因此信度分析是对样本研究的首要步骤。据信度分析结果(表 1),本地网络强度、海外网络强度、知识资源、资产资源、生存绩效和成长绩效的 Cronbach'α 值分别为 0.918、0.941、0.943、0.948、0.720、0.927,均超过 0.7,信度理想。在删除变量所含的任一题项后,Cronbach'α 值并未出现明显上升,且各题项经过校正 CITC 值均

民营经济创新治理

大于 0.5 的临界标准,表明各题项同变量之间相关性很强。由此可得,本研究中变量量表的信度非常理想,能够达到研究所需。此外,通过组合信度(CR)和收敛效度(AVE)对量表进行效度检验,各变量的 AVE 值均超过了 0.5,这表明各量表具有较好的收敛效度。另外,各变量 AVE 值的平方根大于该变量与其他变量的相关系数,这说明各变量具有较好的区分效度(表 1)。

表 1　各变量信度和效度检验结果

变量	题项	问项—总相关	删除问项时内部一致度	Cronbach'α	CR	AVE
本地网络强度	Q8	0.816	0.892	0.918	0.919	0.738
	Q9	0.830	0.889			
	Q10	0.816	0.893			
	Q11	0.791	0.902			
海外网络强度	Q12	0.852	0.926	0.941	0.941	0.8
	Q13	0.864	0.922			
	Q14	0.864	0.922			
	Q15	0.859	0.923			
知识资源	Q18	0.810	0.935	0.943	0.943	0.735
	Q19	0.819	0.934			
	Q20	0.820	0.933			
	Q21	0.851	0.929			
	Q22	0.813	0.934			
	Q23	0.857	0.929			
资产资源	Q24	0.876	0.935	0.948	0.949	0.757
	Q25	0.830	0.940			
	Q26	0.848	0.938			
	Q27	0.815	0.942			
	Q28	0.862	0.937			
	Q29	0.829	0.940			
生存绩效	Q1	0.598	—	0.720	0.751	0.601
	Q30	0.598	—			

续　表

变量	题项	问项—总相关	删除问项时内部一致度	Cronbach'α	CR	AVE
成长绩效	Q31	0.851	0.897	0.927	0.927	0.760
	Q32	0.834	0.903			
	Q33	0.788	0.918			
	Q34	0.846	0.899			

（二）结构方程模型建立

在相关假设和概念模型（图1）的基础上，结合变量的信度和效度的分析，最终确定了本文研究的结构方程模型（图2）。

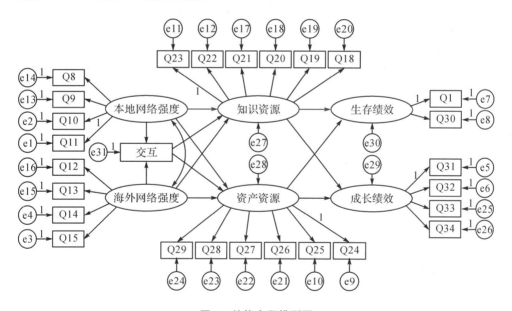

图2　结构方程模型图

（三）模型拟合与修正

应用AMOS软件对上述模型（图2）进行拟合，具体拟合指标见下表（表2）。由表2可知，拟合指标均达到标准且整体模型的拟合数据均处于较高水平，模型的整体质量良好。

表2 结构方程拟合分析结果

指标	绝对适配度指标				增值适配度指标			简约适配度指标	
名称	X²/df	GFI	AGFI	RMSEA	NFI	TLI	CFI	PGFI	PNFI
标准	<3	>0.8	>0.8	<0.08	>0.9	>0.9	>0.9	>0.5	>0.5
结果	1.453	0.861	0.831	0.048	0.909	0.966	0.969	0.711	0.808
评价	非常好				非常好			非常好	

由模型标准路径系数(表3)可知,本研究的大部分假设都通过了验证,但海外网络强度对知识资源获取(H2a)、双重网络交互对资产资源获取(H3b)两条路没有达到统计上显著性,其临界比值 C. R. 分别只有 −0.763 和 −1.764,因此需要对模型进行修正。

表3 结构方程模型的路径系数估计

路径			Estimate	Standardized Estimate	S. E.	C. R.	P
交互	←	本地网络强度	1.864	0.457	0.200	9.304	***
交互	←	海外网络强度	2.433	0.613	0.191	12.750	***
知识资源	←	本地网络强度	0.216	0.208	0.091	2.364	0.018
资产资源	←	本地网络强度	0.459	0.421	0.105	4.365	***
资产资源	←	海外网络强度	0.488	0.460	0.116	4.203	***
知识资源	←	交互	0.126	0.494	0.031	4.085	***
资产资源	←	交互	−0.061	−0.228	0.035	−1.764	0.078
知识资源	←	海外网络	−0.077	−0.076	0.101	−0.763	0.445
生存绩效	←	知识资源	0.120	0.194	0.047	2.545	0.011
成长绩效	←	知识资源	0.189	0.196	0.071	2.667	0.008
生存绩效	←	资产资源	0.329	0.556	0.053	6.158	***
成长绩效	←	资产资源	0.293	0.316	0.069	4.269	***

模型修正包括两部分:一是删除不显著的路径;二是建立合理的共变关系。考虑到本研究模型的修正指数 MI 较小,且模型拟合度很好,故只删除不显著的路径。

修正后模型的显著性水平和路径系数结果如表4所示。由表4可知,模型各路径在修正后都通过了显著性检验。其中,本地网络强度对双重网络交互、知识资源、资产资源获取有显著的正向影响;海外网络强度对双重网络交互、资产资源获取有显著正向影响;资源获取的两个维度(资产资源、知识资源)对创业绩效的两个维度(生存绩效、成长绩效)均有显著的正向影响。假设 H1a、H1b、H2b、H3a、H4a、H4b、H5a、H5b 得到验证。修正后的最终模型如图 3 所示。

表 4 模型修正后各路径系数及显著性水平

路径			Estimate	Standardized Estimate	S. E.	C. R.	P
交互	←	本地网络强度	1.856	0.456	0.200	9.259	***
交互	←	海外网络强度	2.431	0.612	0.192	12.679	***
知识资源	←	本地网络强度	0.238	0.228	0.084	2.822	0.005
资产资源	←	本地网络强度	0.337	0.310	0.078	4.315	***
资产资源	←	海外网络强度	0.335	0.316	0.075	4.476	***
知识资源	←	交互	0.109	0.427	0.020	5.463	***
生存绩效	←	知识资源	0.120	0.193	0.048	2.513	0.012
成长绩效	←	知识资源	0.190	0.196	0.072	2.651	0.008
生存绩效	←	资产资源	0.328	0.553	0.054	6.119	***
成长绩效	←	资产资源	0.291	0.314	0.069	4.206	***

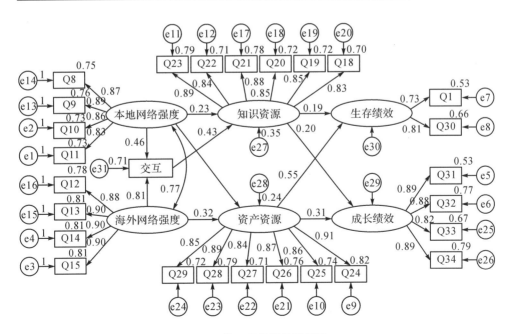

图 3 修正后的最终模型图

（四）中介效应检验

1. 知识资源对创业网络强度与创业绩效的中介效应检验。假设知识资源为创业网络强度与创业绩效的中介变量。借鉴方杰等关于中介变量的检验程序，首先，将创业网络强度作为预测变量，将创业绩效作为因变量，进行回归分析；然后，以创业网络强度作为预测变量，以知识资源作为因变量，进行回归分析；最后，以创业网络强度、知识资源作为预测变量，将创业绩效作为因变量，进行回归分析。结果可见表5。

表5　知识资源的中介检验

回归方程	回归模型 1	回归模型 2	回归模型 3	
	$y = cX + e1$	$M_1 = aX + e2$	$y = c'X + bM_1 + e3$	
自变量	X	X	X	M1
标准化回归系数	0.420	0.248	0.333	0.353
t 值	6.434	3.559	5.313	5.634
t 值显著性	0.000	0.000	0.000	0.000
R	0.420	0.248	0.542	
R 方	0.177	0.062	0.293	
调整 R 方	0.172	0.057	0.286	
F 值	41.395	12.664	39.863	
F 值显著性	0.000	0.000	0.000	

注：X 为创业网络强度，M_1 为知识资源，y 为创业绩效。

从回归分析结果可知（表5），创业网络强度在单独作为自变量预测创业绩效的时候，标准化后的回归系数 $\beta = 0.420$（$t = 6.434$，$p < 0.001$），$R^2 = 0.177$，能解释创业绩效总变异 17.7%；当创业网络强度单独预测知识资源的时候，$\beta = 0.248$（$t = 3.559$，$p < 0.001$），$R^2 = 0.062$，能解释知识资源总变异的 6.2%；当创业网络强度与知识资源同时预测创业绩效的时候，创业网络强度对创业绩效的标准化回归系数 $\beta = 0.333$（$t = 5.313$，$p < 0.001$），$R^2 = 0.293$。因此，在加入知识资源这个变量之后，创业网络强度对创业绩效的标准化回归系数从 0.420 下降到 0.333，解释总变异量由 17.7% 上升到 29.3%。即创业网络强度对创业绩效的影响部分是通过中介变量知识资源实现的。中介效应值为 $0.248 \times 0.353 = 0.088$，中介效应与总

效应的比值 $0.248 \times 0.353 / 0.420 = 0.208$，也就是说，创业网络强度对创业绩效造成影响时，有 20.8% 的变异是由知识资源引起的。假设 H6a 得到验证。

2.资产资源对创业网络与创业绩效的中介效应检验。假设资产资源为创业网络强度与创业绩效的中介变量。首先，以创业网络强度为预测变量，创业绩效为因变量做回归分析；其次，以创业网络强度为预测变量，资产资源为因变量做回归分析；最后，以创业网络强度、资产资源作为预测变量，将创业绩效作为因变量，进行回归分析。回归分析结果显示（表6），当创业网络强度单独预测资产资源时，$\beta = 0.342$（$t = 5.059$，$p < 0.001$），$R2 = 0.117$，能解释资产资源总变异的 11.7%；当创业网络强度与资产资源同时预测创业绩效时，创业网络强度对创业绩效的标准化回归系数 $\beta = 0.166$（$t = 3.729$，$p < 0.001$），$R2 = 0.665$。因此，当加入资产资源这个变量后，创业网络强度对创业绩效的标准化回归系数从 0.420 下降到 0.166，解释总变异量由 17.7% 上升到 66.5%。即创业网络强度对创业绩效的影响部分是通过中介变量资产资源实现的。中介效应值为 $0.342 \times 0.744 = 0.254$，中介效应与总效应的比值 $0.342 \times 0.744 / 0.420 = 0.606$。因此，创业网络强度对创业绩效造成影响时，有 60.6% 的变异是由资产资源引起的。假设 H6b 得到验证。通过上述检验，最终得到修正后的概念模型（图4）。

表 6 资产资源的中介检验

回归方程	回归模型 1	回归模型 2	回归模型 3	
回归方程	$y = cX + e1$	$M_2 = aX + e2$	$y = c'X + bM_2 + e3$	
自变量	X	X	X	M_2
标准化回归系数	0.420	0.342	0.166	0.744
t 值	6.434	5.059	3.729	16.743
t 值显著性	0.000	0.000	0.000	0.000
R	0.420	0.342	0.816	
R 方	0.177	0.117	0.665	
调整 R 方	0.172	0.113	0.662	
F 值	41.395	25.593	190.814	
F 值显著性	0.000	0.000	0.000	

注：X 为创业网络强度，M_2 为资产资源，y 为创业绩效。

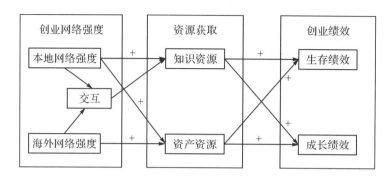

图4　修正后的模型

五、结论与启示

本文以杭州"海创园"中"非科技型海归"创业企业为研究对象,通过研究其创业网络强度(本地网络强度、海外网络强度以及两者交互)是如何通过资源(知识资源和资产资源)的获取进而对创业绩效产生影响,以揭示其与"科技型海归"创业行为——对海内外两种资源获取和利用方面的差异性。研究得到了以下三个方面的重要结论。

第一,在资产资源获取方面,本地网络强度和海外网络强度对其都有正向影响,且影响程度几乎相当,即在"非科技型海归"的创业过程中,资产资源获取既可以通过提高本地网络强度也可通过提高海外网络强度来实现。

第二,在知识资源获取方面,海外网络强度对其无显著影响,本地网络强度对其有正向影响,本地和海外网络强度的双重交互对其有正向影响且大于本地网络强度对其的影响程度。这说明,在"非科技型海归"的创业过程中,知识资源获取主要通过提高本地网络强度来实现,但也可通过提高其海内外网络整合强度来实现,而且效果会更好。

第三,资源获取在网络强度与创业绩效间起到中介作用。就创业的生存绩效和成长绩效而言,资产资源在两者中的作用均表现为更大。这说明,在"非科技型海归"的创业过程中,资产资源起到更为重要的作用。由于企业创新主要依赖于知识的获取,而资产资源对于创业的创新作用无显著相关。因此,"非科技型海归"的创业并不是基于"基于创新的创业",即海归创业不一定能促进企业创新。

上述三个结论给我们的重要启示主要表现在以下三个方面。

首先,与以往研究结论(侯佳薇等,2018)不同的是,本研究发现"非科技型海归"与本土创业者存在重要的相似之处,即"非科技型海归"利用国外先进知识和科技资源作用不明显,其创业仍主要依靠资产投入来实现。因此,并非所有类型的海归在其创业过程中都能实现"基于创新的创业"。

其次,与本土创业者不同的是,"非科技型海归"具有更多的获取海外融资渠道、机会及更强的海外融资能力。也就是说,应充分发挥他们的海外学习和培训经验及语言优势。另外,针对在某个领域的创新困惑和知识不足,在国内研发基础上针对性地获得海外的科研支持,也是"非科技型海归"可发挥的重要优势。

最后,对于沿海和经济发达地区的地方政府和政策制定者而言,随着海归人才的大量涌现,在重视和鼓励海归创业的同时,应针对性地细化和调整相关鼓励政策。最重要的是要坚持"竞争中性"原则,要从身份奖励过渡到成果奖励,即从奖励海归转变成奖励业绩,促进更多创业企业实现"基于创新的创业"。

参考文献:

[1] 陈寒松,陈金香.创业网络与新企业成长的关系研究:以动态能力为中介变量[J].经济与管理评论,2016,32(2):76-83.

[2] 方杰,温忠麟,张敏强,等.基于结构方程模型的多层中介效应分析[J].心理科学进展,2014,22(3):530-539.

[3] 何会涛,袁勇志.海外人才跨国创业研究现状探析与未来展望:基于双重网络嵌入视角[J].外国经济与管理,2012,34(6):1-8.

[4] 侯佳薇,柳卸林,陈健.海归创业网络、资源获取与企业绩效的关系研究[J].科学学与科学技术管理,2018,39(1):168-180.

[5] 胡洪浩.海归创业研究前沿与展望[J].科技进步与对策,2014,31(17):151-155.

[6] 蒋天颖,王峥燕,张一青.网络强度、知识转移对集群企业创新绩效的影响[J].科研管理,2013,34(8):27-34.

[7] 李剑平.杭州未来科技城引进三千多名海归创新创业[EB/OL].(2018-12-19)[2019-01-18].http://www.liuxuehr.comnewshaiguichuangye/2018/1219/35141.html.

[8] 李乾文,蔡慧慧.海归创业研究现状与未来研究方向探析[J].南京审计大学学报,2016,13(5):30-36.

[9] 彭学兵,王乐,刘玥伶,等.创业网络、效果推理型创业资源整合与新创企业绩效关系研究

［J］.科学学与科学技术管理，2017，38（6）：157-170.

［10］全球化智库.2018 中国海归就业创业调查报告［R/OL］.（2018-08-19）［2019-01-18］.
http：//www.ccg.org.cn/research/view.aspx？id＝9643.

［11］施雨岑.2018 年度我国出国留学人员总数达 66.21 万人［EB/OL］.（2019-03-27）［2019-04-
27］.http：//www.xinhuanet.com/ politics/2019-03/27/c1124291948.htm.

［12］杨俊.基于创业行为的企业家能力研究：一个基本分析框架［J］.外国经济与管理，2005
（4）：28-35.

［13］郑明波.高管海外经历、专业背景与企业技术创新［J］.中国科技论坛，2019（10）：137-
144,153.

［14］郑玮，沈睿，林道谧，等.海归创业者本土适应对企业绩效的影响机制研究［J］.管理学季
刊，2016，1（Z1）：92-109.

［15］朱秀梅，李明芳.创业网络特征对资源获取的动态影响：基于中国转型经济的证据［J］.管
理世界，2011（6）：105-115,188.

［16］CIAVARELLA，MARK A，BUCHHOLTZ，et al. The Big Five and Venture Survival：Is
There a Linkage？［J］. Journal of Business Venturing，2004，19（4）：465-483.

［17］Competitive Advantage［J］. Journal of Management，1991，17（1）：99-120.

［18］ELFRING，TOM，HULSINK，et al. Networks in Entrepreneurship：The Case of High-
technology Firms［J］. Small Business Economics，2003，21（4）：409-422.

［19］GERSCHEWSKI S，XIAO S F. Beyond Financial Indicators：An Assessment of The
Measurement of Performance for Interna-tional New Ventures［J］. International Business
Review，2015，24（4）：615-629.

［20］HALLEN，BENJAMIN L，KATILA，et al. How Do Social Defenses Work？A Resource-
dependence Lens on Technology Ventures，Venture Capital Investors，and Corporate
Relationships［J］. Academy of Management Journal，2014，57（4）：1078-1101.

［21］HAVNES，PERS-ANDERS，SENNESE-TH，et al. A Panel Study of Firm Growth Among
SMEs in Networks［J］. Small Business Economics，2003，21（4）：409-422.

［22］KOGUT，BRUCE，ZANDER，et al. Knowledge of the Firm，Combinative Capabilities，
and the Replication of Technology［J］. Organization Science，1992，3（3）：383-397.

［23］OSIYEVSKY，OLEKSIY，MEYER，et al. Explo-ring the Impact of an External Crisis on
R&D Expenditures of Innovative New Ventures ［J］. Journal of Business and
Entrepreneurship，2015，26（3）：1-36.

［24］STARR，JENNFER A，MACMILAN，et al. Resource Cooptation via Social Contra-cting

Resource Acquisition Strategies for New Resources[J]. Strategic Management Journal，1990，11(1):79-92.

[25] TIMMONS, JEFFREY A. New venture creation[M]. Singapore：Mc-Graw-Hill，1999.

[26] UZZI, BRIAN. The Sources and Conse-quences of Embeddedness for Economic Performance of Organizations[J]. American Sociological Review，1996(61):674-698.

[27] WIKLUND, JOHAN, SHEPHERD, et al. Knowledge Based Resources，Entrepreneurial Orientation，and the Perfo-rmance of Small and Mediumsized Busi-nesses[J]. Strategic Management Journal，2003，24(13):1307-1314.

基金项目:国家自然科学基金项目(71603235);教育部人文社会科学规划项目(17YJA630142)。

【作者】
郑健壮,浙江大学城市学院商学院教授
靳雨涵,浙江大学管理学院博士研究生
褚雪,浙江大学管理学院博士研究生

不同时期知识属性与知识分布对知识扩散速度的影响：基于集群环境的研究

郑健壮　靳雨涵

一、引言

尽管知识和技术两个概念不尽相同，但技术是功能化和物化的知识。因此，在相关研究中往往将知识扩散与技术扩散视为相似或相同的概念。综观以往知识（技术）扩散的相关研究，大多是基于短期且不考虑知识分布（或将其视为随机原子型状态），即视知识接受者为独立个体出发，简单地依据知识接受的难易程度，得出隐性知识更难扩散的结论。事实上，随着时间的改变，知识分布和知识接受者竞争环境等都会发生深刻的改变并影响着知识的扩散。因此，为探究在长期和考虑知识分布情景下知识扩散的真实规律，基于以下两方面的考量，我们选择在集群场景下做进一步的深入研究。其一，集群网络与传统原子型企业网络的一个重要区别在于：知识分布从随机状态转变为有序状态。换言之，作为知识系统的集群，在长期中其内部的知识属性与知识分布是互动并共同作用于集群及集群企业的知识扩散。其二，集群的形成和发展是一个长期的过程，且在集群内部存在着知识接受者之间既竞争又合作的特殊情境。

因此，为深入探究较为真实的集群场景下，不同时期的集群内部企业间知识扩散的速度及影响机理，本文从知识属性与其分布的特征出发，按以下逻辑对不同类型集群的知识扩散速度和方式进行研究，并最终回应在不同时期，不同的知识分布和知识属性是如何影响知识扩散的。首先，从知识的两个维度，即知识属性（显性—隐性）和知识分布（水平—垂直）两者组合的视角重新定义集群的四种类型；其次，从理论上探讨不同时期不同类型集群的知识扩散速度的快慢，并提出相应的假设；再次，有意识地选取东阳磁性材料产业（隐性—水平型）、温州鞋革业（显性—水平型）、杭州安防视频监控（隐性—垂直型）和安吉竹产业（显性—垂直型）等四个典型集群，并通过案例研究描述上述四个集群不同时期的知识扩散特征，并初步探索不同时期不同知识分布和知识实行属性对知识扩散的影响规律；再次，通过专利数据分析、调研访谈和权威期刊关键词分析等方法，基于 Geroski 的知识（技术）扩散模型实证研究四类集群不同时期知识扩散规律；最后，以知识溢出机制为核心，探究不同时期，不同集群类型与知识扩散速度的内在逻辑关系。

二、理论基础与基本假设

（一）基于知识的集群分类

集群是由围绕某一产业的相关企业和组织在特定地理上所形成的一种复杂经济组织。在知识观视角下，一方面，可将集群视为其相关企业或组织（知识节点）的知识集合；另一方面，集群又是这些"知识节点"的联合体，即通过一定方式进行知识连接（扩散、转移、吸收与整合），并促进集群整体创新。因此，集群作为一个知识系统，不仅涉及知识的属性，更包括知识的连接（分布）。

就知识属性而言，基于其会默性（Tacitness），集群内部的知识可分为显性和隐性两类。前者表现为可编码或可用文字等形式明确表达的，是相对容易被转移的知识。组织成员间通常以直接观察、模仿或购买专利等形式进行学习；后者表现为嵌入流程、惯例中的只可意会不可言传的技能、诀窍等，具有较高的情境性和会默性，它们更需要组织成员通过"干中学"来理解和吸收。因此，集群的知识属性是集群的第一个重要特征。除知识本身的属性外，集群知识分布也是其重要的特征。一方面，作为相关企业及组织连接体的集群，其内部企业（组织）间无论是商业交换，还是知识分享，其本质都是知识连接；另一方面，由于知识分布的非均匀性，集群企业需要通过某种形式的连接以获取分布于其他企业或组织的知识。从产业链的角度来看，集群知识分布一般存在两种形式：一是知识的垂直分布，即知识分布于集群产业链的上下游环节。上游组件商提供离散的知识，下游集成商将这些离散的知识串联起来，形成连接知识的知识。二是知识的水平分布，即集群知识分布于集群产业链的横断面上从事相同或相似业务的企业间。它们为集群创新提供最微妙、难以捉摸和复杂的来源和机会。需要注意的是,从现实角度而言,集群内知识的分布是一个相对的概念。也就是说,集群的知识分布并不是完全水平或者完全垂直的,大多数情况下,知识水平和垂直分布之间是混合和互动的。但从构念上而言,区分这两类知识分布状态,其主要目的是区分以知识水平分布为主和以知识垂直分布为主两类集群中的知识扩散机制。

基于此,我们可从知识的属性和分布两者组合的视角将集群划分为以下四类(图1)。在显性—水平型集群中,集群企业多分布于产业链某横断面上,从事相似或相同的技术和业务。该类集群内企业间的知识转移往往以知识可编码性高的专利为载体;在显性—垂直集群中,集群企业多分布于产业链上下游,从事不同的技术和业务,但其知识转移也以专利载体为主;在隐性—水平型集群中,处于产业链某横断面的集群企业间,一般通过人员流动和"干中学"等形式实现知识转移;在隐性—垂直集群中,处于产业链上下游的集群企业,也往往通过人员流动和"干中学"等形式实现知识转移。

图1　基于知识的属性和分布组合的集群分类

(二)不同类型集群的知识扩散速度

知识扩散是某种知识通过各种渠道随时间被社会成员所接受的过程,其核心是知识在社会成员中传播并取得商业化成功。因此,从知识接受者的角度来看,影响知识扩散速度的主要因素包括知识接受者接受知识的动机意愿和其接受知识的能力。传统经典理论认为"显性知识"更有助于知识扩散,这主要是基于知识接受者接受知识能力进行考量的,即显性知识相对容易被理解和吸收。因此,围绕知识接受者并考虑竞争的情景下,从接受知识的动机和意愿出发,以下两个问题值得我们深入研究。

其一,知识的不同分布特征是否会影响知识扩散的速度快慢。因为,影响知识扩散速度快慢的主要原因不仅在于扩散者的意愿,更在于知识接受方学习知识的动力和压力。当知识接受方环境压力增大时会促使其学习意愿增强,知识扩散速度就会提升。因此,与垂直型分布相比,知识的水平型分布由于其企业间从事相似和相同的业务,使知识接受方能充分感受其他企业拥有知识的状况,从而增强"同类压力"进而促进学习动机和意愿。具体到集群环境而言,由于水平且连续的知识分布会使集群内部企业充分了解其他同行知识状况,从而增强这些企业的竞争压力,使得知识水平分布型集群的知识扩散速度快于知识垂直分布型集群的知识扩散速度。当然,由于水平分布所具有的知识的相似性,这些集群企业在知识吸收后的创新方式,更多地会采用在主导设计不变的前提下,进行连续性、渐进式的创新,即通过试错、迭代和磨合等进行局部的技术改进。简言之,不管是短期还是长期,知识的水平型分布更有利于知识的扩散。

其二,在相同的知识分布情景下,不同知识属性是否会影响知识扩散,即是显性知识还是隐性知识更能促进知识扩散。从短期而言,在以显性知识形态为主的环境下,在缺乏竞争或比较的情况下,显然显性知识更有助于知识扩散。但从长期来看,以显性知识为主显然会降低知识接受者接受知识的动机和意愿。这是因为,当来自外部的知识与其已拥有的知识在质和量方面相比无显著差异时,即知识势差较低时,知识接受的动力就会明显减少。尽管在以知识垂直分布为主的集群中,由于其知识基础分布具有离散性以及知识扩散方式主要借助人员流动等途径,这些都会增加集群内知识接受企业监控和吸收知识的难度,但同时也会促使企业之间知识势差增大以及吸收外部知识后创新成效增大等,从而激发知识接受者进行知识学习和技术创新的内在动力。当然,在这种情形下,知识接受企业一般通过"以我为主"进行创新。

综上所述,我们可知:(1)从长期而言,知识分布和知识属性是互动的,并最终影响知识的扩散速度和方式(图2);(2)从短期来看,显性知识扩散速度快于隐性知识的扩散速度。从长期来看,隐性知识扩散速度将快于显性知识的扩散速度;(3)不管短期还是长期,与垂直知识分布相比,水平知识分布更有利于知识扩散。

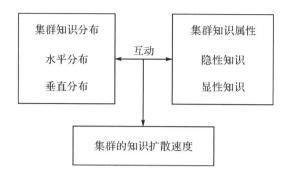

图 2　本研究概念模型示意图

将上述三点研究的初步结论,结合四个典型集群("隐性—水平型""显性—水平型""隐性—垂直型"和"显性—垂直型")的情景,我们提出以下八个假设。

在短期:

假设 1:"显性—水平型集群"的知识扩散速度最快。

假设 2:"显性—垂直型集群"的知识扩散速度次快。

假设 3:"隐性—水平型集群"的知识扩散速度较慢。

假设 4:"隐性—垂直型集群"的知识扩散速度最慢。

在长期:

假设 5:"隐性—水平型集群"的知识扩散速度最快。

假设 6:"隐性—垂直型集群"的知识扩散速度次快。

假设 7:"显性—水平型集群"的知识扩散速度较慢。

假设 8:"显性—垂直型集群"的知识扩散速度最慢。

三、案例选取与数据收集

(一)案例选取

为验证上述八个假设,本文选取四个典型集群并采用长期的多案例研究方法,探索基于知识属性—分布组合的四类集群与集群知识扩散速度的内在关系。因此,样本的选取必须满足以下三个条件:(1)拥有丰富的知识活动并具有较为鲜明的知识属性和知识分布特征;(2)具有较长的发展历程,可探究基于知识的集群类型和知识扩散间的关系;(3)拥有足够的研究资料,以保证度量相关变量和特征。

基于此,本文选取浙江的东阳磁性材料产业、温州鞋革业、杭州安防视频监控业和安吉竹产业等四个典型集群进行案例研究。

东阳磁性材料产业始于 20 世纪 80 年代初,经过近 40 年的发展,目前已形成了从上游铁氧体预烧料到下游磁性材料器件及电机产品的完整产业链,产品大量出口美、英、法、德、日、韩等 60 多个国家和地区,成为全国最大的磁性材料制造基地之一,被誉为"中国磁都"。该集群的生产产品主要包括永磁铁氧体、软磁体和稀土永磁三大磁体产品,企业主要分布于横店电子工业园区、东磁园区和李宅工业园。截至 2018 年,该集群已集聚磁性企业 140 多家,其中规上企业达 46 家,年规上工业总产值达 250 亿元左右。

温州鞋革业形成于 20 世纪 50 年代,2010 年被评为"中国鞋都"。自改革开放以来,随着国营、集体鞋厂逐步转制而使集群得到快速发展。目前,已形成了以奥康、康奈、红蜻蜓等为龙头企业,由鹿城、永嘉和瑞安三地为主要区域,产业链相对完善的鞋革制造业集群。业务包括鞋样设计、鞋材、鞋饰、鞋底、鞋线、鞋机、鞋楦、包装等研发制造相关领域。目前,该集群产品以女鞋为主,以童鞋、男鞋为辅。截至 2017 年底,该集群共有鞋革企业 4921 家,行业生产总值 1002.98 亿元。

杭州安防视频监控业始发于 20 世纪 90 年代初,当时主要承担广东地区和欧美国家相关产品的经销商。随着该产业在国内需求迅猛发展,银江股份(1992年)、安达系统(1993 年)、海康威视(2001 年)、浙江大华(2001 年)、青鸟电子(2002年)等相继成立,并逐渐由经销向研发制造转变。目前,已初步形成以海康威视、大华股份为第一梯队,宇视科技、大立科技和中威电子为第二梯队,巨峰科技、银江股份等为第三梯队的杭州安防视频监控业集群。

安吉竹产业集群发展始于 20 世纪 70 年代末。目前是世界公认的设备最好、技术最先进、产品最齐全的竹产品制造中心,以占全国 2% 的立竹量创造了全国近20% 的竹产值。先后获得了"中国竹子之乡""中国竹地板之都"和"中国竹产业集群"等国字号荣誉。产品主要包括竹质结构材、竹质装饰材料、竹日用品、竹纤维品、竹质生物制品、竹工艺品、竹笋食品、竹工机械等八大系列,龙头企业有永裕(已上市)、天振、竹印象、个个健等。2017 年,该集群拥有竹产品及配套企业 2162 家(其中国家级竹业龙头企业 2 家),工业总产值突破 210 亿元。

（二）数据收集

为保证资料和数据可靠性，我们对四个案例采用了不同的资料收集方式，并通过一手资料和二手资料之间的相互印证以确保案例分析的可信性与可转移性。

对东阳磁性材料产业、温州鞋革产业和安吉竹产业等三个集群，以实地调研为主、二手资料为辅进行数据收集。对杭州安防视频监控业集群，以二手资料为主、实地调研为辅进行数据收集。实地调研主要通过访谈法进行，具体方法包括对地方政府部门（如发改委、经信局、产业局等）、行业协会、产业园（集群）、龙头企业及配套企业进行半结构访谈和数据收集。二手资料收集主要通过以下方式进行：（1）收集企业年报、行业发展规划、行业协会报告，浏览代表性企业网站及行业社会新闻等；（2）借助 CNKI 和 Web of Science 数据库收集相关文献；（3）利用国家专利、Incopat 专利等数据库搜索专利申请记录。

四、案例分析与相关假设的初步验证

（一）变量定义

本研究自变量包括知识属性、知识分布，因变量是知识扩散速度。借鉴已有的研究成果，在知识属性度量方面，主要采用专利（显性知识）和人员流动（隐性知识）。在知识分布度量上主要借鉴 Maskell 等的研究成果。在知识扩散速度的度量上主要参考 Gerosk 的扩散模型和 Yayavaram 和 Ahuja 的基于专利 IPC 分类号测度知识、技术耦合的方法。相关研究变量的测量可见下表（表 1）。

表 1　变量的定义和测量

构念名	变量名	定义	测量	主要来源
知识属性	显性知识	文字等形式明确表出的知识，易被转移	专利申请量	Polanyi（1962）；von Hippel（1987，1994）
	隐性知识	嵌入流程、惯例中的只可意会不可言传的技能、诀窍等	人员流动	Polanyi（1962）；von Hippel（1987，1994）

构念名	变量名	定义	测量	主要来源
知识分布	水平分布	产业链某一横断面环节的知识连接	产业链水平关联结构	Spencer （2008）；　Maskell（2001）
	垂直分布	产业链上下游环节的知识连接	产业链垂直关联结构	Maskell （2001）；　Bell 和Albu（1999）
知识扩散速度	知识扩散速度	某种技术的接受者达到总数 1/2 所需的时间	某一时间窗口，某种专利 IPC 分类号的集群企业接受者达到集群企业总数所需的时间	Geroski（2000）；Yayavaram和 Ahuja（2008）

（二）相关假设的初步验证

基于表 1 的定义和测度，我们首先对不同集群的知识属性和知识分布进行客观描述，并按知识的"属性—分布"组合将四类集群进行分类；其次，通过调研和二手数据梳理，描述每个集群自成立以来所表现的知识扩散特征；最后，从短期和长期两种情形初步验证本文的上述八个假设。

1. 东阳磁性材料产业集群。

从集群的产业链来看，一方面，东阳磁性材料集群基本覆盖从磁材粗加工到精加工直至成品的整个产业链的各个环节。借助较为先进的技术装备，基本能实现大规模流水生产。另一方面，由于生产流程的模块化，大量企业分布于产业链的各个环节并从事较为相似的业务。因此，其知识分布基本以水平型为主（图3）。从集群的知识属性来看，该集群的专利相对较少。自 2011 年至 2017 年间，集群内企业共申请专利 58 件，其中发明专利 33 件。所以，就集群知识属性而言，属于以隐性知识为主。简言之，从知识属性—知识分布两者组合来看，东阳磁性材料集群属于隐性—水平型集群。

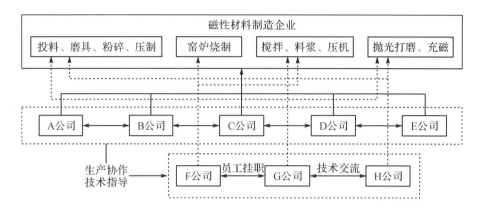

图3 东阳磁性材料集群知识分布结构示意图

从集群的知识扩散方式来看,集群内企业间知识扩散主要通过正式(合同协作等)或非正式(员工离职等)的方式并形成了以焦点企业为核心的隐性知识扩散网络。一方面,龙头企业承接大量订单并借助与小微企业建立的生产协作网络予以完成。这些龙头企业通常派遣技术员工或"老师傅"到协作企业进行技术指导,从而保证产品质量的稳定。另一方面,企业间相关信息(包括商机等)非正式的交换与知识共享十分普遍。企业间员工相互流动(如跳槽或挂职)相当普遍。另外,集群内也存在大量的企业间互相介绍生意、引荐获得与其他大企业或组织核心人物接触、交流的机会。行业协会保持定期技术交流的传统,并通过高级工程师联谊会和高校教师帮助企业等活动促进企业提升知识。上述隐性知识扩散主要作用体现在细分产品的技术提升、质量提纯(如稀土钕铁硼矫顽力提升)和工艺流程的进步(如钕铁硼永磁材料表面电镀镍的清除方法)等。

从集群的知识扩散速度来看,不同时期扩散速度存在着明显的差异。就短期而言,尽管集群知识通过以上方式扩散,但扩散速度仍较为缓慢。以企业A、B、C之间的知识扩散为例,如图3所示,企业A是集群内的龙头企业,企业B、C是集群内仅次于企业A的大型企业,三者掌握的知识和业务都涉及整个产业链。企业A的钕铁硼辐射取向磁环的磁材选用和金属粉末加工知识是企业早期的核心知识之一,这些知识都以技术和工艺流程的形式深深嵌入在企业日常惯例之中。在初期,由于从事相似的业务,B和C了解到企业A掌握这类知识,尽管如此,A企业核心知识的情境依赖性使这类知识很难在B和C之间扩散。另一方面,企业A也逐渐感到来自同行企业的同质业务的压力,这使他们也不愿意扩散这类知识。就长期而言,特别是从 2013 年开始,知识扩散速度明显加快,一方面,企业 B 和 C 通过行业内引荐等方式接触到了企业 A,通过长期的交流与互动,企业 A 的一些技术在企业 B 和 C 中逐渐转移和消化。另一方面,一些掌握磁材产业的某几个制造过程知识的小企业,如 F、G、H 开始承接企业 A、B、C 的订单。为了使企业间的产品质量保持一致,企业 A、B、C 通常外派一些技术人员到企业 F、G、H 的技术部门或生产车间进行指导,从而促使后三者掌握这些会默性的知识。企业 F、G、H 也通过员工相互挂职和行业协会成员例会的技术交流活动,磨合了相互之间的技术和知识,降低了知识扩散的成本。知识的扩散成本和难度的下降导致集群企业之间知识扩散意愿上升,从而使磁性材料的新技术、新工艺改进和推广速度加快。另外,集群企业通过知识的扩散,实现了某些模块的技术飞跃,如扬声器磁钢安装装置的改进。短短的四十年,从一个一穷二白的乡村建设成为"中国磁都"。综上,东阳磁材集群短期的知识扩散较为缓慢,而长期相对快速。

2.温州鞋革业集群。

从集群的产业链来看,目前温州鞋革业集群已形成围绕成鞋生产的鞋底(如橡胶鞋底、PVC 鞋底)、鞋辅件(如气垫、鞋线、鞋链)、制鞋辅料(如海绵、纤维板)、皮革和鞋材化工(如合成胶黏剂、固化剂、鞣剂)、面料(如皮革、PU 革)等环节所组成的较为完整的产业链。大量企业分布于产业链的各个环节并从事较为相似的业务或面对相似市场。因此,其知识分布基本以水平型为主(图 4)。从集群的知识属性来看,制鞋所需的知识多为易于理解和分享的显性知识而非隐性知识,且主要以专利形式存在。2011 年至 2017 年间,集群内企业共申请专利 5877 件,其中发明申请 756 件。因此,从知识属性—知识分布两者组合来看,温州鞋革业集群基本属于显性—水平型集群。

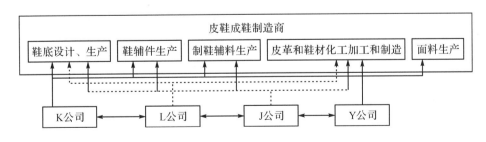

图 4　温州鞋革产业集群知识分布结构示意图

从集群的知识扩散方式来看,集群内企业间知识扩散主要通过专利引用、近距离的观察、监控和模仿的方式,形成了以鞋革龙头企业为核心,小微企业为配套辅助的显性知识扩散网络。一方面,企业内可编码的知识以专利的形式在集群内被引用。例如,某种企业的高弹轻质耐磨鞋底的鞋材技术在公开早期就被其他企业引用。另一方面,由于集群内知识属性以显性为主,从事相似业务的企业可以通过近距离观察、监控和比较,从而选择和企业自身较为匹配的知识进行扩散和消化。这类知识的扩散,从现象层面表现为企业间在产品和工艺的模仿上。相似的业务与大致相同的工资水平也使集群企业维持着较为稳定的员工来源,企业内的知识不会以人才流动为载体而得到扩散。这一点也可以从 CNKI 数据库文献中得到印证,自 2002 至 2017 年,以温州鞋业(包括产业集群)为主题的 389 篇文献中,仅有 15 篇涉及员工流动,并且这些员工流动并不侧重知识转移。

从集群的知识扩散速度来看,整体知识扩散速度快,但在不同时期速度有所不同。在集群成立初期(短期内),集群内企业主要经历了工艺积累和外向学习过程。由于较低的知识接受成本,集群内企业以知识竞争和模仿学习为主。图 4 中,企业 K 在当时是集群内公认的"标杆企业",其鞋样一出品,就会立刻引起集群内其他企业的仿制,这客观上促进了集群内部工艺和技术的扩散。但这种竞争和模仿行为也引致行业协会的焦虑:为防止技术被模仿和设计侵权,行业内一度将鞋样首次设计冠以地方"知识产权"作为对仿冒者的干涉和抵制。就长期而言,以模仿和观察而得的知识已经不能满足集群企业逐渐提高的能力和知识,集群内经历了下一轮的技术飞跃和技术路径分化过程,在这种探索过程中,企业需要不断试错,因此知识的扩散速度开始减慢。另外,大量企业开始从简单的鞋样外观设计转移到制鞋工艺和表面材料的改进,其中,企业 K 和 L 开始探索防震换气技术、仿真脚印模拟数码鞋技术等,这些技术以专利的形式保留下来,通过被其他企业引用而得以扩散。相比于知识的近距离的观察和模仿,以专利为媒介的知识扩散成本较高,从长期而言,也减缓了知识的扩散速度。因此,从整体而言,温州鞋革集群短期的知识扩散较为迅速,而长期相对缓慢。

3. 杭州安防视频监控集群。

从集群的产业链来看,杭州安防视频监控集群已形成了高依赖性的较为紧密的产业生态系统。企业主要分布于产业链纵向的四个基本环节:上游组件商(包含摄像头、软件和存储设备供应商)、核心/焦点企业(视频监控设备集成商、系统集成服务商和运维服务商）、下游互补件商（系统依赖的基础设施和平台软件商）和客户（系统集成商和视频监控系统）（图5）。目前，产业链中相关企业，如监控设备制造商、组件供应商开始向一体化发展，以提高组件与主体的协调性。因此，其知识分布基本以垂直型为主（图5）。从集群的知识属性来看，尽管集群内承载显性知识的专利申请活跃（2011年至2017年，杭州安防视频监控集群内企业共申请专利7220件，其中发明申请2798件），但由于技术的难以模仿性，集群内企业更多的是以"干中学"为特征的隐性知识，技术员工是安防视频集群企业最重要的资产。因此，从知识属性—知识分布两者组合来看，杭州安防视频监控集群属于隐性—垂直型集群。

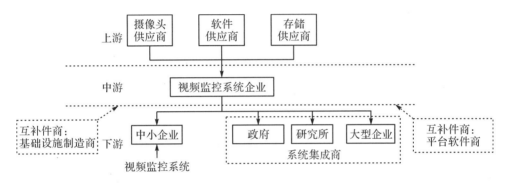

图5　杭州安防视频监控集群知识分布结构示意图

从集群的知识扩散方式来看，集群内企业间知识扩散主要通过基于垂直产业链以及与互补产业的合作，并通过技术人员外派、员工非正式交流等方式，形成了以视频监控系统企业为焦点企业，上游关键部件供应商、下游用户企业和互补件商为合作企业的网络系统。集群技术经历了模拟监控（1990—2004年）、数字监控（2005—2008年）、高清监控（2009—2011年）、智能化和系统化（2012年至今）四个阶段。每个阶段技术更新都是基于主导设计和基础算法的改变。我们以图5的视频监控系统为焦点企业来分析，焦点企业通过整合上游供应商的不同部件这一过程，从"干中学"获得知识；并配合下游用户和互补商对接应用工程。另一方面，焦点企业通过技术人员将一些高度依赖于情境的知识转移到上游部件商企业。

从集群的知识扩散速度来看，尽管集群龙头企业发展迅猛，但集群企业间知识扩散较慢。一个典型的特征是集群发展近20年，发展快速的仍是以海康威视和浙江大华等部分龙头企业为主(2016 年,海康威视和浙江大华在国内的市场总占有率就超过了全国行业市场占有率的 75%),大量中小企业由于知识接受的难度使其发展速度受到抑制。因此,整体而言,该集群技术扩散速度相对较慢。从短期而言,焦点企业整合链条上各企业的专业知识进行合作,多个主体的合作尽管为共同技术发展提供了一定基础,也增加了技术扩散的时长,技术扩散速度较慢。但从长期角度而言,焦点企业逐渐转向多情境下的集成商业务以及平台软件商业务,同时将业务延伸至下游个人消费者群体,将知识扩散至不同的场景。由于前期的多主体合作的知识基础积累,企业在后期整合和应用上下游产业链知识和技术上表现得更加得心应手,因此长期而言,知识扩散速度有所提升。综上,杭州安防视频监控集群短期的知识扩散速度较慢,长期扩散速度较快。

4.安吉竹产业集群。

从集群的产业链来看,该集群横跨竹木原料加工、竹木制品和板材制造、竹工机械制造、竹纤维加工等子行业,各环节已经形成较为完整的产业链。以集群的主导产业——竹地板制造的产业链为例(图 6),集群内部企业往往专注于各环节内的一部分,形成了较为有效的并呈垂直连接的专业化知识分布。由于知识在集群内分布较散,企业在市场和技术的机会的把控方面呈现不对称。因此,需要企业间进行知识的合作与整合,促进"连接知识的知识"的发展。从集群的知识属性来看,该集群内的技术和知识大多为容易掌握和学习的显性知识。从专利申请量来看,2011 年至 2017 年关于竹产业申请专利约为 1881 件,其中发明申请 572 件。另外,2002 年至 2017 年间,以安吉竹产业(包括集群)为主题的 93 篇文献中,仅有 1 篇提到员工流动,且不以隐性知识转移为侧重点。因此,集群内知识整体以显性知识为主。因此,从知识属性—知识分布组合来看,安吉竹产业集群属于显性—垂直型集群。

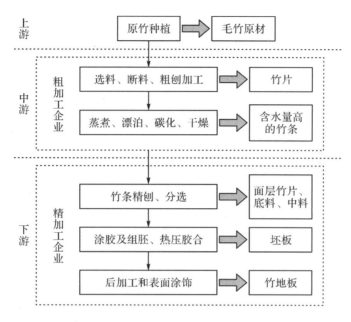

图6 安吉竹产业集群知识分布结构示意图

从集群的知识扩散方式来看,集群内企业间知识扩散主要是以上下游之间的合作以及近距离的观察、模仿,以及专利引用等方式进行。在集群初步创新期(20世纪70年代末—80年代中后期)、技术扩散期(80年代后期—2000年)、技术深化期(2001—2006年)、技术提升期(2007年至今)的四个阶段中,尽管一些细分领域的技术有所突破,但总体仍呈现相对稳定的态势。一方面,集群企业之间通过产业链上下游的相互密切连接获取了较容易被模仿的可编码的知识。另一方面,在意识到核心知识外溢的问题后,一些下游的精加工企业开始用专利来保护其知识不被侵犯,知识接受者则需要通过引用或者专利授予的方式来扩散知识。

从集群的知识扩散速度来看,从整体而言,集群技术扩散速度相对很慢,但在不同时期知识扩散的速度不同。就短期而言,集群中的精加工企业通过将一些关键知识推广到上游企业,使整条垂直产业链的产品制造效率和质量得以提升。例如,某竹木地板企业通过不断试错而改进了竹木混合重组材及其加工方法,它通过行业协会的技术交流和企业间业务联系将这一方法在集群内推广。由于这一方法对知识接受者的接受知识能力门槛相对较低,知识很快就在集群内扩散。但从长期而言,随着集群内企业的知识积累,潜在的知识接受者与知识提供者之间的差距逐渐缩小,接受者对于知识采纳的意愿降低,而提供者为了防范知识的泄露开始采取知识保护策略,知识扩散的速度逐渐降低。因此,整体而言,安吉竹产业集群短期知识扩散速度较快,但长期知识扩散速度很慢。

通过以上四个案例的分析,我们初步得到了以下结论:即不同类型的集群在不同时期具有不同知识扩散速度(表2)。具体而言,在短期,其知识扩散速度快慢按照"显性—水平型""显性—垂直型""隐性—水平型"和"隐性—垂直型"排序;在长期,则按照"隐性—水平型""隐性—垂直型""显性—水平型"和"显性—垂直型"排序。换言之,我们初步证明了以下知识扩散的基本规律:在短期显性知识扩散速度快于隐性知识的扩散速度,在长期隐性知识扩散速度快于显性知识的扩散速度,不管短期还是长期,水平知识分布更有利于知识扩散。

表 2　四类集群及其知识扩散速度的初步研究结论

		东阳磁性材料产业集群	杭州安防视频监控集群	温州鞋革业集群	安吉竹产业集群
显性知识		少	中等	中等	多
隐性知识		多	多	少	较少
主导知识属性		隐性知识	隐性知识	显性知识	显性知识
知识分布		水平	垂直	水平	垂直
集群类型		隐性—水平型	隐性—垂直型	显性—水平型	显性—垂直型
知识扩散速度	短期	较慢	最慢	最快	较快
	长期	最快	较快	较慢	最慢

(三)相关假设的进一步实证研究

为进一步验证上述由案例分析所发现的知识扩散速度的内在规律(表2):即在短期显性知识扩散速度快于隐性知识的扩散速度,在长期隐性知识扩散速度快于显性知识的扩散速度,不管短期还是长期水平知识分布更有利于知识扩散。接下来,我们利用 Geroski 的知识(技术)扩散模型,借助专利 IPC 分类数据,分析2011—2017 年各集群知识扩散情况,即从实证的角度进一步印证上述由理论推演和案例分析所得出的知识扩散规律。

据 Geroski 知识(技术)扩散模型的思想,新知识的采纳者的数量是系统中总体数量和时间的函数,即采纳者的数量随时间而不断增长。当采纳者数量占总体数量的 50% 时,知识扩散速率达到最大。因此,衡量知识扩散速率的指标通常采用系统内新知识采纳者达到总体数量50%所需要的时长。若这一时长越短,则表明知识扩散速率越快。由于集群常常存在多种知识(技术)并存的情况,若追踪每种知识(技术)扩散活动,可能会存在以下两个问题。一方面,集群中通常存在主要知识(技术)和次要知识(技术),如果识别的是次要知识(技术),它并不能代表集群整体知识(技术)扩散活动;另一方面,多种知识(技术)之间通常互相关联,不同知识(技术)间的扩散也会互相影响。因此,如何识别集群中的基础知识(技术)对于研究集群知识(技术)扩散就显得尤为重要。另外,我们对Geroski知识(技术)扩散模型进行一定的补充。在长期,我们不仅观察系统内新知识采纳者达到总体数量50%所需要的时长,还增加系统内新知识采纳者达到总体数量100%(或基本接近100%)所需要的时长,以弥补有些组织后续(超过50%后)知识快速扩散的情况。

Yayavaram和Ahuja关于通过专利IPC分类号研究企业知识元素的耦合与连接的思想为我们解决如何识别集群中的基础知识(技术)提供了一种有效的思路和方法。该理论认为,企业专利IPC分类号相当于某种技术类别或者知识元素。当企业申请某项专利时,专利通常被归为2个或2个以上的IPC分类号,即同一项专利中涉及的不同IPC分类号。进一步而言,"同一项专利中涉及的不同IPC分类号",不仅使各种技术类别之间建立了连接,形成了以技术类别为节点的网络。同时通过描述以各技术类别或知识元素为节点构成的网络的聚合程度,可以刻画出某个企业的知识结构,即知识元素或技术类别模块化程度。受该理论的启发,在集群企业专利IPC分类号的集合(或集群专利池)中出现最多的技术类别(即处于核心位置的技术类别),就是专利池中的基本核心技术,也是集群中的基础技术。这些技术的扩散速度就是集群内基础技术的扩散速度。

按照上述思路,本文通过以下三步进行基于专利数据探究集群知识扩散速度的分析。首先,将集群内企业2011—2017年申请的专利按年份、企业名称排列,形成一个小型专利池数据库。其次,刻画每个专利的IPC分类号共现形成的网络,并用Pajek社会网络分析软件计算各集群中共现次数最多、处于网络中心位置的IPC分类号,由此确认为该集群的基础知识(技术)。最后,回溯2011—2017年之间每年运用该IPC分类号(基础技术)的企业数量,并计算历年累积采纳知识(技术)的企业占集群总企业数量之比(即知识扩散率),做出历年知识扩散率折线图,并借助图形观测集群内前两年(2011—2013年)50%以上企业采用该IPC分类号所需要时间,需要时间最短的集群即为知识扩散速度最快的集群。

通过上述三个步骤,我们得出四个样本集群的技术扩散率示意图(图7)。按Geroski的技术扩散率达到50%的标准,我们发现:(1)在短期(2011—2013年),温州鞋革产业集群(显性—水平型)和安吉竹产业集群(显性—垂直型)知识扩散速度明显快于东阳磁材产业集群(隐性—水平型)和杭州安防视频监控产业集群(隐性—垂直型)。这进一步证实了,在短期,显性知识扩散速度快于隐性知识的扩散速度,且水平型知识扩散速度快于垂直型知识的扩散速度。(2)从长期(2013—2017年)和集群内新知识采纳者达到总体数量50%和100%所需要的时长来看,即集群长期知识扩散速度从快到慢的排名,依次是东阳磁材产业集群(隐性—水平型)、杭州安防视频监控产业集群(隐性—垂直型)、温州鞋革产业集群(显性—水平型)和安吉竹产业集群(显性—垂直型)。这进一步证实了,在长期,隐性知识扩散速度快于显性知识的扩散速度,且同样存在水平型知识扩散速度快于垂直知识的扩散速度的情形。

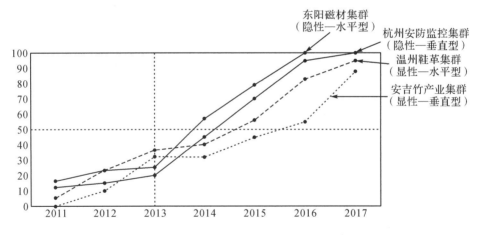

图7　2011—2017年集群基础知识扩散示意图

五、影响知识扩散速度的内在机理

尽管上述研究已证实了知识属性和知识分布两者组合共同作用并导致不同的知识扩散速度,但其内在机理仍需我们进一步的探究。接下来我们从集群知识的核心机制——知识溢出机制的分析,即从集群本地知识溢出机制分析不同类型集群在不同时期的知识扩散机理。知识溢出一般通过以下三大效应引发集群不同形式的技术扩散行为：一是展示效应，即由于集群内企业间所存在的地理、认知等邻近性，使企业易观察和监控其他企业知识的变动；二是竞争效应，即集群内企业知识上的变动（如技术改进、申请专利等）会造成同行企业的压力，从而加速后者的知识更新或传导；三是人员流动效应，员工是知识的重要携带者和储存者，即通过集群内企业间跳槽或创立新企业，形成知识的扩散和传导。其中，"展示效应"和"竞争效应"主要是集群知识的属性所引起的，而"人员流动效应"主要是集群知识的分布所引起的。

在短期中，在"显性—水平型集群"和"显性—垂直型集群"中，即以显性知识为主的集群中，由于显性知识中"展示效应"的"易模仿性"具有正向的展示效应，以及"竞争效应"所形成正向竞争效应（企业间竞争大于协作），导致集群企业内显性知识扩散快于隐性知识为主的集群中（"隐性—水平型集群"和"隐性—垂直型集群"）。另外，知识水平型集群所存在正向人员流动效应（知识水平型集群更有利于人员流动），最终形成：在短期，显性知识扩散速度快于隐性知识的扩散速度，且水平型知识扩散速度快于垂直型知识的扩散速度。

在长期中，由于显性知识短期内快速扩散导致集群企业之间知识势差减弱，即显性知识对于集群企业间相互掌握几乎相当，因此，由显性知识中"展示效应"的"易模仿性"具有的展示效应急剧减弱。相反，由于隐性存在的知识势差却使集群企业之间"展示效应"增强。也就是说，随着时间的增加，集群企业对隐性的渴望在不断增加。另外，显性知识"竞争效应"中的形成正向竞争效应（企业间竞争大于协作）以及知识水平型集群所存在正向人员流动效应（知识水平型集群更有利于人员流动）依然存在。因此，在长期中，"隐性—水平型集群"的知识扩散速度最快，并最终形成：隐性知识扩散速度快于显性知识的扩散速度，且水平型知识扩散速度快于垂直知识的扩散速度。上述分析思想可用下表表示（表3）。

表 3　四类集群知识扩散速度的机制：知识溢出

		东阳磁性材料产业集群		杭州安防视频监控集群		温州鞋革业集群		安吉竹产业集群	
集群类型		隐性—水平型		隐性—垂直型		显性—水平型		显性—垂直型	
时期		短期	长期	短期	长期	短期	长期	短期	长期
知识溢出	展示效应	弱(无)	正	负	正	正	负	正	负
	竞争效应	正(弱)	正	弱(无)	弱(无)	正	正	正	弱(无)
	人员流动效应	正	正	弱(无)	正	正	弱(无)	弱(无)	弱(无)
技术扩散速度		较慢	最快	最慢	较快	最快	较慢	较快	最慢

六、结论与启示

通过上述研究，我们不仅验证了本文提出的八个假设，同时得到了以下四个重要的结论。第一，基于知识属性（显性—隐性）和知识分布（水平—垂直）两个维度的不同组合，集群可分为显性—水平型、显性—垂直型、隐性—水平型和隐性—垂直型等四种类型。这对于深入研究在不同时期及不同知识分布情景下知识扩散的真实规律有着重要的理论意义。第二，上述四类集群与知识扩散速度存在明显的关系，在短期，其知识扩散速度快慢按照"显性—水平型""显性—垂直型""隐性—水平型"和"隐性—垂直型"排序，而在长期，则按照"隐性—水平型""隐性—垂直型""显性—水平型"和"显性—垂直型"排序。第三，上述排序反映了以下知识扩散的基本规律：在短期显性知识扩散速度快于隐性知识的扩散速度，而在长期隐性知识扩散速度快于显性知识的扩散速度。不管短期还是长期，水平知识分布更有利于知识扩散。第四，影响上述知识扩散基本规律主要源于集群本地知识溢出的三大效应（展示、竞争和人员流动）在不同时期的综合作用结果。

上述研究结论，在理论和实践中具有重要的启示意义。

就理论而言，基于知识属性和知识分布两者组合，从知识溢出机制的视角研究集群类型与知识扩散的相关性，对知识理论和集群创新理论提出了新的研究结论。首先，本研究发现，就长期而言，存在着"隐性知识扩散比显性知识扩散更快"的规律。其主要原因在于企业间知识势差以及集群情境下所存在的"隐性知识弱化"。其实，现有研究也已证明适当增大技术（知识）距离更有利于技术的扩散和创新，而隐性知识在一定程度上反映了企业间的知识(技术)距离。其实,浙江一些低技术集群早期发展迅猛而后期发展停滞就是一个很好的证明。另外,在集群环境下,由地理邻近性所引起认知、制度(文化)等邻近性,与传统原子型企业网络相比,存在着"隐性知识弱化"的功能。这也说明在不同知识分布情景下,知识属性存在着可变性,或知识分布对知识属性存在重要的影响作用。其次,从研究结论可知,知识水平分布的集群整体比知识垂直分布的集群技术扩散速度快。这是由于知识水平分布的集群整体比知识垂直分布的集群具有更强的展示效应和竞争效应。以往研究多从该类集群恶性竞争、同质化竞争的一面进行探讨。其实,形成集群恶性和同质化竞争的主要原因在于集群外部治理的缺乏,而非完全由知识分布所引起。知识水平分布的集群企业更可能通过正向的竞争效应加速技术快速扩散,帮助知识在集群企业间的传递,促进集群整体上的技术创新。

从实践层面而言,首先,要通过不断引进"龙头企业"和"创新型企业",加强集群内部的竞争压力,进一步促进集群的技术扩散以实现集群的整体、快速创新;其次,要积极培育集群内部大量"创新型企业"和"成长型企业",适当加大集群内部企业之间的知识和技术势异;最后,对于不同类型的集群,政府要采取相关政策"引导"集群的发展,当前尤为紧迫的是对"显性—垂直型集群"的改造。传统制造业集群转型升级困难往往集中在那些"集而不群"的产业上,其主要表现为集群企业技术(知识)势差性小和产业链过长。因此,政府的工作重点是通过外部招商和内部培育,进一步加强产业链某一阶段或者环节的竞争优势。

当然,由于案例选择和观察案例时间等限制,上述研究结论可能会存在着局限性。因此,大样本研究将是下一阶段研究的一个重要方向。

参考文献:

[1] 黄鲁成,刘玉敏,吴菲菲,等.基于专利全引用信息的技术知识扩散特征研究:以石墨烯技术为例[J].科学学与科学技术管理,2017,38(4):149-161.

[2] 李琳,龚晨.多维邻近性对不同知识基础产业创新的影响:基于 ANN 和 OLS 回归双重检验[J].科学学研究,2017,35(8):1273-1280.

[3] 魏广巨.视频监控行业发展观察[J].中国安防,2016(11):29-35.

[4] 郑健壮,靳雨涵,潘芊伊.师徒企业联系强度与知识传导:以兰溪纺织业集群为例[J].情报

理论与实践，2016，39（5）：17-21.

［5］AFUAH，ALLAN. How Much Do Your Coopetitors' Capabilities Matter in The Face of Technological Change［J］. Strategic Management Journal，2015，21（3）：397-404.

［6］AUDRETSCH，DAVID B，FELDMAN，et al. R&D Spillovers and the Geography of Innovation and Production［J］. American Economic Review，1996，86（3）：630-640.

［7］AUDRETSCH，DAVID B，LEHMANN，et al. Does the Knowledge Spillover Theory of Entrepreneurship Hold for Regions［J］. Research Policy，2005，34（8）：1191-1202.

［8］BALLAND，PIERRE-ALEXANDRE，BELSO-MARTÍNEZ，et al. The Dynamics of Technical and Business Knowledge Net-works in Industrial Clusters：Embe-ddedness，Status，or Proximity［J］. Econo-mic Geography，2016，92（1）：35-60.

［9］BELL，MARTIN，ALBU，et al. Knowledge Systems and Technological Dynamism in Industrial Clusters in Developing Countries［J］. World Development，1999，27（9）：1715-1734.

［10］BRESCHI，STEFANO，LISSONI，et al. Knowledge spillovers and local innovation systems：A critical survey［J］. Industrial and Corporate Change，2000，10（10）：975-1005.

［11］CRAMTON，CATHERINE D. The Mutual Knowledge Problem and Its Consequences for Dispersed Collaboration［J］. Organi-zation Science，2001，12（3）：346-371.

［12］CUNNINGHAM，SCOTT W，WERKER，et al. Proximity and Collaboration in European Nanotechnology［J］. Papers in Regional Science，2012，91（4）：723-742.

［13］DAVIDS，MILA，FRENKEN，et al. Proximity，Knowledge Base and The Inno-vation Process：Towards an Integrated Frame-work［J］. Regional Studies，2018，52（1）：23-34.

［14］DE VRANDE V，VARESKA. Balancing Your Technology Sourcing Portfolio：How Sourcing Mode Diversity Enhances Innovative Performance［J］. Strategic Management Journal，2013，34（5）：610-621.

［15］GEROSKI，PAUL A. Models of Technology Diffusion［J］. Research Policy，2000，29（4-5）：603-625.

［16］GHEZZI，ANTONIO，RANGONE，et al. Technology Diffusion Theory Revisited：A Regulation，Environment，Strategy，Tech-nology Model for Technology Activation Analy-sis of Mobile ICT［J］. Technology Analysis & Strategic Management，2013，25（10）：1223-1249.

［17］GUO B，GUO J J. Patterns of Tech-nological Learning Within the Knowledge Systems of Industrial Clusters in Emerging Economies：Evidence from China［J］. Technovation，2011，

31(2)：87-104.

[18] HARABI，NAJIB. Channels of R&D Spillovers：An Empirical Investigation of Swiss Firms[J]. Technovation，1997，17(11-12)：627-635.

[19] HENDERSON，REBECCA M，CLARK，et al. Architectural Innovation：The Recon-figuration of Existing Product Technologies and The Failure of Estab-lished Firms[J]. Administrative Science Quarterly，1990，35(1)：9-30.

[20] MASKELL，PETER. Towards a Know-ledge-based Theory of The Geographical Cluster [J]. Industrial & Corporate Change，2001，10(4)：921-943.

[21] MEUNIER，FRANÇOIS-XAVIER，BELL-AIS，et al. Technical Systems and Cross-sector Knowledge Diffusion：An Illustration with Drones[J]. Technology Analysis & Strategic Management，2019，31(4)：433-446.

[22] OWEN-SMITH，JASON，POWELL，et al. Knowledge Networks as Channels and Conduits：The Effects of Spillovers in the Boston Biotechnology Community [J]. Organization Science，2004，15(1)：5-21.

[23] POLANYI，MICHAEL. Personal Know-ledge：Towards a Post-critical Philosophy[M]. Chicago：University of Chicago Press，1962.

[24] PORTER M E. Location，Competition，and Economic Development：Local Clusters in a Global Economy[J]. Economic Deve-lopment Quarterly，2000，14(1)：15-34.

[25] QIU S M，LIU X L，GAO T S. Do Emerging Countries Prefer Local Know-ledge or Distant Knowledge? Spillover Effect of University Collaborations on Local Firms [J]. Research Policy，2017，46(7)：1299-1311.

[26] RAHKO，JAANA. Knowledge Spillo-vers Through Inventor Mobility：The Effect on Firm-Level Patenting[J]. Journal of Technology Transfer，2017，42(3)：1-30.

[27] SINGH，JASJIT. Collaborative Networks as Determinants of Knowledge Diffusion Patterns [J]. Management Science，2005，51(5)：756-770.

[28] SORENSON，OLAV，RIVKIN，et al. Complexity，Networks and Knowledge Flow[J]. Research Policy，2006，35(7)：994-1017.

[29] SPENCER，JENNIFER W. The Impact of Multinational Enterprise Strategy on Indigenous Enterprises：Horizontal Spil-lovers and Crowding out in Developing Countries[J]. Academy of Management Review，2008，33(2)：341-361.

[30] TUSHMAN M L，PHILIP A. Techno-logical Discontinuities and Organizational Environments [J]. Administrative Science Quarterly，1986，31(3)：439-465.

［31］VON HIPPEL，ERIC. Cooperation Bet-ween Rivals：Informal Know-How Trading［J］. Research Policy，1987，16(6)：291-302.

［32］VON HIPPEL，ERIC."Sticky Informa-tion"and the Locus of Problem Solving：Implications for Innovation［J］. Manage-ment Science，1994，40(4)：429-439.

［33］YAYAVARAM，SAI，AHUJA，et al. Decomposability in Knowledge Structures and Its Impact on the Usefulness of Inventions and Knowledge-Base Mallea-bility［J］. Administrative Science Quarterly，2008，53 (2)：333-362.

［34］ZHAO，ZHENG，ANAND，et al. Beyond Boundary Spanners：The"Colle-ctive Bridge"as an Efficient Interunit Structure for Transferring Collective Knowledge［J］. Strategic Management Journal，2013，34(13)：1513-1530.

基金项目：国家自然科学基金项目(71603235)；教育部人文社会科学规划项目(17YJA630142)。

【作者】

郑健壮,浙江大学城市学院商学院教授

靳雨涵,浙江大学管理学院博士研究生

心理资本对工作绩效的影响:新企业人力资源发展研究

葛振峰　　伍婵提　　赵京芳

一、引言

人力资源管理对于新企业①的成长具有重要的战略意义,为新企业高质量经营提供了持续的动能。新企业由于处于组织发展的初始阶段,管理制度和企业文化都处在不断完善中,具有高创新价值的知识型员工②对于新企业的成长尤为重要(Ge,2018)。值得注意的是,组织成长的初期阶段所招募的员工大多属于知识型员工范畴,这与新企业岗位更多地偏向于主动积极与创新能力职责相符。从人力资源发展(HRD)的视角来看,传统企业要求员工具有特定的工作技能,并被安排统一固定的工作时间,而这种刚性管理并不利于企业对市场环境的快速反应,尤其是具有高敏捷要求的新企业。与此同时,新企业的创业驱动决定了它更加注重工作效率而非科层与形式;在管理上,这种关注则体现在管理的弹性与要求发挥员工自主性上。因此,具有高弹性的人力资源柔性管理更加符合新企业管理的要求。

此外,心理资本的概念给人力资源发展带来了重要的变化,成为人力资源研究的热点。心理资本的表达早在 20 世纪 90 年代就出现了,而这一概念的明确提出是在 2002 年。与人力资源和社会资源相比,心理资本是软性竞争中更为核心的因

---

① 新企业(New Enterprise,NE),本文所提及的新企业特指创业型企业,依据 GEM 定义的创业企业为成立时间不超过 42 个月的企业(Ge,2018;朱金生等,2017)。

② 知识型员工(Knowledge staff,KS),美国学者彼得·德鲁克(Peter Ferdinand Drucker)提出,指的是那些掌握和运用符号和概念,利用知识或信息工作的人,一般为管理者或专业人士(Zhuoran Li et al.,2019)。

素。研究表明：一个企业组织的工作绩效与员工整体心理资本水平相关，员工心理资本的整体水平更多地体现在组织拥有的知识型员工的数量和质量上（郭彤梅等，2019）。新企业在具有大量知识型员工的条件下人力资源弹性、工作绩效与心理资本有何关系？彼此间会产生什么样的影响？这将是本研究的重点，并希望达到以下研究目标：

1. 阐明在新企业中人力资源柔性、工作绩效与心理资本之间的关系逻辑。

2. 证明人力资源弹性与工作绩效之间是否存在中介作用。

3. 探讨心理资本是否对工作绩效存在着影响。

二、文献回顾

（一）人力资源弹性

Atkinson 在 1984 年发表的《柔性组织的人力弹性》一书中首次提出了"人力资源弹性战略"。后来，Blyton 和 Morris 认为与其他管理行为相比，人力资源需要更大的管理灵活性，提出的人力资源柔性管理策略的想法受到普遍欢迎（Morris，2015）。对于现代企业管理实践者来说，灵活的人力资源管理模式既是企业劳动管理的目标，也是以人为本思想的体现。企业在要求员工充分发挥工作效率的同时，也更加重视员工的意见，提高员工的工作满意度，使员工有归属感（Carvalho et al.，2008；Kickul et al.，2001）。而这种人力资源弹性管理也正是新企业所急需的。

目前，学术界并未对人力资源弹性变量维度达成一致。一般而言，可分为数量灵活性、职能灵活性和财务灵活性三维度。也有学者将财务灵活性转变为薪酬灵活性，并增加了距离灵活性，将其分为四个维度（Anthony et al.，2020）。Morris 等人关于人力资源灵活性的观点被广泛引用，他们提出人力资源管理有四种不同类型的灵活性战略，即职能灵活性、数量灵活性、工作时间灵活性和薪酬灵活性（Hay，D. et al.，1991）。

本文结合文献分析与新企业实践，将新企业的人力资源弹性维度划分为职能弹性、薪酬弹性和工时弹性。具体如表 1 所示：

表 1　新企业人力资源柔性的维度和功能

分类	表述	功能
职能弹性	工作形式和工作内容的多样化	提高员工的业务技能和工作热情
工时弹性	非固定工作时间; 工作时间可以由员工自由决定	提高员工的工作积极性和工作意识
薪酬弹性	绩效考核、奖金、按劳分配等方式;建立更加灵活的薪酬制度	提高员工满意度和归属感

(二)员工心理资本

心理资本是指个体在人生不同阶段的成长和发展过程中所表现出来的良好心理状态。20世纪50年代在美国兴起的人本主义心理学观是研究心理学资本的理论渊源。到了20世纪90年代,心理学家开始关注心理问题的预防,提出了勇气、乐观、人际交往能力、信念、希望、忠诚、坚韧等在抵抗心理问题的超级冲动中起作用(Cooper et al.,2010;Mick et al.,2007)。基于上述理论背景,以美国著名心理学家马丁·塞利格曼(Martin Seligman)为首的学者们强烈呼吁"让个体乐观快乐,充分发挥潜能"的理念。因此,心理学家开创了积极心理学,正式提出了"积极心理学"的概念。指出积极心理学的目标是帮助人们获得幸福,促进个人与社会的和谐发展,在生活和工作的各个方面实现个人成长的满足(Donaldson et al.,2015;West et al.,2009)。心理资本的积累可以促进个人的成长和发展,这种心理状态也有利于更好地完成工作(Morris,2015)。在竞争激烈的环境中,企业通过掌握员工的心理资本,可以帮助管理者有效地了解组织的内部情况,确保组织的健康发展。此外,在任何情况下,完成某些具有挑战性的任务都离不开希望、自信、乐观、韧性等因素,而价值观对个体积极性的影响可以忽略不计。希望、自信、乐观和自我意识是心理资本的基本要素(朱金生,2017;李斌等,2009;郑艳秋,2019;Stajkovic et al.,2017;Morris,2015;Luthans et al.,2002;Plessis et al.,2018)。根据本文的文献研究,将新企业员工的心理资本划分为以下四个维度。

(1)"自我效能"维度:激励水平和工作绩效与自我效能感密切相关。

(2)"希望"维度:对于有较高希望的管理者,其下属的工作满意度、留职率和工作绩效都非常可观。企业家对企业所有权的满意程度决定了他们的希望程度。

(3)"乐观"维度:不乐观的销售代表比乐观的销售代表表现更差,保留率更低。此外,乐观对绩效和管理也很重要。

(4)"韧性"维度:人类在面对困难、主动学习和适应环境的过程中,需要一定的韧性来解决问题,在这个过程中,困难被视为实现目标的一定基础。人际关系、自我效能感和自我意识都随着心理弹性的增加而提高。此外,员工应对困难和逆境的能力与韧性有很大关系。

新企业员工心理资本维度总结如表 2 所示。

表 2 新企业员工的心理资本维度

分类	效用
自我效能	对一个人执行一项行动能力的评价; 这与绩效密切相关
希望	实现目标的动力
乐观	对内外环境的变化和各种事件的处理有积极的态度
韧性	在遇到挑战时能够及时做出调整; 有完成任务的决心

(三)工作绩效

新企业的高增长是基于其对工作效率的实际需求与科学量化评价标准的管理,即绩效管理。一些学者认为,绩效包括组织或个人的行为或结果;它是个体或组织的能力,是主体在一定时期内所能产生的记录。在组织内部,所有个体的表现综合起来形成组织的利益。一般来说,绩效可以从三个不同的角度来定义:个体、群体和组织(Sitansu,2012)。在不同的研究中,绩效内涵的表达也有很大的不同。有学者认为,绩效有三个层次:组织、群体和个人。这是因为绩效的内容、影响因素和测量方法在不同的水平上是不同的(Bourne et al.,2003;A. et al.,2016)。

目前,对新企业工作绩效的研究还主要集中在对绩效作为结果或行为的识别上。绩效是"结果"的观点往往忽视新企业的长期成长和战略,更注重结果和短期目标。因此,很容易忽视员工的培训和学习,即缺乏人力资源发展(HRD)的理念(田立法等,2011;吴婷,2017)。绩效观是指"行为",是由一系列工作行为构成的绩效。包括员工在工作过程中的表现、工作指示和组织目标的实现。员工的工作绩效不能仅仅通过工作结果来衡量(Waldman,1994;Griffin et al.,2007)。由于研究观点的不同,对员工工作绩效的定义也有所不同。一些研究表明,任务绩效强调任务熟练度和有效完成任务的动机。材料和服务主要通过直接生产活动提供。对于组织的技术核心所做的贡献,关联绩效不能直接与生产和服务环节互动,但关联绩效的构成与组织行为和社会心理有关,如果运用得当,可以促进组织的任务绩效。这种对绩效要素的划分改变了传统的将任务绩效以外影响绩效评价的因素视为错误的处理方式,引起了广泛的关注和大量的实证研究(Avery et al.,2015;Rabinowitz et al.,2017)。

此外,绩效管理的结构演变主要经历了三个阶段,即组织公民行为结构模型阶段—任务绩效结构模型阶段—情境绩效结构模型阶段(沈子淋,2018)。通过文献研究,确定了本研究中新企业的组织绩效内涵,重点关注员工的工作绩效,得到了周边绩效与任务绩效之间的关系,如表3所示。

表3　新企业员工工作绩效的维度

分类	效用
情景绩效	重点是人际关系。它包括两个方面:能否为他人完成自己的工作提供便利;能否与身边的人建立良好的工作关系
任务绩效	它是员工绩效基础的组成单元,员工运作的实际效果,包括脑力劳动保护和体力劳动

通过以上分析可以看出在新企业中任务绩效是员工的基本责任;员工在组织中人际关系中的作用主要体现在情境绩效上,在某种意义上这也是员工的义务。对于个体水平绩效的研究,其内涵如下。①人力资源的灵活性。本文认为人力资源的灵活性是指人力资源管理机制,使初创组织能够灵活地调整人力结构、员工人数、工作内容、工作时间和员工工资为了适应内部和外部环境的变化,以实现组织的成长目标与市场策略。②心理资本是人力资源发展(HRD)中的核心要素,特指个体在成长和发展过程中所表现出来的一种积极的心理状态。它是超越人力资本和社会资本的核心心理要素,也是促进个人成长和绩效提高的心理资源。③本文认为新企业员工的工作绩效是可在工作过程中观察到的行为与工作结果的叠加,是一种一体化综合行为绩效。

三、人力资源柔性与心理资本对工作绩效影响研究

"人力资源柔性"和"心理资本"与"工作绩效"的密切相关是组织管理的关键所

在。本文将建立三者之间的关系模型,并阐述三者之间的逻辑关系。

(一)模型与假设

基于文献分析,以浙江省新企业员工为研究对象,基于人力资源柔性、心理资本和工作绩效之间的关系,构建了人力资源柔性和心理资本对工作绩效影响的基本模型,如图1所示。

综上所述,提出的研究假设如下:

H1:人力资源柔性与心理资本之间存在显著相关。

H1a:员工感知到更高的职能灵活性,心理资本也会更高。

H1b:员工感知到工作时间弹性越高,心理资本也会越高。

H1c:员工感知到更高的薪酬灵活性,周边绩效也会更高。

H2:心理资本与工作绩效之间存在显著的相关关系。

H2a:员工感知的心理资本越高,任务绩效越高。

H2b:员工感知的心理资本越高,任务绩效越高。

H3 心理资本作为中介变量在人力资源柔性与工作绩效之间起到中介作用。

基于以上假设,本文将找出人力资源柔性和心理资本对工作绩效的影响。

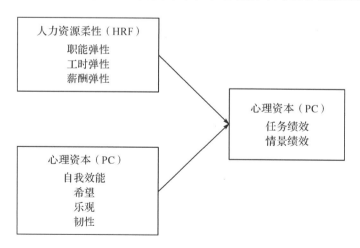

图1 人力资源柔性和心理资本对工作绩效的影响模型

(二)实证研究

本文通过 SEM 进行探索性研究,分析了新企业中人力资源柔性、心理资本和工作绩效之间的逻辑关系;探讨了心理资本对工作绩效的预测能力和人力资源柔性的调整。

研究数据的采集则采用问卷调研的方法。本次问卷调研由前测问卷阶段和正式问卷阶段两个阶段组成。本研究第一阶段发放问卷 76 份,回收问卷 72 份,有效问卷为 69 份。分析 69 份有效问卷,对初始问卷进行判断和修改,形成正式问卷,然后进行第二阶段的调查。测试问卷的信度分析如表 4 所示。问卷的信度和效度测试良好,信度水平可以接受。根据测试问卷,问卷可以作为正式问卷发放,不需要做大的调整。

表 4 预测问卷的信度分析

项目	Cronbach's α	KMO Value
人力资源弹性	0.922	0.811
心理资本	0.868	0.807
工作绩效	0.866	0.863

The reliability Cronbach's alpha is greater than 0.7, and the reliability is high. The validity value KMO is greater than 0.9, which is very suitable for factor analysis; 0.8—0.9, which is very suitable; 0.7—0.8, which is suitable; 0.6—0.7, which is acceptable (Nunnally & Bernstein, 1999).

第二阶段为正式问卷调查,采用随机抽样的方法。选取浙江省部分新企业(主要是杭甬创业园区在孵企业)作为研究对象。样本量为 230。

1. SEM 构建与检验。

对 230 份问卷进行回归检验。根据研究假设,将人力资源柔性、心理资本与工作绩效之间的关系设置为 SEM 模型,采用 AMOS 进行统计分析,如图 2 所示。

民营经济创新治理

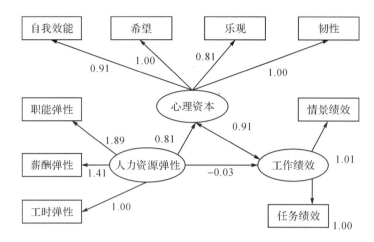

图 2　模型路径图

从 SEM 模型可知所有的途径都呈现显著。验证 H1 和 H2,如表 5 所示。由于 AMOS 无法给出各因素的回归系数,为了弥补研究的不足,将进行进一步的回归分析,进一步验证心理资本的中介作用。

表 5　人力资源弹性、心理资本与工作绩效路径模型的回归系数表

Correspondence Relation	Hypothesis	Estimate	Standard Error	CR(T)	P
人力资源弹性 ——→ 心理资本	H1	0.361	0.105	4.269	***
心理资本 ——→ 工作绩效	H2	0.156	0.047	6.128	***

Note：＊＊＊ means p is less than or equal to 0.001；＊＊ means that p is less than or equal to 0.01；＊ means p is less than or equal to 0.05.
Source：Based on this research sorted

2.模型回归分析。

(1)人力资源弹性与心理资本。

根据以上分析,人力资源柔性与心理资本之间存在相关关系。以人力资源弹性(包括职能弹性、工时弹性和薪酬弹性)为自变量,以心理资本为因变量,进行回归分析。结果如表 6 所示。

表6　人力资源柔性对心理资本的回归分析

Explained variable Explanatory variables	心理资本	乐观	希望	韧性	自我效能
人力资源弹性	0.552*** (9.582)	3.871** (6.692)	4.207** (7.754)	4.643*** (8.632)	4.109*** (8.692)
职能弹性	#	0.084*** (1.543)	0.119*** (2.107)	0.046** (0.785)	0.163** (3.672)
薪资弹性	#	0.293** (4.706)	0.352* (5.921)	0.347*** (5.736)	0.251*** (4.766)
工时弹性	#	0.113*** (1.392)	−0.092** (−1.204)	0.052** (0.728)	−0.018 (−0.113)
R²	0.304	0.264	0.263	0.264	0.312
D-W value	2.075	1.821	1.783	2.312	1.936

Note：***，**，* means the significant level is 1%，5% and 10% respectively；In parentheses are the statistics for the T value. *** means p is less than or equal to 0.001；** means that p is less than or equal to 0.01；* means p is less than or equal to 0.05.

Source：Based on this research sorted

以上结果表明,人力资源的整体弹性已包含在心理资本的回归方程中,决定系数 R^2 为 0.304(表明拟合方程可以解释30%的因变量变化)。其中,职能弹性、薪酬弹性和工时弹性均与心理资本的乐观、希望、弹性和自我效能显著相关。工时弹性与员工的希望和自我效能呈显著负相关,说明人力资源弹性中的工时弹性与员工的努力程度和工作强度无关。D-W 统计量接近2,这说明自相关不严重。

自我效能、希望、韧性和乐观对人力资源韧性有显著影响。标准化回归系数分别为 0.47 (P < 0.01)、0.54 (P < 0.01)、0.56 (P < 0.01)、0.54 (P < 0.01),具有正向影响。由此可见,假设 H1a、H1b、H1c 得到了相应的支持。

(2)心理资本与工作绩效。

根据相关分析,心理资本(包括自我效能、希望、韧性和乐观)与工作绩效存在相关关系。为进一步探究二者之间的因果关系,以心理资本为自变量,以工作绩效为因变量进行回归分析,如表7所示。

民营经济创新治理

表7　心理资本与工作绩效的回归分析

Explained variable Explanatory variables	工作绩效	任务绩效	情景绩效
心理资本	0.277*** (3.975)	0.261*** (3.078)	0.245*** (2.711)
韧性	♯	0.197*** (3.760)	0.269*** (4.786)
希望	♯	0.255*** (4.391)	0.151** (2.704)
乐观	♯	0.138*** (2.505)	0.147** (2.503)
自我效能	♯	0.255*** (4.564)	0.263** (4.393)
R²	0.741	0.482	0.567
D-W value	2.059	1.938	2.201

Note：***，**，* means the significant level is 1%，5% and 10% respectively；In parentheses are the statistics for the T value. *** means p is less than or equal to 0.001；** means that p is less than or equal to 0.01；* means p is less than or equal to 0.05.

Source：Based on this research sorted

　　结果表明,确定系数 R^2 为 0.74,该拟合方程可以解释74%的因变量变化。将整体心理资本纳入工作绩效的回归方程。可以看出,自我效能的四个维度——心理资本、希望、韧性和乐观分别与任务绩效和情境绩效呈显著正相关。这与之前的假设是一致的。D-W统计量接近2,这说明自相关不严重。

　　从以上分析数据可以看出工作绩效中的任务绩效和情境绩效对心理资本有显著影响。标准化回归系数分别为 0.86 ($P < 0.01$)、0.18 ($P < 0.01$),均为正影响。由此可见,假设 H1a、H1b、H1c 都得到了相应的支持。

　　(3)中介变量测试。

　　SEM模型验证了心理资本在人力资源柔性与工作绩效之间的中介作用。自变量为人力资源柔性,中介变量为心理资本,因变量为工作绩效。分别为人力资源柔性与心理资本、心理资本与工作绩效,以及心理资本与人力资源柔性对工作绩效进行回归分析。如表8所示。

表8　心理资本中介效应检验

Dependent variable	Independent variable	Bate	Equation	T value
心理资本	人力资源弹性	0.264** (c)	Y=0.264X	3.972**
工作绩效	人力资源弹性	0.412** (b)	M=0.421X	3.421**

Dependent variable	Independent variable	Bate	Equation	T value
工作绩效	心理资本	0.414** (a)	Y=0.414M	8.543**
	人力资源弹性	0.190** (c')	Y=0.190X	2.871*

由以上分析可知，回归方程的回归系数 c、a、b、c' 均显著（P＜0.001）。心理资本在人力资源灵活性与工作绩效之间起着中介作用。验证假设 H3 得到支持。

四、研究结果

（一）相关假设验证

基于上述研究分析，本文对假设验证结果如表 9 所示。

表 9　数据分析结果

研究假设	内容	结果
H1	人力资源柔性与心理资本正向显著相关性	弱相关
H1a	人力资源柔性与自我效能正向显著相关性	弱相关
H1b	人力资源柔性与希望正向显著相关性	弱相关
H1c	人力资源柔性与乐观正向显著相关性	弱相关
H1d	人力资源柔性与韧性正向显著相关性	弱相关
H2	心理资本与工作绩效正向显著相关性	强相关
H2a	心理资本与任务绩效正向显著相关性	强相关
H2b	心理资本与情景绩效正向显著相关性	强相关
H3	心理资本在人力资源柔性与工作绩效之间具有显著的中介作用	强相关

（二）研究假设验证分析结果

1. H1，人力资源柔性对心理资本的影响分析。

人力资源弹性对心理资本的影响包括职能弹性、工资弹性和工时弹性对心理资本的影响。

（1）功能弹性对心理资本有显著的正向影响。

工作职能的弹性越高，员工承担更多责任和参与决策的机会就越大。与此同时,员工在工作中有更大的自主权。这样可以充分发挥员工的主观能动性,有效地提高员工的工作积极性,提高工作质量。对于新企业来说,工作职能弹性会促使员工主观工作量增加,即复合岗位的产生,减少单一岗位配置及降低边际人力资源成本。

(2)薪酬弹性对心理资本有显著的正向影响。

薪酬弹性越大,对心理资本的影响越大,员工自主工作的积极性越高。但在新企业中,薪酬体系的设计较为复杂。尤其是对核心知识型员工来说,单一工资模式的薪酬不具有操作性。因此,新企业薪酬弹性是一个复杂系统的集合弹性,其弹性主要体现在系统内部的组合和系统外部的延展。

(3)工作时间弹性对心理资本有显著的正向影响。

工作时间弹性越大,员工完成工作的积极性就越大,做工作的成就感就越大;心理资本和工作绩效提高更显著。新企业工作时间弹性通常大于传统企业,对于员工心理资本的累积高于传统企业。

2.H2,心理资本对工作绩效的影响分析。

(1)心理资本对情境绩效的直接影响

自我效能感和乐观感对情境绩效有显著影响。新企业员工的自我效能感和乐观感越强,情境绩效越高。

(2)心理资本对任务绩效的直接影响

心理资本水平越高,乐观程度越高,任务绩效越高。新企业员工心理资本水平普遍处于高位,以项目模式进行的工作绩效完成度较高。

3.H3,心理资本在人力资源柔性与工作绩效之间的中介作用分析。

人力资源柔性(包括职能弹性、工时弹性和薪酬弹性)感知程度越高,员工的心理资本(包括自我效能、乐观、希望和弹性)也会随之发生变化,这种变化对工作绩效有更大的影响。在新企业中,员工工作绩效的保障主要是人力资源柔性而非直接的现金报酬。

五、研究结论与建议

新企业人力资源规划重要的是管理柔性和及时性因素。实施的重点是在短期和长期目标之间取得平衡,更好地服务于企业成长的目标。一般来说,人力资源管理的灵活性更多地适用于长期目标;组织的长期目标受到外部和内部环境的影响,也受到组织发展不同阶段需求变化的影响。而新企业人力资源的低成本高需求目标,以及不确定性的特征,对于人力资源弹性需求更大。因此,在新企业人力资源规划过程中,长期目标的不确定风险和短期成本压力限定下并不适合进行更具体的规划,避免管理实施的固化。短期目标的设定更多地依赖于组织当前的需要和现有的资源。为了更有效地实现短期目标,人力资源管理需要更大的开放空间。

基于研究条件限制,本文只分析了新企业的员工心理资本在人力资源柔性对工作绩效影响过程中的调节作用,并未深入考虑其他要素的调节作用,例如心理契约,这是本文的局限所在。在未来的进一步研究中可以沿着本研究框架深入挖掘,完善新企业员工工作绩效影响的机制研究,从而更全面地把握影响组织绩效和组织成长的方方面面,优化新企业的管理效率。此外,本文选择的人力资源灵活性、心理资本和工作绩效都是从个体层面进行分析,对于群体行为的研究尚未涉及,例如根据孵化异质性特征和新企业发展阶段,可以将合伙人作为研究对象,进一步探讨以合伙人团队为研究对象的人力资源柔性管理和心理资本水平对组织绩效的影响。

参考文献:

[1] 郭彤梅,郭秋云,孟利兵,等.知识型员工心理资本和创新绩效的关系研究[J].经济问题, 2019 (10):71-78.

[2] 李斌,林玲.心理资本及其研究进展综述[J].华中师范大学研究生学报,2009 (2):120-123.

[3] 沈子淋.我国知识型员工激励研究综述[J].企业科技与发展,2018 (2):40-42,45.

[4] 田立法,高素英.人力资源管理实践与企业绩效关系的实证研究[J].技术经济与管理研究, 2011 (6):70-74.

[5] 吴婷.人力资源管理实践对企业绩效的影响关系研究[D].西安:西北大学,2017.

[6] 郑艳秋.企业员工心理资本对个人工作绩效的影响研究:组织认同的调节作用[D].北京:北京外国语大学,2019.

[7] 朱金生,匡东.我国创新创业的耦合关系演进及其就业效应测度[J].财会月刊,2017 (12):114-121.

[8] ALEXANDER S D, FRED L. Differential Effects of Incentive Motivators on Work Performance[J]. Academy of Management Journal,2017(3):580-590.

［9］ ANA C，CARLOS C C. Flexibility through HRM in management consulting firms［J］. Personnel Review，2008(3)：332-349.

［10］ BOURNE M，NEELY A，MILLS J，et al. Implementing performance mea-surement systems：a literature review ［J］. International Journal of Business Perfor-mance Management，2003 (1)：1-24.

［11］ BRADLEY W J，JAIME P L，MELISSA C K. Team level positivity：investigating positive psychological capacities and team level outcomes［J］. Journal of Organizational Behavior，2009 (2)：249-267.

［12］ COOPER M，JOHN M. A pluralistic framework for counselling and psycho-therapy：Implications for research［J］. Counselling and Psychotherapy Research，2007(3)：135-143.

［13］ DAVID W A. The Contributions of Total Quality Management to a Theory of Work Performance［J］. The Academy of Management Review，1994(3)：510-536.

［14］ FRED L，SUZANNE P J. Employee engage-ment and manager self-efficacy ［J］. Journal of Management Development，2002(5)：376-387.

［15］ GE Z. A Study in Improving of Incu-bating-Efficiency of Incubators in Zhejiang Province，China［J］. Business，2018(3)：144-176.

［16］ HAY D，MORRIS D. Industrial Econo-mics and Organization：Theory and Evi-dence［J］. Economic Analysis and Policy，1991(1)：79-81.

［17］ JILL K，SCOTT L W. Broken promises：Equity sensitivity as a moderator between psychological contract breach and employ-ee attitudes and behavior［J］. Journal of Business and Psychology，2001(16)：191-217.

［18］ LI Z，GE Z. The impact of knowledge employees' psychological capital on their organizational employees' behaviors［J］. Basic&Clinical Pharmacology & Toxi-cology，2019 (S9)：155.

［19］ MARK G A，ANDREW N，SHARON P K. A New Model of Work Role Performance：Positive Behavior in Uncertain and Interdependent Contexts［J］. Academy of Management Journal，2007(2)：327-347.

［20］ MARIETA P，Adre B. The role of psychological capital in the relationship between authentic leadership and work engagement ［J］. Sa Journal of Human Resource Management，2018(16)：1-9.

［21］ MICK C，NANCY R，KATHERINE M，et al. Randomised controlled trial of school-based humanistic counselling for emotional distress in young people：Feasi-bility study and preliminary indications of efficacy[J]. Child and Adolescent Psychiatry and Mental Health, 2010(1):12.

[22] MORRIS R A . An assessment of the drift in assumptions and values of human resource management scholarship: 1971-2011[J]. Dissertations & Theses-Gradworks, 2013.

[23] PANDA S. Performance Mana-gement System in a Manufacturing Company - A Study from Employee Perspective[J]. Sumedha Journal Of Management, 2012 (4):31-40.

[24] PETER A, TOM K, LEN A, et al. Management Authority in a Worker Cooperative: The Case of Tower Colliery[J]. Developing Philosophy of Management(Proceedings), 2020.

[25] QAMAR A, UR REHMAN K. Perfor-mance Management: A Roadmap for Deve-loping Implementing and Evaluating Performance Management Systems[J]. South Asian Journal of Management, 2016(76):56-61.

[26] SAMUEL R, DOUGLAS H T, JAMES G G. Job Scope And Individual Differences As Predictors Of Job Involvement: Independent Or Interactive? [J]. Academy of Management Journal, 2017(2):273-281.

[27] STEWART D I, MAREN D, MEGHANA R A. Happiness, excellence, and optimal human functioning revisited: Examining the peer-reviewed literature linked to positive psychology[J]. The Journal of Positive Psychology, 2015(3):85-195.

基金项目：教育部人文社会科学研究青年基金项目"数字经济背景下瞪羚企业成长动态演化机制研究"(20YJC630223)；浙江省教科规划研究重点课题"大学生创业团队构建及创新绩效研究——以浙江为例"(2019SB042)。

【作者】

葛振峰，宁波财经学院创业学院讲师、博士

伍婵提，宁波财经学院工商管理学院副院长、教授、硕士生导师

赵京芳，宁波财经学院创业学院副教授

"小微金改试验区"的政策效应研究

——基于合成控制法的实证分析

李欠强　王呈斌　林海丽

一、引言

　　小微企业是保证国民经济平稳运行的重要基础,对提高国内生产总值、增加财政收入、促进创业创新等方面都具有非常重要的作用。为提高小微企业"成活率"和生存质量,国务院于 2014 年 10 月印发《关于扶持小型微型企业健康发展的意见》,浙江省也已连续启动两轮"小微企业三年成长计划"(2015—2017 年;2018—2020 年)。那影响小微企业生存和成长的关键因素是什么? 国内外学者的研究表明,金融支持对小微企业的健康发展有重要的影响作用。国外学者 Rruce Dwyer 和 Bernice Kotey(2015)认为,缺乏融资渠道对小微企业的发展造成了巨大的挫折。国内学者赵浩、丁韦娜(2019)的研究中提出,我国现有的金融体系不够完善,目前尚未建立起一套针对小微企业信用评估的体系,使得小微企业在信贷筛选上处于不利地位,这样导致了小微企业融资难、融资渠道窄。陈凌白(2019)的研究表明,银行贷款更偏向于规模大、实力强的大集团,使小微企业很难从银行中得到贷款,从而导致小微企业"融资难、融资贵"的问题。虽然各地政府也有出台针对小微企业的金融扶持政策,但陈畴镛和童阳(2019)的研究表明小微企业对政府金融扶持政策的感知度、满意度不高。而小微企业对于资本市场的依赖程度高,这就在一定程度上阻碍了小微企业的发展。

　　本文的研究基于台州"小微金改试验区"作为准自然实验,引入政策评估中新近发展的合成控制法,客观评价"小微金改试验区"试点政策对台州的影响效应,为政府完善政策提供依据。小微企业作为台州民营经济的主体,是台州经济的根和本,据浙江省工商局统计,截至 2018 年底,台州小微企业达 14.1 万家,占全市企业总数的 90％左右。浙江台州的小微金融建设处于全国领先,拥有专注服务小微企业的民营城市商业银行,金融服务特色优势明显。2013 年 11 月,浙江省人民政府出台《浙江省小微企业金融服务改革创新试验区实施方案》,将台州列为"浙江省小微企业金融服务改革创新试验区"(以下简称"小微金改试验区")。2015 年 12 月,国务院常务会议决定,七大部委联合发文《建设浙江省台州市小微企业金融服务改革创新试验区》。2016 年 4 月,《浙江省台州市小微企业金融服务改革创新试验区实施方案》经省政府同意正式印发。实施方案提出,通过三至五年的时间,努力把台州打造成"全国小微金改示范区",为全国小微企业金融服务改革创新探索新途径、积累新经验。

本文的研究结果表明,台州"小微金改试验区"政策对区域创新、创业产生显著的即时效应,对产业结构优化产生滞后的影响效应,但经济增长效应并不显著。并基于此研究结论,从创新、创业和创业结构优化三个视角就如何进一步促进区域经济增长提出政策建议。本文的研究贡献可能存在以下三个方面:首先,本文有别于传统的研究方法,采用合成控制法这一政策效应评估的前沿方法,为本研究提供更为科学可靠的结论;其次,通过对台州"小微金改试验区"政策效应的评估,可以总结成功与不足之处,为下一步的政策制定提供建议,并为后续其他地区借鉴台州成功经验提供参考;第三,为今后开展创新、创业和产业结构优化等影响效应的内在机制研究提供基础。

二、文献回顾与影响机理

通过对国内外已有文献的梳理,我们针对"小微金改试验区"政策对台州的影响效应主要从创新、创业、产业结构优化与经济增长效应等四个方面展开分析。

(一)创新效应的影响机理

根据对已有文献的梳理与分析,大量研究发现创新活动受到金融发展的重要影响。Beck 等(1999)发现金融发展可以降低金融机构和创新活动者之间的信息不对称,提升资金的配置效率,降低由于创新引发的道德风险、逆向选择行为、融资成本、活动风险等方面。Hsu 等(2014)也首次为金融发展与创新关系提供跨国经验证据。他们研究发现,股票市场发展较好的国家能促进创新水平的提升。Nanda R 与 Nicholas T (2014)则发现美国银行业的大萧条导致企业缺乏足够的研发资金从而不利于创新水平的提升。国内学者李华民等(2018)研究表明,银行业在受到政府政策和财政的支持后,所在区域的创新绩效明显提升。张杰和高德步(2017)研究发现金融规模的扩张对地区创新产生一定的促进效果。金融发展主要通过多元融资、信用创造、风险管理等影响创新水平(张倩肖和冯雷,2019),而台州作为全国唯一一个"小微金改试验区",首次创建小微企业信用保证基金,以破解小微企业"融资难、融资贵"问题,有效地满足企业创新所需的研发资金,提升创新水平,并设立商标专用权质押融资平台,为小微企业提供融资渠道。设立信用信息共享平台,解决银行和企业之间的信息不对称。因此,"小微金改试验区"的政策会促进台州创新水平的提升。

(二)创业效应的影响机理

现有文献表明,关于金融发展对于创业影响的研究不在少数。胡珊珊(2013)基于制度创新的分析框架,利用国内 31 个省份 1998 年至 2009 年的面板数据,做出了我国金融发展程度(金融机构和金融市场发育程度)对于创业具体影响的研究。金融发展对创业的主要贡献体现于为创业者提供了资金上的支持,促进了其外源融资,使得以资本市场为主的直接融资与以银行为主的间接融资成为企业融资的主要方式,从根本上解决直接融资、间接融资比例失衡的问题。从实证角度验证了金融机构发展对于创业有显著的促进作用,并参考我国金融制度创新指数,识别出金融制度创新影响创业的阻碍因素并提出政策建议。周佳倩(2018)采用空间计量模型,探究了普惠金融发展对于区域创业水平的影响。普惠金融的发展增强了薄弱环节的金融服务、促进了金融体系市场化、金融稳定从而更加完善了金融体系,使得有更多渠道提供创业资本,提高了创业成功率;普惠金融的发展也激活了创业动机。而普惠金融作为台州"小微金改试验区"的一项重要内容,完善了"两平台、一基金"的社会信用体系建设,同时运用了"三品三表"的交叉验证风险的方式展开信用保证。台州还首创了小微企业融资监测与服务机制,变"企业需"为"银行供"。因此"小微金改试验区"政策的实施能激发民众创业的热情,提高区域的创业水平。

(三)产业结构优化效应的影响机理

国内外关于金融发展对于产业结构优化效应的研究主要分为分析二者的内在机理以及使金融发展促进产业结构优化的路径。叶耀明、纪翠玲(2004)建立了回归模型分析长三角城市群金融机构存贷款金额分别占 GDP 的比重,对三产的产值进行分析,发现金融发展程度高的城市会使二、三产业产值增加,第一产业比值下降,相对而言三产比重的增加快于二产,因此长三角地区的金融发展促进了产业结构的升级;甘星、刘成坤(2018)采用了时间序列协整理论对区域金融发展、技术创新与产业结构优化进行实证分析,表明加强地方金融体系建设,使资本市场重视技术创新,从而加快服务业的发展,促进产业结构优化;闫志伟(2018)梳理了金融发展影响产业结构调整的主要作用机制,并构建了金融发展影响产业结构调整的作用路径,金融发展促进了金融规模增长,加强了金融结构优化,使得金融效率得到提高。从而形成了资金导向机制、资本形成机制、信用催化机制与风险管理机制,使资源得到优化配置:衰退产业退出,传统产业转型;主导产业升级,新兴产业发展,最终促成了产业结构的调整。得出我国的金融的规模、结构和效率等方面的发展对产业结构的合理化都具有正向化作用。因此"小微金改试验区"政策的实施会提高台州市的金融发展水平,将会促进产业结构的优化。

(四)经济增长效应的影响机理

根据已有文献的梳理与分析,研究发现经济增长受到金融发展的重要影响。张同功、孙一君(2018)利用面板数据,在分析 15 个副省级城市金融集聚差异性的基础上,显示金融集聚对城市经济增长有一定促进作用。金融资源的集聚使得经济增长产生规模、溢出、竞争、创新等效应,从而推动经济增长与发展。孙继国,吴倩(2019)研究了金融发展与实体经济发展良性互动的机制,并且应用系统动力学分析了二者的关系,将金融发展与实体经济增长间的内在关系分为资金流、人才流、技术流、规模流四个子系统。金融发展吸引了居民储蓄,促使银行通过将信贷资金投入至实体经济,最终促进实体经济的增长;而研发经费的增加,促进了产业结构的升级与技术的创新,提高企业的生产率,最终使得实体经济得到增长;金融创新推动金融业的发展从而促进实体经济的增加。因此,"小微金改试验区"政策的实施会提高台州市的经济增长。

三、研究设计

（一）合成控制法

合成控制法（synthetic control method，简称 SCM）是由 Abadie 和 Gardeazabal 在 2003 年首次提出的政策效果评价方法。合成控制法是目前评估政策效果的主要方法之一。它的基本思路为：在无法找到最佳对照组时，通过对现有多个备选控制单元进行适当权重组合，合成一个虚构的且与实验组特征极为相似的对照组，展开反事实分析。它的优势在于，依靠数据驱动，避免了在比较对象选择上存在人为的主观性和随意性。

相较于传统的双重差分模型（DID）以及倾向得分匹配的倍差法（PSM-DID），SCM 有其优点。首先，它不使用任何回归方法，允许存在多维的共同冲击；其次，DID 在选择对照组时易存在主观性，需要主体在进行判断与选择时尽量保持客观性，SCM 选择未受到政策影响的区域为合成对象，通过利用预测控制变量数据驱动的方式给予合成对象线性组合的最优权重，合成一个与实验组特征高度相似的反事实对照组，此过程中不涉及人为的主观判断，克服了政策内生性的影响；最后，以往研究政策效果评价的有效性检验多是基于平均化的处理结果，SCM 利用安慰剂检验进行统计检验。

借鉴 Abadie 等人（2010）的研究，本文拟使用该方法评估设立"小微金改试验区"对试点市台州市的政策效应。具体地，以台州市作为实验组，其他未实施"小微金改试验区"政策试点的地级市作为潜在对照组。

假设共收集到$(J+1)$个地级市、T 期面板数据，其中，只有地级市台州在第 T_0（$1 \leqslant T_0 \leqslant T$）期实施了"小微金改试验区"政策，其余 J 个地级市在 T 期内均不实施"小微金改试验区"政策，属于台州市的对照组。那么，台州市实施"小微金改"的政策效果可表示为：

$$\tau_{it} = y_{it}(1) - y_{it}(0) \tag{1}$$

式（1）中，$y_{it}1$ 表示试点地级市台州在 T 期设立"小微金改试验区"情况下的潜在结果，$y_{it}0$ 表示试点地级市台州在 T 期不设立"小微金改试验区"情况下的潜在结果。τ_{it}（$T_0 \leqslant t \leqslant T$）则为需要评估的政策效应。但当政策实施后，地级市台州处

在时期 $T_0 \leqslant t \leqslant T$ 内的 $y_{it}(1)$ 能被观测,而 $y_{it}(0)$ 无法观测,需要选择对照组通过反事实方法估算。

假设所有地级市 $j(1 \leqslant j \leqslant J+1)$,结果变量 $y_{it}(1)$ 与 $y_{it}(0)$ 满足式(2)与式(3)。

$$y_{jt}(0) = \delta_t + \theta_t Z_j + \lambda_t \mu_j + \varepsilon_{jt} \tag{2}$$

$$y_{jt}(1) = y_{jt}(0) + D_{jt} \tau_{it} \tag{3}$$

式(2)中 δ_t 为时间固定效应,Z_j 是不受小微金改影响的控制变量;θ_t 是 $(1 \times r)$ 维未知参数向量,μ_j 为地区固定效应,λ_t 是一个 $(1+F)$ 维的无法观测到的公共因子向量,ε_{jt} 为干扰项,假设在地区层面满足均值为 0。

在式(3)中,D_{jt} 表示地级市 j 是否受到自然实验的虚拟变量,有:

$$D_{jt} = \begin{cases} 1 \ j = i, T \geqslant T_0 \\ 0 \ j \neq i, T < T_0 \end{cases} \tag{4}$$

为了得到实施"小微金改试验区"政策的影响,必须估计台州市假设没有进行"小微金改试验区"政策时的创新效应、经济增长效应、创业效应和产业结构优化效应指标情况。本文利用其他 J 个未进行该项政策的地级市作为对照组,采用非参数方法通过加权平均 J 个地级市来合成一个与实验组特征相似的对照组。

本文向量权重 $W = (\gamma_1, \cdots, \gamma_{i-1}, \gamma_{i+1}, \cdots, \gamma_{j+1})$。其中 $\gamma_j \in W$,$0 \leqslant \gamma_j \leqslant 1$,并且有 $\sum_j \gamma_j = 1$。每个向量 W 的特定值都是对 J 个地级市的特定权重。

$$\sum_{j \neq i} \gamma_j y_{jt} = \delta_t + \theta_t \sum_{j \neq i} \gamma_j Z_j + \lambda_t \sum_{j \neq i} \gamma_j \mu_j + \sum_{j \neq i} \gamma_j \varepsilon_{jt} \tag{5}$$

假定存在向量组

$W^* = (\gamma_1^*, \cdots, \gamma_{i-1}^*, \gamma_{i+1}^*, \cdots, \gamma_{j+1}^*)$ 有:

$$\sum_{j \neq i} \gamma_j^* y_{j1} = y_{i1}, \sum_{j \neq i} \gamma_j^* y_{j2} = y_{i2}, \tag{6}$$

$$\sum_{j \neq i} \gamma_j^* y_{jT_0} = y_{iT_0}, \sum_{j \neq i} \gamma_j^* Z_j = Z_i, \tag{7}$$

如果给定 $\sum_{t=1}^{T_0} \lambda' \lambda_t$ 非奇异,则可以证明 $y_{it}(0) - \sum_{j \neq i} \gamma_j^* y_{jt} \to 0$。所以,$\sum_{j \neq i} \gamma_j^* y_{jt}$ 可以较好地估计 $y_{it}(0)$,因此可以得出政策效果 τ_{it} 的估计值:

$$\tau_{it} = y_{it}(1) - \sum_{j \neq i} \gamma_j^* y_{jt}, t \in (T_0 + 1, \cdots, T) \tag{8}$$

本文采用 Abadie(2010)开发的 Synth 程序在 Stata15.0 软件下实现。

（二）变量说明

本文主要分析设立台州"小微金改试验区"政策对其创新、创业、产业结构优化、经济增长等四个方面的影响效应。其中，创新效应我们采用卞元超等（2019）的做法，把每万人专利申请数作为衡量区域创新水平的指标，采用各个地级市的年专利申请数（件）与总人口（万人）的比值得出；李小平和李小克（2017）认为区域的创业水平应当由增加的企业数量与就业数量两个维度来衡量，本文由于许多地级市缺少 2010 年之前的私营企业数据，因此依照程俊杰（2016）的做法选取私营和个体就业人数占总就业人数的比重来衡量创业水平；对于产业结构优化效应本文依据干春晖等（2011）的研究，采用第三产业与第二产业产值之比作为衡量产业结构优化效应的指标；依据李国平等（2019）的研究，将人均 GDP 作为衡量经济增长效应的指标，采用该地区的生产总值与这个地区的户籍人口相比进行计算。

参考郭金花和郭淑芬（2019）、胡榕霞（2019）的研究，我们另外又选取了可能影响该四个政策效应的其他控制变量：其中城镇化率采用了各地级市城镇人口占总人口的比重衡量（张远军，2014）；每万人公路里程采用公路总里程与总人口的比重进行衡量（张学良，2012）；开放度采用进出口总额占 GDP 的比重衡量（孙瑾等，2014）；科教支出占 GDP 比重采用政府财政支出中教育科技支出占 GDP 的比重衡量；人口密度采用总人口与地级市的总面积比值即每平方公里的人口数衡量（章元等，2008）。

（三）样本说明与数据来源

本次准实验研究主要利用浙江、江苏、福建三个省份的地级市进行数据分析，合成控制法要求政策实施不会对对照组产生显著影响，考虑到省会以及副省会城市存在着多方面政策倾斜，与其他地级市差异较大，因此予以剔除。另外，部分地级市数据缺失严重，因此也予以剔除。本文最终选取江浙闽三省 21 个地级市 2002—2017 年的面板数据，从而拟合一个与台州市政策效应增长路径相似的对照组进行政策效果评估。相关数据主要来源于《中国城市统计年鉴》（2002—2017）、《浙江省统计年鉴》（2002—2017）、《江苏省统计年鉴》（2002—2017）、《福建省统计年鉴》（2002—2017）以及各地级市的统计年鉴。

四、实证分析

(一)政策效应检验

"小微金改试验区"设立以来台州与"合成台州"创新效应、创业效应和产业结构优化效应、经济增长效应变化趋势见图1、图2、图3和图4。其中,实线表示"小微金改试验区"设立前后台州创新效应、创业效应、产业结构优化效应和经济增长效应的真实变动趋势,虚线表示未设立"小微金改试验区"的"合成台州"的创新效应、创业效应、产业结构优化效应和经济增长效应的变动趋势,垂直虚线表示政策冲击年份2014年。具体分析如下所示:

1.创新效应分析。

由图1可知,在"小微金改试验区"设立前,台州与"合成台州"两条曲线较为接近,说明对照组拟合效果较好;"小微金改试验区"设立后,2014—2017年台州与合成台州创新效应水平实际路径与合成路径的差距呈现出逐年拉大的趋势,二者的差值正是小微金改对台州创业效应的政策效果,意味着与假设没有实施小微金改的台州相比,"小微金改试验区"的设立,试点地级市台州的专利申请数大幅度提升。这表明台州通过创建小微企业信用保证基金,设立商标专用权质押融资平台与信用信息共享平台,解决银行和企业之间的信息不对称,有效满足企业创新所需的研发资金,显著促进了台州小微企业的创新积极性,提高了台州市整体创新水平。

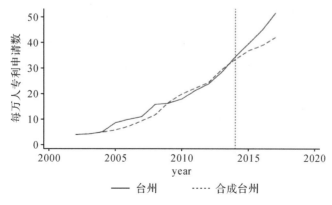

图1 台州与"合成台州"的创新效应

2.创业效应分析。

由图2可以看出,在"小微金改试验区"设立之前,台州与"合成台州"的曲线路径较为接近,这意味着对照组的拟合程度较高,说明对照组与未设立"小微金改试验区"前,台州的私营与个体的创业水平相差不多。在"小微金改试验区"设立之后,从2014年开始,台州的创业水平与"合成台州"的创业水平相比,有了较大幅度的提升。这表明在"小微金改试验区"设立后,台州金融机构通过运用"三品三表"的交叉验证风险的方式展开信用保证,还首创小微企业融资监测与服务机制,变"企业需"为"银行供",显著激发了民众创业的热情,促进了台州市的整体创业水平。

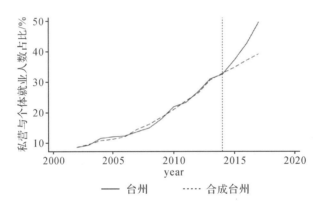

图2　台州与"合成台州"的创业效应

3.产业结构优化效应分析。

由图3可知,在"小微金改试验区"设立之前,台州与"合成台州"两条曲线较为接近,说明对照组的拟合效果较好。在"小微金改试验区"设立之后,2014—2016年两条曲线的差距并不是很明显,2016年之后,台州与"合成台州"产业结构优化的实际路径和合成路径的差距明显拉大。台州实际产业结构优化的效果比"合成台州"产业结构好。这说明了"小微金改试验区"的设立,对试点城市台州的产业结构优化起到了一定的积极作用,但是由于政策效果的滞后性,2016年之后政策效果才逐步明显。

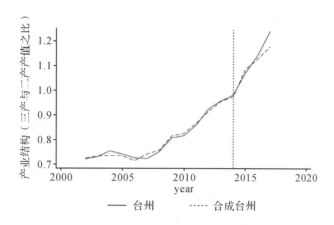

图 3　台州与"合成台州"的产业结构优化效应

4.经济增长效应分析。

图 4 显示了"小微金改试验区"政策实施对经济增长效应的影响,"小微金改试验区"设立前台州与"合成台州"经济增长效应两条曲线拟合效果较好,而"小微金改试验区"设立后台州与"合成台州"的经济增长效应区别不太明显,通过区域创新、创业、产业结构优化才能对地区的经济增长产生影响,所以政策效果具有滞后性,在 2017 年,台州对比"合成台州"的经济增长政策效应有所提升。

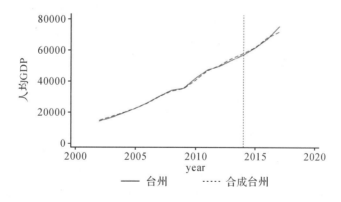

图 4　台州与"合成台州"的经济增长效应

(二)稳健性检验

为增强研究结论的稳健性,本文参考刘友金等人(2018)的做法,为检验估计效果在统计意义上是否显著,本文采用排序检验法(Permutation test)对"小微金改试验区"政策的创新、创业、产业结构优化三个影响效应进行有效性分析,由于经济增长效应不明显,因此不进行稳健性检验。

假设对照组样本在 2014 年也受到了"小微金改试验区"政策的冲击,使用合成控制法构造相应地级市的合成对象,并估计其相应的在假设情况下的一系列政策效果,然后将试点地级市台州实际产生的政策效果和对照组地级市假设情况下产生的政策效果进行比较。如果两者的政策效果差距足够大,那么我们就有理由相信建立"小微金改试验区"的政策效果是显著的。

由于这一方法要求在政策实施前城市的合成控制对象具有良好的拟合效果,如果一个城市 2014 年前的拟合效果不理想,即 RMSPE(均方预测误差的平方根,衡量了一个城市与其合成控制对象之间的拟合程度)值比较大,即使政策后期得到的较大的预测变量差值也不能反映该政策的效果。因此,本文剔除了"小微金改试验区"设立前合成控制组 RMSPE 高于实验组 2 倍以上的地级市:在创新效应变量组中,宿迁、扬州、无锡、湖州、漳州、绍兴、苏州、金华 8 个不符合要求的地级市被剔除,图 5 是剔除后各地级市真实值减去合成值得到的差值(GAP)绘制而成的折线图;在创业效应变量组中,嘉兴、常州、无锡、泉州、淮安、温州、湖州、漳州、苏州、镇江 10 个不符合要求的地级市被剔除,图 6 是剔除后各地级市真实值减去合成值得到的差值(GAP)绘制而成的折线图;在产业结构优化变量组中,没有不符合要求的地级市,图 6 是各地级市真实值减去合成值得到的差值(GAP)绘制而成的折线图。

图 5 表明,2014 年之前,台州市与其他地级市的相对创新效应的差距并不大,但在 2014 年之后,台州市与其他地级市的差距开始拉大,台州市的创新效应水平有明显的增长趋势。图 6 表明,2014 年之前,台州市与其他地级市的相对创业效应的差距并不大,但在 2014 年之后,台州市与其他地级市的差距开始拉大,台州市的创业效应水平逐渐攀升,虽然在 2014—2015 年,台州创业效应低于一些地级市,政策实施效果暂不明显,但 2015 年之后就业效应的涨幅高于其他地级市。图 7 表明,2014 年之前,台州市与其他地级市的相对产业结构优化效应的差距并不大,在 2014—2015 年台州市与其他地级市的创业结构优化差距不太明显,但在 2015 年之后,台州市与其他地级市的差距逐渐开始拉大,台州市的产业结构优化效应水平明显高于其他地级市,说明台州市的产业结构优化效果较好。

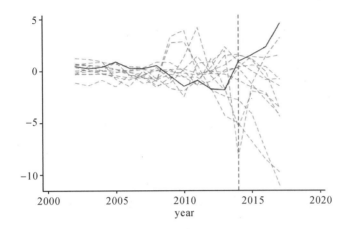

图 5　创新效应差值分布

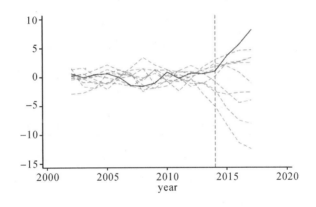

图 6　创业效应差值分布

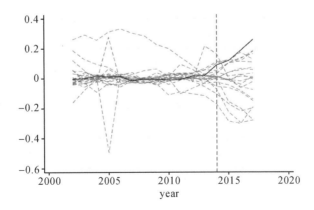

图 7　产业结构优化差值分布

五、结论与政策建议

本文利用了台州作为"小微金改试验区"这一案例,运用合成控制法实证分析了"小微金改试验区"政策对台州创新、创业、产业结构优化与经济增长的影响效应。研究发现:第一,"小微金改试验区"政策对台州创新产生了显著的积极作用,在 2014 年政策冲击之后,台州市的创新水平明显提升,影响效应越来越大。第二,"小微金改试验区"政策对台州市创业产生显著的积极作用,政策冲击之后,相较于未经过政策的影响,创业水平有了明显的提升。第三,"小微金改试验区"政策对台州产业结构优化有积极的影响作用,但由于政策影响效应的滞后性,2015 年还未有显著影响,在 2016 年之后才开始影响产业结构的优化。第四,由于政策影响效应的滞后性,"小微金改试验区"政策对台州经济增长的影响效应还未显现。在 2017 年之前没有什么显著差距,在 2017 年之后才开始影响并逐渐产生差距。并基于排序检验法的稳健性检验,台州的"小微金改试验区"是成功的,未来要在总结台州市成功经验的基础上,充分发挥"小微金改试验区"的政策溢出。

上述研究结论表明,"小微金改试验区"政策虽已对台州市创新、创业和产业结构优化产生显著的积极影响,但对经济增长的积极影响效应还未显现,因此本文提出以下几点政策建议:首先,政府要继续加大财政支出给予企业创新以资金支持,落实科研实体的税收优惠政策,构建和完善知识产权交易平台,降低科技成果转化的综合成本,打通"小微金改"政策通过创新效应促进区域经济增长的渠道。其次,政府要继续营造良好的营商环境,优化市场秩序,构建公正透明的创业环境,尤其是做好创业后的辅导工作,增加小微企业创业成功率,打通"小微金改试验区"政策通过创业效应促进区域经济增长的渠道。第三,政府要继续推进产业互联网建设,构建制造业服务化发展的信息平台,并充分发挥"互联网+"数字技术赋能,利用龙头企业带动小微企业转型升级,促进区域经济发展。

本文虽从创新、创业、产业结构优化与经济增长四个方面对台州"小微金改试验区"的政策效应做出初步评价,但还存在以下几点不足:①研究样本量有限。本文采用江苏、浙江等沿海省份的地级市,删除省会与副省会城市以及数据缺失的地级市,导致对照组的样本容量只有 20 多个地级市,可能会在一定程度上影响研究结论的可靠性。②私营企业数数据不足。由于受到数据条件的影响,部分指标存在一定的局限性,例如,创业效应指标缺少地级市 2010 年前的私营企业数数据,只能采用私营企业和个体从业数占总就业人数之比来衡量。③政策时间偏短。由于"小微金改试验区"政策的影响效应时间始于 2014 年,本文研究数据时间截至 2017 年,产业结构和经济增长可能需要后续的研究才能得出合理的结论,因此,在后续的研究中,拉长政策时间,更能反映政策影响效果。④未充分揭示各个政策效应的影响机理。在本文中只是对四个政策效应有个初步的结果,因此,在后续的研究中,将深入研究每个政策效应的影响机理。

参考文献:

[1] 卞元超,吴利华,白俊红.高铁开通是否促进了区域创新[J].金融研究,2019(6):132-149.

[2] 陈畴镛,童阳.中小微企业金融扶持政策的感知效应研究:以浙江省为例[J].治理研究,2019(4):99-106.

[3] 陈凌白.辽宁地区小微企业融资问题调查分析[C]//中共沈阳市委、沈阳市人民政府、国际生产工程院、中国机械工程学会.第十六届沈阳科学学术年会论文集(经管社科).沈阳:沈阳市科学技术协会,2019:6.

[4] 程俊杰.制度变迁、企业家精神与民营经济发展[J].经济管理,2016,38(8):39-54.

[5] 干春晖,郑若谷,余典范.中国产业结构变迁对经济增长和波动的影响[J].经济研究,2011,46(5):4-16,31.

[6] 甘星,刘成昆.区域金融发展、技术创新与产业结构优化:基于深圳市 2001—2016 年数据的实证研究[J].宏观经济研究,2018(11):128-138.

[7] 郭金花,郭淑芬.国家综合配套改革试验区设立促进了地方产业结构优化吗:基于合成控制法的实证分析[J].财经科学,2019(8):69-81.

[8] 胡榕霞.天津碳交易试点减排效果及路径研究:基于合成控制法的证据[J].福建商学院学报,2019(4):77-84.

[9] 胡珊珊.我国金融发展对创业的影响研究[D].南宁:广西大学,2013.

[10] 李国平,李宏伟.经济区规划促进了西部地区经济增长吗:基于合成控制法的研究[J].经济地理,2019,39(3):20-28.

[11] 李华民,廉胜南,吴非.银行业发展提升区域创新绩效了吗[J].金融论坛,2018,23(6):13-25.

[12] 李小平,李小克.企业家精神与地区出口比较优势[J].经济管理,2017,39(9):66-81.

[13] 刘友金,曾小明.房产税对产业转移的影响:来自重庆和上海的经验证据[J].中国工业经济,2018(11):98-116.

[14] 孙继国,吴倩.金融发展与实体经济增长良性互动机制研究[J].理论学刊,2019(2):71-79.

[15] 孙瑾,刘文革,周钰迪.中国对外开放、产业结构与绿色经济增长:基于省际面板数据的实证检验[J].管理世界,2014(6):172-173.

[16] 叶耀明,纪翠玲.长三角城市群金融发展对产业结构变动的影响[J].上海金融,2004(6):10-12.

[17] 闫志伟.金融发展对产业结构调整的影响研究[D].北京:北京交通大学,2018.

[18] 张杰,高德步.金融发展与创新:来自中国的证据与解释[J].产业经济研究,2017(3):47-61.

[19] 张倩肖,冯雷.金融发展与企业技术创新:基于中国 A 股市场上市公司的经验分析[J].统计与信息论坛,2019,34(5):26-34.

[20] 张同功,孙一君.金融集聚与区域经济增长:基于副省级城市的比较研究[J].宏观经济研究,2018 (1):82-93,120.

[21] 章元,丁绎镁.一个"农业大国"的反贫困之战:中国农村扶贫政策分析[J].南方经济,2008,(3):3-17.

[22] 张远军.城市化与中国省际经济增长(1987～2012):基于贸易开放的视角[J].金融研究,2014 (7):49-62.

[23] 张学良.中国交通基础设施促进了区域经济增长吗:兼论交通基础设施的空间溢出效应[J].中国社会科学,2012 (3):60-77,206.

[24] 赵浩,丁韦娜,鲁亚军.小微企业融资困境分析与国际经验借鉴[J].征信,2019,37 (7):55-60.

[25] 周家倩.普惠金融发展对区域创业水平的影响[D].重庆:西南政法大学,2018.

[26] ABADIE A,DIAMOND A,HAINMUELLER J. Synthetic Control Me-thods for Comparative Case Studies:Esti-mating the Effect of California's Tobacco Control Program [J]. Journal of the American Statistical Association,2010,105(490):493-505.

[27] ABADIE A,GARDEAZABAL J. The Economic Costs of Conflict:A Case Study of the Basque Country [J]. American Economic Review,2003,93(1):113-132.

[28] BECK T,LEVINE R,LOAYZA N. Finance and the sources of growth ☆[J]. Journal of Financial Economics,2004,58(1):261-300.

[29] DWYER R,KOTEY B. The Role of the National Stock Exchange of Australia and

Business Advisors，Australian Accounting Review，2004，30(11):2931-2943.

[30] HSU P H，TIAN X，XU Y. Financial development and innovation：Cross-country evidence [J]. Journal of Financial Economics，2014，112(1):116-135.

[31] NANDA R，NICHOLAS T. Did Bank Dis-tress Stifle Innovation During the Great Depression[J]. Social Science Electronic Publishing，2014，114(2):273-292.

基金项目：浙江省社科基金项目"基于大数据建立小微企业景气监测系统的应用研究"(20NDJC193YB)。

【作者】

李欠强，台州学院商学院副教授、博士

王呈斌，台州学院商学院教授、博士

林海丽，台州学院商学院国际贸易专业学生

风险投资对企业创新的影响路径研究

——基于定性比较分析方法(QCA)

池仁勇 於 珺

一、绪论

在我国创新战略引领下,中小企业、初创企业已逐渐成为企业创新的重要战略主体,但由于其自身创新风险系数高,且面临着严峻的融资约束问题,所以引入外部资源,尤其是外部资金对企业创新尤为重要。风险投资作为一种区别与传统投融资的模式,不仅能够为企业在创新过程中提供稳定的资金支持,更重要的是能够向企业提供社会网络、管理技能等增值服务,从而提高企业的创新水平,在实践中已成为企业重要的融资渠道之一,也在促进企业技术创新,进而带动产业发展上发挥重要作用(Kortum 和 Lerner,2000)。

有关企业创新及风险投资各自领域的研究已相当深入,但对于风险投资与企业研发创新之间关系的研究还很局限,大多学者以单视角,如风险机构特征视角(Weber 和 Weber,2007;Pahnke 等,2015;Rindermann,2016;Tian, X., & Wang,2011)、风险投资方式视角(Megginson 和 Weiss,1991;Brander et al.,2002;Douglas et al.,2010)等来探究这些因素对企业研发创新的影响机制,但忽略了目前现实环境的复杂性,风险投资与企业研发创新之间早已不是通过单一要素即可达到最优关联,而是需要多角度、多层次的能力和资源相互协调配合,形成联动高效的风险投资逻辑路径,从而通过外部资金、社会网络等资源的融入、整合,激发被投资企业的研发投入动力,提升其研发创新技能,增加创新产出绩效,最终提高风险投资机构自身的投资收益,获得超额回报。

由此,本文依据信号理论、信息不对称理论以及资源基础观,尝试结合风险投资机构特征、外部信用环境以及投资方式三部分,优化风险机构的投资路径,一定程度上减少风险投资机构与被投资企业之间的信息不对称问题,缓解被投资企业的融资约束问题,而且有助于避免"逆向选择"与"道德风险"现象的发生,降低风险投资机构试错成本,使得风投基金能精准扶持所匹配的企业,提高其投资效率继而提升市场资金活跃度。

同时,现有研究多用回归分析方法检验风险投资对企业创新的影响,这种方式无法确切分析各要素的组合路径。相对而言,本文认为定性比较分析法(qualitative comparative analysis,下文简称QCA)比相关文献普遍使用的回归分析方法更适合本文的研究。与传统的定量分析方法不同,QCA认为自变量不能独自在影响因变量的过程中发挥作用,而是以组合的形式共同影响,即使用QCA能够聚焦于现实结果的前因条件构型。由于本文所探究的风险投资逻辑中相关要素间存在相互补充、相互辅助的影响机制,传统定量分析方法无法清晰识别其中的组合作用机制,而QCA方法则可以很好地处理这种关系。因此,本文采用QCA对风险投资逻辑中各要素进行匹配,弥补了现有研究对风险投资逻辑内各要素相互关联性缺乏关注的不足。

二、文献回顾与假设提出

自风险投资逐步发展为企业日常融资模式之一,风险投资与企业创新之间的关系已成为国内外学者研究的焦点,其中大量学者通过将风险投资机构分类,并区分风险投资行为过程,以及识别在此关系中可能存在的外部影响因素,深入探究了风险投资过程中不同的投资逻辑,即以合适的方式投资优质的企业(崔玉舒,2018)。经过文献梳理,并基于我国经济、社会、政治等现实环境,本文在前人的基础上将风险投资逻辑聚焦到机构特征、投资方式以及外部信用环境三个方面,其中机构特征包括机构资金背景、机构经验,投资方式包括联合投资、持股时长以及持股比例。

(一)风险机构特征与企业创新绩效的关系

1.资金背景。

国外风险投资机构的发展较为成熟,在投资、管理企业方面有着长久、深刻的

民营经济创新治理

经验，而自 1985 年我国第一家风险投资公司——中国创业投资公司成立以来，我国的风险投资机构就一直富含着中国经济、政治、文化等方面的独有特色（米家乾，2001），因此具有外资背景的风险投资机构是否能对我国企业创新发展有很好的指导作用是需要考虑的问题之一。本文认为风险投资机构的资金背景特征对我国创业企业的研发创新有以下几种可能的影响机制：

其一，相对内资机构而言，有外资背景的风险投资具有先进的管理经验，对企业创新有积极的影响，投资收益率更高。首先，具有外资背景的风险投资机构往往采用的都是国外成熟的风险投资模式，它们的操作更多的是按照市场化的商业模式来运作，凭借其多年的运营经验，可以显著地提高企业的管理能力；其次，这些国际风险投资机构本身就拥有众多的市场资源，它们参股企业后可以将自身的资源与企业的发展相结合，从而在改造企业的公司治理结构、提高管理能力的同时，也会提高企业的产品竞争力与盈利能力（师胜男，2018）。

其二，外资背景风险投资机构对于非本国的地区文化、制度环境并不适应，由于"水土不服"造成其对所支持的企业并没有显著影响；相反，内资机构对当地企业状况相对更熟悉，尽职调查等更完善，从而能做出更明智的投资决策。

因此本文认为，风险投资机构资金背景是影响企业研发创新的重要因素之一。

2. 投资经验。

从资源积累的角度来看，具有越多投资经验、拥有越丰富资源以及有较高声誉的风险投资机构的投资效率要优于其他资源禀赋较弱的机构。而一般来说，从业年限越长的风险投资机构拥有相对越多的经验等资源积累，从而增强风险投资机构在评估投资项目、筛选投资对象和进行投后管理的相关能力（封亚，2015）。

风险投资机构的投资活动分布在不同行业和不同地区，各行业在市场空间、竞争态势等多个方面都存在显著不同；同样的，各区域在要素市场供给、产品市场需求、基础设施建设、创业环境等各个方面也存在显著不同。当风险投资机构在特定行业和地区中具有丰富的投资经验时，该机构便积累了特定的知识和资源。这些组织知识能够帮助风险投资机构降低与潜在投资对象间的信息不对称，使风险投资机构更有能力判断投资对象所在行业的机遇与挑战，更有效地评估投资对象的创业活动；也能够在投资之后，基于以往丰富的投资经验，更有针对性地为投资对象提供增值服务，并更有效地监督投资对象的经营行为（Busenitz et al. , 2004），降低信息不对称带来的不确定性。

而站在投资经验少的年轻风险机构角度来看,它们除了经验、资源、声誉以及为被投资公司提供"认证"能力等方面的欠缺,也会急于用投资业绩为自己证明,存在一定程度的"急功近利"的投资心态,这使得其为了缩短投资周期来早日套现,它们会倾向于促使被投资企业尚未成熟就急忙上市,忽略对企业内在技术的创新提升(Rindermann,2016)。

因此本文认为,风险机构的投资经验是影响企业研发创新的重要因素之一。

(二)风险投资方式与企业创新绩效的关系

1. 联合投资。

研发创新是一项需要高强度的资金支持、强大的抗风险能力兜底,以及多维度的专业知识支撑的企业活动。相比单独投资,联合投资能够通过"项目选择(Project Selection)"和"补充管理技能(Complementary Management Skills)"两种机制为被投资企业增加价值,进而带来更好的投资表现(Brander et al.,2002)。本文基于 Brander 等人对加拿大风险投资市场的研究,结合中国的特有情境因素,认为联合投资对创业企业创新有以下几种影响机制。

一方面,联合投资能够在资金保障、战略指导以及风险防控方面激发企业的研发创新意愿,促进创新成果产出。首先,资本市场的外部投资者与寻求融资的企业之间存在信息不对称问题,导致企业对创新资金的需求无法得到满足。当有多家风险投资机构投资同一家初创企业时,说明该企业获得了来自多方信息源的认可,这将传递出对该企业极为有利的信号,减弱信息不对称,一定程度上缓解其融资约束,从而保障企业在长期的研发创新活动的资金规模与稳定性(Leland and Pyle,2009);其次,高质量的创新活动需要精准的专业指导和全面的战略掌控,而这些往往是中小企业、初创企业在创新资本方面的短板。联合投资中的各家风险投资机构在不同的行业拥有各自的专业优势及社会资本,能为企业提供多层次的增值服务(Chemmanur,Tian,2011),更全面地指导企业创新活动,避免其因为缺乏行业经验和专业技术而夭折,进而利用机构自身的社会网络等资源在产品市场和金融市场上促进被投资企业的价值创造(Tian,2012);最后,联合投资能够帮助风险投资机构扩大跨行业的信息量和增广地域交易,使其可以多样化投资,进而分散各参

民营经济创新治理

投机构的投资风险（Brander et al.，2002），提高风险投资机构对企业进行高风险创新活动的失败容忍度，从而更有意愿支持被投资企业开展高风险的研发创新活动，有利于企业获得更高质量、更具突破性的创新成果（Tian and Wang，2014）。

另一方面，联合投资也可能在一定程度上抑制企业的创新活动。联合投资多个成员彼此之间存在的差异可能会增加投资成员之间的沟通成本，降低企业决策和执行效率，从而造成较差的投资表现（Gompers et al.，1996）。

因此本文认为，联合投资是影响企业研发创新的重要因素之一。

2.持股时长。

风险投资进入被投企业，不仅为被投企业提供资金支持，也为企业提供一系列增值服务，但从风险投资角度来看，风险投资机构的短期持股更看重企业目前的业绩表现，更多是表现为投机、逐利动机，其往往是在企业上市前进入企业，在上市后迅速退出；而长期持股的风险投资机构是看重企业的发展前景，会更加关注企业的长期决策，帮助企业实现增值（李晓飞，2018）。而且，风险投资持股时间越长，一般代表其在被投企业初创阶段就已经进入，由于风险投资主要集中在科技创新比较活跃的行业，风险投资参与越早，越能与企业的技术生命周期相吻合，并为技术创新开展提供有力的金融和经验支持。

从企业角度来看，风险投资的退出渠道主要为四种：IPO、兼并、收购、清算，风险投资不同的退出方式，对企业来说，将会产生不同的影响以及退出成本。企业的创新活动一般需要持续的资金投入，短期风险投资虽能为企业提供资金，但短期风险投资的投资周期较短，企业为应对预期到的退出，对风险资金的运用更加谨慎，例如，采用回购股份的退出方式，企业的资金配置将发生变化，对研发活动的投入进行压缩，甚至造成研发活动的终止。风险投资的长期持股使得被投企业可以为创新活动提供持续性的资金支持，维持日常经营活动，保证创新活动的正常进行。

因此本文认为，持股时长是影响企业创新绩效的重要因素之一。

3.持股比例。

风险投资机构以持有被投资企业股份的形式介入，在提供资金的同时输出经营、监管等增值服务。风险投资持股比例反映了风险投资对创业企业的资金投入水平，间接地反映出风险投资在公司中的参与程度。

首先，风险投资的参与程度越高，表明风险投资机构对被投资企业的未来充满信心,还直接增强了其为被投资企业的创新发展提供后续增值服务,并参与监管的意愿和动力。

其次,风险投资机构持股比例越高,其对被投资企业的控制权越强,在上文所述意愿、动力提升的前提下,改造和监督被投资企业的能力便可以进一步得到保证,从而充分发挥和利用自身的资源禀赋,为企业创新提供足够的支持(Barry et al. 1990)。

最后,风险投资机构的持股比例越高,其向外部投资者传递出的企业信息越优质,越鼓励被投资企业加强研发创新活动(Megginson 和 Weiss,1991)。风险投资在初创企业中持股起到了很好的认证作用,并向投资者发出了该企业质量水平较高的"信号",如在企业的整体规模、经营绩效、成长性和研发投入等方面,从而激发企业的研发意愿。

因此本文认为,持股比例是影响企业研发创新的重要因素之一。

(三)外部信用环境与企业创新绩效的关系

信用环境是指任何交易双方在进行交换过程中,所需要直面与考虑且客观存在的能够影响交易决策的基础信用背景,主要衡量城市政务诚信、商务诚信、社会诚信和司法公信的建设状况。信息不对称问题一直以来都是制约企业创新的重要因素之一,而信用环境的改善能缓解如宏观环境信息、行业市场信息等外部显性信息的信息不对称问题。具体如下。

对风险投资机构而言,根据社会资本理论,信用环境的改善提升外部信息透明化,能让风险投资机构与创业企业之间交流更加顺畅,从而提升两者社会网络关系的可控性,增进双方的信息交流,减少双方的磋商成本,提升投资效率(NAHAPIET,GHOSHAL,1998),使得风险资本更高效地进入企业,提高其为企业创新发展提供的资金的使用效率。

对创业企业而言,信用环境的提升能够提升创新成果的保护力度,降低创新成果被窃取的风险,从而降低企业管理者以及研发人员对创新行为的风险感知,由此增加其创新积极性,激发个体创新灵感,更好地进行创新探索,从而增加创新成功的可能性并提升创新绩效(池仁勇等,2020)。

因此本文认为,信用环境是影响企业研发创新的重要因素之一。

本文模型如图 1 所示。

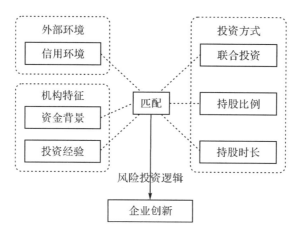

图1 论文模型

三、实证检验与结果分析

(一)样本来源与变量

样本选取 2018 年创业板上市企业共 28 家。财务数据来源于企业年报,风险投资数据来源于 CVsource 数据库,信用环境数据来源于城市信用环境指数报告。

1.被解释变量。

通过梳理文献,发现国内外关于研发创新的衡量方法十分多样化,有些文献采用研发投入总量或研发投入占比来衡量研发创新力度,也有学者采用新产品销售收入和企业利润测度创新绩效,还有学者采用专利申请量来测度。以上几种方法各有优劣,其中以研发投入总量或研发投入占比为测量指标的方法侧重于对创新的前期研究,即倾向于探讨创新成果的产出而非新产品市场化的过程,因此能直观代表企业对研发创新活动的支持;以专利申请量为测量指标的方法能最直接反映企业的创新成果,专利数据易于获取,是创新活动的中间目标,最直接反映企业的创新成果;另外新产品的销售收入也可以作为衡量企业创新活动的指标,但在现有会计准则下,并不要求企业的财务报表报告其新产品的销售收入,如果采用该指标,将会造成大量的数据缺失。Kortum&Lemer(2000)以美国 1965—1992 年的20 个行业为研究对象,得出风险投资对企业专利产出的促进效应是其对研发投入强度 1 促进效应的 3.1 倍的结论。Gompers&Lerner(2003)以美国的制造业为研究对象,以专利产出作为衡量技术创新的变量,第一次从供给和需求变动的视角分析不同时期的风险投资对技术创新的影响,研究显示,风险投资对技术创新有促进作用。

基于以上分析,本文采用专利申请量来衡量创新绩效,原因如下:首先,本文更倾向于探讨创新成果的产出过程,使用专利申请量更贴合文意;其次,近年来国家鼓励企业申请专利的政策促使各类企业将已研发产品或技术及时进行专利申报,因此使用专利申请量来衡量创新绩效有较高的准确性;最后,基于数据的可得性,本文采用 2018 年创业板上市企业当年的专利申请量来作为创新绩效的测量指标。

2.解释变量。

(1)资金背景。

虚拟变量,有外资参与为 1,无外资参与为 0。

(2)投资经验。

选择被投企业中持股比例最大的风险投资机构的投资经验,以风险投资机构从成立至投资该企业时的时间跨度作为风险投资经验与经验的度量(Sørensen,2007)。

(3)持股比例。

选择十大股东内持股最多的风险投资机构的持股比例。虚拟变量,持股占比小于 50% 为 0(参股),大于 50% 为 1(控股)。

(4)联合投资。

虚拟变量,当只有一家风险投资机构进入同一家被投资企业时为 0,有两家及两家以上的风险投资机构进入同一家被投资企业时为 1。

(5)持股时长。

选择最先进入被投资企业的风险投资机构的进入年限。虚拟变量,早期进入为 0,中期进入为 1,后期进入为 2。

(6)信用环境。

中国城市信用环境报告指数 CEI。参考孙泽宇等(2020)衡量地区信任环境的做法,本文采用 2017 年中国城市商业信用环境指数(CEI)数据来衡量地区信用环境。由于 CEI 数据每两年出一次,且信用环境具有一定的黏性,因此 2018 年数据衔接 2017 年求解。

表 1　研究变量定义

	变量	操作化定义
被解释变量	创新绩效 AP	当年研发投入总量
解释变量	资金背景 BG	虚拟变量:有外资参与为 1,无外资参与为 0
	投资经验 EP	被投企业中持股比例最大的风险投资机构的成立年限
	联合投资 SD	虚拟变量:联合投资为 1,独立投资为 0
	持股时长 TM	最先进入被投资企业的风险投资机构的进入年限
	持股比例 HR	十大股东内持股最多的风险投资机构的持股比例
	信用环境 CEI	中国城市信用环境报告指数 CEI

(二)真值表构建

首先,变量赋值。本文采用"四值校准法"进行变量数据校准,将所有案例按照其在特定变量上隶属度高低,分别赋值为"1""0.67""0.33"和"0",其中从"0"到"1"之间数值越高,表示案例隶属度越高。隶属度确定的依据为:案例在各个变量的得分值在总体样本中的相对位置。最终得到各变量的模糊集赋值。

其次,构建真值表。根据 Ragin(2010)的建议,一致性的最低阈值为 0.75,若一致性低于 0.75,则很难表明条件变量组合能够对结果变量产生强力的解释。一般情况下,一致性阈值将设定为 0.8,本文将按照这一惯例,将一致性阈值设为0.8,构建出本文的真值表。

(三)实证结果分析

在模糊集定性比较分析(fsQCA)的必要条件分析中,一致性值可表明其在多大程度上满足结果变量是条件变量的子集,一般来说该值高于 0.9 即可判断该条件或其否定为结果出现的必要条件(寿柯炎,魏江,刘洋,2018)。表 2 为必要性分析结果。

表 2 必要性分析

Analysis of necessary conditions

Outcome variable：AP

	Consistency	Coverage
SD	0.833333	0.416667
～SD	0.166667	0.500000
EP	0.635833	0.655498
～Ep	0.776667	0.569682
BG	0.110833	0.332500
～BG	0.889167	0.444583
TM	0.691667	0.508267
～TM	0.638333	0.656384
HR	0.526667	0.498816
～HR	0.720833	0.564129
CEI	0.775833	0.594129
～CEI	0.609167	0.592863
OCV	0.774	

如表 2 所示，因本文所有条件的一致性值均小于 0.9，表明其均未构成结果变量的必要条件，因此将进一步开展条件构型组合分析。

在本研究中，充分条件是指能够产生"高创新绩效"的条件组合，条件前因构型表格如表 3 所示。对核心条件及辅助调节的表述方式，直接参考 Charles 和 Fiss 的研究成果，当前因变量在构型中出现时，用实心圆表示，未出现时（逻辑非～A）用空心圈（内交叉）表示，空白处表示该条件出现与否对结果并不产生影响。实心圆较大时为核心条件，实心圆较小时为辅助条件。

表 3 高创新绩效的条件前因构型

	C1	C2	C3	C4
BG	•			⊗
EP	●	●	⊗	⊗
SD	●	●	⊗	•
TM		•	•	⊗

续　表

	C1	C2	C3	C4
HR	⊗	⊗		●
CEI	⊗	⊗	●	●
CS	0.819	1	1	0.812
CV	0.248	0.111	0.111	0.360
NCV	0.083	0.056	0.056	0.195
OCS	0.815			
OCV	0.610			

注:(1)●或·表示该条件存在,⊗或"空白"表示该条件不存在,"空白"表示构型中该条件可存在、可不存在;●或⊗表示核心条件,·或"空白"表示辅助条件。

(2)CS表示一致率(consistency),CV表示覆盖率(coverage),NCV表示净覆盖率(netcoverage),即由该构型独立解释、不与同一被解释结果的其他构型重合的覆盖率;OCS表示总体一致率(overallconsistency),OCV表示总体覆盖率(overallcoverage)。

　　由表可得,实现高创新绩效共有4条构型,所有构型总覆盖率位0.61,总一致性为0.82。说明所有构型对实现高创新绩效的解释程度为0.82,且能够解释61%的案例。4条构型中每条构型的一致性均达到0.8以上,说明这些构型与被解释结果之间存在接近完美的子集关系,对被解释结果即高创新绩效具有很高的解释力。

　　由于QCA分析中存在重叠覆盖的问题,因此本文根据简洁解一致性逻辑,对复杂解进行合并。其中C1与C2拥有相同的简洁解,因此可以归纳成同一条风险投资逻辑路径。最后精简得到表4所示高阶的结果。

表4　高创新绩效的高阶构型

	N1	N2	N3
BG			⊗
EP	●	⊗	⊗
SD	●	⊗	
TM			⊗
HR	⊗		●
CEI	⊗	●	●
CS	0.819	1	0.812
CV	0.248	0.111	0.360

(1)低信用经验联合参股型(～CEI＊EP＊SD＊～HP)。

在 N1 类型的驱动模式中,包含机构层面的经验较少机构,投资方式层面的联合投资、参股企业,以及低信用环境。这一模式说明在地区信用环境较差时,知识产权保护等外部创新风险较大,在该情况下,经验丰富的风险投资机构通过积极选择优秀的合作机构,以联合投资的方式,并不以控股为目的进入被投资企业,不仅分散了机构自身的投资风险,也能利用其多样化的专长知识、社会资源等对被投资企业进行良好的投后管理,从而为企业的创新活动开展提供有力的金融和经验支持,进而提高企业创新成果的产出率。

(2)高信用无经验单独投资型(CEI＊～EP＊～SD)。

N2 驱动类型核心条件包括机构层面的经验较少机构、投资方式层面的单独投资,以及高信用环境。该模式说明,在信用环境良好的地区,投资经验较少的风险投资机构在单独投资时能够发挥自己的专长,以免受到其他联合投资机构甚至被投资企业的轻视,从而难以很好地输出自身的理念。

(3)高信用本土无经验机构长期控股型(CEI＊～BG＊～EP＊～TM＊HR)。

N3 驱动类型核心条件包括经验较少的本土风险投资机构,投资方式层面的长期持股、控股企业,以及高信用环境。说明当经验较少的本土风险投资机构以控股的形式进入一家企业,并长期持有股份时,虽然该风险机构的经验与资源禀赋稍有欠缺,但恰恰会让其专心致志地深入参与这一家被投企业的经营管理,并结合国内市场发展现状,强调企业的创新发展,提升总体竞争力,同时也能保障机构自身的投资收益。

四、结论与展望

(一)结论与启示

本文采用模糊集定性比较分析从风险机构特征、投资方式以及外部信用环境角度来探讨我国风险投资影响企业创新的逻辑路径,最终获得了三种最具解释力的前因条件构型:低信用经验联合参股型、高信用无经验单独投资型、高信用本土无经验长期控股型。研究发现:一方面,风险投资机构的经验要素和地区信用环境要素是风险投资影响企业创新的逻辑路径中重要的两个因素,在所有路径中都是风险投资逻辑中必须考虑的一环;另一方面,从整体上来看,在企业创新发展中风险机构特征、特征方式、信用环境这三大块要素都缺一不可。只有被投资企业及时适应不断变化的外部环境,将风险机构的资源与恰当的投资方式结合起来,才能使风险资本的进入得到最大限度的发挥,实现被投资企业整体创新发展的最优化以及风险投资收益的最大化。

本文的实证结论对创业企业、投资者和监管部门均有一定的借鉴意义。对创业企业而言,本文可以帮助创业企业更好地认识自身的经营不足和找到未来完善的方向,以引进志同道合的风险投资,从而共同推动公司价值的提高;对于投资者而言,风险投资的鉴别筛选能力可以在一定程度上帮助投资者筛选出业绩优良的企业;对于监管部门而言,通过对风险投资投资行为的进一步认识,监管部门可以制定相应的政策,引导风险投资基金到具有发展潜力的产业中,从而帮助中小企业的成长。

(二)不足与展望

本文仍然存在以下一些不足之处。

第一,只采用创业板上市企业样本,涉及的企业大部分来自高新技术产业,而少有金融业、服务业等行业。未来可加大样本覆盖面,分析在各上市板块、各行业中,风险投资逻辑对企业创新的异同点。

第二,风险投资存在多种逻辑可能性,本文仅考虑到风险投资机构特征、投资方式以及外部环境三种因素,未来可以从另外的角度探寻不同的风险投资逻辑、企业特征等。

第三,本文以企业IPO为时间节点,考察了风险投资对企业创新的支持作用,由于风险投资可能会在企业IPO前、IPO后的任何一个阶段进入,并且大部分前期进入的风险投资会在IPO后两年内退出,因此IPO前进入的风险投资对企业创新的影响和IPO后进入的风险投资对企业创新的作用可能存在异质性,仍有待探究。

参考文献：

[1] 池仁勇,於珺,阮鸿鹏.企业规模、研发投入对创新绩效的影响研究:基于信用环境与知识存量视角[J].华东经济管理,2020,34(9):43-54.

[2] 崔玉舒. 私募股权投资的逻辑与量化探索[J]. 中国集体经济，2018(32)：115-116.

[3] 封亚. 风险投资、风险投资机构特征与企业经营效率关系研究[D]. 苏州：苏州大学，2015.

[4] 李晓飞. 风险投资特征对创业板上市企业创新的影响[D]. 开封：河南大学，2018.

[5] 米家乾.《案例》：中国创业投资公司：中国第一家风险投资公司：中国风险投资事业发展道路探索[D]. 广州：暨南大学，2001.

[6] 师胜男. 不同风险投资背景对企业发展影响研究[D]. 开封：河南大学，2018.

[7] 寿柯炎，魏江，刘洋. 后发企业联盟组合多样性架构：定性比较分析[J]. 科学学研究，2018，36(7)：1254-1263.

[8] BARRY C B, MUSCARELLA C J, III J W P, et al. The role of venture capital in the creation of public companies：Evidence from the going-public process[J]. 1990，27(2)：0-471.

[9] BRANDER J A, AMIT R, ANTWEILER W. Venture-Capital Syndication：Improved Venture Selection vs. The Value-Added Hypothe-sis[J]. 2002，11(3)：423-452.

[10] BUSENITZ L W, FIET J O, MOESEL D D. Reconsidering the venture capitalists' "value added" proposition：An interorganizational learning perspective[J]. Journal of Business Venturing，2004，19(6)：787-807.

[11] CHEMMANUR T J, TIAN X. Peer Monitoring, Syndication, and the Dynamics of Venture Capitalist Interactions[J]. Ssrn Electronic Journal，2011.

[12] CHEMMANUR T J, LOUTSKINA E, TIAN X. Corporate Venture Capital, Value Creation, and Innovation[J]. Review of Financial Studies，2014 ，27(8)：2434-2473.

[13] DOUGLAS, CUMMING, UWE, et al. Private equity returns and disclosure around the world[J]. Journal of International Business Studies，2010.

[14] GOMPERS P A. Grandstanding in the venture capital industry[J]. Journal of Financial Economics，1996，42(1)：133-156.

[15] MEGGINSON W L, WEISS K A. Venture Capitalist Certification in Initial Public Offerings[J]. The Journal of Finance，1991，46(3)：879-903.

[16] NAHAPIET J, GHOSHAL S. Social Capital, Intellectual Capital, and the Organiza-tional Advantage[J]. Academy of Manage-ment Review，1998，23(2)：242-266.

[17] PAHNKE E C, KATILA R, EISENHARDT K M. Who takes you to the dance? How partners' institutional logics in-fluence innovation in young firms[J]. Admi-nistrative Science Quarterly，2015，60(4)：596-633.

[18] RAGIN C C. Constructing Social Research[M]. Sage Publications Ltd，2010.

［19］RINDERMANN G. The Perfor-Mance Of Venture-Backed Ipos On Europe'S New Stock Markets：EviDence From France，Germany And The U. K［J］. The Rise and Fall of Europe's New Stock Markets，2016.

［20］SORENSEN M. How Smart Is Smart Money? A Two-Sided Matching Model of Venture Capital［J］. Journal of Finance，2007，62(6)：2725-2762.

［21］TIAN X，WANG T Y. Tolerance for Failure and Corporate Innovation［J］. SSRN Electronic Journal，2011.

［22］WEBER B，WEBER C. Corporate venture capital as a means of radical innovation：Relational fit，social capital，and knowledge transfer［J］. Journal of Engineering and Technology Management，2007，24(1)：11-35.

【作者】

池仁勇，浙江工业大学中国中小企业研究院院长、教授、博士生导师

於珺，浙江工业大学管理学院硕士研究生

农业企业电商化选择动因分析

——基于衢州市 246 家农业企业的实证调查

朱海华

一、引言

随着农村互联网应用的普及,网络已经开始渗透农民生活。在新农村建设不断推进的时代大潮下,农业经济正经历着深刻的变化——农业电子商务正如火如荼地发展。孙永成(2016)提到与传统的农产品销售模式相比,线上销售省去了很多烦琐的中间渠道和环节,缩短了农产品从生产到销售的时间,提高了整个生产、消费、使用的效率和体验感。电子商务不但拉近了农户与运销业主间的距离,而且使农户的商务活动变得更加高效。农户只需要花费较少的时间便可获取较多的且是自己需要的市场信息,从而大大增强了适应市场的能力。魏安莉(2005)提到中小型企业融入电子商务,相对于大型企业的优势:在客户心目中可以树立良好形象;可以拓宽业务范围;可以为企业减少成本开支,提升效率等。因此,我国农业领域需要加强对电子商务的投入和支持力度,以此推动农业电子商务的发展,来应对新时期的新问题和新情况。

衢州,自古以来就是被颂为"控鄱阳之肘腋,扼瓯闽之咽喉,连宣歙之声势"的交通要道,更是农业重地,素来就有"七山一水二分田"之说,土地总面积达到8844.6平方公里,农业人口占总人口的80%以上。

据《2016年衢州市政府工作报告》显示,衢州现代农业正在快速发展,"放心农产品""家庭农场"等试点市工作正在稳步推进;并且衢州成功承办了全国生态循环农业现场会和全省农业"两区"现场会。同时市政府工作报告表示,十三五计划将坚持以工业理念发展现代农业，着力打造衢州农产品品牌。这一系列工作与活动都表明了衢州农业改革走在全国前列的事实。

《2015年衢州市政府工作报告》中提到"构建营销体系网络，建设中国网上粮食市场总部，大力发展农村电子商务，加大品牌营销力度，促进农产品优质优价，让优质安全农产品鼓起农民'钱袋子'"。可见，衢州市在农业电子商务的发展方面尤为重视。截至目前，涉农网站达2000多家，多数以农产品销售作为店铺附带产品。其中以江山猕猴桃和蜂产品最为突出。淘宝·特色中国衢州馆顺利开馆，成为以衢州为概念销售农特产品、旅游产品的互联网综合平台；茶业电商平台"搜搜茶"、粮食综合电商网"中国网上粮食市场"和菜价365-衢州网上买菜网、衢州农味网、衢报生活体验馆等网站，形成了衢州市农产品电子商务应用体系。衢州市近几年来大力发展创业园区，以衢州市颐高高新园区、衢州金辉电子商务创业园和浙江佳熙电子商务孵化园为代表，发展势头迅猛。在创业园中，企业可以享用低成本的办公用房、网络通信、培训、摄影、仓储等电商公共服务，此外还有利于信息的交流，便于企业能及时获得政府支持性政策，等等。

农业产业将是发展电子商务的新兴蓝海，其前景广阔，发展空间巨大。衢州作为一个农业大市，农业电子商务对衢州市经济的发展具有重要的意义：在市场经济环境下，衢州的农产品市场会面临不同地区甚至全国同行竞争的压力，发展农业电子商务，将有效推动衢州市农业产业化的步伐，促进农村经济发展；农业电子商务的发展省去了很多农产品的中间流通环节，将有效地降低衢州市农业企业的经营成本；在农产品交易过程中，由于农民缺乏了解市场信息，农民一直处于被动地位，高风险应运而生，而农业电子商务企业可以解决农民对农产品信息的了解、交流问题，这有助于衢州市农产品走出去，跟全国接轨；农业电子商务突破固有空间的桎梏，使农业电子商务企业有更多机会远销当地农产品，发展农业电子商务更可以提高衢州市农产品在全国的市场份额。但是衢州农业电商也面临着一系列的问题，例如要素集聚力不够，基础设施共享度较低，总体效益并不高。

我们希望通过调查了解衢州地区农业企业电商化的选择动机，了解其优势与劣势，扬长避短，向有关部门针对衢州地区农业电商发展提出有效方案，吸引更多农业电子商务经营者落户衢州地区，加快衢州地区农产品企业电子商务发展，从而有效拉动经济发展。

二、假设来源

通过查阅文献以及对衢州农业电子商务企业概况和农业企业选择电商的动机的前期调查了解,我们提出以下假设。

1.市场潜力巨大是农业企业选择电商的动机。郝丽娟(2016)认为生鲜电商作为农业电商中的一部分,市场容量巨大,空间上不封顶,拥有巨大的市场潜力。相对而言,生鲜市场消费者众多,需求大,目前还是属于一个动态不饱和的市场。生鲜电商作为农业电商中的一部分,拥有巨大的市场潜力,能够获取较客观的利润。近年来,天猫、苏宁易购、京东等行业领头羊纷纷涉足农产品领域。电商巨头的进入为农业电商注入了新鲜的血液,给农业市场带来了强劲的驱动力,使得市场规模快速扩张,大大增加了市场潜力。农业企业意识到电商市场潜力,将会渐渐涉足这一领域。

2.减少产品过剩是农业企业选择电商的动机。闰旭(2012)认为通过创新农产品的交易方式,比如通过电子商务来进行农产品交易,可以有效解决农产品过剩的问题。衢州作为一个农业大市,农产品旺季时总会出现产品滞销、“贱卖”甚至丢弃霉烂的情况。所以针对衢州地区来说,有效减少产品过剩,一直是农产品商户所追求的。

3.降低成本是农业企业选择电商的动机。王苗(2015)认为低成本是电商模式较传统商业模式的优势之一,包括供应链成本、库存成本、附加成本和消费者的时间成本。赵婷(2012)认为跟传统商务环节相比,电子商务企业可以在不同方面、不同程度上降低成本,从而显著地提高利润。与传统的销售模式相比,线上销售的成本优势主要有:一是门店成本,农业电商往往以网上店铺为主要销售平台,较于在成本中比重较高的现实门店租金,有着显而易见的优势;二是交易成本,从消费者角度看,消费者可以通过简单网上搜索与卖家进行交流,查询信息,购买产品,节省了在线下购买中必要的交易成本;三是采购成本,农户可以直接建立属于自己的网店,推广自己的产品,上线在线订购农产品和在线客服等服务,农户自己进行线上销售,大大降低了采购成本。企业经营的目的是盈利,降低成本可以获得更多的盈利,农业企业将会逐渐涉及这一领域。

4.市场信息是农业企业选择电商的动机。马灿(2007)认为电子商务能够有效实现信息资源的共享,这不仅是用户的需要,也是信息拥有者的需要。刘静(2014)认为通过电子商务平台,生产者和消费者双方能够直接进行沟通交流,生产者能够及时了解消费者需求和市场信息,消费者能够了解生产者心里的价位,可以做到自主交易,增加了双方的信息获取能力,能够有效降低对传统中介的依赖,降低信息不畅造成的风险。在这一方面,电子商务较传统模式具有巨大的优势,吸引农业企业涉足电商领域。

5.互联网的发展是农业企业选择电商的动机。钟发辉(2016)提出要以"互联网+农业"为主线,建设农村电子商务综合服务平台。王丹(2015)认为在"互联网+"的影响下,可以通过打造农产品电商平台,增加新的农产品销售渠道。同时可以进行互联网方式营销,加速农产品的品牌建立,开拓农产品信息交流沟通新渠道。周玲、王明宇(2015)认为企业可以通过互联网与农户直接取得联系,加强了双方的沟通,同时摆脱了对传统中介的依赖,能够有效降低成本,从而为消费者提供高性价比的商品。

6.政府支持是农业企业选择电商的动机。郑亚琴、郑文生(2007)指出政府的支持会影响农业电子商务模式的选择,政府需要在合适的时候给予农业企业最合理的政策指引和资源对接。王雪(2016)认为农村电商正在快速发展,但是其发展道路上会遇到许多市场本身很难解决的问题,而这时就需要政府在其中起调节作用。政府需要细化好相关的优惠政策,使资源优化配置达到最优状态,给予农业企业相关的指引和支持,护航农业电商良性发展。

7.消费者是农业企业选择电商的动机。魏华飞(2015)认为在基于互联网的电子商务环境下,消费者的生活方式和消费行为都已经发生了史无前例的新变化,具体表现有消费者网上购物数量激增,同时更加注重购物时的便利性和安全性等。这需要企业具有互联网思维,并且要积极融入电子商务领域来满足消费者新的需求。

8.冷链的发展是农业企业选择电商的动机。张颖川(2016)认为冷链物流是农产品电子商务发展的基础,国家和企业大力推动和发展冷链促进了农业电子商务的发展。由于农产品的特性,需要对其进行一定的保鲜处理,而冷链会在运输过程中起到至关重要的作用。

三、研究方法

(一)研究对象与方法

研究对象根据研究主题"衢州市农业企业选择电商的动机"确定为衢州市农业电商。研究方法为问卷调查法,将问卷交于企业管理人员,使其在一定时间内完成对问卷的填写。

(二)数据收集

本研究将衢州农业电商作为研究对象,以问卷填答为主要方式进行信息搜集。在问卷施测回收完毕之后,使用 SPSS 统计软件作为分析工具,进行数据处理与分析。本次调查采取分层(区域)抽样和比例抽样的方法进行抽样,根据衢州各地区农业电子商务企业的分布情况对衢州六个地区按照柯城区:衢江区:龙游:江山:常山:开化=16:15:7:6:5:5 的比例确定总体抽样比例,预计六地样本企业个数。本次调查共发放了 270 份问卷,回收 246 份问卷,有 24 家被调查企业未回复调查问卷,问卷回收率为 91.11%;246 份问卷中有效问卷为 237 份,有 9 份问卷填写的信息不完整,缺乏有效性,问卷的有效率为 96.34%。

(三)数据分析

回收问卷后,除却不完整问卷,对数据进行编码与录制,采用 SPSS 处理研究数据,对研究目的与研究问题选择适当的统计方法进行数据的分析。

四、数据分析

(一)相关性分析

为了探讨农业企业选择电商的动机与市场潜力、市场信息、互联网的发展、产品过剩、成本、政府支持、消费者和冷链的发展之间的关系,我们主要采用相关分析来进行验证。相关分析是描述两个变量之间的相互关系的测度,因不确定变量之间是正相关还是负相关,运用 SPSS 统计时,选择进行双侧检验。

农业企业选择电商的动机与市场潜力、市场信息、互联网的发展、产品过剩、成本、政府支持、消费者和冷链的发展的相关系数分别是 0.27,0.181,0.372,0.417,−0.443,0.26,0.335,0.13。从数据中可以得出,农业企业选择电商的动机与互联网的发展、产品过剩、成本和消费者显著性相关,相关系数分别为 0.372,0.417,−0.443,0.335。由于相关系数的大小表示变量间的相关强度,农业企业选择电商的动机与互联网的发展、产品过剩、消费者为正相关,与成本呈显著的负相关。

(二)回归—多项 Logistic 模型分析

我们进行数据统计的内容为农业企业选择电商的动机与其影响因素之间是否具有逻辑关系,因此选择多项 Logistic 模型。在进行回归分析时,有 8 个变量,以此建立实证模型:Y=F(市场潜力、市场信息、互联网的发展、产品过剩、成本、政府支持、消费者和冷链的发展)+随机扰动项。

根据回归分析的要求,我们选取了下列自变量:市场潜力、产品过剩、成本、市场信息、互联网的发展、政府支持、消费者、冷链的发展。并且根据研究要求,给每一个变量所包含的指标从"1—完全不同意"到"5—完全同意"进行赋分,以便更明确地来表示。

每一因素对农业企业选择电商的动机的影响。从表 1 可知回归模型拟合程度 $R=0.852$,$R\ Square=0.865$,$R\ Square$ 接近 1,说明模型拟合程度较高。

从表 2 可以看出 F 统计量的值为 8.297,利用 SPSS 统计软件进行回归分析,直接依据 F 统计量对应的 Sig. 的值做出判断,F 值所对应的 Sig. 的值等于 0.000,小于 0.05,模型整体显著。

表 3 是多项回归—多项 Logistic 模型的输出结果。从表 3 可知,有 8 项通过 T 检验,所构建的回归模型 $Y=3.576+0.084X_1+0.171X_2−0.204X_3+0.059X_4+0.097X_5+0.067X_6+0.091X_7+0.029X_8$($X_1$ 指市场潜力,X_2 指产品过剩,X_3 指成本,X_4 指市场信息,X_5 指互联网的发展,X_6 指政府支持,X_7 指消费者,X_8 指冷链的发展)。

表 1　分析模型的拟合指标

				Change Statistics				
Model	R	R Square	Std. Error of the Estimate	R Square Change	F Change	df1	df2	Sig. F Change
1	0.852ᵃ	0.865	0.467	0.865	8.297	8	201	0.000

Model Summaryᵇ

a. Predictors：(Constant)、市场潜力、产品过剩、成本、市场信息、互联网的发展、政府支持、消费者、冷链的发展

b. Dependent Variable：农业企业选择电商的动机

表 2　ANOVA

ANOVAᵇ

Model	Sum of Squares	df	Mean Square	F	Sig.
Regression	14.505	8	1.813	8.297	0.000ᵃ
Residual	11.145	51	0.219		
Total	25.650	59			

a. Predictors：(Constant)、市场潜力、产品过剩、成本、市场信息、互联网的发展、政府支持、消费者、冷链的发展

b. Dependent Variable：农业企业选择电商的动机

表 3　多项回归—多项 Logistic 模型

Model	Unstandardized coefficients		Standardized Coefficients		
	B	Std. Error	Beta	t	sig
(Constant)	3.576	0.440		2.176	0.034
市场潜力	0.084	0.068	0.200	1.544	0.029
产品过剩	0.171	0.041	0.482	3.815	0.000
成本	−0.204	0.037	−0.433	−3.988	0.000
市场信息	0.059	0.081	0.204	1.365	0.018
互联网的发展	0.097	0.057	0.182	1.460	0.041
政府支持	0.067	0.076	0.128	1.256	0.021
消费者	0.091	0.061	0.330	2.427	0.019
冷链的发展	0.029	0.098	0.093	0.877	0.038

（三）因子分析

李雷霆（2011）认为因子分析的基本目的是将比较密切且相关的几个变量归在同一类中，每一类变量就成为一个因子，以较少的几个因子反映原资料的大部分信息。运用这种研究技术，我们可以方便地找出衢州农业企业选择电商的动机。分析得到 KMO 和 Bartlett' Test＝0.704，因子分析的效度较好，可以进行因子分析。

根据公因子方差表（表4）所示，变量共同度较高，表明变量中大部分信息能被因子所提取，说明因子分析的结果有效。其中成本从原始变量中提取的变量最多，有0.899；市场信息损失率最大，只有0.632。

表4　公因子方差

Communalities		
	Initial	Extraction
市场潜力	1.000	0.784
产品过剩	1.000	0.652
成本	1.000	0.899
市场信息	1.000	0.632
互联网的发展	1.000	0.789
政府支持	1.000	0.881
消费者	1.000	0.847
冷链的发展	1.000	0.681

Extraction Method：Principal Component Analysis.

根据解释的总方差我们得到，前四个因子特征值＞1，且积累值占了总方差的77.024％，后面的特征值贡献的越来越少。因此，提取前四个因子作为主因子。

根据成分矩阵表（表5）所示，因子一与成品过剩和成本密切相关，因子二与市场潜力和市场信息密切相关，因子三与市场潜力和互联网的发展密切相关，因子四与政府支持和消费者密切相关。

表 5　成分矩阵

Component	Matrix^a			
	Component			
	4	1	2	3
市场潜力	0.124	0.651	0.515	0.059
产品过剩	0.705	—0.503	0.386	—0.003
成本	0.639	0.605	—0.038	0.119
市场信息	0.157	0.784	—0.091	—0.042
互联网的发展	—0.180	0.461	0.546	—0.299
政府支持	0.074	—0.315	0.319	0.821
消费者	—0.322	0.627	—0.294	0.514
冷链的发展	0.635	0.114	0.584	—0.038

根据得出的四个因子及其组成项,我们对各个因子进行解释。

(1)因子一:产品与费用。

我们选取产品过剩和成本这两个变量作为因子一,主要描述的是农产品过剩和成本对衢州农业企业选择电商的影响最大。衢州农产品较多,且产量大,由于农产品的特性,导致在线下销售过程中,产品过剩严重,不易保存,致使价格低廉和提升空间小。而电子商务可以有降低门店成本、交易成本、采购成本等费用。衢州农业企业在发展电商过程中要合理控制成本并尽量减少产品过剩。

(2)因子二:市场。

我们选取市场潜力和市场信息这两个变量作为因子二,主要描述的是市场潜力和市场信息对衢州农业企业选择电商的影响比较大。随着电子商务的发展,电商也开始涉及农产品领域。在这新开发的领域中有着巨大市场前景。在电商模式下,企业能够快速获取市场信息。衢州农业企业在电商这一领域中,要及时获取市场信息,把握电商机会,发掘电商潜力。

(3)因子三:技术。

我们选取互联网的发展和冷链的发展这两个变量作为因子三,主要描述的是互联网的发展和冷链的发展对衢州农业企业选择电商的影响。互联网在很多领域中发挥着巨大的作用。农业领域也成为"互联网+"这一大家庭中的一员。由于农产品不易保存的特性,冷链起到了重要的作用。衢州农业电商企业要选择合适的冷链,尽可能保持农产品的新鲜度,满足消费者要求,提高满意度。

(4)因子四:外部环境。

我们选取政府支持和消费者这两个变量作为因子四,主要描述的是政府支持和消费者对衢州农业企业选择电商的影响。企业在运营过程中要密切关注其宏观外部环境与产业环境。了解政府在政策、法律、经济等方面的支持,明确消费者需求,以便企业及时制定与调整相关经营战略。

五、结论、建议及模式

(一)结论

1.成本显著负向影响衢州农业企业选择电商。与传统的销售模式相比,电商模式在门店成本、交易成本、采购成本等成本方面有较大的优势。衢州农业企业选择电商,可以有效较低成本,提高利润。

2.市场潜力、市场信息、互联网的发展、产品过剩、政府支持、消费者和冷链的发展正向影响衢州农业企业选择电商。

3.从得出的回归模型 $Y＝3.576＋0.084X_1＋0.171X_2－0.204X_3＋0.059X_4＋0.097X_5＋0.067X_6＋0.091X_7＋0.029X_8$,可以得知,成本对衢州农业企业选择电商的影响最大,其次影响较大的是产品过剩,互联网的发展的影响也比较大。

(二)建议

1.把握巨大的市场潜力。

衢州市素有“七山一水二分田”之说,是浙江农业大市,农业也是衢州经济的重要组成部分。近年来,电商的发展为农业电商发展奠定了基础。衢州地区具有较多其地方特色的农产品,而这些农产品具有巨大的市场潜力,需要及时抓住机遇,拉动衢州经济发展。

2.政府积极支持。

衢州市政府应完善在政治、经济、文化、技术等方面的支持政策,并扩大宣传,将信息传达至各个企业。各企业也应及时获取与了解政府此类政策,了解政府出台的相关的政策,结合其自身现状,取得政府政策支持,解决企业各方面的问题。

3.借鉴先行者的经验。

互联网技术的快速发展,对农业电商的技术提供了强有力的保障。一些电商巨头如淘宝、天猫、京东等已经涉足这些领域,并积累了一定经验。这些巨头为衢州农业电商起到带动作用,同时提供了很多极具参考与借鉴价值的先进案例。衢州市农业电子商务企业自身在不断探索的同时,适当借鉴先行者的经验,改进不足,以便能够持续稳定发展。

4.建立和完善实现物流配送系统。

要实现农业电商化需要从农产品的地域性和季节性等特性出发,通过建立起强大的物流配送系统来解决不同地区、季节相异的农产品管理配送的问题。周玲、王明宇(2015)曾提出要实现农业电商企业更好地发展应积极利用现代先进技术,实现跨区域与季节销售配售产品,完善线上销售体系,已有物流基础上,经分工协作以整合资源,建立起可持续的高效配送体系。

(三)模式

在所调查的农业电子商务企业中,大多数的衢州农业电商运用的电商模式主要是一些基础性的、比较早期的电商模式。基于农产品的特点和衢州市的实际情况,我们给出了农业电商模式选择的几个建议。

1.O2O模式。

即 Online To Offline,朱梦梅(2016)等认为该模式结合了线下商务机遇与互联网,把互联网作为线下交易前台。以这种线下服务方式实现线上揽客,消费者可以在线结算成交额。汪旭晖、张其林(2014)构建了农产品 O2O 的基本框架,认为未来农产品 O2O 的内涵在实践中将不断延伸,在提高农产品流通效率的同时,还能够确保农产品质量。该模式关键点是:推广效果可查,每笔交易可跟踪。

蔬菜瓜果类等农产品易于腐烂,极不利于运输和储存。所以说,发展农业电商,冷链是起至关重要的环节。发展冷链需要运输车辆、周转箱和一些设备,而这一过程投入成本很高,对于衢州中小农业电商企业来说,投资回收期过长。对此,我们从新兴的 O2O 电子商务模式中,看到了符合农业电商发展的优点,企业只需要在 O2O 平台上发布农产品的信息,线下顾客在线上看到了相关信息,然后来到企业购物。在平台上花费的费用,相比构建冷链系统的花费要小得多。同时,农产品之间的差别小,属于完全竞争市场,顾客选择差异小,O2O 的客户数量限制也没有很大影响,农产品的线下附加服务要求不高,所以线下并没有特别大的短板。而且在线上的促销信息和价格信息,更能实时发布更新,对于农产品这种刚性需求的性质,只要在量的控制上得以合理控制,就能在价格战中保持不败之地,同时配合及时性的促销信息,更能在互联网时代占据有利地位。

2. B2G2C 模式。

B2G2C 是新近出现的电子商务模式,即"商家到政府再到消费者"。蒋蔚(2008)认为政府可以作为中间商,发挥其特有的权力与地位,协调企业与消费者之间的关系,创造更有价值的电子商务体系,但同时受制于政府的政策和体制的变化。基于此,蒋蔚提出了 B2G2C 模式。

农产品销售中,由于气候的影响、农户的心理效应等,会对销售量做出一个不准确的估计,供求关系会失衡,经过市场的作用后,会影响价格的变化,这个过程可能会造成产品、农户、企业、消费者中的几个个体的损失。加上近年来,消费者生活质量的提升,各类农产品的替代品的出现,对这个销售量的控制已然成为一个很大的难题。面对市场作用的不利影响,我们需要政府的宏观调控作用。在电商模式层面和供应链方面,政府可以基于 B2G2C 模式,从农户手中收取农产品,形成一个统一的供应端,再将农产品出售给商户,同时实时发布农产品市价、供求情况、生产销售建议给商户和农户,从源头上解决供求矛盾。

参考文献：

[1] 郝丽娟.生鲜电商看重潜力市场[J].质量与认证,2016 (2):18.

[2] 刘静.我国农产品电子商务发展现状及其对策研究[D].武汉:华中师范大学,2014.

[3] 马灿.信息资源共享中的电子商务[J].现代情报,2007 (6):45-46.

[4] 孙永成.浅析"互联网+"背景下的农业电商发展[J].经济师,2016 (3):46-47.

[5] 王丹.浅析"互联网+"对我国农业发展的影响[J].管理观察,2015 (36):52-53,56.

[6] 王苗.电商与传统商业模式的比较分析:成本、需求的角度[J].时代金融,2015 (24):16-17.

[7] 王雪.浅谈地方政府在农村电商发展中的角色定位:以山东省大集镇为例[J].福建质量管理,2016 (3):106.

[8] 魏安莉.中小型企业实施电子商务的优势和途径[J].广东财经职业学院学报,2005 (1):

78-80.

[9] 魏华飞.电子商务环境下消费者行为的改变及传统企业的应对之道[J].北华大学学报，
2015，16(5):25-30.

[10] 闫旭.浅析农产品过剩原因及对策[J].企业研究，2012(8):159-160.

[11] 张颖川.农产品电商冷链物流发展之路[J].物流技术与应用，2016(S1).

[12] 赵婷.基于价值链分析的电子商务企业成本管理分析[J].时代金融，2012(2):92-93.

[13] 郑亚琴，郑文生.信息化下农业电子商务的发展及政府作用[J].情报杂志，2007(2):
96-98.

[14] 钟发辉."互联网＋农业"助力农村电商发展[J].当代贵州，2016 (13):52-53.

[15] 周玲，王明宇."互联网＋"背景下的农业电商发展现状及趋势研究[D].长沙:湖南农业大
学，2015.

【作者】
朱海华,衢州学院商学院副教授

浙江省民营企业的信贷配置效率研究

——基于不同行业的实证分析

汪　涛　胡韦惠　谢文武

一、引言

在我国,资本形成和资本供给主要通过银行信贷来完成,同时,银行信贷的分配也作为国家调控经济水平的一项重要手段。除了内部融资之外,银行信贷是企业主要的外部融资方式,信贷资源的配置在很大程度上还影响了企业的发展和某一区域经济的兴衰。2019浙江省金融运行报告中指出2018年浙江民营经济增加值为36000多亿元,全省本外币贷款余额同比增长17.2%,同时浙江积极推动信贷结构优化和区域金融改革,有效控制不良贷款率。因此,研究浙江省不同行业信贷配置效率,对浙江产业结构转型和经济平稳发展具有一定的理论和实践指导意义。近年来金融体系发展呈现多元化态势,金融创新层出不穷,但是我国的金融体系仍是一个以银行业为主导的间接金融体系,资本形成和供给很大程度上通过银行信贷这一主要渠道实现。在一定程度上,信贷资本大规模地投入能够刺激经济快速增长,但是信贷资金是否流入经济效益较好的地区或行业则有待考究。自2010年以来,浙江省的信贷增长量始终保持在GDP增长量的两倍及以上,发展前景较好的地区或行业是否吸纳更多信贷资金值得研究。同时,浙江省着力推动经济转型,要求经济从高速发展阶段转向高质发展阶段,当前的信贷配置模式必然要做出改变,使得信贷资本在浙江省不同行业合理配置,避免信贷集中导致某些行业投资不足或存在资本风险集中的问题。所以,分析浙江省不同行业的信贷配置效率以及其差异成因,对浙江产业结构转型和经济平稳发展具有一定的理论和实践指导意义。

现有的学者从多角度对信贷配置效率展开研究,王月和纪敏(2013)从商业银行选择信贷投资的角度分析我国的信贷配置效率,认为商业银行在利差的保护下惰性过高,过于注重安全性,忽略项目盈利能力,导致我国商业银行信贷配置效率较低,商业银行优化信贷配置的作用不明显。之后有一大批学者从行业角度来分析信贷配置效率,如赵南和李江华(2015)研究我国农业信贷配置效率和影响因素,贺聪和尤瑞章(2009)从制造业入手研究浙江省信贷配置效率,熊燕青(2012)则关注房地产市场的信贷配置效率。另外,还有一些学者把研究视角从行业转移至区域或国家,如 Jeffrey Wurgler(2001)从国家层面探究金融市场对信贷配置效率的影响,通过构造投资弹性系数模型对 65 个国家的资本配置效率进行测算。国内学者如李勇辉等(2016),则研究不同省份的信贷配置效率。目前研究资产配置效率的方法主要有两个,一是间接测量法,另一种是直接测量法。间接测量资本配置效率往往是通过对金融市场(包括股票、债券、外汇等市场)、金融发展水平、金融中介(尤指有银行业基础的金融中介)在不同视角下进行理论和实证,进而分析这些因素对资本配置效率的影响。比如,Demirguc-Kunt 和 Ross L(2002)在研究后得出,在金融发展较快的地区,资本配置效率的提高能够促进经济增长。以银行为基础的金融中介对于企业资本配置效率不具有显著的影响,而健全有效的法律体系以及服务型的金融市场能够有效提高企业的资本配置效率。

由于间接测量法停留在研究金融发展水平对资本配置效率的影响,不能有效地反映生产因素与资本配置效率的关系。为了从生产因素角度探讨金融资源的配置效率,直接测量法应运而生。直接测量法拥有两个分支,其一为用资本的流动性来测量资本配置效率。代表人物有 Almeida 和 Wolfenzon 等(2005),他们提出金融自由化能够改善资本跨行业和跨企业之间的配置,提高资本配置效率,促进经济增长。分支二是用边际产出水平的变化来度量资本配置效率,Jeffrey Wurgler(2001)构造的模型最为典型,提出通过计算制造业投资对产业增加值的弹性,测度资本配置率。他的这一模型被国内学者广泛使用。但是,Wurgler 模型也存在一些问题,当因变量在不受自变量影响的情况下增长,那么资产配置效率会被高估,这就需要对干扰因素进行排除,从而增加研究结果的准确性,如王月和纪敏研究发现,企业盈利能力对信贷配置效率的影响受国家信贷政策的影响,当信贷增速超过利润增长速度时,即使行业产出或者利润并未增加,信贷配置效率也明显提升,因此需要对 Wurgler 的弹性模型进行调整,排除信贷政策对配置效率的影响。

本文结合实证分析法和规范分析法,考虑浙江省产业结构发展的特点,从行业角度定量研究 2010 年至 2017 年浙江省贷款资金的配置效率,从而对浙江省产业结构升级和区域协调发展提出对策和建议。本文的研究贡献主要为:第一,突破单一研究角度限制,从行业角度切入,全面分析浙江省信贷资金配置效率的高低;第二,在研究浙江省行业信贷配置效率时,将收集囊括一、二、三产业的 31 个行业的数据,对行业差异展开更细致的研究,同时探讨差异形成的原因。

二、模型、变量及样本选择

(一)模型描述

由于资本配置效率最大化是由资金从低成长性行业流向高成长性行业实现的,美国耶鲁大学教授 Jeffery Wurgler 在 2000 年构建以行业产出为解释变量,资金投入额为被解释变量的面板数据模型以测量资本配置效率。该模型简洁直观,有利于个体间进行横向比较,且能观测到资本配置效率的年度动态变化,因此本文选取 Wurgler 模型测度浙江省信贷配置效率。本文构建的模型如下:

$$ln\frac{L_{it}}{L_{i,t-1}} = a_{i,t} + \eta_{i,t} \cdot ln\frac{P_{i,t}}{P_{i,t-1}} + \delta_{i,t} \qquad (1)$$

$$ln\frac{L_{i,t}}{L_{i,t-1}} = \alpha_{i,t} + \eta_{i,t} \cdot ln\frac{G_{i,t}}{G_{i,t-1}} + \varepsilon_{i,t} \qquad (2)$$

模型(1)用于研究浙江省行业信贷资金配置效率,其中 L 代表信贷资金,P 代表利润,i 代表行业,t 代表年份,α 为自发投资水平,η 代表信贷资金配置效率。模型(2)用于研究浙江省地区信贷资金配置效率,其中 G 代表生产总值(GDP),i 代表地区,其他符号指代意义与模型(1)一致。

若系数 $\eta > 0$,表示该行业的信贷配置具有效率。当一个行业的成长性较好时,当期利润总额或者生产总值相对上一期会增加。基于信贷资金集聚的回波效应,拥有较高经济发展水平和成长性的行业会吸引更多资金流入,从而提高信贷配置对经济增长的敏感程度,即信贷配置效率。

若系数 $\eta < 0$,表明行业的信贷配置不具效率。在这一情况下,当某一行业的经济增长趋缓时,反而能获得更多的资金,即成长性较弱的行业能吸引到更多的贷款资源,而成长性较强的行业或地区却无法获得充足的信贷资金。

若系数 $\eta=0$,则表明该行业的经济发展水平不影响金融机构对贷款资金的配置。

(二)变量与样本选择

1.数据来源。

本文所选数据主要来源于 2009—2018 年出版的《浙江统计年鉴》、《浙江金融运行报告》、浙江统计局数据库以及 Wind 数据库。

2.统计指标。

在研究行业信贷配置效率时,鉴于我国企业负债主要通过银行贷款这一渠道筹得,本文选取各行业的总负债本期值代表行业贷款额,选取各行业利润总额表示行业成长性。

3.样本选择。

本文选取浙江省 31 个行业作为研究信贷配置效率的对象。31 个行业横跨三个产业,包括农业、建筑业、24 个工业制造业细分行业、交通运输、仓储和邮政业等。考虑到数据的可得性,且为了研究结论更具指导意义,时间跨度选为 2010 至 2017 年,构建面板数据模型测算浙江省行业和地区的信贷资金配置效率。

表 1　豪斯曼检验

	系数			
	(b)FE	(B) RE	(b-B) Difference	sqrt(diag(V_b-V_B)) S. E.
Ln(Pit/Pit-1)	-0.0269563	-0.0243542	-0.0026022	0.000018

三、浙江省行业信贷配置效率

(一)浙江省行业信贷配置总体效率

对面板数据进行 IPS 和 LLC 单位根检验后发现,利润和负债在水平程度上平稳,因此可直接对面板数据进行回归。经过 Wald 和 BP 检验后得出固定效应模型和随机效应模型优于 OLS 混合模型这一结论。Hausman 检验结果为 Prob>

Chi＝0.000,无法拒绝原假设,因此选择固定效应模型。

随后进行面板数据的异方差性、序列相关性和截面相关检验,结果如表2所示。

表2　检验结果

截面相关性检验	
Pesaran's test＝16.128	Pr＝0.0000
异方差检验	
chi2（31）＝2566.42	Prob ＞ chibar2＝0.0000
序列自相关检验	
F（1,30）＝3.065	Prob ＞ F＝0.0902

综合考虑面板数据的异方差性、序列相关性和截面相关性后,使用广义最小二乘方法对行业配置效率进行估计,得出结果如下:

$$ln \frac{L_{i,t}}{L_{i,t-1}} = D_i + 0.753682 \cdot ln \frac{P_{i,t}}{P_{i,t-1}} \tag{3}$$

其中 Wald chi2(31)＝168.57, Prob ＞ chi2＝0.0000,虚拟变量定义为:

$$D_i = \begin{cases} 1,若 i 属于第 i 行业 \\ 若 i 不属于低行业 \end{cases}$$

该模型拟合度较好,D_i 表示各行业截距项,D_i 基本通过显著性检验。

公式(3)说明浙江省 2010—2017 年间行业信贷配置总体效率平均为 0.0753,即当利润每增加 1％,信贷配置效率增加 0.0753％。该结果表示浙江省行业信贷资金配置具有一定的效率,行业的投资需求能够被基本满足。中国人民银行杭州中心支行课题组对 2000—2008 年间浙江省行业贷款资金配置效率测算时得出估计值为 0.096,略高于本文结果。

(二)浙江省各行业自发信贷投资水平

公式(1)为固定效应变截距模型,各个行业的不同截距反映了当该行业利润水平为 0 时,社会对该行业的信贷投入量的增长率,即行业的自发信贷投资水平。截距越大,表明社会对该行业需求度越高,从而增加对该行业的信贷资金投入,反之亦然。自发信贷投资水平的大小能够反映投资热点以及产业结构升级与调整的布局。根据模型回归结果,将浙江省 31 个行业按自发信贷投资水平的高低分为四大类：①自发信贷投资水平高的行业（大于 0.1），即当利润为 0 时，信贷增速达到 10% 的行业；②自发信贷投资水平较高的行业（0.05～0.1），即利润为 0 时，信贷增速在 5%～10% 的行业；③自发信贷投资水平低的行业（0～0.05），即利润为 0 时，信贷增速为 0%～5% 的行业；④自发信贷投资水平为负的行业（小于 0），即利润为 0 时，信贷投入减少的行业。

表 3 为浙江省农业、建筑业、服务业的自发信贷投资水平。由该表可知，浙江省第三产业的自发信贷投资水平高，表明社会对第三产业有着巨大需求，第三产业为浙江省 2010—2017 年间的投资热点。其中，信息传输、软件和信息技术服务业的自发信贷投资水平最高，而交通运输、仓储和邮政业以及住宿和餐饮业的自发信贷投资水平在第三产业中排名靠后。虽然批发和零售业自发信贷投资水平为 0.187，但与排名第一的信息技术服务业相差较大。这一现象反映出浙江省第三产业处于转型升级阶段，逐步从日常服务类转向高端服务类行业。同时，表 3 数据与浙江省经济由"二、三、一"转向"三、二、一"的发展情况一致。

表 3 浙江省农业、建筑业、服务业自发信贷投资水平

行业分类	行业	产业	自发信贷投资水平（D_i）
自发信贷投资 水平高的行业 （大于 0.1）	信息传输、软件和信息技术服务业	3	0.258
	批发和零售业	3	0.187
	建筑业	2	0.17
	房地产业	3	0.16
	农业	1	0.16
	交通运输、仓储和邮政业	3	0.148
	住宿和餐饮业	3	0.132

值得注意的是，农业和房地产业的自发信贷投资水平相当。由于浙江省政府在金融危机后不断加强房地产市场监管、抑制投资和投机性购房需求、增加土地供应、加快租赁市场建设等调控举措，浙江省房地产业的发展自 2009 年以来不断受到制约，但社会对住宅投资热情仍然较高，因此浙江省房地产业自发信贷投资水平也保持在高位。对于农业而言，即使第一产业比重不断下降，农业创新程度不断加深，表现在农业专业化、合作化、信息化、产业化加快发展，农业自发投资水平高实则为社会各界对农业科技的发展展现出较高的兴趣，从而增加对农业的投资。浙

江省建筑业自发信贷投资水平与房地产业相差无几，也与建筑业的发展与房地产业的发展紧密相连这一事实相符。

表4为浙江省工业自发信贷投资水平，可以发现高新技术产业的自发信贷投资水平较高，基本大于0.1，说明社会高新技术产业的投资需求高，社会投资推动第二产业逐步由传统行业向高新技术行业转换（重化工业）。同时，因为烟草和燃气为生活必需品，社会需求大，因此烟草制造业和燃气生产和供应这两个行业的自发信贷水平名列工业行业的一二位。

表 4　浙江省工业自发信贷投资水平

行业分类	行业	自发信贷投资水平（D_i）	传统/高新技术产业
自发信贷投资水平高的行业（大于0.1）	烟草制品业	0.263	
	燃气生产和供应业	0.23	
	非金属矿采选业	0.203	高新技术
	通信设备、计算机及其他电子设备制造业	0.168	高新技术
	医药制造业	0.147	高新技术
	食品制造业	0.14	
	废弃资源和废旧材料回收加工业	0.139	
	家具制造业	0.134	
	专用设备制造业	0.132	高新技术
	电气机械及器材制造业	0.13	高新技术
	通用设备制造业	0.114	高新技术
	农副食品加工业	0.114	
	化学纤维制造业	0.114	
	木材加工及木、竹、藤、棕、草制品业	0.107	
	石油加工、炼焦及核燃料加工业	0.105	
	金属制品业	0.102	
自发信贷投资水平较高的行业（0.05～0.1）	电力、热力的生产和供应业	0.099	
	仪器仪表及文化、办公用机械制造业	0.092	高新技术
	印刷业和记录媒介的复制	0.089	
	化学原料及化学制品制造业	0.083	高新技术
	饮料制造业	0.077	

行业分类	行业	自发信贷投资 水平（D_i）	传统/高新 技术产业
自发信贷投资 水平低的行业 （0～0.05）	纺织业	0.042	
自发信贷投资 水平负的行业 （小于0）	有色金属矿采选业	−0.061	

（三）浙江省各行业信贷配置效率差异

为进一步分析浙江省行业信贷资金配置情况，该部分建立变系数面板模型。首先通过 F 检验来确定样本数据类型，从而避免面板模型设定的偏差，提高参数估计的有效性。以下两个原假设为 F 检验的主要内容：

$$H_1 : \eta_1 = \eta_2 = \eta_3 = \cdots = \eta_n \qquad \text{（变截距模型）}$$

$$H_2 : \alpha_1 = \alpha_2 = \alpha_3 = \cdots = \alpha_n , \eta_1 = \eta_2 = \eta_3 = \cdots = \eta_n \qquad \text{（混合模型）}$$

若接受原假设 H_2，则表明该面板数据属于混合估计模型。若拒绝原假设 H_2，则需对 H_1 做进一步检验。若接受 H_1，表明变截距模型更合适，若拒绝 H_1，表明需采用变系数模型对面板数据进行研究。通过计算统计量 F_2 判断是否拒绝原假设 H_2，计算统计量 F_1 判断是否拒绝原假设 H_1：

$$F_2 = \frac{(S_3 - S_1)/[N-1](k+1)]}{S_1/[(NT - N(k+1))]} \sim F[(N-1)(k+1), N(T-k-1)] \quad (4)$$

$$F_1 = \frac{(S_2 - S_1)/[(N-1)k]}{S_1/[(NT - N(k+1))]} \sim F[(N-1)k, N(T-k-1)] \quad (5)$$

在模型（4）和（5）中，N 为个体数，T 为时间长度，k 为自变量个数，S_1 为变系数模型的残差平方和，S_2 为变截距模型的残差平方和，S_3 为混合模型的残差平方和。首先计算 F_2，若计算得到的 F_2 统计量大于 $F_{2\text{-}critical}$，则拒绝原假设 H_2，继续检验原假设 H_1；反之，则表明应该建立混合回归模型。若得到的 F_1 统计量大于 $F_{1\text{-}critical}$，则表明应建立变系数模型；反之，建立变截距模型。

给定 N＝31，T＝8，k＝1，分别建立混合回归模型，变截距和变系数模型，可知 $S_1 = 6.929305$，$S_2 = 8.133126$，$S_3 = 4.148072$，分别代入公式（3-2）和（3-3），得到 $F_2 = 2.07851 > F_{0.05}(60, 186)$，拒绝。继续检验 H_1，得到 $F_1 = 5.95634 > F_{0.05}(30,$

186），拒绝 H_1。基于以上检验结果，得出在对本文的样本数据进行测算时，可采用变系数模型进行估计。

该部分使用固定时间的变系数模型对各行业配置效率进行估计，排除异方差和截面相关的干扰后，该模型整体拟合度较好，主要统计指标为：$R^2 = 0.6913$，D. W$=1.89$，F$=6.72$，各行业信贷配置效率见表 3 及表 4。

表 5 为浙江省农业、建筑业、服务业信贷配置效率，由表中数据可知，行业间信贷配置效率差异明显。在第三产业内部，批发和零售业的信贷资本配置效率最高且大于 1，说明该行业信贷资金投入对行业利润变化的反应极其敏感，传统利润每增加 1%，信贷资金增加 1.15%，但说明批发和零售行业存在投资过度的情况。改革开放 40 年来，浙江创造了"义乌模式""四千精神""浙商品牌""全球电商"等一系列奇迹，同时浙江省又不断推进浙江省批发零售业改造提升行动计划，表明传统服务业仍然为浙江省第三产业的支柱型产业，投资吸引能力表现强劲。但是，信息传输、软件和信息技术服务业的信贷资金配置效率为负，该结果与自发信贷投资水平形成了鲜明对比，表明即使社会对新兴服务业表现出高度投资兴趣，但是该行业的信贷资金投入对行业利润变化不敏感。浙江省住宿和餐饮业、农业、建筑业的信贷配置效率表现较好，围绕在 0.9 周围，即行业利润每增加 1%，信贷投入增加 0.9%。浙江省房地产信贷配置效率为 0.697，排名第 4，这一结果与自发信贷投资水平所得出的结论相符，表明房地产市场正受政府较为严苛的调控，无法拿到大量投资。

表 5　浙江省农业、建筑业、服务业信贷配置效率

序号	行业	产业	η
1	批发和零售业	3	1.154
2	住宿和餐饮业	3	0.955
3	农业	1	0.939
4	建筑业	2	0.823
5	房地产业	3	0.687
6	信息传输、软件和信息技术服务业	3	－0.054
7	交通运输、仓储和邮政业	3	－0.342

根据表 6 的数据显示，24 个工业行业可被分为以下四类，分别是：①敏感系数

高的行业(0.6~1),该行业的贷款投入增长随着利润增长率而增长;②敏感系数适中的行业(0.2~0.6),该行业的贷款投入增长率略低于利润增长率;③敏感系数低的行业(0~0.2),该行业的贷款投入增长率明显低于利润增长率;④敏感系数负的行业,即该行业贷款投入增长率与利润增长率呈负相关,信贷配置效率小于0。

表6 浙江省工业行业信贷配置效率

行业分类	行业	η	高新/传统
敏感系数较强的行业(0.6~1)	印刷业和记录媒介的复制业	0.726	
	仪器仪表及文化、办公用机械制造业	0.652	高新
敏感系数适中的行业(0.2~0.6)	通用设备制造业	0.469	高新
	烟草制品业	0.38	
	纺织业	0.327	
	农副食品加工业	0.3	
	木材加工及木、竹、藤、棕、草制品业	0.285	
	电气机械及器材制造业	0.235	高新
	专用设备制造业	0.225	高新
敏感系数低的行业(0~0.2)	通信设备、计算机及其他电子设备制造业	0.164	高新
	化学原料及化学制品制造业	0.161	高新
	家具制造业	0.108	
	医药制造业	0.091	高新
	金属制品业	0.088	
	非金属矿采选业	0.083	
	饮料制造业	0.069	
	化学纤维制造业	0.043	
	电力、热力的生产和供应业	0.03	
	食品制造业	0.028	
	有色金属矿采选业	0.02	
	废弃资源和废旧材料回收加工业	0.01	
敏感系数负的行业(小于0)	黑色金属矿采选业	−0.056	
	燃气生产和供应业	−0.154	
	石油加工、炼焦及核燃料加工业	−0.159	

浙江省 24 个工业行业的信贷配置效率最高为 0.726,最低为 −0.159,第三产业的信贷资本配置效率明显高于工业制造业的信贷配置效率,说明浙江信贷资金配置集聚于资本密集型产业。但是,浙江省工业行业的信贷配置效率整体良好,信贷投放增长率均低于利润增长率,不存在信贷过度集中现象。在 24 个工业行业中,信贷配置效率为负的行业只有 3 个,说明浙江省的行业信贷政策根据行业的利润"相机抉择"来调节信贷投入量,行业利润为金融机构信贷配置的重要标准,利润高的行业相应地收到更多信贷资金。另外,除医药制造业外,高新行业的信贷配置效率均大于工业行业信贷配置效率均值,由此可以得出浙江省正把高新技术产业作为投资重点,但是信贷配置效率仍不够理想,集中在 0.1～0.25 之间。传统工业行业的信贷配置效率大多小于 0.1,即行业利润增加 1%,信贷资金投入仅增加 0.1%,传统行业在未来有可能陷入资金不足而无法生存的困境。

四、对策与建议

在对浙江省行业信贷配置效率进行研究时得出,浙江省服务业信贷配置效率高于制造业。信贷资金对高端服务业的利润变化不敏感。高新技术产业成为投资重点,而传统工业制造业面临投资不足的困境。针对这些问题,本文提出如下的一些政策建议。

(一)加快服务业现代化发展

2018 年浙江省服务业对 GDP 的贡献占比达到 54.7%,超过第二产业 12.9%,服务业已发展成为深化供给侧结构性改革、调整优化经济结构、培育经济发展新动能的关键所在。根据本文研究,新兴服务业的自发信贷投资水平高但其配置效率低下,而传统服务业的情况则与新兴服务业相反,说明即使社会对新兴服务业存在大量需求,但对其投资依然存在滞后,低端服务业仍然主导服务业市场。基于这一结论,服务业转型升级迫在眉睫。基于传统服务业能够获得较多信贷投资这一优势,传统服务业需提升投入要素、产品和服务的质量。另外,浙江省金融机构需要在保证安全性的原则上,降低对高端服务业的信贷门槛,为其发展提供充足的资金保障。

(二)加大对高新技术产业的支持力度

高新技术产业的信贷配置效率在浙江省工业行业信贷配置效率的排名中位居前列,说明浙江省重化工业的发展取得了一定的成就。但是,上文数据显示高新技术产业的信贷配置效率整体偏低,仍然需要金融机构的信贷支持。除加大对高新行业的信贷支持外,还需解决导致高新技术产业信贷投资低的因素,包括高新技术企业少,企业核心竞争力不足,创新型企业偏少。因此,浙江省较为成功的高新技术企业和科技型中小企业要当好科技创新的排头兵的作用,带动中小企业发展。同时,高新技术企业还需要有效利用国内外创新资源,不断吸纳高新技术人才,确保企业快速发展,提高高新技术产业发展的稳定性,从而保证贷款资金的取得。

(三)促进传统制造业产业集群升级

浙江省传统制造业目前吸引投资能力过低,处于生存危机边缘,因此浙江省政府需要加大对传统产业集群升级的财政支持力度。同时,由于高新技术开发区主要集中于浙江省内发达地区,劳动密集型、技术含量低的传统制造业集群则被逐渐转移到省内次发达地区,浙江省在推动新兴产业发展的时候,也要对迁出的产业集群给予关注,对传统制造业企业一次性给予费用补偿,保障其生产能力,宽松银行对传统工业企业的信贷标准。

参考文献:

[1] 贺聪,尤瑞章.信贷资金配置方式与配置效率:以浙江制造业贷款为例的实证研究[J].经济管理,2009,31(12):114-121.

[2] 黄洪满.广东省主要行业信贷配置效率实证分析[J].北京金融评论,2017(4):35-38.

[3] 胡怀国.迪克西特-斯蒂格利茨模型及其应用[J].经济学动态,2002(3):64-67.

[4] 李勇辉,袁旭宏,杨杏.地区金融生态演进差异与信贷配置失衡的关系:基于中国宏观面板数据的检验[J].当代经济科学,2016,38(4):42-52,125.

[5] 潘文卿.中国区域经济发展:基于空间溢出效应的分析[J].世界经济,2015,38(7):120-142.

[6] 孙晶,赵诗,梁磊.浙江省制造业资本配置效率研究:基于面板数据的分析[J].经济论坛,

2012(9):33-37.

[7] 王月,纪敏.我国商业银行信贷选择与信贷配置效率的思考[J].中国货币市场,2013(5):
    4-11.

[8] 熊燕青.房地产信贷资金配置效率研究[D].重庆:重庆大学,2012.

[9] 赵楠,李江华.中国农业信贷效率及其影响因素研究[J].数量经济技术经济研究,2015,32
    (4):22-37,70.

[10] 周小亮.新古典经济学市场配置资源论及其启示[J].经济学动态,2001(3):64-66.

[11] ALMEDIA H,WOLFENZON D. The effect of external finance on the equilibrium
    allocation of capital[J]. Journal Financial Economics,2005(1):133-164.

[12] BRISSET S,GILLON F. Eco-friendly Innovations in Electricity Transmission and
    Distribution Networks[M]. Cambridge:Woodhead Publishing,2015.

[13] BARDHAN P. The New Institutional Economics and Development Theory:A Brief Critical
    Assessment[J]. World Development,1989,17(9):1389-1395.

[14] THROSTEN B,ROSS L. Industry growth and capital allocation:Does having a market or
    bank-based system matter[J]. Journal of Financial Economics,2002,64(2):147-180.

[15] WURGLER J. Financial Markets and The Allocation of Capital[J]. Yale School of Manage-
    ment Working Papers,2001,58(1):187-214.

【作者】

汪涛,浙江大学城市学院讲师

胡韦惠,浙江大学城市学院在读研究生

谢文武,浙江大学城市学院教授

"书香浙江"视阈下民营实体书店的文化品牌塑造

徐雪松　余　毅　徐　嘉

一、引言

2014 年以来,"倡导全民阅读"已经连续 7 次被写入国家政府工作报告中,各省市都大力投资兴建全民阅读基础设施,推进书香社会建设。实体书店作为折射城市文化的窗口,在演化发展中兼具地域文化及社会、人群、空间等多重属性,承载着提升城市文化软实力、满足市民阅读需求的双重功能。实体书店的创新发展对促进"书香浙江"建设、繁荣城乡文化发挥着极为重要的作用。受网络书店和电子阅读的冲击和影响,浙江民营实体书店发展曲折前行,随着 2013 年国家和地方扶持政策的陆续出台,目前浙江书店业迎来了新一轮发展热潮,多家大型民营连锁书店和许多民营本土品牌不断"开疆拓土",纷纷增设门店。然而,走在"回暖"路上的实体书店年初又遭遇"疫情寒流",致使许多实体书店的经营陷入困境。

书店属于服务业范畴,其核心本质是提供针对人身体(头脑)的内容型产品的商贸流通服务业。实体书店又属于传统的低利润服务性行业,面临新媒体环境对传统消费空间的挤压和新主流消费群体对高品质体验性消费的偏好(王佳、杨鼎寓,2019),实体书店不仅要靠经营者"传承人文、抚慰心灵"的情怀立足,更需要在充分研究区域文化特点、历史传承、消费者构成、生活方式、阅读习惯等要素基础上做好品牌定位,通过文化品牌塑造,建构起自身的社会性与人文性,并将核心价值理念渗透到书店的品牌形象设计、空间打造、商品选择、服务流程等多模态的服务体验中,打造多元文化交流空间,从而构建起消费群体的情感认同(许丽云、孙亮2016),打造品牌竞争力。

二、浙江民营实体书店发展现状和特征

（一）浙江民营实体书店的发展概况

21世纪初实体书店受高房租、网上书店等冲击曾一度跌入寒潮，其间浙江的不少行业佼佼者，也因经营困难不得不缩小规模，或关店或转型。晓风书屋、枫林晚两家"老字号"的民营书店曾被视为杭州"城市地标"，为维持经营，不得不通过裁减员工、店址搬迁等来降低运营成本。2013年起国家和地方的各项扶持意见相继出台，行业逐渐复苏，同时国家对全民阅读促进活动的持续推进为实体书店发展带来了良好机遇。杭州晓风书屋、新昌文星书店、舟山市席殊书屋等5家浙江民营实体书店最早获得中央财政资金扶持。

2016年11月，为更好地促进全省实体书店发展，满足群众不断增长的多样性文化需求，浙江省发布了支持实体书店发展的具体实施意见，将以大城市大型书城为中心，中小城市中小特色书店相配套，乡镇发行网点和社区便民书店、邮政报刊亭、农村书店、校园书店等为延伸，逐步构建布局合理、体系完善、贯通城乡的出版物流通网络，实体书店将成社区"标配"。在此期间，浙江各大民营实体书店积极探索转型，通过多元化经营，打造成为集阅读学习、聚会休闲、创意生活、文化服务等功能于一体的复合式文化场所；在旅游景区、中小学校及周边开办注重社会效益的实体书店；通过举办公益性读书活动，到农村、海岛、山区开店设点、开展流动售书等参与公共文化服务。许多民营实体书店坚守初心，通过自身努力升级换代，尝试多业态模式的经营转型，强化品牌塑造迎来新生。

2018年以来，浙江实体书店数量快速增长，实体书店迎来新一轮发展高潮，民营实体书店的业态和格局都发生了深刻的变化，不仅众多的独立书店依靠自身的情怀和人文气质不断优化读者体验提升影响力，一批具有明确盈利模式和强大资源整合能力的品牌连锁书店，如西西弗、言几又、单向空间等纷纷在浙江各大中城市抢滩登陆。据杭州市文广旅局发布的数据显示，2018年杭州新增实体书店319家，比2017年增长28.6%，几乎每天新增一家（李月红，2019）。在2018年首届浙江最美实体书店评奖中，共有50家实体书店获奖，其中民营书店23家，接近一半，杭州晓风书屋、宁波三昧书店分别荣获"最美特色书店"，杭州言几又、宁波漫书咖城市生活书店等荣获"最美书城",杭州纯真年代书吧、舟山市定海岛上书店等荣获"最美小书店",杭州乾嘉书房、宁波枫林晚等荣获"最美专业书店"称号。

(二)浙江民营化实体书店发展的特征

基于对近两年来杭州和宁波两个城市实体书店发展态势的考察,本文总结当前浙江民营实体书店发展的主要特征如下:

1. 实体书店选址瞄准明确的目标群体,呈现多样性与灵活性。

在新一轮的开店大潮中,实体书店的选址更加注重细分目标市场。与以往传统书店主要看重街边的人流量、校园的目标群体等不同的是,新型独立书店不仅会选择坐落在城市及集镇中心区域,也开始在广场、博物馆、社区及乡村、旅游景区、高速公路服务区等开店,开始走近更细分的目标群体。外地品牌连锁书店则更青睐城市商业综合体超强的导流能力,杭州、宁波新增的商业综合体内至少会引进一家书店,书店成为商业综合体的"标配",实体书店的网点覆盖面不断扩大。

2. 品牌实体书店快速扩张,呈现多元复合的经营特点。

得益于政府鼓励实体书店多元发展、复合经营的大背景,品牌实体书店快速扩张,成为城市的文化新地标,品牌实体书店的多业态经营成为主流发展趋势。文化消费的快速介入,深刻改变着实体书店业的经营内容。实体书店不再仅仅卖书,"书+"正在成为民营书店转型发展的普遍选择,很多书店的图书业务比重在下降,而通过咖啡、文创、图书周边产品、艺术展览等促进业务增长。

3. 强调"高颜值"的店面设计,打造多元文化交流空间。

新型民营实体书店强调空间美学,突出具有独特人文艺术风格又融合当地文化特色的整体空间设计,书店经营者将空间美感、舒适阅读和文创消费等功能融合,争相打造"高颜值"的"网红书店"。此外,书店一般还配备有设计感十足的儿童活动空间、充满现代感的多元文化交流空间,定期举办各种主题演讲、新书签售会、阅读分享会、名家学者见面会等文化活动,为读者提供沉浸式消费体验,增强顾客黏度。

4. 开辟网络营销渠道,探索实体书店经营新模式。

迫于电子商务和数字化阅读快速发展的压力,浙江民营实体书店的经营者开始积极拥抱互联网。借助微博、公众号、抖音、电商等渠道,有机整合购书、售后服务和图书推介等环节(刘银娣、雷月媚,2020),并在疫情期间通过尝试网络直播售书、线上外卖平台开展网络配送和线上书友会等方式进行开展复工复产自救。网络销售渠道为实体书店的升级发展提供了有效补充,言几又、西西弗、晓风书屋等新型实体书店不仅开展多元化经营、线下增加非书类产品和服务,还致力于发展线上业务,把线下实体书店的流量转化成私域流量,探索线上线下结合、去中心化的社交零售新电商发展模式。

三、"书香浙江"视阈下民营实体书店的发展环境

(一)政策环境

近年来,浙江省委、省政府高度重视全民阅读推广工作,着力顶层设计,在政策支持、法律保障、资金投入等方面进行了一系列科学有效的制度安排,扶持实体书店发展,一定程度上缓解了实体书店的生存压力,为实体书店转型发展创造了良好的政策环境。据资料统计,2013年以来浙江省扶持实体书店发展的相关政策措施见表1。

表1 浙江省扶持实体书店发展的相关政策措施

序号	时间	政策措施	主要目的
1	2014年11月	中央财政在部分试点城市对民营实体书店推出扶持及免税政策扩展至浙江等12个省份,浙江省5家民营实体书店共获得中央财政850万元扶持	用于购买软硬件设备、支付房租、弥补流动资金
2	2016年6月	中宣部等印发《关于支持实体书店发展的指导意见》,浙江省13家民营实体书店共获中央财政1800万元扶持资金	支持实体书店建设多功能的复合式文化场所
3	2016年11月	浙江省新闻出版广电局在全国率先向实体书店购买阅读推广服务,首批20家民营实体书店各获得5万元资金扶持	引导社会资源参与阅读推广,扶持实体书店健康发展
4	2017年6月	浙江省新闻出版广电局继续出台向实体书店购买阅读服务的政策,有50家实体书店获得资金扶持	引导社会资源参与阅读推广,扶持实体书店健康发展
5	2016年6月	浙江省政府主导、省新华书店集团与城乡各书店开展加盟连锁经营合作模式,每年为符合条件的小连锁经营者每家店补贴2万元	购置电脑、租赁场地等,已累计下拨资金800余万元

续 表

序号	时间	政策措施	主要目的
6	2020 年 5 月	浙江省出台《关于应对新冠肺炎疫情影响 加大对实体书店扶持力度的通知》,确定购买阅读服务的书店 86 家;鼓励向城乡群众发放购书券;帮扶 7000 余家书店加快数字化转型	加大对实体书店扶持力度,促进创新求变、困境突围
7	2020 年 5 月	浙江省新闻出版局印发《关于应对新冠肺炎疫情影响 支持实体书店线上线下融合发展的方案》,推动拓展线上销售渠道、合力提升线上运营水平、帮助减轻线上运营成本等	为浙江省实体书店入驻天猫电商平台提供全方位服务

(二)文化环境

北宋著名的政治家、文学家王安石曾说过"贫者因书而富,富者因书而贵",阅读会让人类社会始终拥有文化强大的文化底蕴和闪光的灵魂。浙江有着悠久的书香文化传承和深厚的爱书、读书"基因",开展全民阅读、建设书香社会是关乎国民素质和民族未来的大事,也是推进浙江文化产业建设的重要内容。2017 年 11 月浙江省出台了《关于加快推进全民阅读建设书香浙江的意见》,全面启动建设以人为本、面向基层、突出重点、全面覆盖的全民阅读推广服务体系,力争到 2020 年,全省居民综合阅读率达到 90% 以上,全民阅读水平进入全国第一方阵。

根据中国新闻出版研究院全国国民阅读调查课题组发布的《2018 年浙江省居民阅读调查主要发现》,报告显示 2018 年浙江省成年居民数字化阅读涨势明显,各媒介综合阅读率较 2014 年有所增加。2018 年浙江省成年居民包括书报刊和数字出版物在内的各种媒介综合阅读率为 88.0%,较 2014 年的平均水平(86.4%)提高了 1.6 个百分点,较 2017 年全国的 80.3% 高 7.7 个百分点。2018 年浙江人均纸质图书阅读量为 5.16 本,电子书阅读量为 3.64 本,均高于全国水平,杭州、温州、宁波、衢州、金华、绍兴 6 城市的综合阅读率高于全省平均水平。可见,浙江积极推进书香社会建设的举措和浓郁的书香文化氛围,对民营实体书店的发展带来了前所未有的机遇。

(三)产业环境

作为中国市场经济先发地,浙江省历来高度重视民营经济发展,创造充满活力的体制机制,积极搭建平台让"民营"与"国营"共舞,为民营实体书店的"茁壮成长"

营造良好生态。例如,小连锁模式实体书店建设就是由浙江省政府主导、浙江省新华书店集团与城乡各书店通过加盟连锁经营的一种合作模式,浙江省不仅每年为小连锁工作申报立项,出台相关政策,同时按每家店 2 万元补贴给小连锁经营者,帮助其尽快渡过开办阶段困难期。通过这种国有书店牵手城乡民营书店的合作模式,浙江省目前已建成农村小连锁网点近 500 个,2017 年销售码洋达 1.34 亿元。适应数字经济发展和应对疫情挑战,浙江省因地制宜,利用领先的互联网产业优势,协调天猫电商平台,帮助各大实体书店拓展线上销售渠道、助力线上线下融合发展,全方位管家式服务实体书店"云"发展。

四、民营实体书店的文化品牌塑造路径

品牌不仅是区别不同企业产品和服务的标识或符号,更是企业的产品质量、技术水平、商业模式和企业文化等无形资产的承载体,是能够提高产品和服务附加值的一项最重要的无形资产。文化品牌不同于一般的企业品牌,除了商业属性之外,还具有意识形态属性。一个文化品牌能否具有持久的生命力,需要经营者坚守文化理想,始终担负起文化责任(俞锋,2016)。在当今日益激烈的行业竞争环境下,民营实体书店只有通过文化品牌塑造,将核心价值理念渗透到空间视觉设计、商品选择、服务流程、多维互动等全方位的服务营销体验中,才能构建起消费群体的共同心理和情感认同(许丽云、孙亮 2016),并通过专业化的产品、全方位的服务、统一的视觉识别等对品牌形象进行立体化塑造与传播,促成书店文化的典型风格化和符号化,形成独特的品牌竞争力。

(一)精准定位:强调人文价值的品牌理念

实体书店作为"城市书房空间"不仅具有载体意义,折射了城市文化消费的图景,也促进着人际沟通与信息流通,实现了实体与精神的钩联。诸多品牌书店升级转型的经验表明,书店文化内涵、灵魂、理想的精准定位与传播是书店持续发展的基础和关键。文化品牌是复合多元的,不仅仅要满足知识的获取,还要以文化、品位、象征与空间符号等,满足消费者精神上的享受、想象及对于品质生活的需要。诚品、单向街、先锋等许多成功的复合型书店十分强调自己的经营理念,并在经营过程中强调人文、创意、审美三个方面,将品牌价值不断渗透到产品和服务的各个

方面。例如,源自台湾的诚品书店主打精英文化定位,使诚品与其他书店产生了明显的定位差异(阎峰,2007);先锋书店的设计使用指向知识分子宏大启蒙者情怀和关注历史深度的审美意象,为新型文化媒介人打造精神追求和文化标签。单向街书店的名字取自德国著名思想家本雅明的同名著作《单向街》,书店旨在打造一个提供智力、思想和文化生活的公共空间(王震,2017)。核心人文价值让实体书店有了空间与厚度、理想与高度,新型实体书店着重于人文、审美、时尚和互动(许丽云、孙亮 2016),成就了一种生活态度与美学,成为新兴社会文化群体的精神乐园和生活方式。

(二)设计先行:传达美学体验的品牌视觉形象

品牌视觉形象是品牌对于用户在视觉层面上的输出,是用户接触品牌的第一步,也是用户体验的起始。民营实体书店的品牌视觉形象设计重点考虑品牌标识设计、品牌门店的空间营造等方面。通过品牌视觉形象可以向用户传递品牌的文化和理念,从而产生差异性和独特的辨识度(方兴、蔡明峰,2020)。

1.品牌标识设计。

品牌是一种错综复杂的象征,它把符号码、单词、客体和概念同时集于一身,把各种象征符号的标识、色彩、包装和设计都融合到一起(周游,2008)。符合品牌战略和特色的视觉形象设计,有助于品牌传播和强化品牌在消费者心中的整体形象。如诚品书店的标志形象采用由三个正方形组合成的"品"字,具有较强的视觉识别性,与其品牌名称形成有效呼应。诚品书店精美的文案,是书店和读者的桥梁,既契合了每一位需要的人,又提升了书店的文化品格。在品牌视觉形象上,诚品书店通过统一的归纳梳理、标准化的执行与个性化的展示,形成鲜明的品牌特色与文化,给人以时代性、文化性和专业性的格调和品位(许甲子、马赈辕,2109)。

2.书店空间展示。

独特的地理方位和空间存在,为实体书店的差异化竞争提供了可能(虞金星,2020)。不论是入驻商业综合体的大型品牌连锁书店,还是瞄准社区、校园等周边客流的新型独立书店,书店的空间设计营造都颇为讲究。实体书店将阅读空间与活动空间进行空间再造,采用错层方式,通过露台、中庭、廊道、坡道等空间介质让空间得以延续,不仅集约利用有效空间,又与读者探寻书海的心灵需求不谋而合。

作为南京文化地标的先锋书店定位于"公共的文化空间"打造,书店内分为上下两层空间,一层空间集中摆设畅销书和明信片;二层空间汇集了各类书籍和文化产品,并设有艺术走廊、创意馆、咖啡馆等不同区域;连接上下两层空间的宽阔的坡道,也成为展示书籍和艺术品的主要区域(甄云霞,2013)。诚品书店坚持"连锁不复制"的理念,每一家诚品店都不同:书的组合不同,装修的空间和气质也不同。在其大学门店,采用的装修材料简朴但又自成风格,目的是让学生进入书店之后对空间环境有一种归属感。言几又杭州来福士店在空间设计上采用了展示中国农耕文化质感的意象"种子"的设计理念,并充分考虑在地特色与文化审美,选取杭州地域文化的精髓,采用现代抽象的表现手法来重现西湖美景,力求达成传统与现代的和谐统一,从而拉近消费者。

(三)优化服务:建立全过程交互式服务体验

由 B. josephpine 和 JamesHgilmore (1998)提出的体验营销理论认为,顾客消费时是理性和感性兼具的,顾客在消费前、消费中和消费后的全过程体验,是影响企业品牌经营的关键。体验涵盖用户与产品或服务交互的各个方面,包括用户感受、对产品的理解、目标完成度以及产品与使用环境的适应性(ALBEN L.,1996)。体验营销是致力于让每一位是以个性化方式参与其中的顾客,在达到情绪、体力、智力甚至于精神的某一特定水平时在意识中产生美好的感觉(约瑟夫.派恩等,2012)。品牌书店要以顾客需求为导向,关注购买服务、使用服务、售后服务的全过程管理。从顾客与品牌接触的那一刻起,做好服务人员、有形产品、服务设施、环境氛围等与顾客的交互,准确传达品牌理念,利用多通道交互触发向顾客传递高品质服务体验。

1. 专业化的图书选品体系。

书店的本质是帮助消费者寻找好书,以怎样的逻辑构建选品体系是书店能否取得成功的关键,也是实体书店的价值所系。图书选品既要注重图书品质、价值,更要与书店的品牌定位相匹配。并非一定选择畅销品种,有些门类不畅销的品种也有必要摆进去,这恰恰体现了一家书店的格调和追求。江苏十大最美书店之一的"慢书房"在图书选择方面秉持的原则近乎苛刻:"拒绝一切教辅类图书,严选畅销书,不出售教人怎么赚钱的书。"每一本图书都经过了"慢师傅"(慢书房工作人员)的精挑细选。"慢师傅"认为书是书店的脊梁,如果不能对图书的质量进行严格甄选的话,书店就会变得趋炎附势。因此,"慢师傅"每天都在读书,对图书的要求精益求精,"慢师傅"还会根据不同图书的特点,为一些图书精心设计制作配套的原创笔记本、主题书签、手工书袋等产品。这些延伸产品与图书相得益彰,增加了图书的附加值,极大丰富了读者的购买与阅读体验(杜恒波、朱千林,2016)。

2.舒适便捷的选购流程。

做好空间美学是提升消费者体验的基础,也是实体书店跟网络销售抗衡的关键(涂雨秋,2019)。品牌书店重视交流环境创设,营造舒适便捷的选书、购书空间,比如藏书区、阅览区、交流区融合为一,以读者为主导进行空间设计,强调人的阅读和活动需求,注重感官体验,从而激发读者社群活力,提升空间吸引力。诚品遵循"顾客经营"的理念,采取了风格化卖场设计,并基于顾客认知和行为模式进行书籍分类与陈列。先锋书店的书架均采用纸质材料制作,均呈15度角自然倾斜,增加环保性和阅读舒适感。多数书店均设置有读者席地而坐阅读的空间和场地,干净整洁的木质地板以及地毯深受读者喜欢。源自贵阳的品牌书店"西西弗"特别关注读者的"路感":顾客一步入书店,就可以看到地面上有十个主题区的分类指引,为顾客做出了明确的指示。在图书分类上"西西弗"摒弃了传统的适用于图书馆的中图分类法,从顾客选书的心理和行为角度出发,采用更加感性的主题引导方式标明图书的类别,从而让顾客很容易明白自己想看哪类书,要如何去寻找。而且,借助大数据分析,西西弗每家门店的图书分类都具有差异化,主要体现在产品定位上,每一家西西弗书店都会根据区域商圈的客群特征精细搭建富有特色的产品结构,给读者带来优质的购书体验。

3.专业贴心的人员服务。

实体书店的服务过程中所有人员,包括部分顾客都直接或间接地被卷入服务的消费过程中,员工的专业水准、服务态度与消费者的购物过程是否愉快、对商家提供的服务是否满意有着直接关系。因此,需要对服务人员进行书店经营理念、图书专业知识、人文精神等方面的教育和培训,使员工认同书店的理念、爱上图书和书店的工作环境,努力做好顾客咨询、调换或退货、处理好顾客投诉、响应反馈、物流服务等。与其他服务行业不同的是,书店需要较为安静的阅读环境,书店服务人员应避免过度主动服务,要降低服务过程中的声响,维护良好的阅读环境(杨新宇,

2020)。如诚品书店教育员工要把顾客看成是一个读者,一个人,要把陌生人当成一个独立的个体,对待他们要像对待自己的兄弟姐妹,在帮助顾客沟通寻书时轻声碎步又专业迅速,在结账柜台用恭敬的态度、两手将一本书递给读者……诚品书店希望通过员工的行为传达对社会、对文化、对城市、对读者的全面关照。无独有偶,先锋书店的内核思想是"为读书人点亮一盏精神明灯,指引人们的精神世界"。这种人文精神体现在先锋书店的人性化服务上,就是"不会让任何一个人在先锋书店遭受白眼"。无论你的身份是什么,只要进店读书,迎接你的都会是贴心、温暖的服务,要让每一个人都感受到受重视。

(四)多元跨界经营:适度进行品牌延伸

新媒体环境下,面对网络书店及电子书刊的竞争压力,许多实体书店不得不转型升级,通过"缩图书经营面积,不缩有效品种;缩图书库存总量,不缩图书销售"的调整策略,进行多元跨界经营。最早尝试多元跨界经营的诚品把阅读购书拓展至文创、服饰、餐饮、电影、展览等多个与书籍相关联的产业领域,使消费者一进入诚品书店就如同进入一个文化世界(俞锋,2016)。实体书店开辟文创生活美学空间,不仅丰富了书店的艺术氛围,也拉近了书店与客户之间的距离,对经营起到有益补充。需要注意的是,实体书店在规划多元跨界经营时,要从统一的文化品牌形象出发,通过打造文化空间拓展周边产品业务和具有文化关联性的品类,提升书店的文化内涵,避免核心业务的边缘化最终丧失核心竞争力。通过追踪顾客的消费行为轨迹,设计满足其消费需求的相关商品和服务项目组合,为读者提供阅读及关联体验的一站式服务,延长和延伸消费者停留卖场内的时间和空间,促进单个顾客的一次性、多品类消费(阎峰,2007),进一步开拓文化资本,立体化品牌形象。

(五)线上线下融合:全方位开展品牌传播与推广

在数字技术、网络技术、移动技术、智能技术不断革新的浪潮中,实体书店需要融合线上、线下业务和活动,通过全方位的品牌形象塑造与传播来建立起与读者之间的长久稳固的关系。实体书店不仅可以借助书店的文化品牌,举办阅读分享会、文化沙龙、展览、庆典等主题活动,通过线下场景营造和开展文化活动将书店塑造成一个公共的文化空间,实现人与人、人与文化、人与生活的连接(李灿、张波,2020),还需要用心经营网络空间,通过电商平台和微博、微信等社交网络拓展实体书店的有限空间,吸引大批忠实的读者,增强粉丝黏度。新型实体书店需要搭建和完善线上平台,开展线上线下融合的新零售模式,向消费者提供优质、创意、性价比高的产品,打造一个契合新兴文化阶层品位需求的、体验美学生活方式的线上场所。通过直播带货、试水"外卖"来增加图书销量,实现线下门店和线上电商、社交电商平台的全渠道网络打通,贯通"线上线下"共同打造有交互、有温度、有连接的内容生态,对品牌形象进行立体化的塑造与传播,扩大书店的社会影响力。

参考文献:

[1] 杜恒波,朱千林.新媒体环境下独立书店 品牌形象塑造与传播策略:以苏州"慢书房"为例[J].出版发行研究,2016(9):50-53.

[2] 方兴,蔡明峰.用户体验创新驱动品牌升级的方法研究[J].包装工程,2020(8):274-278.

[3] 李灿,张波.新消费时代书店自营策略探究:以时见鹿书店为例[J].出版广角,2020(13):60-62.

[4] 毛伟.大数据时代企业创新的文化驱动[J].浙江社会科学,2020(6):12-20,155.

[5] 派恩,吉尔摩.体验经济[M].毕崇毅,译.北京:机械工业出版社,2012.

[6] 涂雨秋.数字出版时代品牌实体书店的发展策略[J].编辑学刊,2019(6):110-114.

[7] 许甲子,马赈辕.多元化体验经营在实体书店中的实践探索:以诚品书店为例[J].出版广角,2109(2):62-64.

[8] 许丽云,孙亮.后现代消费社会中实体书店的身份转变与品牌形象塑造研究[J].中国出版,2016(10):7-9.

[9] 王佳,杨鼎寓.中国新主流消费人群偏好品牌的创新设计:以诚品书店和故宫文创为例[J].河北大学学报(哲学社会科学版),2019(9):110-114.

[10] 王震.新媒体环境下实体书店的品牌构建与营销研究:以单向街书店为例[J].出版广角,2017(3):37-39.

[11] 阎峰."经营顾客"——台湾诚品书店商业模式的一种解释[J].2007(9):72-73.

[12] 俞锋.文化资本理论视域下文化品牌的创新策略:以星巴克和诚品书店为例[J],艺术百家,2016(6):19-23.

[13] 虞金星.延伸实体书店的空间触角[N/OL].(2020-04-16)[2021-01-06].http://opinion.people.com.cn/n1/2020/0416/c1003-31675204.html.

[14] 甄云霞.南京先锋书店的转型发展之路[J].出版参考,2013(5):14.

［15］周游.学校营销：战略设计与品牌经营［M］.北京：中国社会科学出版社，2008.

［16］ALBEN L. Quality of Experience［J］. Interactions，1996，3（3）：11-15.

［17］VAN GORP T，ADAMS E. Design for Emotion［M］. Massachusetts：Morgan Kau-fmann Publishers，2012.

基金项目：教育部人文社会科学研究一般项目《以信息弱势群体体验优化为导向的公共服务设计研究》（19YJA760082），浙江省哲学社会科学规划课题《面向信息弱势群体的公共服务设计研究——以杭州为例》（19NDJC0101YB）。

【作者】

徐雪松，宁波财经学院讲师、硕士

余毅，宁波财经学院副教授、硕士

徐嘉，宁波诺丁汉大学在读博士

一种新型产业生态微系统:淘宝村产业聚集

池仁勇　乐　乐

　　据阿里研究院统计,目前淘宝村主要分布在浙江、江苏、福建、广东等 25 个省市,涉及的产品包含特色农产品、家具、户外用品、箱包、服饰等多个种类。2013 年淘宝村只有 20 个,之后淘宝村的发展在广度和数量上均实现质的飞跃,截至 2017 年,淘宝村达到 2118 个,较 2013 年数量翻三番,2018 年又上新台阶,达到 3202 个。截至 2019 年,淘宝村数量突破 4000 个,达到 4310 个。淘宝村发出 19 亿件包裹,创造的就业机会超过 683 万个,年销售额达百万的超过 11000 个。淘宝村作为我国农村互联网经济发展的典型代表,以村为聚集单位,以淘宝为主要交易平台正在快速发展。它的兴起有力地带动了农村物流、电商培训、网页设计等大量岗位的出现,对发展升级农村经济,激发村民创业,增加社会就业,促进社会稳定有重要意义。

　　偏僻落后的淘宝村取得成功,打破了传统产业生态系统理论的框架。这不仅引起了政府与实际部门高度重视,也引起了理论界的关注。淘宝村成功的主要原因是实现了完美的产业微生态系统,即农村创业带头人运用乡镇产业＋互联网模式,开展农村特色电子商务,并通过农村熟人社会属性,加速推动淘宝村电商规模形成,带动生产商、原材料供应商、服务商等多种产业聚集,创造出良性的商业生态群落,形成农村特色产业的利益共同体,即淘宝村微生态系统。在这个生态组织结构中,形成领导种群、关键种群、支持种群、寄生种群的有机结合,共同完成生态系统的动能。

　　本文主要探讨如下几个问题:淘宝村微生态系统的主要构成如何? 淘宝村微生态系统的演化过程如何? 成熟的白牛淘宝村生态微系统运行及其产业集群演化过程如何? 白牛淘宝村微生态系统越完善其竞争力是否越强? 具体而言,本文探讨电子商务生态系统理论模型及产业集群成长模型,提出淘宝村微生态系统概念和四大种群定义,构建其微生态理论模型,解释成熟淘宝村微生态系统的运行方式,结合 Bruso 的两阶段模型提出五个环节演化模型,即分项目引入、初步扩散、快速扩散、合作共赢、纵向聚集各环节解释淘宝村种群的演化规律。并以浙江省白牛淘宝村为例,为淘宝村微生态系统理论及其各种群演化理论进行佐证,并用该实例论证微生态系统的演化阶段越高、系统越完善,白牛村的综合竞争力越强。

一、文献回顾

(一)淘宝村文献回顾

淘宝村的快速发展依赖于近几年互联网经济的兴起。因此现有文献中,国内学者主要应用电子商务理论和集群理论剖析淘宝村的发展,代表的理论思想与文献见表1。现有文献主要是认识淘宝村的产业集群特点以及电子商务在淘宝村发展中所起的作用,研究结论主要可分为以下三种类型。(1)总结类似的传统产业模式。例如彭璧玉学者(2001)提出我国农村电商的模式主要有 M to M 模式、战略联盟模式、中介模式和会员模式,但其没有集体分析农村电商发展更适合哪种模式。岳云康(2008)针对农村家庭分散经营及产业运营的特点,指出农村电商建设的"基地+加工+销售"模式。(2)创新电子商务模式。如杨克斯、吴江雪等学者(2011)指出传统的淘宝电子商务 C2C 的模式并不能完全适应农村电子商务,应改进为 F2C2B 的模式,F 是农户,C 是指合作社、农业协会,B 是农村产品销售、加工企业。刘海平、刘伟玲(2011)提出农村电子商务 F2C2B 模式。(3)提出产业集群理论。

表 1　国内淘宝村研究文献回顾

代表文献	研究发现
彭璧玉(2001)	M to M 模式、战略联盟模式、中介模式和会员模式
朱兴荣(2007)	研究其 B2B、B2C 农业电子商务平台
岳云康(2008)	"基地+加工+销售"模式
杨克斯、吴江雪(2008)	F to B to M 的发展模式
李海平、刘伟玲(2011)	F to C to B 模式

续　表

代表文献	研究发现
侯晴霏、侯济恭(2011)	农村区域电子商务协同模式（ABC）
陆尹玮（2014）	淘宝村的沙集模式
郭承龙(2015)	提出淘宝村发展的共生模式
中国淘宝村研究报告(2015)	B2B、B2C＋本地产业集群
张作为(2015)	产业集群体动力模式

张作为(2015)提出产业集群体动力模式,即淘宝村集群在政府推动力、平台支持和市场需求的动力下运转着。郭承龙(2015)提出淘宝村商务共生模式,即淘宝村各企业分为各类单元,相互协作,增强自身竞争力,建立各个单元围绕着第三方交易平台(淘宝等)开展经营活动模式。但现有理论无法确切诠释淘宝村产业聚集化运行和商业群落发展之间的关系及淘宝村的演化规律。

(二)电子商务生态理论文献回顾

生态学原理应用于经济学研究可以追溯到 20 世纪初熊彼特的经济进化论。James F. Moore(1986)在《哈佛商业管理评论》上首次提出商业生态系统概念,商业生态系统的提出打破了传统企业之间"单赢"的竞争关系,强调企业经营必须与其他企业相互合作,形成紧密相连、互为依赖的共生系统。

随着国内电子商务兴起,商业生态系统理论在电子商务领域应用越来越广泛,我国学者孙喜庆首次提出了"电子商务生态"的概念。胡岗贵、卢向华等(2010)认为电子商务生态系统是一系列密切联系、以互联网为平台、不受地理位置制约的企业或组织通过资源共享等形成的有机生态系统。陈蓉、娄策群(2013)认为其中各生态主体形成的电子商务生态链是一种网络信息依存关系,各主体之间通过信息流、物流和资金流等的流转联系起来。电子商务生态链的主体丰富多样,包括个人、企业、政府及其他团体等。

国内外学者对电子商务生态系统研究较为完备,目前研究电子商务生态系统的主要层次及内容如表 2 所示。

表2　国内外学者对电子商业生态系统的研究

作者	研究层次	研究内容
Rajshekhar G. Javalgi(2005);Erik Assadourian(2008);谢荆晶(2009)	结构、要素、环境	研究主要集中在电子商务生态系统的参与主体结构分析、环境下战略研究、内外部多样性研究
刘鲁川、陈禹(2006);杨艳萍、李琪(2008);叶秀敏(2010)	生态位、竞争策略	分析不同生态位的演化趋势、途径和竞争策略
胡岗为、卢向华、黄华(2009)等;刘雷、胡岗岚(2010);陈蓉、娄策群,(2013)	演化、生态链	把电子商务生态系统的演化归纳为开拓、扩展、协调、进化四个阶段,演化的影响因素分析,并分析生态中个主体之前形成的生态链的关系

根据淘宝村形成的产业生态群落聚集、产业链完备、协调合作等特点,本文认为淘宝村已呈现电子商务生态系统结构,并且具有完备的物流、信息流、资金流等链条。其发展过程适用于该生态系统理论,由于淘宝村群落规模以乡镇为单位,可以称为产业微生态系统。淘宝村作为一种微生态系统,系统中商流、信息流、物流和资金流有效的运转,是生态系统稳健发展的关键,也是提升其竞争优势的来源。本文主要采用电子商务生态系统研究的结构层次理论构建淘宝村微生态系统模型,并根据生态链中商业群的特征划分为四大种群,即领导种群、关键种群、支持种群、寄生种群。

(三)产业集群成长理论

淘宝村作为产业生态的村落,在激发农民创业、增加就业及发展农村经济上有重要意义,可称为电子商务专业村,具有"一村一品""一镇一品"的发展模式,因此专业村的演化机理即发展影响因素、空间扩散形式、农户与发展关系等对淘宝村演化有重要的启示。并且在淘宝村发展中许多学者认为它是一种农村电子商务集聚形态,也可视作是一种产业集群现象,因此产业集群成长过程的前人研究成果,同样可为淘宝村演化过程提供参考。国外部分学者大多采用阶段性视角研究产业集群的成长过程,总结提炼出其成长模型,例如,Bruso 提出"两阶段"成长模型,该模型指出集群的出现大都是自发性的,第一阶段为无政府干预的自发成长阶段,当集群到一定规模时,政府或行业协会开始干预集群的成长,向集群提供多种多样的社会化服务,此为第二阶段,此理论与淘宝村发展契合度很高;Otsuka 等归纳出产业集群"两阶段"演化规律,即斯密式增长、熊彼特式增长。国内个别学者探讨了农村产业集群和特色农业产业区的形成过程。黄汉权(2009)构建一个农村产业集群形成的动态模型,由初始企业的示范带动模仿企业产生;形成一定规模时,集聚效益开始显现,吸引相关配套产业的进入和促进产业链的分工。

二、淘宝村电子商务生态理论的内涵与演化

(一)淘宝村生态系统概念模型

淘宝村起源于农村经济发展的"一村一品"形式,即农村企业利用其现有地域优势、资源优势及传统优势,大力推进生产符合市场化要求、区域特色明显的产品和产业,从而提升农村经济实力和特色产业发展模式,其产业大多是小型作坊的家庭生产形式。随着电子商务的兴起,传统的"一村一品"模式结合网上市场开始转型,自产+线上销售、订单+线上销售成为主要形式,出现早期角色分工。随着互联网经济的兴起,农村电子商务发展迅速,各产业纵向聚集,角色分工越发明显,淘宝村形成较完备的产业链条,以淘宝为第三方平台,围绕着淘宝村的主营产业,相互配合,形成良性商业生态圈,达到组织结构整体最优。如物流、摄影、加工厂等可以提升淘宝村主营产品的制造和竞争力,电商协会、政府机构等能协调、规制淘宝村内部各组织关系,完善公共服务和提供政策支持等。

结合上述理论及淘宝村形成历程,本文定义淘宝村电子商务生态系统为基于网络和农村经济的环境下,超越时间和空间的界限,利用优势互补和资源共享,形成有机的生态系统,即淘宝村电子商务生态系统。由于是以地级村庄为单位,所以称为微型产业生产系统。淘宝村作为一个系统,由如下四种要素构成。

1.领导种群。在淘宝村生态系统中起到引导作用,带动相关农户与企业发展。它往往是淘宝村电子商务创业领头人,大多是农协会、合作社、电子商务创业者。领导种群在淘宝村微生态系统中起到资源整合和协调的作用。

2.关键种群。即淘宝村电子商务交易的交易主体,包括生产商、原材料供应商、消费者、农户电商等,是整个淘宝村微生态系统的核心,也是该系统中其他物种所共同服务的"客户"。

3.支持种群。是淘宝村网络交易中需要依附的组织,其中包括物流公司、金融

机构、第三方支付平台以及相关政府机构等,这类企业可以脱离淘宝村微生态系统独立运行,但它们可以从优化生态系统中获取利益,并增加淘宝村生态系统竞争力。

4.寄生种群。即为淘宝村电子商务生态系统中提供增值服务的提供商等,包括网络营销服务商、技术外包商、淘宝村旅游业等。它们寄生于淘宝村微生态系统之上,与当地生态系统共存亡。

上述四种种群在技术、经济、社会和自然环境等的影响下,共同作用,形成了淘宝村电子商务生态微系统(如图1所示)。该生态微系统可以划分为四个层次。第一,核心层。即供应商、淘宝村电商、线上客户,它们是交易的主体,主要由关键种群构成,扩张最为迅速,数量最多。第二,辅助和支撑淘宝村运营的机构设施,为关键种群发展提供支持作用,主要由支持种群构成,如:物流公司、金融机构、第三方平台等。第三,寄生层,由寄生种群构成。它们是随着各种群的扩大完善,逐渐涌现,是依赖于生态系统的良好运行,衍生出的服务性行业,如电商营销培训、淘宝村旅游产业等。第四,生态系统外围环境层。成熟的淘宝村电子商务生态系统层次分明,种群全备。不同发展阶段淘宝村生态系统结构形态各不相同。但每个淘宝村的关键种群、支持种群、寄生种群发展形式和类别大多类似。

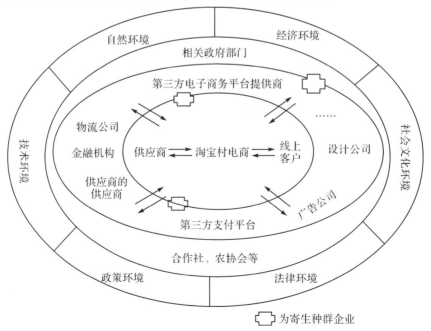

图1 淘宝村电子商务生态微系统

（二）淘宝村演化路径

淘宝村是在没有政府干预的情况下自发成长起来的，聚集到一定形态，政府等组织单位介入促进发展，其集群演化过程适合 Bruso 提出的"两阶段"成长模型，并结合国内一些学者探讨的农村产业集群和特色农业产业区的形成过程，本文将淘宝村产业生态集群演化分为两个阶段，五个环节，即项目引入、初步扩散、快速扩散、合作共赢、纵向聚集。第一阶段，项目引入、初步扩散。村民自发创业，引进淘宝项目，项目发展良好，期初的示范效应、熟人带动效应使得淘宝村形成一定规模的扩张；第二阶段，即快速扩散、合作共赢、纵向聚集。淘宝村形成一定规模后，吸引政府、农协会、电商协会等进入该产业微生态系统，由于先进企业带动及日益完善的服务体系，淘宝村进入集群效应快速扩张时期。随着淘宝村各关键种群壮大，各电商主要业务趋同化，为稳定市场秩序，减少恶性价格竞争，谋求共同发展，淘宝村进入合作共赢的发展阶段，与此同时，由于基本产业体系的完善和坚固，淘宝村同步纵向发展和丰富多样化的商业群落，形成成熟完善的淘宝村生态系统。淘宝村演化路径如图 2 所示。

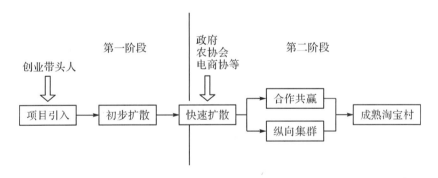

图 2　淘宝村成长演化路径

三、淘宝村案例分析

（一）白牛村概况

白牛村坐落于临安昌化镇西面，位于 02 省道边，距昌化城镇 4 公里，交通方便，全村已全面覆盖光纤宽带，便于开展电子商务。白牛村土地面积 535.14 公顷，农户总数为 551 户，总人口 1541 人，分为 16 个小组。

白牛村电子商务发展起步于 2007 年。由面朝黄土背朝天的普通村民农民自发开展互联网＋农产品山核桃创业之路，通过自学取得了一定的成效，从而形成了一定的规模，带动全村发展电子商务，目前白牛村从事电商的农户占总人数的 10％以上。白牛村主营产品为本地农产品山核桃，山核桃的销售总额占了总销售额的 63％以上。当地网店的发展也带动了其他农产品及其他外来坚果食品的销售，如：红薯、萝卜、碧根果、松子等。白牛村电子商务的发展不仅增加了农民的收入，甚至是带动了村民的就业。据统计，2014 年白牛村的网店销售山核桃近 150 万千克，解决本地村民就业 300 余人。

白牛村淘宝协会上登记的淘宝商户 2014 年 47 家，2015 年 67 家，2016 年 65 家，其中有 3 家皇冠店铺，1 家天猫店铺，10 多家银冠店铺。近几年，白牛淘宝村商户数量发展趋势呈 S 形曲线增长，关键种群容纳量趋于稳定，各种群类型完备，呈现产业聚集效应。

(二)白牛村淘宝村产业微生态系统结构

白牛淘宝村成功带动了大量村民、吸引了大批企业，形成电商、供应商、生产加工商、物流机构、第三方支付平台、金融平台等产业聚集，企业各司其职，相互协作，呈现较完善淘宝村产业微生态群落。白牛淘宝村的组成生态系统中四种不同的"种群"如表 3 所示。

表 3　白牛淘宝村产业生态系统的结构

种群类型	代表组织
领导种群	白牛村电商协会、文文山核桃电商
关键种群	盛记、山里福娃等电商，林之源等加工厂，山核桃农户供应商，线上客户
支持种群	各大物流公司驻足点，浙江农业信用社、中信银行等金融公司，当地政府，设计、摄影公司，淘宝生态圈
寄生种群	电商培训机构，网络营销培训机构，电商党组织，电商学校

白牛村生态微生态系统运行如下。

白牛村农民自主创业将农产品山核桃与互联网销售渠道结合，开辟电商的道路，自 2007 年以来，越来越多的村民从事电商工作，白牛村关键种群形成一定规模。白牛淘宝村关键种群运作如下:淘宝商户向农户供应商收取山核桃原料,晒制之后,在当地加工厂加工,再经过自行包装,最后店铺上新售卖给线上客户。由于线上渠道的宽广性,白牛村山核桃以物美价廉的口碑优势,获得大批线上顾客的支持,带动白牛村电商、原材料供应商、生产加工商数量的迅速增长。目前白牛村坚果加工厂设备齐全,数量较多,这使其在原料加工上较淘宝村同行更有优势。网络店铺的热销也带动着其他坚果及农产品的销售渠道,如店铺除主销山核桃外,也从工厂供应方购买其他类型成品进行售卖,如碧根果、松子、果脯等。

随着白牛淘宝村电子商务关键种群的快速增长,各大快递物流公司逐步驻村上门收取。政府及各金融机构关注到白牛村的发展潜力,加入白牛淘宝村微生态系统的建设中,为其农村创业项目提供支持,例如政府与浙江农业信用社、中信银行等合作,在贷款上给予农户帮助。2016年阿里巴巴平台也推出信贷、培训和推广三方面帮扶政策。白牛村各商户联合聘请网店设计、装修和图片摄影等公司,出现白牛淘宝村业务合作、外包的分工系统。白牛淘宝村支持种群纵向发展,形成的多样化支持力量增加了关键种群与淘宝村外的电商竞争时的优势。此外,近几年,围绕着白牛淘宝村业务出现了一些专业的电商培训机构、营销培训机构。2016年还新成立电商党支部组织,充分发挥党员先锋带动作用,作为服务淘宝村运营的寄生种群,培训机构及党支部等完善着整个淘宝村生态微系统结构,推动淘宝村发展。

随着淘宝村电商规模的扩大,为了更好地合作运营,提高淘宝村整体的竞争优势,文文山核桃电商带头人成立电商协会,邀请其他电商加入,引领大家做好电商营销,规范电商运营。电商协会举办的活动有邀请电商讲师培训、规范白牛村电商运营、了解电商需求并帮助解决等。电商协会不断有新的商家加入,为白牛村的建设添砖加瓦。

白牛淘宝村演化发展,大致分为项目引入、初步扩散、快速扩散、合作共赢、纵向聚集和形成产业生态这五个环节(如图3所示)。2007—2010年白牛淘宝村处于演化的第一阶段,2010年之前白牛淘宝村处在项目进入期和初步扩张期,生态系统不够完善,系统中商流、信息流、物流和资金流得不到有效的传递,全村的销售收入增长趋势不明显。2010年至今,白牛淘宝村处于演化第二阶段,白牛村生态微系统各大种群逐步发展,政府、电商协会、培训机构等种群的纵向发展使得该微生态系统逐渐完善,相对淘宝村外的商户竞争力更强,促使其电商销售收入达到质的飞越,2012 年白牛村电商销售额达 7300 万,2013 白牛村销售收入年增长率为105％、2014 年为 75％、2015 年增长 50％。

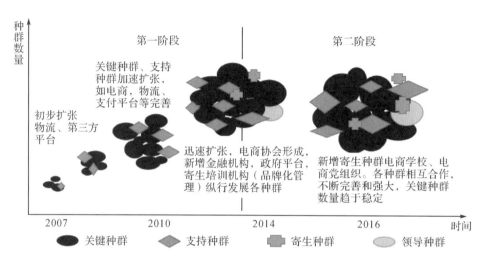

图3 白牛村电子商务生态系统演化过程概图

四、结论

本文以白牛村为案例,从生态系统理论角度分析淘宝村的成长演化路径及其规律,为淘宝村培育与发展指明了方向。研究表明,产业生态系统构架与完善程度是淘宝村发展的基础,在淘宝村产业系统的构架中,电商创业是产业生态系统中心领导种群,只有电商发展起来才能带领农产品生产、销售以及物流业等产业发展。

参考文献:

[1] 陈蓉.电子商务生态链优化研究[D].武汉:华中师范大学,2013.

[2] 胡岗岚,卢向华,黄丽华.电子商务生态系统及其协调机制研究——以阿里巴巴集团为例[J].软科学,2009,117(9):5-10.

[3] 胡卉然,朱舒依,李硕.关于淘宝村网商发展策略的研究:以中国"网店第一村"浙江义乌青岩刘村为例[J].中国市场,2015(45):93-94.

[4] 郭承龙.农村电子商务模式探析:基于淘宝村的调研[J].经济体制改革,2015,194(5):112-117.

[5] 王瑛.基于产业集群新理论的淘宝村同质化竞争研究[D].南京:南京大学,2016.

［6］吴娜琳.特色农业产业区的形成过程与机制研究［D］.开封:河南大学，2014.

［7］张嘉欣，千庆兰，陈颖彪.空间生产视角下广州里仁洞"淘宝村"的空间变迁［J］.经济地理，2016，36(1)：120-126.

［8］曾亿武，邱东茂，沈逸婷.淘宝村形成过程研究:以东风村和军埔村为例［J］.经济地理，2015，(12)：90-97.

［9］BREGE S，NORD L S T. Business models in industrialized building of multistorey houses［J］. Construction Management & Economics，2014，32(1-2):208-226.

［10］GALATEANU E，AVASILCAI S. Framing the Competitive Behaviors of Niche Players：The Electric Vehicle Business Eco-system Perspective［J］. Procedia-Social and Behavioral Sciences，2016，221:342-351.

［11］MORRIS M，SCHINDEHUTTE M，ALLEN J. The entrepreneur's business model：toward a unified perspective［J］. J. Bus. Res. 2005，58(6):726-735.

【作者】

池仁勇,浙江工业大学中国中小企业研究院院长、教授、博士生导师

乐乐,浙江工业大学经贸管理学院硕士研究生

质量基础设施、制度质量与出口技术复杂度

——基于跨国数据的实证分析

池仁勇　刘　宇

一、引言

改革开放 40 多年来,我国出口产品贸易从 1978 年的 98 亿美元,增长到 2019 年的 2.5 万亿美元,年均增长 14.7%。然而,我国出口产品以中低端为主,不仅产品单一,而且技术含量低、附加值低(赵红、彭馨,2014)。因而,如何提高我国出口产品技术复杂度引起了学术界的普遍关注。

出口技术复杂度是指一国或地区出口产品的技术含量,一定程度上反映出口产品结构、质量水平。它是由一个国家或地区经济增长模型中索洛剩余项决定的,也反映了国家或地区的质量基础设施与质量监管制度的完善程度。关于出口技术复杂程度争论,学术界有两种观点。一种观点认为,国民收入水平推动一国出口技术结构升级,代表论著有 Hausmann et al. (2007)。另一种观点是基础设施决定出口技术复杂度(王永进等,2010),这里的基础设施概念比较广泛,包括交通、通信等。关于制度因素对出口技术复杂度的影响,理论界没有一致的结论(Cabral & Veiga,2010)。实证研究发现,政府治理制度对一国出口技术复杂度具有显著正影响。杨林燕、王俊(2015)研究认为,知识产权保护程度对出口技术复杂度提升具有显著正向作用。

国家质量基础设施(National Quality Infrastructure,NQI)是破解技术性贸易壁垒的关键因素,为国际产品贸易提供可参照的标准、检测检验、认证认可服务,是一个国家或地区促进国际贸易,提高出口产品质量,提升出口产品技术含量、国际

标准采投率的重要政策手段(克莱门斯、罗西奥,2015)。NQI 有利于提高企业特别是中小企业的国际市场竞争力、创新能力,促进商品出口。因而,NQI 对出口技术复杂度具有重要影响。但是,现有文献很少把一国或地区质量基础设施与出口技术复杂程度联系起来研究。

综上所述,本文将重点探讨国家质量基础设施影响出口技术复杂度的机理,同时,把国家制度质量归入一并讨论,从而解开先进技术校准、检测检验手段和合格评定等措施是如何引导和促进企业采用更先进技术的黑箱。本文的贡献在于揭示了质量基础设施与制度建设在出口转型中的作用,开辟了研究出口技术复杂度的新视角。

二、研究框架与假设

国家质量基础设施是指一个国家建立和执行标准化、认证认可、检测检验等所需的质量体制框架的统称,包括标准化研究机构、公共检测检验实验室、计量实验室等公共技术机构。与交通、通讯、文化教育、医疗卫生等基础设施一样,国家质量基础设施是保障一个国家或地区生产产品质量的基础,为国内外消费者提供基础的质量保证。这一基础设施的改善能够提高整个国民经济生产的技术水平,进而提升出口产品技术复杂度。同时,国家质量基础设施还需配合相关的法律、法规来对市场与企业生产的质量、技术标准等稽查、监督,促进企业采用先进生产、检测检验技术,以保证产品质量水平。

此外,考虑到国家或地区自然资源禀赋(LandPC)可能对技术升级产生排挤效应,以及外商投资企业(FDI)对出口技术复杂度的作用,引入 LandPC 和 FDI 存量作为控制变量,由此构建本文基础研究框架。

(一)国家质量基础设施与出口技术复杂度

国家质量基础设施这一概念最早是由联合国贸易发展组织(UNCTAD)和世界贸易组织(WTO)在 2005 年正式提出的。它由一系列质量技术机构与服务流程组成,为国际商品贸易提供标准参照、合格认定的基本准则,解决国际商品贸易中的技术壁垒等问题(Tippmann & Racine,2013),是促进国际贸易便利化、加快进出口的技术措施,因而有利规范出口产品的技术与质量标准。

民营经济创新治理

国家质量基础设施是一个系统解决方案(支树平,2016)。支树平认为,国家质量基础设施强调技术支持,需要强有力的技术研究、高端检测检验设施作为支撑,例如,美国国家标准和技术研究院(NIST)就是国际高端的研究和检测机构。因此国家质量基础设施通过高端检测检验设施和标准技术研究,推广扩散先进技术,从而提高整个国家产品技术复杂度,出口产品技术复杂度自然得到提升。

国家质量基础设施为技术创新提供了支撑平台。创新是新技术的首次商业化应用,技术平台、质量与标准化加快新技术的商业化过程,降低市场化中的不确定性。同时,技术复杂度高的产品更加面临不确定性和市场风险(Berkowitz et al.,2006;North & Alt,1990),高技术复杂度产品的生产依赖于产业间、企业间的分工与合作,标准化、科学计量能够有力推动这种协同。综上所述,本文提出假设1:国家质量基础设施建设有助于一国或地区提升其出口技术复杂度。

(二)制度质量与出口技术复杂度

制度质量综合反映市场制度完善程度、知识产权保护状况、政府行政效率及法律法规完善程度等,是影响市场交易费用的重要因素之一(戴翔、金碚,2014)。从价值链上看,技术复杂度低的产品处在较低分工层次上,横向差别小,其生产和交易大多具有"通用性"特征。产品技术复杂度越高所处分工层次也越高,其劳动横向差别变得越来越大,生产和交易的"专用性"特征越来越突出。因此处于较低层级即技术复杂度低的生产环节和阶段,主要依托要素价格优势,对制度质量没有太高要求;而处于较高层次即技术复杂度较高的生产环节或阶段,更多地取决于制度质量所能带来的交易费用和交易风险的降低程度,而对要素价格依赖性较弱。基于上述讨论,本文提出假设2:一国或地区制度质量的提升能促进出口技术复杂度的提高。

(三)国家质量基础设施与制度质量的交互性

政府为了保障人民的利益,在与安全、健康、环境和消费者保护等有关的领域会制定一些技术法规。政府监管机构在制定和确保这些技术法规被正确执行时,需要健全的国家质量基础来提供帮助。监管机构需要利用标准作为技术法规的基准,需要能够通过国内计量体系最终溯源至国际认可的测量标准来确保测量的有效、可靠,需要经过认可的检测检验实验室来进行专业的分析(克莱门斯、罗西奥,

2015)。因此,良好的质量基础设施能够推动政府执政效率的提高,进而促进制度质量的提升。

此外,政府在建立 NQI 组织方面发挥了主导作用,没有政府的支持,质量基础设施就不能良好地运行。要建立能得到国际认可的国家质量基础设施,首先是要确保良好的政府治理(Tippmann & Racine,2013)。为了实现这点,必须遵循公开、透明、一致、公正和技术可信的原则,建设或改造自身的国家质量基础设施。

因此,良好的政府治理是建设质量基础设施的基础,良好的制度质量能够促进质量基础设施的提升。基于以上分析,结合前文的假设 1 和假设 2,我们提出假设 3:国家质量基础设施与制度质量的交互作用对一国或地区的出口技术复杂度产生积极影响。

(四)外商直接投资与出口技术复杂度

许多学者研究表明,FDI 可以通过人员流动、技术外溢、管理示范效应、供应链、生产外包等渠道,提升东道国企业和产业的生产效率、技术水平,促进东道国生产技术水平和出口技术复杂度的提升(刘胜、顾乃华,2016)。同时,外商投资企业本身就是出口企业,对东道国出口技术复杂度提升产生贡献。但是,也有研究结果表明相反的观点,认为外商投资企业吸收大量东道国高技能熟练工人就业,导致当地企业技术工人流失,并对当地企业产生市场挤出效应,导致负的技术溢出效果(Aitken & Harrison,1999)。因此,外商投资企业对东道国生产技术水平的综合影响、出口技术复杂度的作用,应该视产业技术发展阶段、产业的不同而不同,视外商投资企业产品的内外销比重差异而不同。我国是吸引外商投资企业大国,2000年在华外商投资企业出口占比 47.93%,2019 年下降到 38.66%。虽然出口占比逐年下降,但外商投资企业仍然是我国产品出口的主力,它不仅直接影响出口技术的复杂度,而且通过对东道国企业的技术外溢间接影响出口技术复杂度。因此,本文提出假设 4:FDI 对一国或地区出口技术复杂度产生重要影响。

(五)自然资源禀赋与出口技术复杂度

Sachs & Warner(2001)实证研究发现丰富的自然资源并不利于经济的长期增长和技术水平的提升。自然资源禀赋较好的国家或地区,由于可方便地获得低成本自然资源,资本向中低端产业集中,对技术升级产生了排挤效应,延缓了高端产业的发展,使得该国锁定在基于自然资源的、低端技术密集型产业。此外,自然资源开发导致意外收入增加,民众对合理经济管理及制度质量需求减少,还会使得国家忽视教育的发展和人力资本的积累(Gylfason,2001)。这些都降低了国家技术进步速度,进而对出口技术复杂度产生负面影响。因此,本文提出假设 5:一国或地区自然资源禀赋对出口技术复杂度产生负面影响。

三、变量选取及数据来源说明

(一)变量选取

1.出口技术复杂度及其测度。

相关文献显示,出口技术复杂度可以从产品、产业及国家层面进行分析(Lall et al.,2006;Hausmann et al.,2007),也与出口国人均收入具有显著相关性,因此,以出口国各产品出口额占其出口总额的比重为权重,对其人均收入进行加权平均,构建产品 k 的出口技术复杂度如下:

$$\mathrm{TSI}_k = \sum_j \frac{x_{jk}/X_j}{\sum_j (x_{jk}/X_j)} Y_j \tag{1}$$

其中,TSI_k 即为出口商品 k 的技术复杂度指数。x_{jk} 是国家 j 的商品 k 出口额,X_j 是国家 j 的出口总额,Y_j 为国家 j 的人均收入水平,通常以人均 GDP 表示。在测算出每种出口商品的技术复杂之后,进一步计算一国总体出口技术复杂度:

$$ES = \sum_k \frac{x_k}{X} \mathrm{TSI}_k \tag{2}$$

其中,ES 即为一国出口技术复杂度指数,x_k 为该国商品 k 的出口额,X 为该国出口总额,TSI_k 为商品 k 的技术复杂度指数。

2.解释变量及其测度。

(1)国家质量基础设施(NQI)。

Harmes-Liedtke et al.(2011)运用 ISO、BIPM 等国际机构的公开数据,构建了一套衡量国家质量基础设施状况的指标体系。本文借鉴他的测量方法,计算模型如下:

$$\mathrm{Index(NQI)} = \frac{\mathrm{Index}\left(\frac{\mathrm{CMC}}{\mathrm{Pop}}, \frac{\mathrm{ISO}}{\mathrm{Pop}}\right) + \mathrm{Index(K\&SComp., Tech. Comm., Membership)}}{2}$$

$$\bullet \ \text{Index}\left(\frac{\text{CMC}}{\text{Pop}}, \frac{\text{ISO}}{\text{Pop}}\right) = \left[\frac{\frac{\text{CMC}}{\text{Pop}}}{\text{max. value}} + \frac{\frac{\text{ISO}}{\text{Pop}}}{\text{max. value}}\right] \text{X} \frac{100}{2}$$

$$\bullet \ \text{Index} \left(\text{K\&SComp.}, \text{Tech. Comm.}, \text{Membership}\right) = \left(\frac{\text{K\&SComp.}}{\text{maxvalue}} + \right.$$

$$\left. \frac{\text{TechComm.}}{\text{maxvalue}} + \frac{\text{Membership}}{\text{maxvalue}}\right) \text{X} \frac{100}{3} \tag{3}$$

其中,CMC 是国家校准和测量能力数;ISO 是国家 ISO9001 的认证数;POP 是国家人口数;K&SComp. 是国际关键和补充比对总数;TechComm 是国家参与 ISO 技术委员数;Membership 是用来衡量国家参与质量基础相关国际组织数,本文主要搜集 WTO、ITU、IEC、ISO、OIML、CIPM、IAF 和 ILAC 七个国际组织的会员数据,是成员国记 1,否则记 0,然后进行加总。

(2)制度质量(INST)。

目前,全球治理指标体系(Worldwide Governance Indicators,WGI)是最为常用的国家制度质量指标体系,包括腐败控制能力、民主化程度、政府治理效率、管制质量、法律制度、政局稳定性六个指标。本文通过采用主成分分析法将六个维度构造成一个综合指数,该指数越大,说明该国的国家制度质量越好。

3. 控制变量及其测度。

FDI 是指外国企业或组织对东道国的直接投资,学术界对于 FDI 的测度方法是以美元为计量单位的外商直接投资存量,表示一国或地区累计吸引外商投资的总数,反映了外商投资企业市场地位。此外,本文用人均陆地面积(LandPC)来衡量一国或地区自然资源禀赋状况。最终模型变量及其含义见表 1。

表 1 模型变量及其含义

变量名称	符号	含义
出口技术复杂度	ES	代表出口产品技术水平,价值链位置,可以计算产品、产业及国家层面的出口技术复杂度,常用 Lall(2006),Hausmann(2007)相关模型
国家质量基础设施	NQI	联合国贸易发展组织(UNCTAD)、世界贸易组织(WTO)2005 年提出,是指一个国家或地区建立和执行标准、计量、认证认可、检验检测等所需质量体制框架的统称,具有强烈的技术特性。基于联合国 Comtrade Database 的商品分类统计 HS92,以及相关国际组织统计数据,例如,CMC、K&SCopm.、BIPM、ISO、WTO、ITU、IEC、ISO、OIML、CIPM、IAF、ILAC 等计算而得

变量名称	符号	含义
制度质量	INST	反映市场监管制度、知识产权保护状况、政府行政效率以及法律、法规完善程度等,对市场交易费用和国际贸易构成重要影响,是国家治理的重要内容。本文参考全球治理 WGI 数据库中相应指数与数据
外商直接投资	FDI	外商直接投资通过人员流动、供应链、生产外包、管理示范效应等产生技术外溢,从而提升东道国产业和企业的生产效率、技术进步,对出口技术复杂度产生直接和间接影响。通常以 FDI 存量表示
人均陆地面积	LandPC	代表自然资源禀赋,自然资源丰富的国家可能会锁定在基于自然资源的、低端技术密集型产业,从而产生资源诅咒现象

(二)数据来源及说明

本文以 2016 年 53 个主要国家或地区作为研究对象,在计算这些国家或地区出口技术复杂度时,数据主要来自联合国 COMTRADE 原始数据库中国家或地区产品分类 HS92 子数据库分类贸易统计数据。

国家质量基础设施计算数据主要来自如下几个方面。(1)校准和测量能力数据(CMC)及国际关键比对与补充比对数据(K&SComp.)来自于 BIPM 数据库。(2)ISO 认证数和 TechComm 数据来自于 ISO 官网。(3)Membership 则根据 WTO、ITU、IEC、ISO、OIML、CIPM、IAF 和 ILAC 八个国际组织官方网站数据,并进行计算得到。制度质量(INST)数据则来源于全球治理指标体系 WGI 数据库。外商直接投资存量(FDI)、人均陆地面积(LandPC)来自世界银行数据库。

通过各年各指标数据分析,由于各年各国数据变动不大,我们认为 2016 年的数据最全面且具有代表性。此外,考虑到不同变量水平值的巨大差异,在实际估计过程中,对出口技术复杂度(ES)、外商直接投资(FDI)和人均陆地面积(LandPC)取了自然对数,以方便比较和计算。

四、实证结果及分析

在实证分析前,为了避免可能的多重共线性问题,先对计量模型中各关键变量进行相关系数检验。结果表明,各关键变量之间的相关系数绝对值最高为 0.774,变量间不存在明显的多重共线性问题。出于估计结果稳健性的考虑,首先以关键变量作为基础解释变量进行回归,然后纳入其他控制变量,结果见表 2。

表 2　OLS 回归估计结果

	(1)	(2)
NQI	0.006** (2.271)	0.004* (1.756)
INST	0.190*** (5.567)	0.157*** (4.287)
NQI×INST	−0.190(−0.629)	−0.210(−0.705)
FDI		0.043*** (2.052)
LandPC		−0.025* (−1.754)
常数项	9.536*** (119.584)	9.409*** (43.832)
Obs.	53	53
R²	0.637	0.671

注:括号内的数字为系数估计值的 t 统计量;*、**、***分别表示 10%、5%、1%的显著性水平。

　　表 2 模型(1)结果显示,NQI 和 INST 的系数估计值都为正,且都在 1%的水平下通过了显著性检验,表明 NQI、INST 均与出口技术复杂度呈显著的正向关系,从而假设 1 和假设 2 得到了验证。但是,NQI 与 INST 交互项与出口技术复杂度未通过显著性检验,可能的解释是样本量不够大,也有可能是制度质量对出口技术复杂度影响具有滞后性,样本数据无法反映时滞性。

　　表 2 模型(2)可以看出,纳入控制变量后,解释变量系数略有变化,但并未影响模型的显著性检验,这在一定程度上说明估计结果的可靠性和稳健性。结果表明,FDI 的系数估计值为正,且在 1%显著性水平上对出口技术复杂度具有显著影响,假设 4 得到验证。这一结果与现有关于 FDI 对出口技术复杂度的实证研究文献所得结论基本一致(张雨、戴翔,2017;戴翔、金碚,2014;Dani & Rodrik,2006)。人均陆地面积(LandPC)的回归系数随为负,且通过了 1%水平下的显著性检验,证明自然资源诅咒效应的存在,这也与祝树金等(2010)的结论一致,假设 5 得到验证。

五、结论和政策启示

　　一国或地区出口技术复杂度不仅与国家质量基础设施、外商直接投资企业、人均自然资源等硬环境有关系,而且与制度质量等软环境有关联。本文借鉴 Harmes-Liedtke et al. 的出口技术复杂度测算方法,实证结果验证了本文的理论假设,认为国家质量基础设施,例如,标准化程度、科学计量研究机构、检测检验设施覆盖面、认证认可机构,以及这些机构的国际化程度等因素对出口技术复杂度产生显著影响。同时,制度质量的完善对出口技术复杂度有显著正效应。因此,政府应该加强国家质量基础设施建设,增加公共技术服务供给,弥补"市场失灵"带来的产业和技术低端化。同时,政府应该进一步完善制度质量,特别是构建适应经济全球化新形势的开放型经济新体制。

本文揭示了国家质量基础设施、制度质量对出口技术复杂度的作用机理,拓展了出口技术复杂度研究视角,创新了国家质量基础设施的理论研究方法,具有重要理论和政策意义。但是,由于本文研究样本局限,研究模型中无法细化国家质量基础设施的标准化、科学计量、检测检验等变量,制度质量变量中也未细化技术与非技术制度因素,有待完善研究样本与数据,进一步深入研究。

参考文献:

[1] 戴翔,金碚.产品内分工、制度质量与出口技术复杂度[J].经济研究,2014,49(7):4-17,43.

[2] 刘胜,顾乃华.外商直接投资对中国制造业出口技术复杂度的影响[J].首都经济贸易大学学报,2016,18(2):11-18.

[3] 萨内特拉,马班.解决全球质量问题的终极答案[M].北京:中国质检出版社,2015.

[4] 王永进,盛丹,施炳展,等.基础设施如何提升了出口技术复杂度?[J].经济研究,2010,45(7):103-115.

[5] 杨林燕,王俊.知识产权保护提升了中国出口技术复杂度吗[J].中国经济问题,2015(3):97-108.

[6] 张雨,戴翔.FDI、制度质量与服务出口复杂度[J].财贸研究,2017,28(7):59-68,76.

[7] 赵红,彭馨.中国出口技术复杂度测算及影响因素研究[J].中国软科学,2014,(11):183-192.

[8] 支树平.新常态下国家质量基础设施建设研究[J].中国领导科学,2016(7):9-12.

[9] 祝树金,戢璇,傅晓岚.出口品技术水平的决定性因素:来自跨国面板数据的证据[J].世界经济,2010,33(4):28-46.

[10] AITKEN B J, HARRISON A E. Do domestic firms benefit from direct foreign investment? Evidence from Venezuela[J]. American economic review,1999,89(3):605-618.

[11] BERKOWITZ D, MOENIUS J, PISTOR K. Trade, law, and product complexity[J]. The Review of Economics and Statistics,2006,88(2):363-373.

[12] CABRAL M H C, VEIGA P. Determinants Of Export Diversification And Sophis-tication

In Sub-Saharan Africa[J]. SSRN Electronic Journal，2010.

[13] GYLFASON T. Natural resources，educa-tion，and economic development[J]. Euro-pean economic review，2001，45(4-6)：847-859.

[14] HARMES-LIEDTKE U，OTEIZA DI MATTEO J J. Measurement of Quality Infrastructure[M]. Braunschweig：Physika-lisch Technische Bundesanstalt (PTB)，2011.

[15] HAUSMANN R，HWANG J，RODRIK D. What you export matters[J]. Journal of economic growth，2007，12(1)：1-25.

[16] LALL S，WEISS J，ZHANG J. The "sophi-stication" of exports：a new trade measure [J]. World development，2006，34(2)：222-237.

[17] LI W，ABIAD V. Institutions，institutional change，and economic performance[J]. 2009.

[18] NORTH D C，ALT J. Institutions，Institu-tional Change，and Economic Performance [J]. Social Science Electronic Publishing，1990，18(1)：142-144.

[19] RODRIK D. What's so special about China's exports? [J]. China & World Eco-nomy，2006，14(5)：1-19.

[20] SACHS J D，WARNER A M. The curse of natural resources[J]. European economic review，2001，45(4-6)：827-838.

[21] TIPPMAN C，RACINE J. The National Quality Infrastructure：A Tool for Compe-titiveness，Trade，and Social Well-being[M]. Washington，DC：The World Bank，2013.

【作者】

池仁勇,浙江工业大学中国中小企业研究院院长、教授、博士生导师

刘宇,浙江工业大学经贸管理学院硕士研究生